俄 国 史 译 丛 · 历 史 与 文 化
Серия переводов книг по истории России

# Россия

ИСТОРИЯ СРЕДНИХ ВЕКОВ (Том II)

# 欧洲中世纪史（第二卷）

〔俄〕С.П.卡尔波夫／主编
С.П.Карпов

逯红梅／译

社会科学文献出版社
SOCIAL SCIENCES ACADEMIC PRESS (CHINA)

ИСТОРИЯ СРЕДНИХ ВЕКОВ (Том II)

© Издательство Московского университета

---

本书根据莫斯科大学出版社 2008 年版本译出

# 俄国史译丛编委会

**主　编**　张广翔
**副主编**　卡尔波夫（С. П. Карпов）　钟建平　许金秋
**委　员**　杜奇科夫（И. И. Тучков）　鲍罗德金（Л. И. Бородкин）
　　　　　姚　海　黄立茀　鲍里索夫（Н. С. Борисов）　张盛发
　　　　　戈里科夫（А. Г. Голиков）　科兹罗娃（Н. В. Козлова）
　　　　　刘玉宝　戴桂菊

## 主编简介

С. П. **卡尔波夫**　俄罗斯科学院院士，历史学博士，俄罗斯莫斯科国立大学历史系教授，国际拜占庭学知名学者。主要研究领域为中世纪拜占庭历史。出版专著、教科书十余部，发表文章近百篇，主持各类基金项目十余项。

## 译者简介

**逯红梅**　历史学博士，文学硕士。目前在长春师范大学国际合作与交流处工作，俄语翻译。曾在《城市晚报》任记者。主要研究领域：俄国经济史、社会史。发表论文和译文多篇。

# 总　序

我们之所以组织翻译这套"俄国史译丛",一是由于我们长期从事俄国史研究,深感国内俄国史方面的研究严重滞后,远远满足不了国内学界的需要,而且国内学者翻译俄罗斯史学家的相关著述过少,不利于我们了解、吸纳和借鉴俄罗斯学者有代表性的成果。有选择地翻译数十册俄国史方面的著作,既是我们深入学习和理解俄国史的过程,还是鞭策我们不断进取的过程、培养人才和锻炼队伍的过程,也是为国内俄国史研究添砖加瓦的过程。

二是由于吉林大学俄国史研究团队(以下简称"我们团队")与俄罗斯史学家的交往十分密切,团队成员都有赴俄进修或攻读学位的机会,每年都有多人次赴俄参加学术会议,每年请2~3位俄罗斯史学家来校讲学。我们与莫斯科大学历史系、俄罗斯科学院俄国史研究所、世界史所、俄罗斯科学院圣彼得堡历史所、俄罗斯科学院乌拉尔分院历史与考古所等单位学术联系频繁,有能力、有机会与俄学者交流译书之事,能最大限度地得到俄同行的理解和支持。以前我们翻译鲍里斯·尼古拉耶维奇·米罗诺夫的著作时就得到了其真诚帮助,此次又得到了莫斯科大学历史系的大力支持,而这是我们顺利无偿取得系列书外文版权的重要条件。舍此,"俄国史译丛"工作无从谈起。

三是由于我们团队得到了吉林大学校长李元元、党委书记杨振斌、学校职能部门和东北亚研究院的鼎力支持和帮助。2015年5月5日李元元校长访问莫斯科大学期间,与莫斯科大学校长萨多夫尼奇(В. А. Садовничий)院士,俄罗斯科学院院士、莫斯科大学历史系主任卡尔波夫教授,莫斯科大学历史系副主任鲍罗德金教授等就加强两校学术合作与交流达成重要共识,李元元校长明确表示吉林大学将大力扶植俄国史研究，为我方翻译莫斯科大学学者的著作提供充足的经费支持。萨多夫尼奇校长非常欣赏吉林大学的举措，责成莫斯科大学历史系全力配合我方的相关工作。吉林大学主管文科科研的副校长吴振武教授、社科处霍志刚处长非常重视我们团队与莫斯科大学历史系的合作，2015年尽管经费很紧张，还是为我们提供了一定的科研经费。2016年又为我们提供了一定经费。这一经费支持将持续若干年。

我们团队所在的东北亚研究院建院伊始，就尽一切可能扶持我们团队的发展。现任院长于潇教授在上任以来3年时间里，一直关怀、鼓励和帮助我们团队，一直鼓励我们不仅立足国内，而且要不断与俄罗斯同行开展各种合作与交流，不断扩大我们团队在国内外的影响。在2015年我们团队与莫斯科大学历史系新一轮合作中，于潇院长积极帮助我们协调校内有关职能部门，与我们一起起草吉林大学东北亚研究院与莫斯科大学历史系合作方案（2015～2020年），获得了学校的支持。2015年11月16日，于潇院长与来访的莫斯科大学历史系主任卡尔波夫院士签署了《吉林大学东北亚研究院与莫斯科大学历史系合作方案（2015～2020年）》，两校学术合作与交流进入了新阶段，其中，我们团队拟4年内翻译莫斯科大学学者30种左右学术著作的工作正式启动。学校职能部门和东北亚研究院的大力支持是我们团队翻译出版"俄国史译丛"的根本保障。于潇院长为我们团队补充人员和提供一定的经费使我们更有信心完成上述任务。

2016年7月5日，吉林大学党委书记杨振斌教授率团参加在莫斯科大学举办的中俄大学校长峰会，于潇院长和张广翔等随团参加。会议期间，杨振斌书记与莫斯科大学校长萨多夫尼奇院士签署了吉林大学与莫斯科大学共建历史学中心的协议。会后莫斯科大学历史系学术委员会主任卡尔波夫院士，莫斯科大学历史系主任杜奇科夫（И. И. Тучков）教授（2015年11月底任莫斯科大学历史系主任），莫斯科大学历史系副主任鲍罗德金教授陪同杨振斌书记一行拜访了莫斯科大学校长萨多夫尼奇院士，双方围绕共建历史学中心进行了深入的探讨，有力地助推了我们团队翻译莫斯科大学历史系学者学术著作一事。

四是由于我们团队同莫斯科大学历史系长期的学术联系。我们团队与莫斯科大学历史系交往渊源很深，李春隆教授、崔志宏副教授于莫斯科大学历史系攻读了副博士学位，张广翔教授、雷丽平教授和杨翠红教授在莫斯科大学历史系进修，其中张广翔教授三度在该系进修，与该系鲍维金教授、费多罗夫教授、卡尔波夫院士、米洛夫院士、库库什金院士、鲍罗德金教授、谢伦斯卡雅教授、伊兹梅斯杰耶娃教授、戈里科夫教授、科什曼教授等结下了深厚的友谊。莫斯科大学历史系为我们团队的成长倾注了大量的心血。卡尔波夫院士、米洛夫院士、鲍罗德金教授、谢伦斯卡雅教授、伊兹梅斯杰耶娃教授、科什曼教授和戈尔斯科娃副教授前来我校讲授俄国史专题，开拓了我们团队及俄国史方向硕士生和博士生的视野。卡尔波夫院士、米洛夫院士和鲍罗德金教授被我校聘为名誉教授，他们经常为我们团队的发展献计献策。莫斯科大学历史系的学者还经常向我们馈赠俄国史方面的著作。正是由于双方有这样的合作基础，在选择翻译的书目方面，很容易沟通。尤其是双方商定拟翻译的30种左右的莫斯科大学历史系学者著作，需要无偿转让版权，在这方面，莫斯科大学历史系从系主任到所涉及的作者，克服一切困难帮助我们解决关键问题。

五是由于我们团队有一支年富力强的队伍，既懂俄语，又有俄国史方面的基础，进取心强，甘于坐冷板凳。学校层面和学院层面一直重视俄国史研究团队的建设，一直注意及时吸纳新生力量，使我们团队人员年龄结构合理，后备有人，有效避免了俄国史研究队伍青黄不接、后继无人的问题。我们在培养后备人才方面颇有心得，严格要求俄国史方向硕士生和博士生以阅读和翻译俄国史专业书籍为必修课，硕士学位论文和博士学位论文必须以使用俄文文献为主，研究生从一入学就加强这方面的训练，效果很好：培养了一批俄语非常好、专业基础扎实、后劲足、崭露头角的好苗子。我们组织力量翻译米罗诺夫所著的《俄国社会史》《帝俄时代生活史》，以及在中文刊物上发表的70多篇俄罗斯学者论文的译文，都为我们承担"俄国史译丛"的翻译工作积累了宝贵的经验，锻炼了队伍。

译者队伍长期共事，彼此熟悉，容易合作，便于商量和沟通。我们深知高质量地翻译这些著作绝非易事，需要认真再认真，反复斟酌，不得有半点的马虎和粗心大意。我们翻译的这些俄国史著作，既涉及俄国经济史、社会史、城市史、政治史，还涉及文化史和史学理论，以专题研究为主，覆盖的问题方方面面，有很多我们不懂的问题，需要潜心翻译。我们的翻译团队将定期碰头，利用群体的智慧解决共同面对的问题，如单个人所无法解决的问题，以及人名、地名、术语统一的问题。更为重要的是，译者将分别与相关作者直接联系，经常就各自遇到的问题通过电子邮件向作者请教，我们还将根据翻译进度，有计划地邀请部分作者来我校共商译书过程中遇到的各种问题，尽可能地减少遗憾。

我们翻译的"俄国史译丛"能够顺利进行，离不开吉林大学校领导、社科处和国际合作与交流处、东北亚研究院领导的坚定支持和可靠后援；莫斯科大学历史系上下共襄此举，化解了很多合作路上的难题，将此举视为我们共同的事业；社会科学文献出版社的恽薇、高雁等相关人员将此举视为我们共同的任务，尽可能地替我们着想，我们之间的合作将更为愉快、更有成效。我们唯有竭尽全力将"俄国史译丛"视为学术生命，像爱护眼睛一样呵护它、珍惜它，这项工作才有可能做好，才无愧于各方的信任和期待，才能为中国俄国史研究的进步添砖加瓦。

上述所言与诸位译者共勉。

吉林大学东北亚研究院

张广翔

2016年7月22日

# 目　录

第一章　中世纪晚期史料（新时代早期） …………………………… 001

第二章　15 世纪末至 17 世纪上半期西欧历史发展的基本趋势 ………… 007

第三章　新时代早期西欧国家经济的发展 ………………………………… 026

第四章　地理大发现和殖民体系的形成 …………………………………… 043

第五章　16 世纪至 17 世纪上半期的德意志 ……………………………… 059

第六章　16 世纪至 17 世纪上半期的瑞士 ………………………………… 103

第七章　新时代早期的天主教会　反宗教改革和天主教会改革 ………… 121

第八章　16 世纪至 17 世纪上半期的西班牙 ……………………………… 130

第九章　16 世纪至 17 世纪上半期的尼德兰 ……………………………… 152

第十章　16 世纪至 17 世纪上半期的意大利 ……………………………… 180

第十一章　16 世纪至 17 世纪上半期的英格兰 …………………………… 211

第十二章　16 世纪至 17 世纪上半期的法兰西 …………………………… 241

第十三章　16 世纪至 17 世纪上半期的北欧国家 ………………………… 272

第十四章　**16 世纪至 17 世纪上半期的奥地利** …………………… 294

第十五章　**16 世纪至 17 世纪上半期的匈牙利、特兰西瓦尼亚、**

　　　　　**摩尔达维亚和瓦拉几亚** ………………………………… 298

第十六章　**16 世纪至 17 世纪上半期的国际关系** …………………… 324

# 第一章
# 中世纪晚期史料（新时代早期）

中世纪晚期经济社会生活发生的深刻变革、新型意识形态的形成、世界图景本身的变化以及人类对它的接纳在史料的性质上也有所体现，因为这些史料诞生于复杂的现实并反映现实。在这一过渡时期，产生了与传统史料并存的新型史料。

与前一时期相比，流传至今的16~17世纪的书面文献数量要多得多。这说明了社会经济生活变化、生产进步、贸易增长，因为这些都需要公文资料的证明。这也说明国家功能变得更加复杂，活动范围更加广泛，文化水平整体提高，读书识字得到普及。印刷业的发展发挥了巨大作用，它极大地简化和加快了书籍及其他出版物的出版，增加了发行数量。16~17世纪文献的完好保存也说明了对文献保存态度的变化：档案业得到发展，国家和个人书籍收藏得以完善。

这一时期多数书面文献都是用本民族语言书写的。16~17世纪的语言规范与现代语言相近，极大降低了文献整理的难度。国际合约、外交公文以及君主、国务活动家和学者的信函中多用拉丁语，一些科学论文、历史题材作品使用的是拉丁语，天主教会的官方语言也是拉丁语。

公文资料占很大比重。公文处理的完善使西欧国家文件的形式极大简化并趋于统一。我们对这一时期经济、社会关系的印象主要是在这些材料的基础上形成的。

16世纪至17世纪上半期，记录封建土地关系的传统文件仍和过去一样广泛流行，如国家地籍簿、领地登记册（租册）、农民赋役登记册、村社条例等。但是，短期租赁合约数量增加，说明农民逐渐被佃户取代。租赁合约保存下来的不多，这是因为租赁有效期一般不长，没有刻意保存。资本主义早期农场主的私人公文保存下来的也不多，在农场建立与封建领地同样完整的公文体系需要时间。大量私人文书——土地买卖、典当、赠与、遗嘱、债务文书填补了这些空白，使我们能够追踪农村公社瓦解、早期资本主义元素分化、农村出现城市资本、封建特权阶层被摧毁、土地转移到新的所有者手里的过程。

我们对生产和贸易状况的印象也以文件资料为基础。遗憾的是，有关早期工场手工业的文件几乎没有保存下来。可以通过车间规程、国王颁给工匠的证书、股份公司合约、发明和新生产执照来了解有关发展水平和生产组织形式的信息。交易和核算书，个人、商人和银行的商业信函、成员名单和特许状、许可证，贸易和交易场所的报告都反映了16~17世纪商业资本的发展历史。也可以从婚姻契约、遗嘱、死亡财产清册和纳税清单中提取有关收入水平和工商业资本增长的间接数据。

国家机关和部门——中央机关（皇家委员会、办公厅、国库、海军部、法院和审计署）和地方行政机关的文件中包含着最丰富的各类经济社会生活信息。16世纪下半期，教区登记簿中出现了民事（出生、婚姻和死亡）登记系统，稍晚时候世俗登记簿中也出现了民事登记系统。它们是人口、族谱和社会历史的重要信息来源。

在政治、历史研究中具有极其重要意义的文件资料包罗万象、种类繁多。这包括君主、国家机关、皇家委员会、各阶层代表的文书（议会会议记录、议会的清单和记事簿）、官方信函、政治活动家的个人档案、地方行政机关和法院的各类文件。国际关系史反映在合约文本、外交信函、君主个人信件、政府给大使的指示、驻外大使的报告中，16~17世纪，精通欧洲事务的威尼斯大使最为突出。

各级教会——从教区到罗马教廷的行政管理机构的文件也非常丰富，包括教皇的信函和训谕、教皇使节和传教士写给罗马的报告、主教公会和大教堂会议记录、加尔文派会议记录、教会法庭、宗教裁判所记录、禁书索引、宗教改革家和其他宗教活动家的咨文和纲领性文件。

在中世纪晚期，皇权作用明显增强。中央集权的君主专制国家扩大了自己的活动范围，极力囊括社会生活的方方面面，并将其置于自己的监督之下。它反映为立法积极性加强，并在一些留存的法律中得以体现。在16~17世纪的立法中，调整经济——生产和贸易规章、进出口、海关税的规模和性质等方面的条例居于显著位置。因而国家开始承担之前行会、同业公会行使的职能，通过文书确定商品质量标准、种类和价格。这一时期的法律也反映了君主专制在农业和解决财政问题（有关税收、国债、军事、建设、船舶进港费等法律）、社会问题（不利于被剥夺的农民的血腥立法、劳动报酬法、贫困救济法等）等方面的实践。

在宗教改革时期，教会设置、宗教信仰问题成为世俗国家立法的对象。出现了确定皇权与教会新关系的法令（如英国的《至尊法案》，见第十一章）、确定国内某种宗教具有优先权的法令（如法国亨利四世的"南特赦令"，见第十二章）、追捕持不同政见者的命令（如西班牙和尼德兰反对异端分子的启事，见第八章、第九章）。在一些信奉新教的国家，甚至把确定正式信仰标志作为世俗权力的一种特权，并按相应的法令办理。罗马教皇、主教公会的决议也在法律之列。

由于这一时期文件资料数量多、内容充实，叙述体史料对研究社会经济问题和部分政治史的作用有所降低。从叙述体史料中首先分离出来的是史学著作。这一时期过渡性的特征在这一体裁的著作中也有所体现。16世纪至17世纪上半期，大量编年史仍在编写中，尤其是地区和城市编年史。但是带有科研成分的历史著作正逐渐取代按中世纪历史编纂传统编纂、对事实缺乏概括、天真地相信奇迹和天命论的编年史。这些著作的作者在作品中使用了文件资料，对史料进行了科学评论，从唯理主义的立场进行了论述。16世纪至17世纪上半期，意大利的人文主义历史编纂学占据着明显优势，早在14世纪就已经在此产生，并在法国和英国得到普及，而它的影响在西班牙和德国则比较小。

尽管16~17世纪的史学家关注的是本民族的历史，但他们的著作仍被认为是"通史""世界史"（如阿格里帕·多比涅的著作可以作为通史的范例，从本质上说它是法国史）。Н.马基雅维利的著作（《佛罗伦萨史》）、Ф.圭恰尔迪尼的著作（《意大利史》）、Ф.培根的著作（《英王亨利七世本纪》）、让·奥古斯特·德·图的著作（《我们时代的历史》）以及其他人的著作均为文艺复兴时期珍贵的人文主义历史文献。这些著作的特点是作者全力领悟管理社会的潜在动机，像对待已经发生变化的政治经验一样对待历史。但是，倾向性和有时为了支持自己的政治集团或上层订购人的利益歪曲事实是这些作品政治尖锐性的反面，无疑，这降低了历史文献的可信度，但对于一般的研究者来说，这些作品也更有吸引力。

回忆录也在史料之列。16世纪至17世纪上半期回忆录体裁非常丰富，这是文艺复兴时期发掘人的个性、人的内心世界、高度评价积极的公民活动的结果。作者是回忆录事件的直接参与者，掌握着大量细节，而这些正是文件资料所欠缺的。历史人物的生动鲜活使回忆录具有特殊的价值。但是作为历史文献，回忆录也有一定缺陷：发生的事件不足为信，与大事年表有出入、对发生的事件存有偏见、夸大作者个人在所描述事件中的作用。大政治家的回忆录（如亨利四世的大臣苏利公爵、枢机主教黎塞留的回忆录）中都有一些细微的篡改，这些作品都带有特定的目的，用来颂扬自己的政策和活动。需要吸收其他类型的史料对回忆录所强调的信息进行批判分析。同时，当回忆录被用作社会认知史料时，这些缺点反倒成了优点，因为这鲜明地反映了作者所属社会阶层的兴趣、兴致和政治倾向。

在社会各阶层中广泛流行的日记在内容、性质上与回忆录比较接近。在某种程度上日记使我们有机会研究正在形成的资产阶级的心理特点、自我意识、个人存在感的增长，以及个人的社会政治追求。这一时期的典型特征是出现了大量旅行者和航海者日记，它们确定了地理大发现的历史。其中最可信的变成了研究殖民地的真正历史著作，当然，它们既包含了可靠的信息，也包含了虚构的成分。

在叙述体史料中书信体广为呈现。私人通信包含不少反映方方面面现实的信息，包括日常生活、风俗和家庭关系。这类史料有助于我们研究当时大众的思想和世界观。

印刷术的广泛流行带来新型叙述体史料——政论作品的繁荣。印刷机成为社会和政治集团强大的武器。印刷的小册子、抨击性小品、讽刺文章、常常秘密流传的传单淹没了欧洲。其中，主要是令当代人激动不已的对重大问题的激烈争论，如国家政策、皇位继承、社会改革计划、经济政治方案等。专制政体问题在思想斗争中占据核心地位，围绕这个问题皇室和君主的拥护者进行了辩论（其中最知名的讽刺小品为Ф.奥特芒的《法兰克-高卢》和杜普莱西斯-莫内写的《控诉暴君》）。天主教和新教神学家在宗教问题上的斗争同样残酷。因此，政论作品是16世纪至17世纪上半期思想史上最有价值的史料。

政论作品的发展为社会意识的觉醒做了准备，而印刷术为期刊的产生创造了技术条件。西欧最早报道社会政治事件的期刊为16世纪80年代于德国出版的《法比信使》（«Франко－Бельгийский Меркурий①»，英语为 *Mercurius Gello－Belgicus*——译者注）、17世纪上半期在法国出现的《法兰西信使》〔«Французский Меркурий»，旧称《风雅信使》（*Mercuregalant*）——译者注〕和《公报》（«Газета»）。

在叙述体史料框架内，论文占有特殊地位，已经可以将其归入科学文献之列。16~17世纪，自然科学的重大转折催生了许多著作，它们使之前积累的农业、物理、数学、化学、解剖学、医学、植物学、地理学等领域的知识系统化。当时的经济思想以有关农业、工业、贸易、金融、航海、殖民扩张的论文的形式呈现。

从经济史的角度，笔者对概括世代积累的耕作经验的论文有着极大的兴趣，它们对农业收入的提高有实际的指导作用，A. 菲茨格尔伯特、T. 台谢尔、O. 德·谢尔、A. 加仑的著作宣传使用定期租赁、雇佣劳动等农业集约

---

① Меркурий 在俄语中意为"古罗马神话中的商业保护神墨丘利（Mercury）"，由于墨丘利是众神的信使，于是他的名字便演变为"信使"。

经营方法和先进的组织形式。

在大量有关贸易的政论作品中，法国史学家和经济学家 Ж. 博丹和西班牙人托马斯·德·梅尔卡多以及萨拉曼卡其他经济学家的作品显示出较高的理论水平，他们最早发现欧洲"价格革命"的原因。提出了资金和贸易平衡理论的 A. 安东尼奥·塞拉、A. 蒙古莱田、托马斯·曼、胡果·格劳秀斯、彼得·格鲁特以及其他重商主义思想家的著作奠定了政治经济学的基础。

用自然和社会发展法则进行科学思考的尝试催生了许多政论作品。君主专制的出现和实质、君主专制与人民的相互关系规则、权力的本质、君主主权与代表机关共存、"自然权利"与"人民政权"理论等现实问题成为多数政论文章的对象。历史学家、政治活动家在自己的著作中都关注到了这些问题。Ж. 博丹的著作《王权论》《国家六论》、Г. 格劳秀斯在国际法方面的著作对此后政治思想的发展产生了重大影响。M. 蒙田和 Ф. 培根的历史哲学随笔也是另一类对人性和社会性质知识的概括。对理想的国家和社会结构的追寻使社会上乌托邦体裁的著作广泛流行，T. 莫尔（《乌托邦》）、T. 康帕内拉（《太阳城》）、Ф. 培根（《新大西岛》）是这类作品中的优秀代表。

这一时期具有鲜明民族特色的文学作品、诗歌、歌曲、流行的讽刺小品也是珍贵的史料。

# 第二章
# 15世纪末至17世纪上半期西欧历史发展的基本趋势

**时期划分问题** 15世纪末到17世纪中期，按照形成于本国科学研究的传统，这一时期被称为中世纪晚期；按照欧洲历史编纂学传统，这一时期被称为新时代早期。这两个术语都强调这一时期同时属于两个时代的过渡性和极其矛盾的特点。深刻的社会经济进步、政治文化变迁、社会发展明显加速与许多回归已经过时的关系和传统的尝试并存。这一时期封建的政治经济体系居于支配地位，早期资本主义生活方式正在其内部产生和形成，但是在欧洲发达国家这一进程发展并不平衡。在与人文主义流行、宗教改革过程中对天主教教义的重新认识、社会思想逐渐世俗化有关的世界观发生变化的同时，民众的宗教信仰也得到强化。16世纪末至17世纪上半期反宗教狂热的声浪、血腥的宗教战争，与前一时期有着密切联系。

通常认为15、16世纪之交——标志着与中世纪的经济和精神割裂的地理大发现、文艺复兴繁荣时期——为新时代早期。欧洲人所熟知的人迹区的界限明显扩展，由于开发了新发现的土地，经济取得了巨大发展，宇宙概念有了重大变化，在社会意识中新型的文艺复兴式的文化得到肯定。

对封建主义晚期上限的界定存在争议。一些史学家依据经济标准，倾向于将整个18世纪都划入中世纪。另外一些史学家依据某些国家早期资本主义成分的成功，建议将与资本主义成分增长有关的社会政治大变动——16世纪下半期尼德兰的解放运动或17世纪中期的英国资产阶级革命作为界限。

把18世纪的法国大革命作为新时代起点的说法也比较普遍，因为至此资本主义关系在欧洲很多国家都占了上风。但是多数史学家倾向于将17世纪中期（英国资产阶级革命和三十年战争结束时期）视为新时代早期和新时代开端的分水岭。在本书中，历史事件阐述到1648年《威斯特伐利亚和约》，它是对第一次全欧洲大规模冲突的总结，确定了欧洲政治发展方向。

**经济发展的基本趋势**　在新时代早期，经济生活中新旧经济进程并存。物质文化（劳动工具，人们在农业、手工业和技术中的方法和技巧）基本上保留了中世纪的特点。在新技术和动力源方面，16～17世纪还没有革命性的进步。这一时期是欧洲工业化前农业文明发展的最后阶段，它结束后即迎来18世纪英国工业革命。

另一方面，许多社会经济现象有了新特征：得益于新的生产组织形式和投资方式，某些经济领域的技术发展快、进步大。矿业、冶金业的进步，造船业和军工业的重大变革和印刷术、造纸、玻璃、新型织物、自然科学取得的成绩为工业革命初级阶段做了准备。

16～17世纪，西欧的交通网络已经相当密集。贸易和交通的进步促进了本国和整个欧洲市场的发展。继地理大发现后发生了世界性变革。欧洲移民点和亚洲、非洲、美洲贸易网络的出现奠定了世界市场的基础。与此同时，殖民体系形成，它在资本积累和旧大陆资本主义发展中起到了非常重要的作用。新大陆的开发对欧洲的社会经济进程产生了深刻、全面的影响，它引起了世界范围内争夺销售市场和原材料的长期斗争。

早期资本主义成分的产生是这一时期经济发展的最重要因素。至16世纪末，它已成为英格兰、稍晚些时候尼德兰经济的主要形式，在法国、德意志和瑞典的某些生产领域发挥着显著作用。同一时期，在资本主义成分早在14～15世纪就已产生的意大利，由于不利的市场结构，到17世纪初资本主义反倒停滞不前。在西班牙和葡萄牙，由于国家政策缺乏远见，新生活方式还在萌芽中就被扼杀。在德意志，从易北河往东，在波罗的海沿岸、中欧和东南欧，早期资本主义并未普及。相反，将这些农业区纳入国际市场导致出现倒退——倒退回封建领主经济和令人沉痛的农民人身依附形式（即所谓农奴制再现）。

尽管不同国家的早期资本主义成分发展不平衡，但它已经开始对欧洲经济生活的所有领域产生长期影响。早在16～17世纪，欧洲就已经是一个拥有货币、商品共同市场、形成国际劳动分工的相互关联的体系。经济成分的多样性是经济最典型的特征。

社会结构更加复杂。在新时代早期，传统的封建社会结构发生变形。在原有阶层的框架下，一些收入方式独特、收入水平突出、社会和伦理定位迥异的独立群体开始分离出来。

16世纪至17世纪上半期，欧洲的贵族已经不是统一的、相对均衡的军功阶层。其中，依靠自己的非世袭个人领地和军队服役收入生活的"旧贵族"分离出来，大贵族和中小地主都属于这个范畴，他们面临的一个共同问题是来自依附他们的农民的货币地租收入减少。物质匮乏触动了大部分旧贵族而非所有人：一些大地主适应了压迫农民、经营形式更有利于封建主的变化。一部分旧贵族通过在宫廷服务找到了出路，但是需要巨额支出的宫廷生活无助于这一阶层的经济稳定。

一些小地产贵族陷入困境。在缺少自由土地的情况下，服兵役和附庸关系已经过时。骑士的生活方式破灭，也毫无价值，而附庸关系最终流于形式。在家庭中，小儿子常常没有土地可以继承。热衷于骑士空想的无地贵族[法国的佩剑贵族和西班牙贵族（伊达尔戈）]在工商业竞技场上没有建立"功勋"，转向皇室军队，参与军事冒险行动和殖民侵略。但是，仅有少数人通过这个途径致富。

在生活目标上与旧贵族对立的是新贵族。这个阶层由部分大贵族和中小贵族的代表构成，但中小贵族在其中所占比重较高。新贵族的特点是竭力提高领地的收入，使其经济更加集约化。这一阶层的代表用短期租赁替代普通的农民经营方式，自己担当邻近贵族土地的大承租人，改变自己领地的经营目标，引进新作物。紧密联系市场、把获得的收入投入生产、在农庄内组织手工工场、参股商业股份公司是他们的典型做法。共同的经济利益和心理拉近了他们同城市企业家和商人的距离。

出身于非贵族阶层的官吏（在法国被称为"长袍贵族"）、由于购买了非贵族阶层的土地而富裕的市民、因国王的赏赐或凭特权而被授予贵族头衔的农民构成了另一类贵族。"长袍贵族"和被授予贵族头衔的暴发户遭到了不愿与其交往的旧贵族的鄙视。从活动性质和收入来源说，这一阶层与新贵族是相近的。

农民的财产和社会等级迅速分化。16世纪至17世纪上半期，尽管农村两极分化严重，但在欧洲国家还是有很多类型的农民。一方面，富裕的上层农民分离出来，他们是拥有很多份地的富裕农庄主；利用破产邻居的雇佣劳动的大农场主——承租人出现。这说明他们的经营已经具有了早期资本主义的特征。上层农民的高收入使其有机会跻身贵族阶层。另一方面，中层农民——独立的小地主阶层消失，而缺乏保障、没有土地、失去生产资料被迫靠雇佣劳动糊口的农民数量急剧增加。

城市居民的社会关系比较复杂。从事国际贸易、高利贷和银行业务的商人是最富裕的阶层，他们的经济地位十分稳固。部分商人在积累了大量资本后开始效仿贵族的生活方式，购买土地、宫殿和爵位。另外一部分人正好相反，在积累资本后将自己的财富用于生产，将其投入手工工场、矿山开采、商业股份公司和银行等。

社会等级和财产的分化也涉及作为中世纪市民阶层中坚力量的手工业者。当时，由于城市社会变得更加封闭、部分小手工业者失去了经营自主权甚至破产，行业精英保住了自己的地位。在社会等级中，小手工业者与基本没有机会成为工匠的工匠帮手、雇佣人员处于同一水平。这部分依靠逐渐贬值的薪水过活的城市居民，艰难地勉强维持生活。

从中世纪的市民阶层中分离出一个特殊的群体，即脑力劳动者，包括律师、医生、大学和中小学教师、大学生和自由职业者。其中，律师由于收入高和影响力大而凸显出来。

随着时间推移，上述倾向导致新社会结构形成，早期资产阶级和无产阶级阶层出现。他们的出现不是某个中世纪阶层进化的结果，而是在联合参与新型生产主要是早期资本主义生产的不同群体融合的基础上形成的。早期资产阶级包括城市和农村企业家、大部分新贵族、手工工场所有者。早期的无产阶级包括没有土地的农民、破产的手工业者和城市贫民。

**君主专制** 15、16世纪之交，西欧国家进入政治发展的新阶段。强化中央集权是这些国家的典型趋势：至16世纪初，法国、英国和西班牙完成了土地集中。在已经集权化的国家（意大利、德国），围绕地方政治中心的土地集中也颇为明显。

在土地集中的同时，政治集中也在进行，形成了新型国家政权，它们拥有中世纪等级君主制所不具有的特征和功能。在镇压了大封建主最后的抵抗后，王权得到加强，在很多情况下它甚至可以拒绝召集失去以往政治意义的等级政府机关。实际上，不受限制的君主个人统治制度建立起来，称为君主专制制。①

专制制度在宣称王权出自神权、君权独享、绝不允许反抗的政治思想中能找到理论依据。

王权加强的原因主要在于15、16世纪之交西欧国家特殊的社会政治形势。中世纪阶层和原先的组织形式的解体导致参与政权的社会群体，在某种程度上较之前对王权具有更大的依赖性。

在实际收入降低的情况下，贵族在王权中发现了支持、赏赐和恩惠之源。从15世纪末起，抛弃过往的消极态度的贵族和希望获得宫廷肥缺、军队或政府机关职位的"执剑贵族"极力向宫廷靠拢。为争得君主的恩宠，形成于宠臣和近臣周围的各派贵族展开了激烈的竞争。旧贵族期望君主制国家能保留他们在社会中的绝对地位，保证其对农民的统治、稳定的地租收入，镇压社会上的反对势力。他们还关心保证其参与军事行动和殖民企业的对外政策。

神职人员的地位比较相似。天主教会势力的衰弱、失去对世俗政权的统治、宗教改革的胜利以及欧洲一些国家国教会的形成使神职人员的经济和政

---

① 与俄国历史文献中已经确定的"绝对君主制"这个术语并列，在国外文献中也流行使用"新型君主制"、"文艺复兴君主制"和"个人君主制"的概念来定义这种类型的国家。

治命运都取决于君主。因此，过去构成君主政权主体的两个主要的封建等级，由于形势的变化而趋向于合作和依附。

第三等级——市民，尤其是之前比较倾向于与王室联盟的企业主，从中看到了繁荣的保证，他们需要调节经济、鼓励民族工商业的保护主义政策。活动规模不得不受行会限制的大型生产组织者、商人、手工工场所有者需要王权的支持。国王对生产和贸易许可证的特权可以克服这些障碍，因此早期的资产阶级已经准备好与王权分享部分利润。利润的多少取决于国家、自己的政治地位、为本国生产者进入新市场所创造的条件，以及他们对开发殖民地的参与度。

利用各等级的关切及它们之间的矛盾，君主制获得了凌驾于各等级之上的地位和空前的独立。仍具有较大政治影响的旧贵族和没有政治地位但能调配资金的企业家阶层之间的随机应变成为君主专制国家的典型特征。封建君主制的本质决定了对贵族必然关照：它是优势阶层，君主与其血脉相连。对早期资产阶级的奖赏是由政局决定的，它取决于君主的远见以及他是否愿意关照民族经济。由此可以看出，在君主专制时期，君主个人具有极其重要的作用，因为他的政治选择常常决定人民和国家的命运。

由于各国君主专制制度的多样性，君主掌握着国家治理的新机构是最显著的特征。首先，强大的、分支众多的官僚机构就属于此列。到16世纪末，在多数西欧国家最终形成了严谨的中央和地方管理机关体系，使君主能够有效实行自己的政策。许多受君主赏赐恩泽的官员成为政策的执行者。在君主专制行政管理体系内，贵族仍发挥着重要作用，在政府中担任要职。不论官员出身哪个阶层，他们均具有良好的修养和职业技能。

在官僚结构的基础上，国家面临艰巨的新任务。它要限制封建领主和教会的司法权，给予地方自由，给予部分城市和省份特权。司法、行政和财政体系要相对统一。专制国家的一个突出特点是立法活动十分活跃，国家监督遍及社会生活的所有领域。君主政权不仅确定对内对外政策，还规定社会经济关系，承担过去属于城市行会的功能，干涉宗教信仰和个人生活。

16世纪至17世纪上半期，官僚机构增加，机构的专业分工也得到强化。还出现了兵船修造厂、商会、侨民管理局、军队、舰队，作为对构成中世君主制国家核心的税务局、国务办公厅、审判院的补充。17世纪，在此基础上形成了早期的内阁。越来越多的外交和侦查机关分离出来，并实现了专业化。

实际上政权掌握在少数进入君主直接领导的秘密或小范围会议的国家高官手里。他们承担各领域大量的日常管理工作，在会议内部进行专业化分工，确定会议部分成员所监管的工作方向，如对内对外政策、舰队、军队、财政等。君主专制时期的国务会议成为现代内阁的前身。

重新建立起来的官僚机构与从中世纪继承的等级代表机构并行不悖。从立法和实际管理方面看，后者的意义下降，但每个国家新旧政权、制度的相互关系各不相同：在某些国家（如法国），君主对等级代表机构不予理睬，长时间不召集会议；而在其他国家（如英国、瑞典），这些机构被成功地纳入专制体系，与君主制行政管理机关一起发挥作用。

如果说中世纪的理论与实践确定的世袭君主制国家的管理方式为宫廷中的关键人物对国家进行管理，那么新时代早期的行政管理体系和工作方法在很大程度上具有了公开依法和全民参与的特点。这在16~17世纪提出民族福祉和国家利益概念的政治理论中都有反映。

军队是最重要的国家制度之一，15世纪至17世纪上半期军队的性质发生了根本变化。至15世纪末，射击武器的广泛流行产生了重要的技术和社会影响，引起了真正的军事变革。火炮的使用使中世纪城堡的石头防御工事形同虚设，而射击武器使骑士的盔甲毫无用处。在城防建筑上，广泛采用在要塞墙之外构筑球形炮弹和弹头难以穿透、带多面堡、可以在上面设置炮台的土筑工事。大型作战行动都在露天展开，这引起军事战略和战术的变化。16~17世纪的军队，广泛使用前膛火枪、滑膛枪和手枪等单兵射击武器，但这些武器的性能还不是很可靠，使用起来也比较复杂，因此民间的长矛兵不使用前膛火枪和滑膛枪。

在这种条件下，重装骑兵的意义下降。尽管贵族在军队中保留了指挥官的职位，并由贵族组成了近卫团和轻骑部队，但君主对职业军人阶层的依赖减弱。国库供养的大量职业雇佣军取代了君主的仆从军。在雇佣兵存在的同时，还强制将致贫的农民、游手好闲的贫民、有时免除牢狱之灾的罪犯征募进近卫团。

国家财政的完善促进了君主专制的强化。按照传统，欧洲君主的收入主要是田产的进款和税收，由于没收了叛乱的封建主的领地，田产的储备数量增加（有时是由于教会土地的世俗化）。从中世纪继承的征税系统变得更加复杂。除了等级代表机构同意征收的直接税，君主还强制居民购买债券，引进了额外的间接税、军需费和船舶费，为提高实际税收与法定税收的比例（包税制）使用了新的计税方法。由于对纳税人的不断压榨以及等级代表机构实际监督的缺失，君主的收入增加。君主积极利用银行业务、国际债券，将资金投入贸易和殖民企业。国家财政的充盈还有赖于关税和殖民地的进款。出售垄断贸易许可证和生产许可证，即从生产者那里提取部分利润、买卖贵族头衔等，也是国库增收的新来源。这些收入确保欧洲君主可以更自由地支配国家财政。

在君主专制时期，在中世纪国家结构的背景下，持续了若干世纪的世俗政权和教会政权之间争夺统治地位的冲突得以解决。在多数情况下，世俗统治者限制罗马教皇干涉自己国家的事务，为本国教会争取了很多特权，而在宗教改革获胜的国家，已经与国家制度体系一体化的教会完全从属于世俗政权。

因此，在制度上更加完善的主要国家发展过程中，君主专制的形成是重要的一步。

正是在中央集权国家的框架下，法国、英格兰、西班牙形成了君主专制。丹麦、瑞典也按这样的道路发展，但是这里的君主专制发展进程缓慢，因封建逃民潮的复发而多次中断。但是，16~17世纪的欧洲意识到了另外一种发展模式，即"宗教专制"或"王公专制"。这在推崇多中心论的意大利和德意志比较典型。在这些不大的国家中，君主政权巩固、官僚机构形成、军队改革、世俗政权加强、对教会进行监督的进程同时进行。但在许多小国中，君主专制的巩固客观上不仅没有促进反而阻碍了意大利和德意志的民族融合。

**民族的出现** 现代民族的形成是新时代早期的典型特征之一，主要表现为经济集约发展、国内市场形成、实行君主制中央集权政治。在欧洲国家，各民族之间的差异消除，方言统一，统一的民族语言形成，独特的文化和民族自我认知形成。法兰西、英格兰、意大利、西班牙、葡萄牙、丹麦、瑞典、苏格兰成为以单一民族为主的国家。

由多个民族联合在一起的哈布斯堡王朝以及一些倾向独立的国家间政治联合的存在使欧洲民族形成的过程变得更加复杂（丹麦与瑞典、瑞典与波兰、西班牙与葡萄牙之间）。在多民族国家中，民族也在形成。在因佩里亚开始分化出德意志和奥地利民族，而在脱离了哈布斯堡王朝统治的北尼德兰则形成了荷兰民族。

中欧和东南欧经济的保守以及一些政治因素，首先是奥斯曼土耳其的入侵，阻碍了民族国家的形成。但是在多民族国家中，处于从属地位（对于捷克人、匈牙利人、斯洛伐克人、克罗地亚人等民族来说）、侵略者的统治（对于巴尔干人和匈牙利人来说）、宗教迫害都促进了尚未建立或已经失去自己国家的人民民族意识的增长。

在民族形成的同时，新时代早期的一个罕见现象是欧洲人对自己政治文化的同一性认识。在发现新大陆，认识其他文明、宗教和文化的背景下，欧洲概念具有了现实意义。在存在民族、宗教差异的情况下，历史起源、地域、基督教信仰、文化政治传统的同一性把欧洲各族人民团结起来。

**新型政治文化** 16～17世纪是新时代政治文化形成的重要阶段。印刷术在激活政治文化上发挥了重要作用，从本质上说，它的出现是一场创新信息传播方式的革命。16世纪末，出现了期刊；17世纪初，媒体——早期的报纸和杂志诞生。在国家的正式宣传、政治和教会斗争中都系统使用印刷的书籍和抨击性小册子。同时，世俗政权和教会政权竭力对公众能得到的信息进行监管，由此产生了书刊检查制度。

社会和国家理论研究取得了重大进展。君主及其政权的与生俱来、主权概念、法律和宗教在社会中的地位、暴政及其对暴政的抵抗等成为越来越世俗化的政治法律思想中的核心问题。

16世纪至17世纪上半期等级代表机构的日常实践奠定了现代议会制度的基础。这一时期最终形成了法案提出、讨论和确立的程序。无论是议会还是官僚机构，都形成了自己的纪律、伦理、礼节和文牍处理办法。16世纪，英国议会最先提出议员言论自由、允许觐见君主以及不可侵犯的要求。当时的评论人实在有限，但他们奠定了现代政治自由概念的基础。17世纪初，在议会中还形成了合法的反对派，他们对政权持批评态度，但对其保持忠诚并在工作中结成联盟。

新型国际关系也在形成。新时代早期，积极研究民族法、战争法、和平法理论，欧洲国际法体系开始形成。外交机构、国外常驻使馆体系的建立以及外交艺术和礼节的确定促进了国际交流的发展。

**16世纪的社会革命问题** 在现代历史文献中，革命一词是多义的。到新时代早期，可以谈及经济中的价格革命、宗教改革所实现的宗教革命、17世纪的科学革命、从封建社会向资本主义社会过渡时期的社会革命等。在最后一种情况中，革命一词与重要争议问题阐述有关，即把德国的宗教改革和农民战争作为人类历史上第一次早期资产阶级革命（尽管遭遇失败）来阐述。

在Ф.恩格斯思想的基础上形成的马克思主义历史文献中形成了这一概念。这一概念公正地驳斥了当时流行的单纯用宗教或宗教政治因素来解释宗教改革历史，而置各类社会利益的作用、群众运动在历史进程中的意义于不顾的研究论调。

同样，在德意志早期资产阶级革命的概念中，宗教因素仅被视为"浮云"、各社会阶层社会愿望的"思想伪装"，它加速了历史进程，不符合17世纪的社会现实。这一观点的不足之处是夸大了早期资本主义关系、刚刚产生的资产阶级的成熟度，对刚刚形成的社会阶层——资产阶级估计不足。

作为宗教改革前提条件和"革命形势"成熟指标而存在的某些局部危机既不是全民族性质的，也不是全面系统的。宗教改革发生在德意志农民战争之时及之后，覆盖了农民战争这一社会冲突没有触及的广大地区。宗教改革不是按阶级而是按宗教信仰分割了社会阶层。对早期资产阶级革命极其严酷并存在其他缺陷的认知，导致在确定德国发生的革命历史年表、发展阶段以及在早期资产阶级革命周期中的地位时，这一理论的追随者内部出现了明显的分歧。

从同样的方法论出发，通常认为发生在 1566~1609 年的尼德兰革命是第二次欧洲早期资产阶级革命。可以确定，该事件发生在资本主义工场手工业发展时期，正在形成的资产阶级在政治上还不成熟，革命的任务是为今后的发展扫清道路。尼德兰资产阶级革命打着加尔文主义思想的旗号，与反对西班牙政权的解放战争有关。这场革命的意义在于，尽管范围有限，但它是第一次以胜利告终的革命。这一论断的提出者犯了一个错误，即没有明确说明尼德兰革命的社会实质，认为资产阶级革命在"表面上"采取了反抗西班牙的独立战争的形式。脱离西班牙的联省共和国的建立以及尼德兰经济中早期资本主义成分暂时快速的发展（但是几乎没有触及农村的社会关系）都归功于革命。

但这是北方各省脱离西班牙专制统治获得自由、摆脱苛捐杂税的重负以及迫害异己思想的暴政的成果。就其本质而言，16 世纪下半期至 17 世纪初的尼德兰革命是长期的大规模解放斗争，在斗争中自然解决了一系列重要的社会经济问题。这个在外国历史文献中广泛流行的观点在本书的相应章节中也有所体现。

**宗教改革** 16 世纪是席卷欧洲的罗马天主教会改革运动时期。宗教改革不仅吸收了很多世纪以来批判教会和全体神职人员的传统，还提出了理解信仰、圣经、教会制度的新规。从 1517 年马丁·路德演讲至 16 世纪中期，宗教改革导致了与天主教并立的几个教派的出现，包括路德派、英国国教会、加尔文派、茨温利派以及它们的反对派。独立于正式教会的各宗教派别——再洗礼派、反三位一体派以及其他教派形成并继续壮大。在某种程度上，所有社会阶层和团体——从为数众多的农民、粗俗的市民到达官显贵、神职人员和国君——都参与了宗教改革。运动的规模、运动的思想倾向以及在各个国家的结果都不相同。

从思想基础和目标来说，改革是宗教改革，它的教义否定神职人员在灵魂拯救中作为特殊工具的作用。只有《圣经》才是基督教教义的基础。与天主教会不同，它否认"圣传"——高级神职人员和教皇决议的作用。拯救之路与"虔诚信仰"和追随福音书的精神准则有关，而与"善行"无关。按正式的天主教教义，"善行"规定要无条件遵守所有教会礼仪和善举。宗教改革家虔诚的外在表现与宗教信仰的真诚即"内在信仰"对立。宗教改革拒绝传统的罗马天主教祭礼及其豪华的仪式，把重点放在阐明《圣经》真理的布道上。

随着印刷术的出现，每个信教者自主了解主要基督教经文的可能性增加，这极大促进了《圣经》翻译和宗教文献的出版。新信仰开始关注初等教育以及大学中的神学教学。尤其是积极支持宗教改革的市民阶层对"廉价"教会的思想和新教提出的新伦理规则比较亲近。贵族从教会土地世俗化中看到了扩大自己领地的机会。在某些极端的宗教改革派别——再洗礼派、托马斯·闵采尔及其他人学说的追随者中，基层的愿望被披上要求社会平等和财产平等的外衣。在一些自上而下进行宗教改革的国家，当局视其为充实国库和加强自己政治地位的良机。

宗教改革席卷了西欧和中欧的多数国家。在许多德意志公国、城市，瑞士、英格兰的许多州郡及英国人占领的爱尔兰（部分居民保留了天主教信仰）、丹麦及所属的挪威和冰岛，瑞典（含芬兰王国），尼德兰的北部——独立的联省共和国，宗教改革均获得了胜利。宗教改革成为匈牙利、法国和波兰某一时期一支有影响的力量。它未对意大利和保加利亚产生影响，在意大利仅是偶发现象，那里的天主教会给予坚决回击并完全占了上风。

宗教改革迫使罗马教廷与其余信仰天主教的政权结盟，采取坚决措施巩固天主教会。这一运动被称为"反宗教改革"。以特伦托会议（1545~1563）决议为基础，谴责新教的"邪说"，教皇的神职人员对教会会议和主教具有领导地位，罗马教廷也进行了一系列重要改革。在不触及正统天主教传统教义的基础上对天主教进行了革新，不断加强它的地位。

宗教改革的重要成果是出现了一系列独立于罗马教廷的国家教会，促进了本国的民族团结。尽管各派别之间存在严酷的斗争和宗教战争，但欧洲多种教会宗教派别确立本身的意义更大。这种多元化也体现在文化进程中，包括科学的发展，成为近百年欧洲发展的主要传统之一。

**世界图景的变化**　新时代早期也是欧洲人完成海上和陆上地理大发现的时期。欧洲与其他大陆的各种经济文化联系确立并迅速扩大。它促进了中世纪形成的世界图景本质的有时甚至是极端的变化。美洲的发现、对非洲和亚洲认识的加深、早期的环球旅行，这些都改变了欧洲人对地球的传统认知——地球是球形的，继哥白尼的发现后逐渐确定了地球围绕太阳运行的思想。

对生活在地球上的部族和民族的认识发生变化，语言、风俗和信仰多样性的信息倍增。首先是与神秘民族，尤其是与美洲印第安人的接触产生了不少在传统神学中难以找到答案的问题（如《圣经》中从未提起的印第安人是否有灵魂，他们与欧洲人是否一样）。在当时，这些答案不仅具有理论意义，还具有实践意义：如何评价征服美洲居民——接受或谴责这种方式都取决于对人类统一性观点的认可或排斥。同样，对民族多样性认识的扩展促进了对欧洲民族共性的认识。

**世界认知的新特征**　新时代早期的一个典型现象，即实际上在欧洲所有国家都出现的民族自我意识的发展与加强，不仅程度不同，而且也不同步。伴随这种社会心理新特征，一方面，一些统治者试图在欧洲建立霸权甚至超国家共同体；另一方面，他们力求保持地方独立、传统上非常有限的权力和特权。

民族语言的形成逐渐将其变成官方公文处理语言和文学创作语言，而在信奉新教的国家，教堂礼拜仪式的形成强化了民族统一性的认识。发扬光大本民族语言的优点和资源成为新语文学的一个重要课题。专注于先辈的伟大事业、超群的个体、本民族昔日重大事件、民族性情、风俗、文化成就的史籍的作者在爱国情感的发展中做出了自己的贡献。他们的兴趣从中世纪典型的记录自创世纪以来一连串历史事件的世界编年史，转向依据历史语文学考订法校正的史料确立的本民族历史。力求表现本民族从古至今的高尚品德和恶习是典型特点。民族性格和民族心理概念的基础形成。

世界认知的其他方面也发生了变化。取代狭小世界和局部空间的与世隔绝，视野变得开阔，强烈地感受到急剧的有时是不可言说的变化。他们要么表现出对认定为优点而非破坏美好旧风俗的新事物的兴奋，要么表现出对某些打破规则、仿佛世界末日将至的新事物的恐惧。时间的价值得到了重新认识：各类钟表机械在那一时期广泛流行并非偶然，精确地计量时间已经成为习惯。对待贫富的态度也发生了变化：致富和蓄财极少受到批评，而贫穷也极少与神圣等同。教会对高利盘剥、对不仅确定商品的公平价格还给经商者带来高额收益的商品定价实践都不再像过去那样排斥。出现了把财富作为真正的生活条件的理论阐述，强调它的社会意义，甚至"合乎上帝的心意"。

值得注意的是，对时间的新理解和对财富的新评价是相互的：时间即金钱的观念开始得到确认。它成为企业的伦理学原则之一，充满活力、积极向上、内部纪律严明、做好发挥主动性的准备、在快速变化的生活环境中不惧风险等受到高度评价。这些新的社会心理特征在人文主义伦理学和新教的道德学说中都有体现。

尽管对某些阶层的社会作用有了新评价，但封建社会所特有的阶层等级思想更加稳固。对全体神职人员尤其是修士的传统观念开始重新批判审视，这为改革运动营造了良好的心理氛围。骑士思想遭遇一定的危机，军事上的根本变化促使他们越来越被视为过时的阶层。与此同时，市民首先是富裕的上层市民的自我意识增强。他们不仅在经济活动中感受到财富的万能，而且财富还为他们开辟了一条实际了解政权结构的道路。反等级情绪在新社会阶层——资产阶级中积聚，他们的社会出身还没有被清晰界定。社会出身和地位各异的文艺复兴知识分子批判地接受社会等级、知识分子和全体神职人员上层的特权颇具代表性。在人文主义伦理学中，个人尊严思想确立，它与显赫的出身无关，而与道德完善、个人创业和业绩有关。

但在新时代早期形成的关于世界、人类、社会的非传统观念没有成为主流。它们与中世纪的传统心理、等级价值观、偏见、人民幻想的世界并存。尽管更加开阔的视野使新时代早期的人们不同于中世纪的欧洲人，但社会意识的变化并非群众性的。

**科学的发展**　15世纪末16世纪初是欧洲许多国家印刷术快速发展时期。与此相关的信息交流的快速化为科技思想的高度发展提供了强大的动力。不仅古代科学家的著作广泛出版，而且当代作者在包括自然科学在内的各知识领域的著作也出版发行。拉丁语成为科学的国际通用语言，越来越多的科学文献被翻译成本民族语言。17世纪上半期，它们严重地排挤了拉丁语在世纪之交尤其是在快速发展的自然科学中的地位。

地理学、地图测绘、农业、机械学和医学是最重要的成绩。已经在上面标注了地理大发现的欧洲和世界地图是16世纪中期由杰出的地理学家麦卡托绘制的。尼古拉·哥白尼在《天体运行论》中阐述的日心说对农业具有跨时代的意义。1543年出版的这部著作推翻了传统的地球作为太阳系中心的说法。哥白尼学说与基于《圣经》文本的传统理念的分歧招致天主教神学家和新教徒（其中包括路德）的双重严厉批判。由哥白尼的著作开启了发展新纪元的天文学，因稍后证实了哥白尼思想的第谷的观测和约翰尼斯·开普勒的发现而更加丰富。伽利略·伽利雷通过新型望远镜获得的发现成为日心说的可靠论据。哥白尼学说的反对者——教会的正统派在1616年正式谴责了日心说。教条主义为基于实验的天文知识设置了重重障碍，但它仍在继续进步。伽利略完成了机械领域的一系列发明，论证了自由落体定律、惯性规律、速度和加速度概念。

数学是快速复苏的科学领域之一。其中划分出独立的代数、三角、解析几何，发展了无限小值（即无穷小量——译者注）理论。在与矿业密切相关的地质学、还未与传统的炼金术分离的化学、动物学和植物学领域也取得了一定成绩。在医学中，解剖学有了重要进展，安德烈·维萨里的附有插图的著作《人体构造》成为奠基之作。在威廉·哈维和米盖尔·塞尔维特的努力下，血液循环理论得以完善。帕拉塞尔苏斯开创了借助化学药剂进行治疗的新阶段。

把实验作为认知基础和否定教条主义的文艺复兴时期自然哲学的发展与自然科学的成功密切相关。数学和机械学的成就对唯理主义哲学产生了影响，弗朗西斯·培根和笛卡尔的作品鲜明地体现了哲学与科学的相互依存。

**文化的发展　主要阶段和方向**　新时代早期是传统和新兴文化思想、艺术方向相互发生复杂作用的时期。其发展可以划分为三个主要阶段：15世纪末至16世纪上半期，16世纪下半期，16、17世纪之交至17世纪中期。在许多国家，第一阶段被称为文艺复兴时代，它在意大利获得了稳固的地位。在16世纪的第二个四分之一世纪里，罗马天主教会和宗教改革思想的分裂对文化产生了累进的影响。

第二阶段的文化进程具有两面性：各文化领域——社会、政治、思想、哲学、艺术继续复兴，在文艺复兴初期，人文主义理想也发生了变化，它受到怀疑人的"神性"和伟大的新思潮的排斥。在一些国家获胜的宗教改革思想和制度对文化产生了影响，而在另外一些国家，反宗教改革思想和复兴的天主教规范对文化产生了影响。这一阶段的文化进程带有君主专制普遍强化的明显印记。尽管文艺复兴本身开始出现危机的迹象，但与16世纪上半期的文化，尤其是与意大利文艺复兴两百年经验的继承关系仍保留下来。

第三阶段是新文化时期的到来和繁荣时期。这一时期经常被称作巴洛克时期，尽管这种风格不是唯一的。在一些国家，尤其是在法国和尼德兰，古典主义得到发展，在许多文学和艺术大师的创作中确定了现实主义原则。有时，也流行各类风格错综交织的混合风。

**文化的历史类型——文艺复兴**　在意大利的崇高文艺复兴时期（15世纪末至16世纪上半期），文艺复兴空前繁荣，在其他欧洲国家，文艺复兴被认定为一种特殊的文化现象，具有普遍意义。在上一个时期已经通过新问题和新认知方法丰富了教育和人文学科、建筑和造型艺术的文艺复兴，在16世纪对其他领域——自然哲学、自然科学、戏剧艺术和音乐产生了影响。在这一进程中，和继续消化吸收古希腊罗马文化遗产一样，印刷术的作用巨大。最著名的印刷厂是威尼斯的马努采夫、德意志的高贝尔格拉、尼德兰的普兰杰那、法国的艾奇耶诺夫印刷厂。在自己的出版活动中，这些印刷厂主要和校正古人著作的人文主义者合作，把古人的著作翻译成本民族语言文本，并对文本进行注释。很大一部分为现代科学所熟知的古希腊、拉丁语作者的著作就是在文艺复兴时期被发现并得到传播的。

在广泛关注古希腊罗马哲学和艺术遗产的文艺复兴中形成了独特的对古代的崇拜，它与野蛮的中世纪形成鲜明的对比。在中世纪古典拉丁语遭到破坏的同时，整个文化也衰落了。16世纪，恢复在很大程度上在中世纪断送的古希腊罗马的异教和基督教文化遗产仍是主要任务，同时也是文艺复兴的典型特征。这一时期，在解决人与社会面临的新问题的同时，人们效仿古希腊罗马，但与它的成绩平分秋色。中世纪文化传统，尤其是世俗文化传统——城市文化和骑士文化被消化吸收并重新具有了文艺复兴的意味，这在已经开启了非传统、原创之路的文艺复兴时代大师的创作中有所反映。尽管文艺复兴是独一无二的，但不能低估它与中世纪的继承关系，首先是与基督教传统的继承关系，这在各文化领域均有体现。

人文主义世界观是文艺复兴的突出特征。站在基督教的轨道上，文艺复兴的很多立场不仅偏离了经院哲学，还偏离了教会的正统思想。新世界观是建立在人类中心论原则上的，它强调人在宇宙系统中的中心地位。人文主义赋予个人英雄色彩，无限夸大个人的能力。人文主义是建立在人与自然和谐统一、地球上的生命均具有自身价值的思想基础上，它论证个人能力是自己生命的理性组织者。对于很多领域的文艺复兴知识，尤其按传统的包括经济、政治和伦理学在内的道德哲学来说，对宇宙问题进行世俗的、非神学的解释颇具代表性。

15世纪和16世纪初文艺复兴创新的艺术风格在师法自然和美好和谐的人类理想基础上发展起来。在美术方面，尤其是体现人、人的独特个性的人文主义思想肖像画得到广泛发展。在文艺复兴时期的绘画中，强调人与自然密不可分关系的风景画也占有特殊地位。

另外，从16世纪第二个四分之一世纪起，尤其是在与宫廷贵族界有关联的艺术领域，一个明显的倾向是将文艺复兴时期大师——列奥纳多·达·芬奇、拉斐尔、米开朗琪罗、提香的艺术创作形式化。不是"师法自然"而是通过艺术家的想象和精湛技艺"改变"自然的原则开始得到认可。对精巧和优美的崇尚取代了对自然和清新之美的崇尚，其代表为矫饰主义。

在新时代早期，文艺复兴文学和戏剧主要在世俗社会取得发展。时代天才——弗朗索瓦·拉伯雷、鹿特丹的伊拉斯谟、威廉·莎士比亚、米盖尔·塞万提斯、洛佩·德·韦加在这方面的个人贡献尤其巨大。

应用在私立、市立学校，大学讲台以及宫廷或达官显贵家庭成员的人文主义教育计划和方法成为文艺复兴时期的重要成果之一。许多教会学校，无论是天主教学校还是新教学校，都主动引入了人文主义教育学，尤其是学习古代语言的方法，但在教育思想方面各自做了修订。

在文艺复兴基础上形成了新知识分子阶层，该阶层在15世纪末16世纪初就已在欧洲强势出现。它的构成首先是人文主义者，他们的职业活动与复兴的一系列人文学科有关，作家、画家、建筑家、科学活动家也在此列。文艺复兴时期的知识分子创造了新型的自我组织形式——各类小组、协会、科学院、画室，这里洋溢着创作、探索和自由讨论的氛围。这与那些传统知识分子，如具有典型、固定交际形式的神学家、法学家和大学中的形而上学、辩证法教师有很大差别。

在新时代早期的文化总进程中，传统文化与快速发展的文艺复兴并存。首先是天主教大学中的优势学科——经院哲学。它在16世纪下半期特伦托会议之后有所复兴。起初激烈批评中世纪经院哲学的著名宗教改革活动家，根据新教教义的教条化程度开始在大学中开展经院哲学教育。新城乡民间文化的典型特点是传统的稳定性：几百年来各类民间口头创作、群众性的节日戏剧演出、逗乐的嘉年华、日常的宗教仪式以及风俗变化不大。

新时代早期仍和中世纪一样，西欧社会的主要世界观原则是由基督教教义决定的，但在宗教改革以后时期宗教多样性的情况下，各教会的正式学说也都各具特色。

**巴洛克早期** 巴洛克时期是几百年的中世纪传统、文艺复兴时期的遗产和个人创作发明的新独特融合。17世纪，巴洛克风格在欧洲文化的许多领域都占据着主导地位。这种风格于16世纪后期形成于意大利。17世纪初，巴洛克迅速风行至欧洲其他国家。

巴洛克风格在建筑、装饰画、雕塑、文学、音乐及其他类型创作中都有鲜明的体现。巴洛克风格总是倾向于各类艺术协调配合和相互关联。意大利和佛兰德尔是巴洛克风格的重要中心。在欧洲其他国家，巴洛克风格的发展要么效仿意大利，要么带有自己的民族特色和个人色彩。

巴洛克风格形式各异，但它的主要特征不比文艺复兴少。巴洛克风格追求结构整齐的整体华丽、宏伟、庄重，鼓吹世俗的尤其是宫廷的生活方式。同时，这种风格充满精神的狂热，是理性主义和神秘主义的结合体。巴洛克风格反映了新世界观、不同于文艺复兴的新世界图景、人在自然与社会中的地位。与文艺复兴思想相比，人丧失了自己在世界中的中心地位，深受与个人能力不相称的强大力量的影响。合乎逻辑的不和谐、世界对立、人类存在的不协调是巴洛克大师关注的重点。虚幻的理想世界与现实世界截然对立。文艺复兴和谐明朗、静态的形象被具有穿透力的动态变化、剧烈的悲痛、放大的美感取代。巴洛克式思想和艺术形式对17世纪上半期的另外两条创作路径——已经得到确认的古典主义、与当代大师的探索不可分割的宗教倾向产生了巨大影响。

# 第三章
# 新时代早期西欧国家经济的发展

新时代早期仍和之前一样,欧洲经济中,农业比工业占有更大优势:尽管有了一些技术发明,但普遍仍以手工劳动为主。在这种情况下,诸如劳动力、劳动力市场规模、每个工作人员的职业化水平等经济因素具有特殊的意义。这一时期的人口进程对经济发展产生了显著影响。

从15世纪中期至17世纪中期,两百年来欧洲的人口几乎增长了一倍。16世纪的人口增长尤其稳定:据近似的统计,1500~1600年欧洲国家的居民人数从0.8亿~1亿人增加到近1.8亿人。人口密度最大的地区为尼德兰、意大利以及德意志西部的一些州。如在伦巴第,每平方公里有80~200人,托斯卡纳的人口密度为50~80人/平方公里,这些州的城市人口密度非常高,农村居民移居到城市促使城市人口密度增加。那不勒斯、巴勒莫、罗马、佛罗伦萨、伦敦、里斯本、巴黎、里昂、布鲁塞尔、安特卫普、汉堡、布拉格以及其他大城市的人口快速增长,有时是成倍增长。大城市的人口达到十几万人,而同期小城市的人口仅为1500人。最初移民是局部性的,但到16世纪末,移民已经越过了部分国家的边界,在整个欧洲进行。人口(出生率激增)、经济、政治尤其是与排挤异端分子和军事冲突(宗教改革和反宗教改革时期)有关的宗教原因促进了人口流动。一方面,移民加快了生产经验、技术和工农业技巧的交流;另一方面,移民给人们带来了很多灾难,使他们脱离了原来习惯的生活轨道。

**动力源　发动机**　在新时代早期,经济进步的主要条件是积累生产经验，深化劳动的社会分工，完善劳动工具和改善生产工艺。动力种类和它的使用方法在向前发展的经济中起了不小作用。和中世纪一样，主要的动力为人力、畜力、水力和风力。热能来源为木柴、木炭、煤炭和泥炭。这一时期的工程技术思想集中在完善传统的、发明新的机械动力——水力和风力装置，开始修建带有能使塔身或塔帽旋转装置的风力磨坊，改变了风车叶片坡度，使之能捕捉到方向不断变化的风。水力磨坊也得以完善：纵向水轮的直径增加一倍（有时达到10米），而在水流中承重的横向水轮有了叶片。这都增强了磨坊的动力。这些动力装置不仅仍和从前一样应用于磨粉业和制呢业，而且开始应用于锯木、选矿、造纸和打铁行业。

动力传送系统的发明和古代即已闻名但在中世纪几乎被遗忘的传送机械（绞车、抽水机、起重机等）的应用是技术进步的重要因素。首先涉及的是矿业，这里开始使用从深井和坑道（深度在300～800米）抽水的机械。为了从矿井里运出矿石，开始使用极大提高劳动生产率的绞车。只要两个人就能开动绞车，而之前通常需要几百名工人才能运出矿石。出现了把矿石运到高炉、在木轨道上运行的小车。

在所有的动力传送机械装置中广泛使用各类螺丝。16世纪，螺丝的结构明显改善，此外，开始不用木头而用钢铁、金属制造螺丝，这明显提高了螺丝的坚固性。

**冶金和金属加工** 冶金业的技术进步十分显著。在冶金业中积极应用水轮，用它带动打铁的重锤。对15世纪发明的高炉进行完善是冶金业的真正转折，它取代了传统的锻工炉。在温度明显高于熔铁炉的高炉中先用矿石锻造出生铁，然后再用生铁制造出熟铁。而且，在高炉中开始使用煤炭而不是木炭作为燃料，因为煤炭可以使燃烧的温度更高。这使铸造过程更有效率，铸造出的金属质量也得到改善。金属（铁、钢、银、铜、铅）铸造工艺得到完善，出现了新的铸造种类。冶金业的另一项技术创新是铁加工中轧辊的使用。它应用在轧钢、钢丝加工和金属轧花上。

强化了工业生产的地理专业分工。以前，铜、银、锌的铸造主要集中在德意志、蒂罗尔、匈牙利。在这些地区开采的金属出口到欧洲许多国家和欧洲以外。铁矿石产地的加工和钢铁铸造中心是阿尔卑斯山东部地区，以及法兰西、英格兰和瑞典。

随着射击武器的完善，武器生产发生了本质变化。16世纪，在火炮铸造中，铸造工艺已经取代铆接工艺。生产了大量火药，火药的制造方法也更加完善。兵工业，包括铸炮和火药制造掌握在国君或城市政权手里，分散在各地。意大利有十多个生产武器的城市：威尼斯、热那亚、贝尔加莫、费拉拉、锡耶纳、卢卡、那不勒斯及其他城市。在德意志许多皇城和自由城市进行武器制造。在英格兰（伦敦）、法兰西（里昂）、西班牙（马拉加）、瑞典形成了武器生产中心。16世纪，主要用青铜铸造火炮，从16世纪末尤其是从17世纪初期起开始用生铁铸炮。这一时期，在尼德兰、西班牙、意大利、瑞典、丹麦出现了生铁和铁制武器生产中心。在早期军事实践中，个人射击武器——前膛火枪广泛使用。同时，骑士装备生产规模缩小，种类也发生变化。

各类军用和民用铁产品（刀、镰刀、大钐刀等）的生产持续增长。因造船业发展，其生产的铁钉开始广泛用于满足经济需求。

**纺织生产** 新时代早期的纺织工业有了显著变化：出现了新行业（生产混纺织物），在呢织业和丝织业中出现新型面料，新纺织中心取代了旧纺织中心。如呢织业在尼德兰一些不大的城市快速发展，而高级呢料的传统生产中心——伊普尔、根特、布鲁日则失去了主导地位。在以前只出口羊毛的英格兰，呢织生产快速发展，到16世纪末生产中心从东海岸转移到西海岸。在德意志，大部分呢绒生产从莱茵河中下游地区转移到南部地区、阿尔萨斯、瑞士。尽可能接近原料产地（新型呢绒常根据当地的绵羊品种定位）、宗教改革和宗教战争造成的移民促进了纺织工业地理区位的变化。同时，海上贸易的活跃促使一些国家使用进口呢绒。

带新型梭子的卧式织布机是纺织生产中的重要创新。15世纪末，出现了轮式纺车（脚蹬式纺车）：这种纺车既可以纺线，还可以把线缠好。从16世纪初起，踏板轮式纺车在英格兰流行开来，极大减轻了纺织工人的劳动强度，提高了劳动效率。梳理羊毛的各类梳子的结构得到改善。纺织生产工艺得到完善，出现了新的染色和固色方法。

在这些工业部门中，技术上最先进的是早在16世纪就已出现、通常由非行业组织的各类羊毛布料的生产。早在15世纪，丝绸纺织就从中心为卢卡、佛罗伦萨、热那亚、威尼斯的意大利传播到法兰西（里昂）、佛兰德尔（布鲁塞尔）、德意志（科隆）、瑞士（苏黎世）。在里昂和巴黎出现了郭伯廉花毯和毛绳。在巴塞尔和纽伦堡开始生产带金银线的新毛纱。编织花边成为毛纺织中的新行业，布鲁塞尔、巴黎、威尼斯成为花边编织业中心。以宫廷需求为主的天鹅绒、缎子和锦缎生产遍布法兰西、西班牙、德意志、英格兰、尼德兰以及传统上的意大利等欧洲所有大国。

**新工业部门** 16世纪至17世纪上半期，采矿、冶金、纺织、造船等传统工业部门和不久前才出现的印刷、肥皂制造、制绳、制缆等新兴部门都积极发展。在中世纪即已形成的玻璃生产走出威尼斯。16世纪，法国和尼德兰开始掌握这项复杂的手工生产。由于在炉窑中使用了燃烧温度更高的煤炭，玻璃吹制和冶金业有了根本进步。这使透明玻璃首先用于窗户和高质量镜子的生产成为可能。人们掌握了磨制透镜的技术，该技术在16世纪末开始应用于望远镜、显微镜和眼镜。

螺旋压力机和活字盘上某些印刷活字的应用促进了印刷业的大发展。如16世纪下半期，安特卫普有22台印刷机、工人30～100人。这些印刷机属于普朗坦公司。这一时期，尼德兰共有2659台印刷机和上千名雇佣工人。这些印刷厂印制了4000多种图书。在威尼斯、里昂、莱比锡、巴塞尔形成了大型图书出版中心。在里昂、莱比锡和法兰克福定期举办的国际图书博览会证明了欧洲图书出版的规模。早在16世纪初，欧洲的12个国家（意大利、法兰西、德意志、英格兰、西班牙、尼德兰、瑞典等）就已经存在印刷业。在许多工业行业的进步中，矿业、铸造、玻璃生产、各类机械等方面图书的出版发挥了巨大作用。

在钟表业基础上形成的仪器制造业成为新兴的工业部门（从16世纪起，弹簧加载的时钟流行后发展尤其迅速）。

**手工业** 技术发明和工艺创新尽管没有改变手工劳动的绝对优势，但促进了新时代早期欧洲经济加速发展。手工业仍是服装、鞋、家用器具等大众消费品的主要生产形式。随着生产工具的完善,几百年来形成的劳动分工、新部门划分是手工业发展的标定线。16世纪,手工业行业超过100种,但其数量与行会数量并非永远一致。17世纪初期,独立生产的手工业种类继续增加。某些手工业部门深化了劳动分工:简化的工艺操作增加,也使工人更易掌握某种专业技术。总之,劳动分工显著提高了手工业的劳动生产率,为技术环节的机械化创造了条件。劳动分工呈现出明显的地域性:在欧洲出现了居民专门从事某种手工业的地区。比如,捷克和西里西亚广泛种植亚麻、加工亚麻线和生产布料;意大利北部专门生产棉布和绒布;英格兰和法兰西形成了以呢绒生产为主的地区。手工业的专业化对欧洲移民产生了影响。引进城市行会,包括纺织行会对农村手工业者活动的限制以及宗教政治因素(对新教徒的排挤等)促进了移民。

欧洲许多国家的行业垄断者都实行典型的禁止性政策,但无论如何它都不能阻止面向市场的、在新时代早期规模越来越大的农村手工业的发展。这与许多国家农民阶层丧失土地的情况加剧、商业资本的积极性提高等经济因素有关。尽管致贫的农民还与土地保持着微不足道的联系,但他们仍被迫在对其非常不利的新条件下过活,从事季节性手工业赚点外快,商人经常充当季节性手工业的组织者。

在新时代早期发力并成为这一时期典型特征的欧洲农村手工业的发展进程不仅促进了某些国家的商品生产和流通,还为世界市场的形成做了准备。不受行会约束、比城市手工业更加盈利的(得益于廉价的劳动力)农村手工业是行会手工业的重要补充。当商人向手工业者供应原料、进行成品销售时,与出口贸易有关的城乡手工业中出现了新型的生产组织形式——普通公司、手工工场。这些新趋势有时可以用广义的"原始工业化"这个术语来解释。

在新时代早期出现了特殊的手艺人,首先是工匠助手,他们在行会"殿后"的情况下,失去了成为独立工匠的前途,变成了"永久的工匠助手",而实质上是雇佣工人。16世纪,各类手艺人——裁缝、染色工、制帽技师、鞋匠、钳工等——的兄弟会（合作社）增加。成立了村社与村社间甚至全国性的职业联合组织。合作社举办宗教、慈善、金融（有共同的钱柜）等各类活动，也组织成员的休闲活动。他们坚持不懈探究的一个主要目标是维护合作社成员的经济和社会利益免受工匠独断专行的侵害，免受行会会长的不公正待遇以及城市当局的非法行动。

合作社反映了许多有精湛技艺的城市手工业工人的利益：这种职业组织使他们可以对企业家施加压力，反抗高比例盘剥，要求公正的工资待遇，不允许雇佣不具备应有技能的工人等。农村的手艺人也试图走社会组织的道路，尽管他们不总是成功，因为城市的手艺人有更多自我组织的经验，经常在合作社中模仿维护工匠利益的行会进行活动。

**手工业和工业中的商业资本** 新时代早期欧洲工业发展的突出特点是生产越来越大众化，商品化程度提高，销售市场扩大，这为商业资本积极进入手工业和工业创造了条件，在某种程度上，这也是这一进程的结果。商业资本进入手工业和工业领域是一个漫长的过程，在欧洲一些国家的经济中早在14～15世纪就已有迹象。这一进程在坚定不移推进时，以手工业受制于商业资本的形式表现出来，这也成为流行的城乡经济关系形式。商业资本的功能拓展，在新时代早期，金融资本不仅用于贸易、银行业务，还用于工业生产的组织。在这一时期，商业资本是组织面向市场、趋向将产品出口扩展到其他国家的新生产措施的倡导者。

商人的作用在于购买原料并将其运到工业中心，然后将其卖给手工业者，在半成品从一个专业人士向另一个专业人士（从织布工到染色工，从采矿工人向冶金工人，等等）的运动中扮演中间人的角色，收购产成品后在市场销售。于是出现了分散式手工工场。商人或商业公司的有组织活动节省了单个产品的生产时间，提高了全部行业的劳动生产率。新生产组织形式促进了经济进步，尤其当商业资本实现了上述所有功能时，把手艺人完全从必须花时间购买原料、销售半成品或成品中解放出来。但正是这种情况使手艺人完全依赖商人，因为后者经常扮演债权人的角色，以借贷的方式供给他们原料、半成品，确定货物的价格。手艺人在财政上对商人形成依赖，而高利贷者则与商人携手合作，导致独立生产者逐渐丧失作坊、生产工具的产权，实际上使他们变成了雇佣工人。对城乡手艺人的剥夺、大部分生产者的贫困化是伴随商业资本进入手工业和工业领域产生的不变进程。

商业资本更深入和广泛地进入矿业、冶金、纺织和图书印刷生产。手工业对商业资本的依赖既出现在行会之外，尤其是农村，也出现在行会内部，在这里商人和致富的工匠都扮演着企业家的角色。新的生产组织方法改变了契约当事人的社会地位：商人和工匠变成了早期资本主义类型的企业家，而手艺人构成失去财产的雇佣工人和无产者阶层。

欧洲各国手工业对商业资本依赖的特点各不相同。欧洲经济中，早期资本主义生产关系形成的路径各异，水平也千差万别，但将某个行业生产过程的所有环节都组织成统一的整体，贷给它资金（购买原料、支付手艺人的报酬）。在16世纪至17世纪上半期的英格兰，早期资本主义的形成有了更清晰的特征。商人——收购商在所有工业部门进行企业活动。如在制呢业中，他们把从事部分工序的所有手艺人的工作整合为一个统一的生产环节。以英格兰为例，可以清楚地看到手工业对商业资本依赖的演变过程：如果说在15世纪收购商只在制呢业中从事成品销售的话，那么在17世纪上半期，他们则开始越来越频繁地监督整个生产过程。商人常常扮演手艺人的债权人的角色，或是为他们提供生产工具。

在英格兰乡下形成了对分散式手工工场形式的早期资本主义成分更有利的条件，在圈地运动和土地流动性（买卖、赠与、典押等）加剧的影响下，农民的分化和贫困化越来越严重。这为制呢业和其他生产部门创建了廉价劳动力市场。接近原料产地有助于扩展企业活动——英格兰的制呢业通常使用当地的羊毛，因而养羊业成为16世纪英格兰的一个主要农业生产方向并非偶然。

早期资本主义企业在尼德兰快速发展。监督出口呢绒生产所有环节的商人——企业家与只从事羊毛供应、将呢绒主要销售到国内市场的传统呢绒商人并驾齐驱。大型出口公司不仅把资本投入制呢业，还投入亚麻制造业和地毯编织业。商业资本还广泛投入尼德兰发达的经济部门——捕鱼业。

城市行会通过各种禁止体系为早期资本主义企业的成长设置障碍,但农村没有这样的障碍,因此在乡下的纺织生产中经常出现分散式手工工场。最初,不在尼德兰行会监管范围之内的丝织业为新型企业创造了更多机会。但即使在长期保留行会体系的行业,如造船业,在16世纪末17世纪初,商业资本的作用也明显增强。

行会不是商业资本进入某个手工业部门不可逾越的障碍。如在瑞士,商人——发货人广泛进入出口纸张的生产,从而弱化行会规则。而在16世纪中期,奥格斯堡商人与纺织行会签订了供应粗纸的协议,提供给他们贷款购买原材料。总之,在传统行会的框架内,织布工严重依赖商人——企业家。

在意大利,行会体系与工商业企业尤其与佛罗伦萨的制呢业打成一片。在很大程度上,正是这种团结才不允许早在14~15世纪即已出现的早期资本主义成分成长为稳定的、不断发展的经济结构。16世纪至17世纪初,意大利纺织工业中丝织品生产获得了更自由的发展空间,与制呢业不同,丝织品生产没有严苛的行会传统。

矿山和冶金企业的发展路径比较特殊。在德意志和捷克形成了欧洲矿山冶金业的主要中心。比如,16世纪中期,在弗莱堡(萨克森)有46个银熔炼厂,德意志商人向欧洲许多国家供应银。但是由于廉价的美洲银大量出口到欧洲,德意志的矿山冶金业遭遇危机。为了在市场行情恶化的条件下站稳脚跟,德意志的采银和铸银公司开始联合,扩大生产,降低产品成本。在这场活动中,商人是主力:他们与公国行政当局、合股公司和市政厅合作。但是,这些措施没有取得最佳效果:到16世纪末萨克森矿山的银生产急剧缩减,许多银矿荒废。这一行业衰落的原因之一是大部分利润被拥有开矿特权的选帝侯攫取,因此不可能降低生产费用。特权在德意志其他矿业企业的发展中同样存在。16世纪,矿山开采和金属铸造的特权持续扩大。与此同时,德意志商人参与的合股公司的权利越来越受到限制。所有这一切都阻碍了早期资本主义类型企业的活动。特权形式的封建体系最终成为德意志矿业早期资本主义发展的桎梏。掌控着国家矿山工业的德意志大商人(福格尔、威利泽尔、伊姆霍夫等）积极从事跨国的商业高利贷活动，对以提高德意志产金属竞争力为目标的矿井和熔炼厂的技术改造毫无兴趣——他们有其他高额利润来源，其中包括商业垄断和国债，这也说明了早期资本主义类型企业的遭遇。

**手工工场** 手工业和工业对以获取利润为目标的商业资本的依赖促使寻求更加盈利的生产组织形式。建立在手工劳动但专业最大化基础上的手工工场成为早期资本主义企业活动的形式。企业家自己拥有生产工具、自己组织和监督产品的生产和销售、使用雇佣工人的劳动是手工工场的经济基础。新时代早期的手工工场多种多样——它取决于生产本身的性质和资本对生产的涵盖程度。手工工场有三种类型，即分散式手工工场、混合式手工工场和集中式手工工场。从理论上讲，三种类型手工工场的劳动生产率呈依次上升态势，企业家对生产过程的参与度也相应提高，但历史实践做出了自我修正。

分散式手工工场实际上出现在这类手工业中，企业家、商人或行会会长通过供应原料、半成品和收购成品的方式使所有参与生产过程、失去生产工具所有权但仍在家劳动的专业手艺人完全依附于自己。这类手工工场常出现于纺织业中，首先是在制呢业中。洗羊毛、缠羊毛、纺线、织布、染色、加花边——在许多国家，这些生产环节都是各个专业的手艺人在自己的场地（作坊可能从富有的房东或行会那里租赁的）或行会的场地（洗羊毛池、拉伸呢绒的压力机等）进行。被雇佣的经理人——传统上被称作工匠助手，或几个人出资的合伙公司的企业主，在工艺过程的组织中充当中间人。劳动定额和报酬由企业主确定，这也证明了对手艺人尤其是农村手艺人（多指细纱工和织布工）的高度剥削。

一个分散式手工工场的工人多达几百人。比如，在英国分散的制呢工场中，有200~500名在自己的作坊干活的手艺人。除了纺织业，制作皮革、绳索、奢侈品、玻璃以及其他产品的手工业也出现了手工工场。分散式手工工场没有改变手工业生产规模小、手工劳动以及生产工具变化不大的传统性质。企业主依靠廉价产品获利，因为总的来说，与手艺人直接同半成品和成品市场发生联系相比，用这种方式生产更节省时间。但是，高度的劳动剥削是利润的主要来源。在农村，工人土地、自留地的存在对此有促进作用，因此劳动力再生产资金需求少。

行会规定——无论是工艺规定还是对每个手艺人生产的产品数量的规定，都妨碍了分散式手工工场生产的深化。手艺人不能随意在自己的行业内进行试验，无权在自己的作坊中增加织布机的数量或雇佣更多工匠助手。

当部分生产工序在企业主的作坊中进行时，混合式手工工场的经济效益更高。15~16世纪，在佛罗伦萨的制呢业中，雇佣工人在毛纺工的作坊中洗羊毛、梳理羊毛，熨平成品织物，做最后的装饰。其余工序在手艺人的作坊中进行，毛纺工的代理人实现工序间的衔接。

在钟表行业，手艺人在家中制作钟表的机械零件，而零件装配在企业主的作坊中进行。后者可以更自由地提出工艺上的建议，有时还打破诸如产量和工匠助手数量等行会规定。如果是在农村进行生产，企业主的自由度就更大一些。混合式手工工场不仅出现在纺织业尤其是丝织品生产中，还出现在不受行会惯例约束的造纸、印刷等工业部门。

集中式手工工场是指整个工艺周期在同一场地进行，由失去生产工具所有权的雇佣工人完成，企业主无需顾忌行会规定，可以自主确定劳动定额和薪酬，这是早期资本主义类型企业活动的最有效形式。在集中式手工工场（它的数量比混合式手工工场和分散式手工工场少得多，因为需要大量投资）更经常进行技术和工艺完善，尽管手工劳动仍占主导，但分工和工序的细化是提高利润的主线。总之，与其他形式的资本主义早期手工工场相比，集中式手工工场的劳动生产率更高：通过最大限度的细分，实现了简化工序、劳动分配以及生产工艺和劳动工具的改进。16世纪，欧洲的许多国家拥有几十家印刷厂，这是集中式手工工场具有顽强生命力的生动例证。

在当时，上述三种手工工场都有各种过渡形式，它们具有典型的国家特征（将在本书的其他章节详细阐述）。在此，我们仅指出早期资本主义企业发展的一般规律：手工工场是一种比较进步的经济生产方式，总的来说，在新时代早期它还未改变欧洲经济生活的传统面貌。

在需要贵重设备、复杂技术，或者生产过程清晰明了，某些工序容易分散进行以及市场尤其是出口市场广阔的行业，手工工场出现得较快。它们是采矿业、造船业、冶金业、金属加工业、火药制造业、造纸业和印刷业。在这些生产部门的手工工场中，工人更训练有素，效益也更高。对工人高度剥削的手工工场使企业主，尤其是有国际市场门路的商人迅速发家。手工工场与大规模国际贸易、银行业务和欧洲生活的其他因素一起成为原始资本积累的重要来源。在早期资本主义成分的形成过程中，大商业资本发挥了极其显著的作用。比如，16世纪中期，手工工场覆盖了纽伦堡的21个手工生产部门，其产品全部用于出口。瑞典在16世纪下半期成为世界市场上钢、铁、武器的主要供应国，它在早期资本主义初期就已奠定了生产基础。不仅在整个16世纪，而且直到17世纪末，即工业转型初期，手工工场生产都是欧洲主要的经济发展形式之一。

**贸易和银行业**　14～15世纪，意大利人在贸易和银行的组织与理论方面领先；此后其他国家的商人和金融家积极学习他们的经验。意大利发明的商业财务体系——复式簿记法以及同样是在那里出现的期票发行业务，在15世纪末尤其是16世纪稳步进入欧洲主要国家的商业和银行业。意大利的贸易公司以及海外分公司成为德国商人子女学习的场所。民族商业经验具有了意义，在每个国家它都被越来越新颖和完善的形式丰富。国际贸易包括海上贸易的进化尤其显著。由于地理大发现，贸易规模扩大，到17世纪初，世界市场大体形成。

在16世纪积累了强大贸易实力的英格兰，形成了两类海外贸易公司。第一类即所谓的"可调整公司"，公司的所有参与者自主进行贸易，不实行资本联合，但严格维护一般规则。东方公司（波罗的海）、俄国公司（莫斯科）、黎凡特公司都是如此。东印度公司、阿非利加公司及其他股份公司属于第二类，在这里所有成员共同经商，根据股份分配利润。每个英国公司都获得了国王颁发的、确定其贸易活动永久地理区域的特许状。

17世纪上半期，东印度公司、波罗的海公司、莫斯科公司、黎凡特公司在尼德兰的活动范围很广泛。小股东参股制度及对某种商品的垄断权使这些公司与众不同。德意志和意大利的公司是私有性质的，以家族企业为主。

16 世纪，在德意志的大城市里平均有几十家这样的公司。最有实力的商号从事国际进出口业务，经常让市政厅的政策听命于自己的利益（奥格斯堡、纽伦堡以及其他城市）。与意大利相似，德意志公司职员签订 3~15 年的合约，有时延长合同期限。业务问题由多数票原则解决。在一些公司内形成了集中管理体系，这种体系不提倡公司职员彰显个人自由的建议。还存在职员权利平等的合伙贸易公司，每个人都能为公司的繁荣出力。

德意志公司通常享有贸易垄断权和各类特权（允许运输货物、免除关税等）。布匹（亚麻布、棉绒布）、金属和金属制品、香料是贸易的主要对象。在布匹贸易中，德意志商人遭遇尼德兰、英格兰、意大利商人的激烈竞争，因此，为了巩固自己在国际市场的地位，他们建立了由几个本国公司组成的联合公司。16 世纪下半期，当世界市场开始形成时，垄断价格体系逐渐遭到破坏，德意志和许多其他公司的利润明显减少。

在新时代早期，各投资领域呈融合态势：贸易得到银行业务（信贷、储蓄及其他）、工业企业、高利贷、公债、各类不动产的补充。17 世纪上半期，交易投机成为普遍现象。安特卫普、阿姆斯特丹、热那亚、里昂、贝桑松成为世界金融活动中心。16 世纪中期，所有大商业银行公司在安特卫普都设有代办处。它们越来越频繁地利用期票（在存在多样货币体系的条件下开展汇款和兑换业务）和非现金支付手段。在安特卫普、里昂、塞维利亚出现了专业的期票银行。高利贷业务——商人和银行家相互间的短期借债很普遍。银行业利用期票和现金之间的汇率差，大肆开展投机活动。利率被提高到 25% 甚至更高。

向执政者提供长期债券相当盈利，但也存在巨大风险。他们保证高利息，给予包税权、特权、抵押不动产等。比如，查理五世向福格尔和威利泽尔的借贷保证了西班牙宗教骑士团的收入。1523 年，阿尔坎塔拉骑士团、卡拉特拉瓦骑士团和圣地亚哥·德·康波特尔骑士团（即圣雅各布骑士团——译者注）归王室管辖，查理五世作为骑士团团长享有部分骑士团的收入。16 世纪上半期，西班牙王室欠福格尔家族的债务增加到 200 万盾。16 世纪下半期至 17 世纪前几十年，西班牙、法兰西、保加利亚的国家破产时有发生，严重损害了德意志和其他商业金融公司的贷款。

**农业** 在新时代早期，欧洲绝大多数居民从事农业。无论是耕种方法还是工具使用，这一主要经济领域的变化都不大。在耕种方法上，一些地区的粮食经济向多区轮作和休耕时播种牧草过渡，与之前相比，肥料的使用更加频繁。取代木质工具的铁制农业工具的种类增加。在生产的组织上没有根本进步，仍是小规模的个人手工劳动和传统的马牛畜力牵引。

在不断扩大的市场关系的影响下，农村的景观发生变化：许多地区的粮食种植减少，花园和菜园的面积扩大，亚麻、大麻、颜料（菘蓝、茜草、番红花）等经济作物的种植规模扩大。葡萄种植、果木栽培中的集约化经营程度高于粮食种植，这主要受城市或国外市场需求（如葡萄酒的出口）的影响。市民的食品需求对园艺作物规模的扩大产生了显著影响。除了传统蔬菜，马铃薯、胡萝卜、花椰菜、洋蓟进入欧洲市民的餐桌。

土地关系也发生了变化：尽管各种形式的封建土地所有制并未消失（有时变化的只是土地使用者的法律地位），但是已经让位给临时自由租赁制，在许多国家出现了租赁期限缩短的趋势。这直接关系到土地所有者的利益，因为3～5年的短租可以使他们更频繁地改变租赁条件，提高租金，根据市场行情定价。

主要由自由的小块土地租赁者组成的中农经常根据市场确定自己的经营方针。这也表明农民拒绝种植粮食作物，转向集约化的蔬菜、葡萄等经济作物栽培。在参与家庭劳动的同时，中农还使用雇佣劳动。

尽管贫农有小块宅旁园地，但是他们的主要生活来源是受雇于富裕的邻居、城市土地所有者、农场主获得的报酬。大量的贫农构成了农业无产阶级，他们被强拉进企业主组织的农村手工业。

吸收雇农劳动的大土地租赁者（或所有者）——农场主阶层形成。农场经营通常具有商业性质，这里经常会出现集约劳动的新方法和受市场条件操纵的专业分工。富农和经营农业企业的市民都可成为农场主。早期资本主义关系开始进入农村经济中，但它在农业中所占比重不大。

资本主义关系也进入畜牧业。呢绒生产的增长使不仅向当地市场供应羊毛还大量出口羊毛的英格兰、西班牙、法兰西、德意志、意大利南部的养羊业规模扩大。牲畜和畜产品贸易拥有广阔的国际市场。匈牙利和德意志的部分区域是中欧国家主要的畜产品供应地。商人在匈牙利从小牧场主手里收购牲畜，然后把它们赶到境外的大型交易会。出现了肉畜商贩。在伦巴第，在农场的基础上，以产品销售为目标的乳业得到广泛发展。多数地方农业市场不仅依托传统的、临时的和定期的交易会，还依托新出现的集镇，它们把大大小小的城市与乡村更稳固地联系起来。肉、奶、粮食、蔬菜、水果等农产品在城市的贸易规模扩大。在一些国家，城市货郎和深入最边远农村的手工业商品货郎非常受欢迎。城乡、部分州县和地区之间的交流速度加快是新时代早期的一个显著特征。商品流通的加快促进了交通系统的发展，促进了地方和国际贸易新通道的开辟。

**交通** 随着地理大发现，在跨地区贸易和洲际贸易中，海上运输的作用明显增强，出现了新型船舶。在意大利和葡萄牙，开始建造载重量大和灵活性高的航海快帆船。造船业解决了两个问题：增加船的载重量和在船上装备武器。对船舶的进一步武装源于16世纪北海、波罗的海和地中海海盗的猖獗。在吕贝克建造的轮船是波罗的海上最强大的船只，它有三层甲板，每层甲板上都装备有武器。意大利（在威尼斯和热那亚）、西班牙（在加的斯和马拉加）、葡萄牙（在里斯本和波尔图）、英格兰、荷兰、斯堪的纳维亚半岛的造船专家不仅极力提高与增加海船的速度和载重量，还要可靠地保护船只免受海盗劫持。

在新时代早期，海面上航行的船只分为帆船和划桨船两类，第一类船只逐渐取代传统的划桨船。在17世纪前几十年，（丹麦）泽兰省人和荷兰省人成为欧洲造船业的佼佼者，他们建造的船只更加完善，价格也比较便宜。英格兰、法兰西和其他国家乐于购买联省共和国（包括荷兰省和泽兰省）建造的海船。16世纪末开始在荷兰建造的"弗洛伊德"号成为领先的商船类型。汉萨人、西班牙人、葡萄牙人借用了荷兰人制定的造船规则。在地中海航行的船只，在很大程度上保留了之前的结构，划桨船经常构成舰队的主体。海洋地图绘制的新发展促进了航海技术的巨大进步。确定天体状况的航海仪器得到改善。早在15世纪，德国科学家雷纪奥蒙坦就已制造出更精确的天文表。

陆地地图绘制进一步完善。1554年出版的麦卡托绘制的欧洲地图是一项重要成就。出现了辐条式轮子的新型轻便马车。大量减轻旅行负担的向导应运而生。

**资本的原始积累　资本的起源**　在确定资本主义生产方法的漫长历史进程中，新时代早期是资本主义前提条件形成和封建社会早期资本主义经济成分形成时期。在比中世纪水平更高的生产和流通条件下，商业、银行－高利贷和工业等各种形式资本的原始积累是这一进程的一个主要方面。在新时代早期，商品流通快速突破了地域和国家的界线，具有广泛的国际性。地理大发现和与之有关的新土地、商路的开发极大地推动了资本的原始积累，加速了世界市场的形成。16世纪至17世纪上半期大众消费商品出口生产持续增长，欧洲国家的商品贸易较之前显著增长。利润超高的殖民地贸易加速了大商业资本的形成。

"价格革命"（货币贬值的特殊机制）对欧洲经济发展产生了根本影响，增发流通中的货币引起粮食价格上涨。随着对贵重金属储藏丰富的美洲殖民地的开发和对印第安人宝藏的掠夺，廉价的金银（成本低与矿井使用当地居民的几乎无偿劳动有关）开始流入欧洲。持续几十年的"价格革命"使欧洲社会中处于不同经济和政治地位的各阶层发财致富。比如，英格兰的新贵族和农场主、西班牙大公和德意志的大商人从中获利。

之前就已经形成的垄断体系促进了商业领域的资本积累。在一些国家，商人要求自由贸易和坚决与某些商品的贸易垄断做斗争都是徒劳的。欧洲各国政府经常推行或支持垄断。西班牙、英格兰和法兰西都曾如此。由于许多殖民地商品的巨大差价，原始积累的进程加快。从印度尼西亚、印度、非洲运来的香料的销售价格比生产地高出上百倍。在农民和城市手艺人大量赤贫的条件下，廉价劳动力这一重要的经济因素在资本的原始积累中发挥了巨大的作用。妇女和儿童劳动力尤其廉价，广泛使用女工和童工成为可悲的时代特征。

银行－高利贷领域资本积累的来源众多，诸如国债、资金雄厚的私人债券、包税系统、给手艺人贷款（以作坊、机床、工具做抵押）以及大规模向农民提供高利资金。租赁人和其他土地持有者对高利贷者的资金依赖加剧了行业分化，这有助于充实自由劳动力市场，同时也让债权人大发横财。

在新时代早期，工业资本作为一个独立的金融领域才开始积累，它常是商业金融资本的主要功能之一。在新型工业组织中，首先是手工工场为资本原始积累创造了有利条件。其中，技术完善和生产工艺改善发挥了巨大的作用，劳动生产率的提高、劳动力市场缺乏竞争、一些国家实行的保护关税政策促进了利润的提高。

当资本的所有功能在某些商行、公司和氏族公社的活动中联合起来时，积累巨额财富，有时是上百万财富的条件也就成熟了。大资本的存在是加快资本主义形成的重要的非唯一条件。而且，在商业、金融业中积累起来的巨额资本并不总是对工业、早期资本主义类型的企业情有独钟。与之前一样，把资金投入土地和稳定的不动产是最可靠的。富商常斥巨资去获得宫廷的爵位、封号、国家机关中的肥缺，维持奢华的生活。这在相当程度上决定了资本主义发展过程的漫长性以及早期资本主义在某些国家（西班牙、意大利、德意志）的可逆性。

除了资本积累，存在自由雇佣劳动力市场是资本主义发展进程中另一个重要的经济条件。在新时代早期，由于农民和城市手艺人的贫困化，活跃的自由雇佣劳动力市场得以形成。失去生产资金、脱离正常生活轨道的穷人被迫向企业主廉价出卖自己的劳动。反流浪法（英格兰、法兰西）逼迫乞丐和流浪者参与劳动，强行把他们吸纳进早期资本主义生产领域，使他们成为被残酷剥削的对象。通常，各种社会出身的穷人得不到任何法律保护，无论是自愿还是被迫在手工工场工作，他们都注定是卑微的、几乎赤贫的存在。伴随资本主义的发展，劳动的高度集约化、对雇佣工人的高度剥削（低工资，延长劳动时间，使用劳动强度与男工相同工资却更低的女工和童工）也随之出现。

高水平的社会劳动分工、主要工业部门的技术进步是资本主义发展进程中一个重要的历史前提条件，它使组织手工工场生产成为可能。资本主义发展的持续性、不可逆性在很大程度上取决于所生产的大众消费品的出口范围。比如，殖民地开始消耗相当一部分大众消费品，这推动了欧洲国家服装、器具和其他商品的生产。

在新时代早期，早期资本主义成分在多数欧洲国家已经形成或开始形成。它的发展变化对传统的封建生产方式产生了积极影响，引起手工业、租赁关系、自由小商品经济的整体变化。早期资本主义暗示了今后几个世纪欧洲经济进步的主线。

# 第四章
# 地理大发现和殖民体系的形成

15世纪中期至17世纪中期的地理大发现与欧洲的资本原始积累有关。新商路和国家的开发、对新发现土地的掠夺促进了资本积累,为资本主义殖民体系建立和世界市场的形成奠定了基础。

比利牛斯半岛国家——西班牙和葡萄牙成为15世纪地理大发现的开路先锋。13世纪,从阿拉伯人手里收复自己的领土后,葡萄牙人在14～15世纪继续同北非的阿拉伯人作战,在这个过程中建造了巨型舰船。

葡萄牙人地理大发现的第一阶段(1418～1460)与航海家、海上探险的天才组织者恩里克王子有关,不仅贵族,而且商人也参与了他组织的探险。早在15世纪20～30年代,葡萄牙人就发现了马德拉群岛、加纳利群岛和亚速尔群岛,向南挺近到非洲西海岸。绕过博哈多角,他们到达几内亚海岸(1434)和绿角群岛(即佛得角群岛——译者注),1462年,到达塞拉利昂。1471年,他们考察了加纳海岸,在那里发现了丰富的金沙矿床。1486年,迪亚士在非洲南端发现好望角,这为到印度探险创造了现实可能性。

15世纪下半期,由于显著的科技进步,远洋旅行成为可能。到16世纪末,葡萄牙人不仅在发现的数量上领先其他国家,而且他们在旅行时获得的知识也为许多国家的航海家提供了海流、涨潮、退潮、风向等方面宝贵的新信息。把新发现的土地绘制进地图推动了地图学的发展。葡萄牙人绘制的地图以高度精确著称,包含了之前欧洲人不知道的世界其他地区。葡萄牙人的海上探险报告、航海指南在许多国家出版和再版。葡萄牙的地图学家在欧洲许多国家工作。16 世纪初，出现了最早标注回归线、赤道和纬度的地图。

从地球学说出发，意大利学者，气象、天文学家保罗·托斯卡内利绘制了世界地图，在这张地图上亚洲海岸被标在大西洋的西边，他认为从欧洲海岸向西航行就能到达印度。意大利学者错误地设想了地球赤道的长度，误差达 1.2 万公里。但可以说，这是导致地理大发现的伟大错误。

到 15 世纪末，航海仪器显著完善（指南针和星盘），与之前相比，能更精确地确定船舶在海上的位置。新型船舶——航海用的快帆船出现，借助这种船帆，海船可顺风、逆风行驶，速度达到 22 公里/小时。这种船的甲板不大（是大桨战船甲板的 1/10），能携带远航所需的足够的食物和淡水。

15 世纪末，西班牙人也在寻找新商路。1492 年，热那亚航海家克里斯托弗·哥伦布（1451~1506）抵达西班牙国王斐迪南二世和伊莎贝拉女王的宫廷。人们对哥伦布之前的生活知之甚少。他出生在热那亚的一个纺织工人家庭，年轻时参加了海上航行，是一位经验丰富的领航员和船长，他博览群书，非常了解气象学和地理学。哥伦布向西班牙国王提出了自己已经得到托斯卡内利首肯的计划——向西经大西洋航行到印度海岸。此前，哥伦布曾将自己的计划推荐给葡萄牙国王，之后又将其推荐给英格兰和法兰西国王，但都遭到拒绝。而在此之前葡萄牙人已经接近发现经非洲通往印度之路，这注定了葡萄牙国王阿方索五世对他的拒绝。而法兰西和英格兰还没有装备好足以探险的舰队。

西班牙的形势促进了哥伦布设想的实现。在 1492 年收复格拉纳达、结束了与阿拉伯人的最后战争后，西班牙王国的经济形势非常艰难。国库空虚，国家再也没有可出售的空闲土地，工商业税收少得可怜。大量贵族（伊达尔戈）没有谋生的手段。世代受收复失地运动教育的他们鄙视任何经济活动，大多数贵族的收入来源是战争。不甘心失去快速发财的希望，西班牙贵族准备投入新的侵略远征行动。王室的兴趣在于把这群不安分的贵族派往远离西班牙的海外神秘之地。此外，西班牙的工业也需要市场。由于自己的地理位置以及与阿拉伯人之间的长期战争，15 世纪西班牙与意大利城市控制的地中海的贸易通道被截断。15 世纪末，奥斯曼土耳其的侵略使欧洲与东方的贸易更加艰难。对西班牙来说，绕过非洲通往印度之路是行不通的，因为向这个方向进军意味着会和葡萄牙发生冲突。

所有这些情况都是西班牙宫廷接受哥伦布计划的决定性因素。天主教上层支持海外扩张思想。欧洲最著名的学府之一萨拉曼卡大学的学者也对这种思想大加赞赏。西班牙国王和哥伦布签订了协议，根据这份协议，哥伦布被任命为新发现土地的总督，获得可继承的海军上将头衔，获得拥有新开发领地收入的 1/10、贸易利润的 1/8 的权利。

1492 年 8 月 3 日，由三艘航海快帆船组成的船队从巴罗斯港（离塞维利亚不远）出发向西南航行。经过加纳利群岛时，哥伦布命令船队转向西北，航行几日后到达大部分海面被海藻覆盖的马尾藻海，这造成了接近陆地的错觉。船队到达信风区，快速向前航行。船在马尾藻海中徘徊了几日，但仍看不到岸。这引起了水手的恐慌，船上发生了暴动。10 月初，经过两个月的航行，迫于船员的压力，哥伦布改变了方针，开始向西南方向航行。1492 年 10 月 12 日夜，一名水手看到了陆地，黎明时分船队靠近巴哈马群岛中的一个小岛（华特林岛，西班牙称之为圣萨尔瓦多岛）。第一次航行（1492～1493）时哥伦布发现了古巴岛并勘察了它的北海岸。

哥伦布认为古巴岛是日本海岸边的一个岛屿，他尝试继续向西航行，发现了海地岛，他在这里发现了较其他地方更多的金子。在海地岛岸边，哥伦布失去了最大的海船，不得不把部分船员留在海地岛。他们在岛上修建了要塞。用从被毁掉的船上卸下的火炮加固要塞，给警卫队留下粮食和火药后，哥伦布准备返航。海地岛上的要塞——纳维达德（圣诞节）成为西班牙人在新世界的第一个落脚点。

发现的陆地、陆地上的自然风光、居民的样貌以及他们从事的活动与很多国家探险者描述的富庶的东南亚土地没有任何相似之处。土著人有着红铜色的皮肤、黑色的直发，他们或赤身裸体，或臀部戴一块遮羞布。岛上没有任何采金的迹象，只是部分居民佩戴金饰。俘获几名土著后，哥伦布在寻找金矿时勘测了巴哈马群岛。西班牙人看到了上百种不认识的植物、果树和花卉。1493 年，哥伦布荣归西班牙。

哥伦布的发现令葡萄牙人不安。1494 年，由罗马教皇做中间人，西班牙与葡萄牙在托德西拉斯城签订了协议，西班牙享有对亚速尔群岛以西、葡萄牙享有对亚速尔群岛以东土地的占有权。

哥伦布还完成了三次美洲之旅——1493～1496 年，1498～1500 年，1502～1504 年，在此期间发现了小安的列斯群岛、波多黎各、牙买加、特立尼达以及其他岛屿，还在中美洲沿岸进行了考察。哥伦布至死都以为自己找到了通往印度的西部航线，因此将这片陆地命名为西印度群岛，这个名称在官方文件中一直沿用到 16 世纪末。但是在接下来的航行中，在那里没有找到丰富的黄金和贵金属储藏地，新陆地带来的收入仅稍稍高出开发支出。许多人怀疑这不是印度，反对哥伦布的人增加，新世界的贵族征服者极度不满，哥伦布严厉惩罚了不服从分子。1500 年，哥伦布被以越权犯上的罪名押解回西班牙。但是这位航海家戴着镣铐出现在西班牙并遭逮捕引起了社会各阶层人士的愤怒，其中包括女王的亲信。哥伦布很快被平反，恢复了所有封号。

在最后一次旅行时哥伦布有了大发现：他发现了古巴岛以南的陆地，考察了长达 1500 公里的加勒比海西南海岸。他已证实，大西洋同"南海"、亚洲沿岸被陆地隔开。因此，哥伦布没有找到从大西洋到印度的通道。

在沿尤卡坦海岸航行时，哥伦布遇到了较为发达的部落：他们生产色织布，使用青铜餐具、斧头，懂得金属熔炼。但当时哥伦布没有对这块土地予以重视，但后来证明，这是具有高度文化的伟大的美洲文明之一——玛雅文明的一部分。在返航途中，哥伦布的船遭遇强风暴，哥伦布历尽千辛万苦回到西班牙。那里的情况不妙。两周之后，一直庇护哥伦布的伊莎贝拉女王去世，他在朝廷失去了所有支持。他写给国王斐迪南二世的信也石沉大海。这位大航海家恢复自己对新发现土地收益权的尝试也是枉然。他在西班牙和海地岛的财产被查抄抵债。1506 年哥伦布去世，他已被人遗忘，一贫如洗。就连他去世的消息在 27 年后也才公布于众。

**通往印度航路的发现　葡萄牙的殖民掠夺**　哥伦布的悲剧在很大程度上源于葡萄牙人的成功。1497 年，为了勘察通往印度之路，瓦斯科·达·伽马的考察队被派往非洲。绕过好望角，葡萄牙水手到达印度洋，发现了赞比亚河口。沿着非洲海岸向北航行时，瓦斯科·达·伽马到达莫桑比克的阿拉伯商业城市蒙巴萨和马林迪。1498 年 5 月，在阿拉伯领航员的帮助下，船队到达印度港口卡利卡特。整个印度之旅历时 10 个月。购买了大量贩往欧洲的香料后，考察队开始返航。航行耗时一年，旅途中 2/3 的船员死亡。

瓦斯科·达·伽马的考察队的成功在欧洲引起极大反响。尽管损失巨大，但达到了目的，为葡萄牙人商业剥削印度创造了极大的可能性。很快，由于武装和航海技术优势，他们成功地将阿拉伯商人排挤出印度洋，将海上贸易牢牢地控制在自己手里。与阿拉伯人相比，葡萄牙人显得无比残酷，先对印度然后对马六甲和印度尼西亚沿岸地区的居民进行剥削。葡萄牙人要求印度王公中止同阿拉伯人的所有贸易，并把阿拉伯居民赶出印度。他们攻击阿拉伯人和当地的所有船只，劫掠并向船员凶残地射击。船队队长阿尔布克尔克非常残暴，后来他成为印度总督。他认为，葡萄牙人应在整个印度洋海岸站稳脚跟，封锁阿拉伯商人通往印度洋的所有通道。阿尔布克尔克的船队攻击阿拉伯半岛南岸无力抵御的城市，其兽行令人发指。阿拉伯人把葡萄牙人赶出印度的尝试以失败告终。1509 年，他们的船队在迪乌（印度北部海岸）遭遇失败。

葡萄牙人没有侵占印度本土的广大领土，而是极力占领沿岸的据点。他们大肆利用当地"拉加"（古代印度贵族的称号——译者注）的竞争。殖民者与他们当中的一些人订立同盟，在他们的领地上修建城堡，在那里驻扎自己的警备队。葡萄牙人逐渐控制了印度洋沿岸各地区的所有贸易关系。这种贸易利润丰厚。从印度洋沿岸继续向东推进，他们占领了从巽他群岛和马鲁古群岛运到这里的香料的贸易通道。1511 年，葡萄牙人占领了马六甲，1521 年，他们的船队出现在马鲁古群岛附近，宣布与印度的贸易被葡萄牙国王垄断。把香料运到里斯本的商人能得到 800% 的利润。政府人为地维持高价。每年只允许从殖民地运进 5~6 船香料。如果运来的商品数量比需要的多，为了维持高价，就把商品销毁。

掌握了与印度贸易的控制权后，葡萄牙人坚持不懈地寻找通往这个富庶国度的西部通道。15 世纪末 16 世纪初，在西班牙人和葡萄牙人组成的考察队中，佛罗伦萨航海家、天文学家亚美利哥·维斯普奇完成了美洲航行。在第二次航行时葡萄牙船队经过了巴西沿岸,认为它是一个岛屿。1501年,维斯普奇考察了巴西沿岸后得出结论,哥伦布发现的不是印度,而是新大陆,为了纪念亚美利哥,这块大陆被命名为美洲。1515年,第一个标注"美洲"的天体仪在德意志问世,之后地图册和地图相继出现。

**通往印度西部航线的发现　第一次环球旅行**　维斯普奇的猜想最终被麦哲伦的环球航行(1519~1522)证实。

费迪南德·麦哲伦出身葡萄牙贵族,年轻时在国王身边供职时参加过海上探险。他完成了几次马鲁古群岛之旅,认为马鲁古群岛与南美洲沿岸非常接近。在没有掌握准确的有关欧洲至新大陆距离信息的情况下,麦哲伦认为向西航行然后从南绕过新大陆就有可能到达群岛。这时人们已经知道,巴拿马地峡以西有一个"南海",称为太平洋。西班牙政府没有从新发现的土地上获得巨大收益,因此对麦哲伦的方案感兴趣。根据西班牙国王同麦哲伦签订的协议,他应航行到美洲大陆南端,开辟通往印度的西部航线;国王赐予他"执政者"的封号和新土地总督职位以及将来上缴国库所有收入的20%。

1519年9月20日,一支由五艘船组成的船队从西班牙的圣卢卡港出发,一路向西。一个月之后,船队到达美洲大陆南端,沿着现在的麦哲伦海峡航行了3个星期。1520年11月底,船队驶向太平洋,在海上航行了三个多月。此时天气极佳,风平浪静,因此麦哲伦将这个大洋命名为太平洋,但他不知道,在其他时间大洋也常出现暴风骤雨,雷电交加。在整个航行期间,正如麦哲伦的同行者彼加菲特在日记中写的,船队仅遇到了两个荒岛。船员饱受饥渴。船员把皮子在海水里泡软后用来果腹,喝臭水,全体患上坏血病。大部分船员在航行中死亡。直到1521年3月6日,才到达马里亚纳群岛中的三个可以储备粮食和淡水的小岛。继续向西,麦哲伦到达菲律宾群岛,很快在与土著的冲突中被杀。剩下的两艘船在德·埃尔卡诺的指挥下到达马鲁古群岛,掠夺了香料之后继续向西航行。1522年9月6日,船队抵达西班牙港口圣卢卡。由253人组成的船队中只有18人回到故乡。

新发现令西班牙和葡萄牙之间原本就存在的矛盾更加尖锐。由于缺少新发现岛屿的经度数据,双方的长期勘察都未能准确划定两国领地的边界。

1529年，两国达成协议：西班牙不再觊觎马鲁古群岛，但保留对菲律宾群岛的权利，岛屿的名称取自西班牙王位继承人、未来的国王腓力二世。但是，很长时间都没人下决心重温麦哲伦的航行，因而经太平洋到亚洲沿岸的路线没有实际意义。

**西班牙在加勒比海的殖民统治　侵占墨西哥和秘鲁**　1500~1510年，由哥伦布航行的参与者领导的探险队考察了南美洲北部和佛罗里达沿岸，到达墨西哥湾。在此之前，西班牙人占领了大安的列斯群岛——古巴、牙买加、海地、波多黎各，小安的列斯群岛（特立尼达和多巴哥、巴巴多斯、瓜德罗普岛等）和加勒比海上的一些小岛。大安的列斯群岛成为西班牙殖民西半球的前哨。西班牙当局对古巴尤其关注，把它称为开启新大陆的钥匙。在岛上修建了城堡、西班牙人的定居点，修筑了道路，建立了棉花、甘蔗和香料种植园。发现的黄金产地面积不大。为了弥补海上考察费用，西班牙人开始对这一地区进行经济侵略。对大安的列斯群岛上的土著居民进行奴役和残酷的剥削，从旧大陆带来的流行病造成土著居民灾难性地减少。为了充实劳动力，入侵者开始把印第安人从小岛和大陆沿岸运往安的列斯群岛，造成很多地方荒无人烟。同时，西班牙政府开始从西班牙北部地区向这里移民。尤其鼓励农民移民到这里，给予他们一块土地，免予税收20年。给予从事香料生产者以奖励。但劳动力仍然不足，从16世纪中期起，开始把非洲奴隶运到安的列斯群岛。

从1510年起，侵略美洲进入新阶段——开始对大陆内地进行殖民开发，殖民剥削体系形成。在历史文献中，把持续到17世纪中期的这一阶段称为西班牙、葡萄牙政府的中南美洲时期。征服者入侵巴拿马地峡以及在大陆修建第一批防御工事是这一阶段的开端（1510）。1513年，瓦斯科·巴波亚在寻找梦幻的"黄金国"时横穿地峡，驶向太平洋沿岸，他在岸上树起了卡斯提尔王国的旗帜。1519年，建立了巴拿马城——美洲大陆的第一座城市。派往大陆腹地的征服者队伍形成。

1517~1518年，在尤卡坦半岛沿岸登陆寻找奴隶的埃尔南·德·科尔特斯和胡安·格里哈尔瓦的队伍遇到了哥伦布发现新大陆前的最古老文明——玛雅文明。为城墙所环绕的壮丽城市、金字塔、装饰着刻有公牛和献牲图案的神庙令征服者震惊不已。西班牙人在神庙和宫殿里发现了很多黄金和铜制的装饰品、雕像、餐具以及绘有交战和祭祀场景的模压金箔。神庙的墙壁装饰着做工精美和色彩丰富的图案和壁画。

西班牙人的形象也吓坏了从未见过马的印第安人。他们感觉骑在马上的西班牙骑士像个大怪物。火器令他们倍感恐惧,他们只能使用弓箭,穿着棉织的铠甲进行对抗。

在西班牙人出现前,尤卡坦半岛的领土被几个城邦瓜分。城市是政治中心,在它周围是一些农耕公社。城市的统治者收取税款,指挥战事,领导对外政策,此外他们还是大祭司。在玛雅社会中,公社是最小的社会经济、行政和财政单位。耕地按块分给家庭,其余能经营的土地共用。自由的公社农民是主要劳动力。在公社内早已出现财产和阶级分化,分化出祭司、官吏、世袭的军事首长。经济中广泛使用作为奴隶的欠债人、罪犯和战俘的劳动。除了收税,统治者和祭司还征发劳役修建宫殿、神庙、道路和灌溉系统。

玛雅人是哥伦布地理大发现之前美洲民族中唯一有文字的民族。他们的象形文字与古埃及人、苏美尔人、阿卡德人的文字相似。玛雅人的书籍(古抄本)用颜料写在用植物纤维制作的长形纸条上,然后装在套子里。神庙里有大量藏书。玛雅人有自己的历法,能预测日食和月食。

西班牙人不仅在装备上占优势,而且城邦之间的内部战争也使西班牙人轻易占领了玛雅城邦。西班牙人从当地人那里了解到贵金属是从位于尤卡坦半岛以北的阿兹特克帝国运来的。1519年,到美洲淘金和寻求荣耀的落魄青年贵族埃尔南·科尔特斯带领西班牙军队前往征服这片土地。他希望不用多少兵力就能占领新土地。他的队伍由400名步兵、16名骑兵和200名印第安人组成,携带有10门重炮和3门轻炮。

科尔特斯前去征服的阿兹特克帝国从墨西哥湾延伸至太平洋沿岸。在这片土地上居住着许多部落,以阿兹特克人为主。墨西哥谷地是国家的中心。这里居住着许多从事农耕的居民,他们用世代劳动创建了完善的灌溉系统,种植高产的棉花、玉米、蔬菜。阿兹特克人和美洲其他民族一样,不会驯养家畜，不知道用轮子拉车和金属劳动工具。阿兹特克人的公社结构与玛雅人相似。相邻的公社是主要经营单位。居民需要为国家服劳役，修建宫殿、神庙等。阿兹特克人的手工业还没有同农业分离，在公社中同时居住着农民和手艺人，贵族、酋长的代表阶层——卡西科（拉丁美洲部落酋长）分离出来，他们拥有大块土地，使用奴隶劳动。与玛雅文明不同，阿兹特克帝国高度集权化，正逐渐向最高统治者世袭政权过渡。但是内部不统一、大军事贵族争夺政权的内讧、被阿兹特克人征服的部落反对入侵者的斗争使西班牙人在这场力量悬殊的斗争中轻松获胜。许多被征服的部落转向西班牙人一边，参加了反对阿兹特克人的战斗。比如，在最后一次围困阿兹特克人的首都特诺奇提特兰时，1000名西班牙人、10万名印第安人参加了战斗。尽管如此，围困长达225天，用了20多年才最终占领墨西哥。直到1697年，即他们入侵尤卡坦半岛173年之后才占领了玛雅人最后的堡垒。墨西哥没有令征服者失望。在这里发现了储量丰富的金银矿床。早在16世纪20年代，这里就开始加工银矿石。在矿井、工地，对印第安人的残酷剥削、疫病的流行使人口迅速减少。50年内人口从450万人减少到100万人。

在占领墨西哥的同时，西班牙征服者在南美洲沿岸寻找传说中的"黄金国"。1524年，占领现在的哥伦比亚，在那里修建了桑塔-玛尔塔港口。西班牙征服者冈萨罗·希梅内斯·德·克萨达从这里沿马格达莱河逆流而上到达生活在波哥大高原上的奇楚亚-穆伊斯卡人的领地。这里的锄耕农业、制陶业、织布业以及铜、金、银加工业发达。奇楚亚人以用金、银、铜、绿宝石打造的精美装饰品和餐具享誉盛名。与其他地区进行贸易时金箔充当等价物。占领了奇楚亚-穆伊斯卡这个最大的国家后，克萨达在1536年建立了圣菲波哥大城。

第二波殖民开拓从巴拿马地峡沿美洲的太平洋海岸向南推进。神话般的富饶国度秘鲁吸引了征服者。西班牙富商参与了从巴拿马地峡开始的前期考察。来自埃斯特雷马杜拉的一名文化程度不高的贵族弗朗西斯科·皮萨罗组织了一支队伍。1524年，他同自己的同乡迭戈·阿尔马格罗沿美洲西岸向南航行，到达了瓜亚基尔湾（现在的厄瓜多尔）。这里土地肥沃，人口稠密。当地人从事农业，繁育羊驼。羊驼的肉和奶作为食物，毛被织成结实保暖的布料。1531年回到西班牙之后，皮萨罗与国王签订了"议定书"，获得了爵位和领导征服者队伍的权利。他的两个兄弟和埃斯特雷马杜拉的250名伊达尔戈（西班牙贵族——译者注）加入了考察队。1532年，皮萨罗登陆，很快就征服了生活在那里的其他零散部落，占领了重要据点通贝斯城。在他们面前展现了一条通往占领印加古国"塔万廷苏尤"——新大陆上最强大国家的途径，西班牙人攻占时正是它上升最快的时期。奇楚亚人（俄语 кечуа，现代南美印第安人最大的一支——译者注）自古以来就住在秘鲁大地上。14世纪，许多居住在现在厄瓜多尔、秘鲁和玻利维亚的印第安人征服了一个奇楚亚部落。到16世纪初，印加古国的成员包括智利和阿根廷。在征服者的部落中形成了军事贵族，"印加"一词有爵位的意思。印加古国的中心是位于山上的库斯科城。在占领时，印加人极力同化主要部落，把他们迁移到国家腹地，向他们灌输奇楚亚语，推行统一的宗教——拜太阳神教。库斯科的太阳神庙是万神庙。和玛雅人、阿兹特克人一样，印加人社会的基本单位是相邻的公社。除家庭份地外，还有公社耕种的"印加田"和"太阳田"，田地的收成归统治者和酋长所有。贵族和公社首领的田地已经从公社田地中划分出来，成为他们的财产并可以继承。印加人认为，塔万廷苏尤的统治者是所有土地财产的最大拥有者。

1532年，当几十名西班牙人进入秘鲁腹地时，印加帝国正进行残酷的内战。太平洋北部沿岸被印加人征服的部落支持征服者。几乎没遇到抵抗，皮萨罗就到达了印加人国家的重要中心——位于安第斯山区的卡哈马卡。西班牙人在这里俘获了印加帝国统治者阿塔瓦尔帕并将其关入监狱。尽管印加人募集了大量赎金，用金银饰品、金银锭、金银器皿装满监狱，但西班牙人还是处死了阿塔瓦尔帕并任命了新统治者。1535年，皮萨罗完成了库斯科行军，经过艰苦战斗后占领了该城。同年，建立利马城，该城成为被占领地区的中心。在利马和巴拿马之间建立了可直航的海路。征服秘鲁用了40余年。反对侵略者的民族起义席卷全国。在难以进入的山区出现了新的印第安人国家，直到1573年才被西班牙人征服。

在皮萨罗远征秘鲁的同时，1535~1537年，迭戈·阿尔马格罗向智利进军，但很快就返回被起义的印第安人包围的库斯科。征服者队伍发生内讧，皮萨罗以及他的兄弟埃尔南多·皮萨罗、迭戈·阿尔马格罗死于这场战斗。佩德罗·瓦尔迪维亚继续征服智利。居住在这片土地上的阿劳干人进行了顽强的抵抗，直到17世纪末才终于征服智利。从1515年起，拉普拉塔被殖民者占领，拉普拉塔河和巴拉圭河流域被占领。征服者队伍从东南推进，踏上秘鲁的领地。1542年，这里集结了两股殖民势力。

如果说在西班牙人、葡萄牙人征服中南美洲时期的第一阶段征服者掠夺了过去积累的贵金属，那么从1530年起，在墨西哥、秘鲁和现在的玻利维亚（秘鲁以北）开始系统地对富矿进行开采。在波多西地区发现了贵金属富矿。16世纪中期，波多西地区的矿井提供了世界白银开采量的1/2。

从这时起，殖民的性质发生了变化。征服者不再对被占领土地进行经营开发。西班牙移民的一切必需品都从欧洲运来，和新大陆的金银进行交换。只有想发财致富的贵族才能被派往美洲殖民地。移民的贵族、封建性质注定了西班牙的不幸，美洲的金银主要落入了贵族的腰包，或以珍宝的形式存储起来，或用来支持欧洲天主教会的政治阴谋、西班牙国王的军事冒险。这种新殖民剥削方针对西班牙殖民体系的形成产生了决定性影响。

由于国家历史发展的特点（见第八章），西班牙封建制度具有以下特点：国王对被征服土地拥有最高权利，保留农民的自由公社，居民为国家服劳役。与封建依附农民的劳动一样，穆斯林奴隶的劳动在经济中发挥着重要作用。在征服美洲之时，西班牙的社会经济和行政体系与新大陆阶级社会初期的社会组织形式是相容的。

西班牙人保留了墨西哥、秘鲁以及其他农业人口稠密地区的印第安人公社。他们利用公社社员的各种劳役吸收印第安人到矿井劳动。西班牙人保留了公社的内部结构、轮作制和税收制度。"印加田"的收成用来向西班牙国王缴税，"太阳田"的收成用来缴纳教会的什一税。

之前的首领（卡西科、库拉科）仍为公社的首领，他们的家庭免除税收和劳役，但应保证及时纳税，向矿井提供劳动力。与西班牙征服者融合的当地贵族为西班牙国王服役。他们后代中的很多人被派往西班牙。

所有被征服的土地变成了国王的财产。从1512年起,颁布了禁止将印第安人变为奴隶的法律。在形式上,他们是西班牙国王的臣民,应缴纳专门的特里布托税和服劳役。从殖民化早期,国王与贵族征服者争夺印第安人的管辖权、被征服土地的财产权的斗争即已开始。16世纪20年代末,在斗争的过程中对印第安人特殊的剥削形式——委托监护制出现。Э.科尔特斯第一个把它引入墨西哥。在委托监护制下,"监护人"不享有土地所有权。土地的占有者——监护者有权剥削居住在委托监护制领地上的印第安公社社员。监护人须促进居民基督教化,监督及时缴纳特里布托税,在矿井、建筑工地和农业劳动中服劳役。随着委托监护制的建立,印第安人公社被纳入西班牙的殖民体系。公社的土地被宣布为不可转让的财产。伴随这种殖民剥削形式的形成,强力的殖民地行政管理机构建立。对于西班牙君主来说,这是同反对征服者的分离倾向做斗争的手段。

16世纪上半期,整体上形成了美洲西班牙殖民地管理体系。建立了两个总督辖区——新西班牙(墨西哥、中美洲、委内瑞拉和加勒比海群岛)总督辖区和秘鲁总督辖区,覆盖除巴西以外的南美洲其余地区。总督从西班牙高级贵族中任命产生,他们被派往殖民地三年,无权携带家眷、在那里购买土地和不动产以及从事企业经营活动。印第安会议监督总督的活动,会议做出的决定具有法律效力。

殖民地的贸易处在"塞维利亚商业局"的监督之下(1503);塞维利亚商业局对所有进出海关的货物进行检查,征收关税,在监督下进行移民。除塞维利亚外,西班牙所有其他城市无权与美洲进行贸易。西班牙殖民地的主要经济部门是矿山工业。因此,总督有义务为国王的矿井提供劳动力,及时向国库交纳包括印第安人人头税在内的收入。此外,总督还拥有军事权和审判权。

西班牙殖民地经济的片面发展对殖民地居民的命运和美洲大陆未来发展带来了致命的后果。到17世纪中期,殖民地居民人数出现可怕的缩减。到1650年,很多地区的人口仅为16世纪末的1/15~1/10,首要原因是具有劳动能力的男性居民一年中有9~10个月在矿井中劳作。这导致传统耕作形式衰落、出生率下降。频繁的饥荒、使整个地区大批人口死亡的瘟疫是重要原因。从 16 世纪中期起，西班牙人开始强制印第安人在矿井附近建立新居住点，把他们纳入公社系统。除了为国家工作，这些居民点的居民还须种地，养家糊口，交纳特里布托税。残酷的剥削是殖民地居民死亡的主要原因。从宗主国移民到这里的人不多。16 世纪中后期，殖民地的移民主要是贵族，实际上禁止农民移民到秘鲁、墨西哥。如 1572 年，波多西有居民 122 万人，其中西班牙人仅 1 万人。在美洲逐渐形成了独特的西班牙移民群体，他们出生在殖民地，长期在此居住，与宗主国几乎没有联系。他们不与当地居民混居，是一个特殊的群体，被称为土生白人。

在殖民主义条件下，印第安人的民族团体和部落的同一性迅速受到冲击，他们的语言也被西班牙语取代。各地区的印第安人迁居到矿井附近的居民点在一定程度上对此起了促进作用。各部落的代表说着各自的语言，西班牙语逐渐成为他们交流的主要语言。与此同时，西班牙移民与印第安人快速融合，混血人口迅速增加。到 17 世纪中期在许多地区生活着大量欧洲人和黑人生的穆拉托人。在种植行业占主导，不断有非洲奴隶运来的加勒比海沿岸、古巴、海地，这种情况非常典型。欧洲人、印第安人、混血人、穆拉托人作为封闭的种族群体存在，他们的社会和法律地位千差万别。西班牙殖民当局通过立法巩固了这种种族制度。首先，一个人在社会中的地位取决于民族和种族特征。只有土生白人享有充分的权利。禁止混血人居住在公社、占有土地、携带武器、从事某些手工业。同时，他们免服劳役，免缴特里布托税，法律地位比印第安人高。这在很大程度上说明，在西班牙人占领的美洲城市里，混血人和穆拉托人占多数。

在加勒比海沿岸和在占领之初大部分居民即已灭绝的一些岛屿上，黑人和穆拉托人占大多数。

**葡萄牙殖民地** 葡萄牙占领地区的殖民体系有自己鲜明的特点。1500 年，葡萄牙航海家佩德罗·阿尔维斯·卡布拉在巴西海岸登陆，宣布这片土地为葡萄牙国王的领地。在巴西，除部分地区外，沿海一带没有定居的农业居民，只有为数不多仍处于氏族部落阶段的印第安人部落被逼退到国家腹地。缺乏贵重金属产地和人力资源决定了巴西殖民地的独特性。商业资本的显著发展是次重要因素。巴西有组织的殖民化始于 1530 年，对沿海地区进行了经济开发，尝试在这里推广封建农业。把沿海分割成 13 个总督辖区，辖区的占有者拥有至高无上的权力。但是葡萄牙国内没有大量过剩人口，因此向殖民地的移民进展缓慢。由于缺少农民移民、土著人数量少，不可能发展封建经济。一些出现了种植业的地区发展得较为成功，这得益于一种建立在剥削非洲黑奴基础上的体系。从 16 世纪下半期开始，非洲奴隶的数量快速增加。1583 年，在整个殖民地居住着 2.5 万白人移民和上百万奴隶。白人移民作为一个相当封闭的群体主要居住在沿海地带。在这里不同种族通婚的情况不多，葡萄牙文化对当地居民的影响非常有限。葡萄牙语没有成为主要语言，出现了便于葡萄牙人和印第安人交流的独特语言：在当地的一种方言和葡萄牙语语法、词汇形式基础上形成的语言。在此后的 200 年里当地人都说这种语言。

**殖民化和天主教会** 天主教会在美洲殖民化中发挥了重要作用，无论是西班牙还是葡萄牙，在其殖民地，天主教会都是殖民机关的重要组成部分和土著人的剥削者。罗马教廷把美洲的发现和对美洲的征服视为新的十字军远征，其目的是使土著居民改信基督教，因此西班牙国王获得了支配殖民地教会事务、领导传教活动、建立教堂和修道院的权力。教会迅速成为最大的土地所有者。征服者很清楚，在巩固他们对土著居民的绝对权力时，教会发挥了极大作用。在 16 世纪前 25 年，各个修士会的代表开始抵达美洲：方济各会修士、多明我会修士、奥斯定会士，后来耶稣会士在拉普拉塔和巴西获得了很大影响力。僧侣跟随征服者的队伍，建立了自己的居住区——公使馆，公使馆的中心是教堂和僧侣居住的房子。后来，在公使馆建立了印第安儿童学校，同时建造了规模不大的加固的堡垒，西班牙警卫队驻扎在那里。因此，公使馆是基督教化的前沿阵地，也是西班牙占领地区的边境哨所。

在西班牙、葡萄牙征服中南美洲的前几十年，天主教神职人员在进行基督教化时，不仅破坏了当地的宗教信仰，还彻底破坏了土著居民的文化。方济各会主教迭戈·德·兰达下令销毁玛雅人的所有古书、文化遗迹、历史记忆。但是，天主教神职人员很快用其他方法行动。他们利用当地的古老宗教和印第安土著文化元素进行传教，传播西班牙文化和西班牙语。尽管在西班牙、葡萄牙征服中南美洲时期印第安文化遭到残酷破坏，但并未消亡，它在西班牙文化的影响下幸存下来并发生变化。新文化在西班牙文化和印第安文化元素的共同作用下逐渐形成。

天主教使团被迫促进这种综合。他们常在印第安人的圣地建立基督教教堂，利用土著人之前信仰的一些形象和象征，将其纳入天主教仪式和作为象征符号。比如，在距离墨西哥城不远的瓜德罗普的一处遭到破坏的印第安神庙原址上建造了圣母玛利亚教堂，这里成为印第安人朝觐的地方。教会作证，"圣母"会在这个地方神奇现身。为此，供奉了很多神像，专门举行了很多仪式。在这些神像上，圣母玛利亚有一张印第安女人的面孔，是"肤色黝黑的圣母"，而从祭礼中也能发现印第安人曾经的信仰的影子。

**太平洋地区的地理发现** 16 世纪下半期至 17 世纪初，西班牙航海家从秘鲁出发对太平洋进行了一系列考察，发现了所罗门群岛（1567）、南波利尼西亚（1595）和美拉尼西亚群岛（1605）。麦哲伦在航行时就认为存在"南部大陆"，发现的东南亚岛屿是这个大陆的一部分。17 世纪初，一些地理著作做出假设，在地图上把这个假想的大陆标为"不知名的南部土地"（Терра инкогнита Аустралиа）。1605 年，一支由 3 艘船组成的西班牙考察队从秘鲁出发。在船靠近东南亚海岸时，佩德尼·基罗斯发现了一个群岛。基罗斯是分舰队的舰长，误以为抵达了南部大陆海岸。他不顾自己队友的命运，急忙返回秘鲁。为了汇报自己的发现、巩固自己治理这片新发现土地的权利、领取赏赐，基罗斯又向西班牙出发。被基罗斯抛弃的两位船长中的一位——葡萄牙人路易斯·瓦兹·德·托雷斯继续航行，他很快就发现基罗斯弄错了，他发现的不是新大陆，而是群岛（新赫布里底群岛）。群岛以南是一片不知名的陆地（真正的澳大利亚）。托雷斯继续向西航行，他穿过了新几内亚和澳大利亚海岸之间的海峡。后来，这个海峡就以他的名字命名。航行到西班牙人占领的菲律宾群岛后，托雷斯向西班牙总督报告了自己的发现。这个消息也传到了马德里。但是当时西班牙没有能力和资金开发新发现的土地。由于害怕其他国家与之竞争，因此西班牙政府对托雷斯发现的所有消息秘而不宣。

17世纪中期，荷兰人开始考察澳大利亚沿岸。1642年，A.塔斯曼从印度尼西亚海岸向东航行，从南部绕过澳大利亚，经过了塔斯马尼亚岛。

直到托雷斯航行150年之后，在七年战争（1756~1763）期间，反对西班牙人的英国人占领了马尼拉，在档案中发现了有关托雷斯发现大洋洲的文件。1768年，英国航海家Д.库克全面考察了大洋洲岛屿，第二次发现了托雷斯海峡和澳大利亚东部海岸，最终认为还是托雷斯拥有发现的优先权。

**地理大发现的影响** 15~17世纪的地理大发现对世界发展产生了重大影响。众所周知，欧洲人更早造访美洲，完成了非洲沿岸之旅，但只有哥伦布的发现为欧洲与美洲长期、多样的联系奠定了基础，开启了世界历史新阶段。地理大发现不仅仅是某个开化民族的代表造访部分不知名的土地。确定新发现的土地与旧世界之间的直接联系也属于地理大发现的范畴。

地理大发现明显拓宽了欧洲人对世界的认知，打破了许多偏见和关于其他大陆以及居住在这些陆地上的民族的虚假概念。

科学知识的扩展推动了欧洲工商业快速发展，促进了新型财政体系、银行和信贷业务的出现。主要贸易通道从地中海向大西洋转移。

价格革命是发现和殖民新大陆的最重要后果，它为欧洲的资本原始积累注入了新动力，加快了经济中资本主义的形成。

但是，对于宗主国和殖民地人民来说，征服和殖民新发现土地的后果是复杂多样的，对新土地的开发、随之而来的对土著居民的残酷剥削、致使土著居民沦为奴隶和灭绝均是殖民化的结果。在征服的过程中许多古老文明的发源地被破坏，新大陆自然发展的历史进程遭到破坏，被殖民国家的人民被强行纳入刚刚形成的资本主义市场，他们用自己的劳动加快了欧洲资本主义形成和发展的进程。

# 第五章
# 16世纪至17世纪上半期的德意志

**16世纪初德意志的政治结构** 15、16世纪之交，德意志的土地仍和从前一样，是欧洲最大的政治共同体——神圣罗马帝国的组成部分和核心。德意志在这个无定形超民族联盟中的角色认知导致正式新名称"德意志民族神圣罗马帝国"于1486年应运而生。除德意志外，帝国还包括现在的荷兰、比利时、卢森堡、奥地利、捷克、勃艮第伯爵领地和其他领土。一些领地（瑞士、意大利北部和中部的一些州）在形式上属于帝国，但事实上它们是独立的。

德意志的首脑是选出的国王，他能像皇帝一样加冕，为此不必向罗马教皇提出请求。哈布斯堡王朝皇帝马克西米利安一世（1493~1519在位）就拒绝教皇为自己加冕。国家在政治上是分裂的，由许多大大小小的世俗、教会的封建领地组成。在16世纪前期，国内除了七个有权选举皇帝的选帝侯外，还有约70位公爵——大主教、主教和世俗人士，约70个最大的天主教修道院院长，120多位伯爵和地位与之相近的"格斯波特"，以及约65个皇城和自由城市（皇城作为皇帝自己的封地直接归皇帝管辖，自由城市是从过去的主教领主那里收复的拥有自治权的城市）。必须把为数众多的皇家骑士领地的占有者也纳入进来。除帝国的低级骑士外，这里所列的其余帝国官阶在帝国国会中都有自己的代表，官阶的设置和名称直到15世纪末才固定下来。在这些等级代表机关中，通常部分伯爵和"格斯波特"代表骑士的利益。在帝国国会中选帝侯组成高级元老院，所有的世俗和教会贵族组成二级元老院，神职人员不分等级构成特别（单独）元老院，城市组成三级元老院。

公爵具有双重政治地位是德意志的特色：按与皇帝的关系，它是官阶、等级集团；按与自己领地的等级代表机构的关系，它是国君。这些自治机关——自治代表会最终形成于15世纪末16世纪初。虽然各地存在差异，但被纳入自治机关的通常是低级贵族、伯爵、"格斯波特"、神职人员、自治（即归公爵管辖的）城市。一些议会也将部分农村公社、"市场"（拥有少于城市权利的居民点）的代表纳入进来。教会公国议会有自己的特点，全体教士确定议会的基调。那里可以没有世俗议会。帝国国会和公国议会经常讨论维护和平、财政税收、立法等类似的问题，只是范围各不相同——一个是国家的问题，一个是地方的问题。每个元老院都要分别接受帝国国会或公国议会的决定，然后进行比较。通常，城市在公国议会中的作用很大，它在帝国国会中的作用取决于解决的问题：如果讨论的是资金需求问题，城市受所有人欢迎，但在其他情况下，它们的投票权可能受到质疑。维护各等级的权力和利益时，帝国国会和议会行使一系列重要功能：它是反映广大社会群体利益的机构，它促成不同立场达成一致，在一定程度上是帝王——皇帝或公爵最高统治权的平衡器。

与地方自治机关相比，德意志的城市管理方式花样繁多，不过它们之间也有共同之处。通常每年进行市政选举，选出市长、负责人员和法官。这里的管理范围差别很大。16世纪，皇城和自由城市的差别基本消失，它们都拥有广泛的自治权，不仅控制着周围地区，还控制着类似的小型公国。同时，整个德意志还遍布人口在500~2000人的小城镇。它们与大型村庄差别不大，具有半农业性质。16世纪初，国内约有3000个城市。与欧洲其他国家相比，即使是人口最多的城市也只能算中等城市。在德意志南部的商业手工业中心纽伦堡和奥格斯堡，居住着4万~4.5万人。在人口数量上，这些城市已经超过了德意志的宗教首都、大主教官邸所在地科隆。科隆的人口在3万~3.5万人。港口城市吕贝克在汉萨同盟——商业城市同盟中最有影响力，人口为2.5万人。稍微小一些的城市有汉堡、马格德堡、斯特拉斯堡。其余15个城市人口在1万~2万人。

16世纪的德意志还有另外一种城市管理的创新形式，它既不是中央直辖，也不是地方自治，而是按照地区进行管理，在分散的帝国内，这些地区是扩大的行政单位。建立地区首先是为了减轻区域内同抢劫、和平破坏者斗争的负担。总之，尽管出现了一些新元素，但16世纪初的德意志国家组织仍保留了之前形成的中央和地方（公国或城市）双重发展的趋势。若要弥补它的不足，公爵和大城市需"抓住"由于缺乏中央集中管理体系帝国不能完成的任务。但这不仅是一个相辅相成的过程，还是一个相互竞争的过程。全国集中进展不大，相反，公国在加强国内政治细化方面做出了新贡献。

**16世纪初期德意志经济的发展** 从15世纪最后30年起，大约至16世纪中期，德意志的人口和经济均呈上升趋势。1348年鼠疫和15世纪的多次饥荒给民众造成的损失得以补偿。到16世纪初，德意志人口超过1200万人，16世纪下半期，人口在1400万～1500万人。国家经济以农业为主，90%的居民生活在农村。

经济上升有自己的特点。不是所有行业都呈上升态势。与其说经济上升的前提条件是内部原因，不如说是新时代早期的典型形势（地理大发现、国际贸易繁荣、对作为当时主要货币兑换金属的银的需求增加等）促进了经济上升。然而，它不仅促进了城市生产规模的扩大，还促进了新经济结构、早期资本主义要素的发展。

德意志经济中最发达的行业是矿山业。国内有10万余人在这个行业内工作。德意志的矿业技师在欧洲享有盛誉。他们开采的白银数量比欧洲其他所有国家开采的总和还多，直到16世纪中期，在更廉价的贵金属源源不断地从美洲运来之前，稳居第一。德意志的钢铁冶炼也独占鳌头。包括英格兰在内的其他国家纷纷聘请德意志的炼钢技师。德意志的铜矿开采业享有盛誉，尤其是蒂罗尔、萨克森，那里出现了快速发展的新型矿业小城。当时，铜主要用于火炮制造、造船和餐具生产。

矿井和矿场广泛使用雇佣劳动。如果说最开始时先驱者是带着恐惧、冒着风险完成了开采，那么，随着要求使用复杂设备的矿井深度的加深，股份公司加入了这个行业。常常是王公投入资金，自然他们也获利不菲。王公对地下矿产的专营权也是他们收入的来源，为开采矿石，开采者不得不和土地的主人分享开采利润。这种封建制度使生产成本增加。

在德意志的纺织工业中，越来越多的商品来自分散式手工工场，它们与行会手工业产品并驾齐驱。制呢、麻织和便宜的绒布加工都很发达。部分绒布从南部城市出口到威尼斯和更远的地区。流行一句俗语，叫作"全世界提供的亚麻量不抵德意志的供应量"。通常，在行会手工业参与某些工序的前提条件下，德意志北部汉萨同盟城市的造船业内形成了手工工场。在啤酒酿造业中手工工场也广为流行。德国人是酿制啤酒的高手。

书籍出版取得了巨大成功，这是德意志在 15 世纪中期的发明。它变成生产部门，在小型印书馆存在的同时，也出现了集中管理的大型印刷手工工场，其雇工人数达到 50 人。

追逐暴利的特性和企业经营的活力成为时代特征。国际贸易使利润最大化，在集中从事国际贸易的德意志南部城市奥格斯堡和纽伦堡，出现了许多大富翁。他们与威尼斯、安特卫普和其他商业中心有业务联系。大富翁福格尔、威利泽尔、霍赫施泰特、伊姆霍夫的名字在许多国家闻名遐迩。福格尔家族把资金投入带给他难以置信利润的香料批发贸易、高利贷业务、包销、矿山生产和土地收购。在他们的投资活动中，中世纪特权的连环利用、追求垄断、禁止竞争与大胆创业兼而有之。他们把大量资金贷给统治者甚至皇帝。当时财富的化身雅各布·福格尔的身家高达 250 万盾。同时，奥格斯堡一半以上的居民生活极度贫困。尽管福格尔做了一些善事，但微不足道的捐赠不能消除德意志城市中出现的大量乞丐和流浪汉，为消除这一现象，市政厅接二连三出台的法律均以失败告终。金融业突飞猛进，其后果既复杂又不可预料。

德意志的经济发展极不平衡。虽然有密集的商业通道和传统交易会网络，包括在美茵河畔的法兰克福和莱比锡举办的交易会，但北部汉萨同盟和德意志南部工商业地区没有合并为一个统一的市场；莱茵河两岸城市与相邻的尼德兰有密切的经济联系，但与国内各州的联系薄弱。外部因素对德意志经济的影响更大。汉萨同盟城市仅稍稍缩小了同波罗的海的传统贸易的规模,由于荷兰人的不断竞争,传统贸易的比重急剧降低。至于穿越大西洋的世界贸易,从 16 世纪中期起,随着贸易通道的移动,德意志距离主要货流地越来越远,经济出现下滑。

资金和商品生产集约化引发的复杂而矛盾的进程,同样出现在德意志农村。16 世纪中期以前,在易北河对岸东北部地区,多数农民人身是自由的,为租赁的土地交纳一定的代役租。但是由于西欧国家粮食需求增加,汉萨同盟城市的粮食贸易开始增长。为了利用对自己有利的形势,当地地主通过驱赶农民离开土地、迫使其服劳役来扩大自己的耕地面积。后来,这个进程广泛展开,到 16 世纪下半期,规定农民每星期服劳役 2~3 天。

在西北部莱茵河谷地,形成了另外一种局面:把土地交给自由农民租种对贵族更有利,即每个大块土地分成四块完整的农民份地。结果,在富裕农民出现的同时,耕地面积少的农村贫民也随之出现。他们沦为雇工,开始流浪,在极有限的土地上艰难刨食。只有富农享受到了莱茵河两岸城市粮食需求增长带来的收益。对毛纺产品的需求促进了养羊业发展,在租赁制基础上,一些大型农庄除使用实物分成制农民的劳动外,也开始使用雇佣劳动。

德意志南部和西南部农民的境遇最糟糕。这里的经济规模小,因为自古以来,按当地的法律传统,可以分割、典当和出售土地。结果,农民份地经常转手。封建主不能从土地中获得更多收益,因此他们利用短期租赁(允许他们不断重新修订有利于自己的租赁条件)、分成制(这些地方的分成占到收成的一半)来寻求增收。劳役制引起农民极大愤怒。首先,这是土地继承时的身后税,约占财产的 1/3。通常,最好的衣服或最好的牲口都被拿走,很可能农家唯一的绵羊也被牵走。在南方地区,封建主对农民公共用地——森林、草场、水源地的使用权步步紧逼。这里出现了有利于封建主的新限制。双重什一税——大什一税是粮食税,小什一税是向菜园作物、牲畜收取的税——引起农民的不满。

农村公社出现了诸多变化:农民地位恶化,农民内部分化加剧,封建主对农民胡作非为,不仅世俗法规被打破,而且宗教规则也遭到破坏。捍卫这种"宗教权"的斗争成为逐渐成熟的农民对抗压迫的一种回应。

**城乡的社会斗争**　15世纪末16世纪初，农民状况的恶化引起各种形式的反抗。1476年，宣称圣母显灵的牧人汉斯·贝哈姆的布道引起维尔茨堡主教领地内大规模骚动。贝哈姆预言上帝对神职人员极度愤怒，他担保他们都会被处死。他宣称所有人都应劳动，教皇、君主、公爵、骑士、市民和农民都应平等，谁也不能拥有的比别人多。宣扬平均主义的布道者被抓，普通民众仍向贝哈姆最先发出预言的教堂进发，拆毁了教堂。

16世纪初，成立于15世纪末阿尔萨斯的秘密农民协会"鞋会"（Башмак，农业术语——译者注）恢复活动。1502年，"鞋会"在施派尔主教辖区内的一个村子成立，有几百名成员，带头人是农民约斯·弗里茨。密谋者企图取消政权，瓜分部分教堂和修道院的财产，既不缴纳钦什代役租，也不缴纳什一税，恢复使用公共用地的自由。他们打出"上帝赋予的权利"的旗号。多名被告密者出卖的密谋者被绞死，但约斯·弗里茨躲藏了起来。1513年和1517年，他又密谋了新的活动，但被当局揭穿、镇压。

符腾堡公国还有一个名为"穷人康拉德"的农民地下同盟。1514年，这里爆发了起义，不满赋税增加的市民也加入了起义队伍。运动要求召开有农民参加的议会，但也被镇压。

1509～1514年，德意志近30个城市爆发底层市民起义。由不满城市秩序、赋税分配、对官员的财政支配缺乏监督引起的起义直指市政厅。和与局部条件及利益有关的其他运动不同，这次运动指责的对象是全体神职人员和教会，参加人员来自社会所有阶层和整个德意志。

**16世纪初德意志的天主教会**　对于罗马天主教会来说，16世纪因巨大的危机著称于世。看上去，罗马教廷的政治成就也好，罗马文艺复兴的辉煌（这种繁荣在很大程度上源于教皇及其周遭的人们大量订购）也罢，绝不会是16世纪初这场危机的预兆。教皇不仅克服了试图限制其权力的15世纪公会议运动的后果，还巩固了政权，扩展了国家的疆域，提高了他对意大利的政治作用。教皇对自己的财政部门和办公系统进行了现代化改革，借此将全国教会的苛捐杂税提高到前所未有的水平，积极与意大利的大银行和福格尔的商行协作，以增加收入。教皇引领拥有宏伟、豪华宫廷的上流社会统治者的生活方式，以荣誉和收入丰厚的职位封赏亲族包括非婚生子女，赐予其侄子枢机主教的职位，大规模售卖获利丰厚的教会特权。

16世纪初，德意志教会表面也给人稳固和辉煌的印象。当代人已证实，当时大肆修建教堂，流行圣人、圣母玛利亚及圣母之母安娜崇拜，敬拜圣像和神圣力量，信徒纷纷到德意志的圣地或前往罗马、巴勒斯坦、西班牙圣人雅各的陵墓朝圣。世俗社会的王公竞相参加基督教会议，普通人在教堂聚会，为了使听众不枯燥，布道者不时用当地教民生活的趣闻和寓言故事来进行严肃的训教。

为数众多的教堂、小教堂、各种修会的修道院存在的同时，还有许多宗教团体。科隆有20座教堂和30多座修道院，中等城市布伦瑞克有15座教堂和5座修道院。大部分主教由贵族担任，其中1/3是王公出身。选举主教的神父会成员是受人尊敬的、有利可图的职位，通常由出身贵族的神职人员担任。基层神职人员主要由市民和农民出身的人构成，其富裕程度与教民相差无几。在教会所有等级中，流行将几个圣职集中在某个人手里，而把必要的公务委托给助理主教。德意志各类教会圣职非常多，因为所有土地的1/3都属于教会，因而神职人员作为特权阶层免交赋税，不受世俗司法管辖。

罗马天主教会在德意志的地位与欧洲其他国家不同。在法国，根据1516年博洛尼亚政教协定，国王监督高级教职的任命，教会实际上成了国家首脑意志的表达者。在英格兰和西班牙，教会的影响力和财政野心受到强势的王权的限制。15世纪末，在德意志进行的强化中央集权、建立全国统一的治理结构和法院、统一税收的尝试以失败告终。国家四分五裂，教会在这里没有遇到实际反抗。罗马的金融实践在德意志社会招致较大的责难。

来自德意志的货币收入通过福格尔家族的银行进入罗马教廷。这是一笔巨大的资金，包括定期扣除的什一税和其他教会税收、任命各类教职的费用（使用主教头衔标志的金额尤其巨大）、解除教会命令的费用（如违反斋戒）、取消违背教规惩罚的罚款、划拨给罗马的取得新圣职人员半年的收入、来自所有空缺教职的进款（不止一次成为营私舞弊的对象）等。买卖"赎罪券"的交易金额巨大。同样，德意志的神职人员不仅效仿了罗马的财政政策，还为当权者的贪财和恬不知耻、肆无忌惮的敛财做了"示范"。

年轻的勃兰登堡侯爵阿尔布雷希特三世的迅速崛起是教会肆无忌惮的例证。得到福格尔家族的财政支持后，阿尔布雷希特三世打算用部分未来收入与福格尔清账，他在罗马和德意志斥巨资获得了教会职位：最初任马格德堡大主教——哈尔施塔特主教辖区的管理者，一年之后，成为美因茨大主教。手中握有三个主教辖区——其中包括德意志最大的主教辖区，实际上他已经用金钱使自己成为德意志的首席王公，官阶仅次于皇帝。他很快就获得了枢机主教的头衔。

皇帝马克西米利安一世企图利用德意志人对罗马教廷敲诈勒索的不满。在他的授意下，1510年，人文主义者雅各布·维姆菲林格在呈文中把主要的不满收集在一起写成《德意志民族的申诉》。申诉书被寄往罗马。德意志皇帝希望减少付款，与罗马教廷签订类似于罗马同法国签订的协定，这样就接近于在德意志建立本国罗马教会。然而，他的打算落空。

**对教会的人文主义批评** 16世纪初，德意志的人文主义者不仅赋予批评教会和神职人员的传统理由更新和更广的意义，而且从自己的人文主义理想立场来理解，补充了新的论据。他们的创作反映了当时的宗教信仰状况以及社会各阶层信仰的特点。人文主义者描述典型的意见、情绪、性格和行为方式，但通常不是以镜像的形式反映，而是以尖锐的、富有表现力的、常常是讽刺的形式呈现。鹿特丹的伊拉斯谟留下了较为深刻、多样的记载，他是国际"学者之国"最杰出的人文主义者，乌尔里希·冯·胡登是更年轻一代的德意志人文主义大师。

在鹿特丹的伊拉斯谟（1469~1536）的创作中，基督教信仰与以继承古希腊罗马文化经典和教父哲学为基础的文化修养居于核心地位。他把欧里庇得斯的悲剧和卢西安的对话翻译成拉丁文，出版和注释德摩斯梯尼、亚里士多德、西塞罗、塞涅卡及其他异教徒作者的作品，出版他特别看重的圣杰罗姆、奥古斯丁、阿姆弗罗西、伟大的瓦西里以及其他东西方教会创始人的文集。他的《新约》的出版具有特别重要的意义，在这个版本中，去伪存真的希腊语文本与由伊拉斯谟翻译、被教会奉为经典的拉丁文《圣经》修订的新拉丁文本并存。这里处理文献的人文主义方法卓有成效。伊拉斯谟反对徒劳无益的空洞争论。他把朴实的、真诚的信仰同它们对比，号召效仿耶稣，追随他的教导。他确信，正是在这条路上耶稣的人性才占上风，人也才变得"更纯洁和更美好"。因此，他批评社会自上而下各阶层的恶习，包括神职人员、修士、经院哲学家。他没有指名道姓，就像他自己写的那样，他不是和人斗，而是和人身上的恶做斗争。他嘲笑对基督教的粗浅认识、迷信和"仪式"——单纯表面上遵守仪式，似乎这是最重要的，从而取代了内心信仰的虔诚。伊拉斯谟指出，这种现象在在家人、修士和神职人员中广泛流行。他还抨击无知，包括对古希腊罗马文学一无所知、把它们看作罪孽载体的"新野蛮人"。伟大的教育家和宗教醒世作家伊拉斯谟不仅怀疑和嘲讽"妇人般愚蠢"的权势，还推崇高级智能和教育。他坚信，如果能找到善于把智力、经验和人本身的天赋结合在一起的老师，就能培养人的美德，教人以科学知识。在带来认知快乐的同时，他们也能帮助自己和周围的人变得更好。教育，包括宗教教育，是伊拉斯谟自始至终的立场。

在批评神职人员、宗教仪式、表面虔诚等普遍现象时，伊拉斯谟没有触及教会的教义，尽管他对古希腊罗马文化的态度与狂热的正统思想是对立的。乌尔里希·冯·胡登（1488~1523）比伊拉斯谟更激进，他论调尖刻，对一些禁忌话题——罗马教廷的政治和它在德意志的拥护者——进行公开、粗鲁的抨击。他发表的所有作品都具有鲜明的爱国主义色彩。作为骑士的后代，胡登是在修道院学校接受的教育，他不顾父亲的反对离开那里，在德意志和意大利的一些大学学习。他两次到访人文主义的故乡，大力宣传古希腊罗马文化遗产，捍卫人道主义纪律。

胡登是天生的演说家，精通拉丁文。他在自己的对话、书面文字、诗歌、信函中赞颂人的能力、智慧的力量。他为自己生活在科学繁荣的时代而喜不自胜。胡登支持言论自由、世俗文化脱离教会审查实行自治，反对经院哲学权威的权势。在进行研究时，胡登预见到了个人道德自我完善的途径、不受出身限制获得荣誉的可能性。他用笔与不学无术的神职人员、修士、宗教裁判官进行机智有力的斗争，把他们称为"虔诚说谎"、"蔑视言论自由"、试图在德意志消灭言论自由的"大黄蜂"。

16世纪前十年中期，胡登成为德意志最著名的政论家和正在形成的德意志民族意识的主要表达者。他发展了脱离罗马权威争取自由、德意志中央集权、与罗马教廷安插在德意志的王公进行斗争的思想。他攻击以教皇为首的各级教会。

在筹备宗教改革时发挥重要作用的人文主义者向有教养的读者提出阅读拉丁语文本的建议。而广大读者拥有另外一种形式——德语出版物，这些出版物的作者不断触及教会的状况、信仰、社会道德缺陷等问题。神启文学非常流行，通常是带插图的传单和小册子，内容多为预言未来、占星术和其他预测。这些文学表达了对末世、灾难和奇迹的预期，反映在在恐惧与希望之间摇摆的痛苦中。其动机常常是上帝的愤怒，撒旦的阴谋，女巫、魔法师、魔鬼的秘密行动，以及星象的影响。这些动机和心态在15世纪末16世纪初的艺术中也有所反映。启示录、引诱一切活物进入自己轨道的可怕的死神的舞蹈形象成为那种心理紧张的证明，16世纪初，广大民众就是生活在这种紧张情绪中。歌舞升平的教会生活下隐藏着教会本身和整个社会的危机，它们是在一系列经济、政治、社会和文化变化的作用下累积的产物。

**马丁·路德和宗教改革的开端**　对"教皇与教会成员堕落"的普遍认知为宗教改革创造了条件。宗教改革与维滕贝格大学教授、神学家马丁·路德（1483～1546）的名字一直联系在一起。他不仅发展了批评经院哲学、神职人员、以教皇为首的教会组织结构的悠久传统，还以自己的新思想严厉驳斥了天主教的主要教义、准则。

马丁·路德出生于富裕市民家庭。青年时经历过严酷的生活考验。路德毕业于埃尔福特大学，但后来进入奥斯定会。因为信仰狂热和极其聪明，他成为神学院院长，深谙《圣经》。与许多当代人相似，路德力求"消灭"宗教堕落。他认为净化基督教社会生活的方法是福音书的典范作用。与朋友相处和善的路德，在辩论时可能非常尖锐，简直可以说是粗鲁，但是他从来没有放弃经过痛苦的宗教怀疑后获得的坚定信念。在自己的宗教探索中，他认为忏悔具有极其重要的作用，因而他对教皇和美因茨大主教阿尔布雷希特三世的代办、修士德采尔兜售"赎罪券"的行为十分气愤。1517年10月底，路德发表反对赎罪券的《九十五条论纲》。这构成宗教改革的第一阶段（1517～1521）。路德的言论和行动得到了德意志社会各阶层的广泛支持，极大地推动了反抗罗马教廷运动的发展。

路德在自己的论纲中驳斥了只有通过神职人员在固定的宗教仪式的基础上才能拯救灵魂的天主教教条。他强调信仰者良心的作用，为了使罪过获得赦免，个人必须进行深刻的忏悔。只有完全顺从上帝的意志才能获得上帝慈悲的拯救。正是他的慈悲，在赐予信仰时还带来赦免。在解释自己论纲的实质时，路德写道：那些布道者都是一派胡言，他们确信，似乎只要卖"赎罪券"者的钱箱子里的钱币一发出声响，为拯救自己而购买"赎罪券"的死者的灵魂立马就会从地狱升到天堂。而另一面却是真实的：只要箱子里的钱币一响，贪婪和贪财的本性就不断滋长，就算教皇本人为此出卖自己的灵魂，希望通过"赎罪券"拯救的希望都是徒劳和虚假的。

在路德的论纲中有不少自相矛盾的地方，但他的教义基础已初步形成，后来经他不断深化和论证。在他的教义中，占据重要地位的是"三个只有"：只有信仰才能获得拯救；只有上帝的宽恕才能获得拯救，而不是某个人的功劳；只有而且仅有《圣经》才是信仰上的权威。路德的因信称义教义远远超出了正常的预期。如果说一个人被赦免无罪完全取决于上帝的宽恕，那么天主教神职人员的作用、各级教会在信仰者——每个个体和团体命运中的意义就可以忽略了。以教皇为首的各级教会系统失去了存在的意义，只有个人对待上帝亲密直爽的态度才能决定信仰者的命运。路德本人没有马上意识到这一逻辑的可能后果。他在自己的教义中坚决否定了罗马教廷和教会所依据的教会法，使"圣传"（一种与《圣经》并列的教义和教会法）的权威化为乌有。只有《圣经》才包含信仰的真谛，它不需要教皇来阐释，因为《圣经》对所有人都是公开的。

路德早期还没有系统化的神学充满了矛盾，在他同反对者的斗争中快速发展，但并未去除不同的阐释。他使人的良心从表面权威的隶属关系中解放出来，使信仰者确信公社有权不受各级教会和罗马教廷的约束。正是有了这种鲜活和创造性的形式，路德的神学不仅在德意志，而且在欧洲其他国家迅速传播开来，广受欢迎，为此教会开始极其严厉地谴责路德的学说。路德的神学对接下来的宗教改革产生了巨大影响，在他把一些更详细的说明和变化纳入自己的教义之前，这些论著一直存在。

路德不承认神职人员作为高级宗教权威的作用，但是从未怀疑教会的教育功能，只是教会应该是另外的样子：福音派教会帮助人们了解宗教生活，理解《圣经》，使人们在日常行为举止中温和谦逊。

路德的论纲在短期内得到了异乎寻常的普及。路德的朋友们——或为人文主义者，或为奥斯定会士，将其从拉丁语翻译过来并广为散布。1518年2月，路德完成了《九十五条论纲解答》，他在里面强调信仰者必须服从权力，这与良心无关。在辩论中路德第一个号召使用民族语言，用德语声明教会需要改革，它不单纯是枢机主教和教皇的事情，教会的缺陷和营私舞弊问题应该由所有人公开参与讨论。宗教裁判官意识到了路德思想的危险性。他们正式将路德判定为异端，但按习惯的宗教层级，审理过程进展缓慢。路德声明，当对基督教教义有争议时不能容忍宗教隔离：不能靠强制手段战胜信仰，言论获胜的途径只能是言论。路德的反对者又补充了将其押解到罗马的决定，算是对他的回应。但萨克森选帝侯弗雷德里希三世维护路德，决定将其作为自己的子民支持他，利用这件事达到自己的政治目的。

随着斗争的进一步展开，斗争的焦点也出现了偏离，核心问题不再是人与上帝的关系问题，而是教会的结构和教皇的权力问题。路德的演讲引起的社会共鸣不断扩大。在宗教改革的历史上，1519年夏天，著名的宗教演说家、神学教授 И. 艾克和路德在莱比锡进行的辩论会成为重要的里程碑。И. 艾克确信，路德是在错误地重蹈被高级神职人员会议判定有罪的异端威克里夫和胡斯的覆辙。路德回应道，在胡斯的教义中有不少是真正的基督教教义，而会议可能犯了信仰上的错误。否定高级神职人员会议的真知灼见是前所未有的行为，这意味着实际上已经与正统和罗马教廷决裂。然而，在当时最先读完胡斯关于教会的论文后，路德更坚定了自己的信念。乌尔里希·冯·胡登出版的洛伦佐·瓦拉的《论伪造的君士坦丁的赠礼》一书，给路德留下了非常深刻的印象。在这部著作中，《君士坦丁的赠礼》露出了伪造的马脚。路德在自己的信函中越来越频繁地将罗马行省城市元老院比作敌基督（按照基督教的说法，基督的主要敌人将在世界末日出现）的武器，为了改正恶习，必须有惩治的武器。

1520 年，在自己的一部重要作品《为改善基督教状况致德意志基督教贵族书》中，路德提出了宗教政治改革纲领。他号召皇帝、王公、贵族等世俗人士领导教会改革运动，因为灾难已无以复加，对罗马教廷不抱任何善意的希望。他在这里还提出了"总神父"教理，这是他重要的新福音派理论之一，对 16 世纪的社会思维产生了极大影响。路德确信，天主教神职人员无权垄断神父职位，所有受洗的在家人都拥有这个权利。罗马教会划定的世俗人士和神职人员之间的差异是"狡猾的臆想，无用的谎言……所有的基督徒实际上都是宗教界的人，他们之间没有任何差别，只不过职位不同罢了"。教士不是特殊阶层，必须经过专门的圣礼才能担任，公社可以选择合适的人在教会中担任职务。路德要求清晰界定世俗权力机构和教会权力机构的权力，以及世俗法的效力范围，他认为世俗法在保障基督教生活所必需的秩序、教会法方面具有头等意义。他论证了教会财产世俗化和遣散修会的必要性，建议在修道院内设立公共学校、孤儿院和医院。在致力于德意志摆脱罗马教廷控制的同时，路德还和人文主义者一样积极唤起德意志人民的民族认同感。

在《教会被掳于巴比伦》中，路德对有关圣礼的教义进行了猛烈批评，他只承认《圣经》中七个圣礼中的三个（后来最终只承认两个，即洗礼和领圣餐礼）。此后，路德与罗马教廷已势不两立。新神学成为社会反对派的旗帜，他的主要论点被没有陷入关于经院哲学细枝末节的争论之中的大众作为宗教改革和社会政治改革的理由加以接受。

1520 年 6 月，教皇利奥十世签署训谕，如果路德不能与自己的错误决裂，就有被驱逐出教会的危险。作为回应，路德发表了《基督徒的自由》一文，他在文中强调，在信仰问题上，基督徒不屈从于任何人，在表面的"肉体自由"上，现行的世俗政权是秩序的保障。因此，这篇文章揭示了路德所理解的宗教改革的界限：批驳现行宗教制度时不应触及社会政治制度。这种政治上的保守拉近了路德与这一时期德意志广大市民的关系。

1520年12月，教皇训谕生效后，开始焚烧路德的书籍。他焚烧了一页训谕和教会法书籍作为公开回应。路德不惧罗马教廷威胁的大胆立场使其在德意志有了极大的知名度。他成为民族英雄。许多印刷厂印刷路德及其同道者的作品，改革思想成为广大民众的财富。

**沃尔姆斯帝国国会上的路德**　1521年春，路德被传唤到沃尔姆斯帝国国会。罗马教廷本打算，在哈布斯堡王朝新皇帝查理五世及其身边的皇室贵族出席的国会上路德会与自己的观点决裂。这也是罗马教廷最后一次试图以死刑的威胁压服异端。尽管已经预料到了最坏结果，但路德不想违背良心，拒绝放弃自己的观点。查理五世——教皇的盟友批准了《沃尔姆斯法令》，在全国范围内通缉新教的衷心拥护者。这是查理五世宗教政策中最重要的法令之一。但是，很多地方以各种借口没有执行法令，这已演变为一场全民不服从行动。因为皇帝答应路德在沃尔姆斯的出行不受限制，允许他回家，但他突然失踪，许多人开始为路德洒泪，以为他被杀害。事实上，受智者弗雷德里希之命，路德在从沃尔姆斯出来的路上被劫持，被秘密安置在安全的瓦特堡。他在那里把《圣经》翻译成德语。几年之后才完成的这部著作在宗教改革、德语和德意志民族文学发展中发挥了重要作用。

尽管路德缺席，但已在整个德意志赢得众多支持的宗教改革继续进行。在只有两千人的小城维滕贝格发生了一件大事。它引起了宗教论战。奥斯定会士第一个走出修道院示威，要求开始普通和平的劳动生活。当地大学教授查理·施塔特开始用葡萄酒和面包为所有信众授圣餐，尽管按天主教正统思想，这仅限于神职人员。还设立了社会基金，原来由教会分配给穷人、病人和老人的资金转由世俗人士——公社和市政厅分配。所有这一切都为路德宗教改革的实现奠定了基础。在维滕贝格发生的小规模事件很快在德意志各个城市和地区发展为具有地方特色的大规模运动。

**宗教改革运动中各流派的形成**　16世纪20年代初不仅是天主教信众与新教徒之间尖锐对抗时期，而且是宗教改革运动内部思想分歧初露端倪时期。瑞士出现了欧洲宗教改革的第二个中心，苏黎世神父乌尔里希·茨温利在这里起了引领作用。他的教义不仅具有路德宗（路德派）的特征，还与其有着重大差异。在德国，绰号"茨维高先知"的信徒从茨维高迁到维滕贝格，他们声称，他们直接得到圣灵的启示，是一些"内部声音"。先知们不承认神职人员的特权，他们援引福音书，反对给孩子施洗：应该像基督耶稣做的那样，有意识地给成年人举行洗礼。"先知们"宣布在圣像前祈祷是盲目崇拜，迫于信众的压力，维滕贝格市议会下令毁掉教会的圣像。圣像破坏运动使修士和神职人员受到攻击。

用肉欲去阐释基督徒的精神自由令路德非常气愤。他回到维滕贝格。在1522年3月的一系列布道中，他发展了必须服从城市和公国权力机构的思想，而后向所有基督徒发出警告，"如何避免骚乱和暴动"。他与天主教反对派的辩论非常激烈，现在他不得不越来越频繁地明确自己的立场，同那些与自己阐述相左的宗教改革卫士进行激烈的争论。宗教改革之初暂时的同心一意已成为过去，各流派开始迅速发展。这是宗教改革第二阶段典型的过程，它从1521年末持续到1523年的农民战争。

**托马斯·闵采尔及其学说** 曾经追随路德的教士托马斯·闵采尔（约1489~1525）以自己的方式理解宗教改革，与路德成为不可调和的论敌。他视宗教改革为全面复兴教会与村社的机会，将宗教改革视为即将到来的"上帝之国"的征兆，届时除了神权，民众头上不再有任何政权。闵采尔相信，这种复兴是按上帝的意志，由上帝以自己的方式选出的人实现的。与路德不同，闵采尔认为《圣经》不是唯一的启示之源。与"茨维高先知"一样，他对灵感、"内在声音"、上帝精神直接启示的意义深信不疑。按闵采尔的教义，自有《圣经》以来，上帝一直在发声，他将继续与人对话。既可能在没有读过一句《圣经》的普通人身上显灵，也可能在异教徒和穆斯林身上显灵。路德因此嘲笑道："上帝本人与他们对话，就像上帝与天使对话一样。"闵采尔回应道：天主教教皇和修士，以及像路德这样教科书级别的学者在《圣经》中看到的只是死的文字，因为他们没有领悟上帝鲜活的精神的实质。

闵采尔指责路德是教科书，并不是蔑视《圣经》，但对他来说，重要的是如何阐释《圣经》。为了启发民众，使其了解"上帝鲜活的话语"，他率先在德意志拟定了德语祈祷仪式。除了神灵教义，闵采尔还发展了受难和惩治的武器——（权力）教义。只有那些经历苦难和不幸，能够为了共同的利益抛开一切私利的人才能成为上帝选出的真理的代表。闵采尔把这样的人比作淬过火的黄金，称他们为久经信仰考验者。他首先在普通人中寻找这样的人，并写道："我不怀疑民众。"与要求绝对服从权力、维持现有秩序的路德不同，闵采尔援引丹尼尔关于未来变化的《圣经》语言：所有权力都将被赋予普通人。卑劣的统治者、不信神的暴君将丧失权力。公社、人民是权力的主人，王公只是他们的奴仆。人民有权以暴力手段抵抗暴政的主要观点形成。

闵采尔揭露路德是"假信仰"，指责他掩盖了人民暴动的真正原因。痛苦的根源在于不关心穷人疾苦的老爷和王公贵族。他们掠夺农民和手工业者，并使他们沦为赤贫，与此同时，却反复和他们说："不要偷偷走开！"路德这个"爱说谎的博士"，却为他们唱颂歌。闵采尔声称不想使用暴力手段和组织人民暴动，但后来又警告说：老爷不要做与人民为敌的事。如果不听从警告，责任就全在老爷。闵采尔对神职人员的批评也同样尖锐。路德指责闵采尔是暴力分子，是撒旦附体，挑起民众不满，诱使他们造反。

两位宗教改革活动家成为两个流派典型的代言人。每个派别都提出了一系列把宗教哲学同与之有关的社会问题结合在一起的复杂思想。适度保守的改革是路德派的主要宗教改革方向，而闵采尔派的定位则是激进改革。闵采尔不仅提出坚决改造教会，还提出了改革世俗制度的方案。但是，这个流派是在1525年农民战争时在公开社会冲突的影响下得到充分发展的。

**骑士阶层与宗教改革　西金根远征特里尔**　在决定宗教改革命运的改革初期，德意志骑士阶层也试图使这一运动为己所用。与中世纪相比，骑士的地位发生了巨大变化。骑士阶层一如既往地把在军队服役视为自己的使命，但随着火器尤其是火炮的出现，重装骑兵的作用弱化。骑士阶层开始依靠服役赚钱，与普通受雇佣者的昔日区别不复存在。金融业的发展使部分难以适应新条件的骑士的经济地位下降；骑士日益穷困，尤其在德意志西南部，他们开始觊觎教会的财富。在寻求收入来源时，他们加强了对农民的压迫，将部分继承的财产卖给市民，而一些骑士甚至在路上抢劫商人的大车队。大部分骑士把自己的命运与为王公效劳牢牢地拴在一起。人们小心翼翼地接受环境的新变化，大部分贵族对自己队伍中出现的具有人文修养的人持蔑视态度。当代人证实了贵族的其他癖好——狩猎、酗酒、赌博，只有一小部分贵族掌握了当时的学问。

王公权力的加强促使骑士多次尝试改善自己岌岌可危的地位。巴伐利亚、萨克森、勃兰登堡的贵族实际上已经安于现状，屈从于王公，但在法兰克尼亚、士瓦本和莱茵河上游，贵族——其中包括王公的封臣和为数众多的为皇帝服务的自由骑士——仍在寻找出路。贵族认为，出路在于与王公进行直接谈判。难点在于，王公会坚决反对与骑士阶层来讨论某些问题，会有意识地"粉碎"骑士阶层，只会同意同自己领地的骑士进行单独谈判。

相反，骑士尽量通过自己的全权代理人以"统一战线"的方式以共同的立场发声。他们的目的是在此基础上与王公达成正式合法的协议，以巩固自己在帝国中的政治地位，增加自己在帝国国会中作为独立代表的机会。骑士阶层对王公不满的原因包括王公法庭价钱高、贿买盛行、程序漫长，非法扩大对皇家骑士领地的司法权；不满向骑士收取苛捐杂税，而当时他们的义务仅是个人服役；不满破坏和谐的王公不受制裁，而当时骑士私战也在禁止之列。数次合法协商尝试的失败导致"自救"思想广为传播，为此渴望建立全国性联盟。为王公服役的骑士对这些提议有所疑虑：贵族们担心这会破坏领主对他们的信任，从而失去职位。只有莱茵河上游的部分骑士对联盟选出的首领、幸运的雇佣军首领弗兰茨·冯·西金根（1481~1523）抱有希望。

乌尔里希·冯·胡登在加强骑士阶层地位思想的宣传中发挥了积极作用。他希望贵族能成为包括城市在内的广大反对派与在罗马教廷以及它在德意志的主要支柱——神职人员和教会王公斗争的核心。认识到宗教改革在摆脱罗马教廷压迫事业中的民族主义、爱国主义意义后，胡登成为"路德事业"的坚定维护者，他用德语作品补充了自己的拉丁语创作，在作品中号召反对派采取武装行动。与胡登观点基本接近的西金根也声称支持宗教改革。1522年8月，他出征反对德意志最大的教会公国——特里尔选侯国。

在这次出征中，希望整个公国世俗化、提高西金根的威望与当地骑士摆脱教会王公司法管辖的愿望兼而有之。这样就能给其他领地的贵族做出示范。但是，对特里尔的围困并不成功。大主教和向他求助的公爵联军在 1523 年春天突破了西金根的封锁，当时西金根已受伤死去。初期参与事件、被当局追捕的胡登病势加重，他逃到瑞士不久后就去世了。执行王公意志的士瓦本联盟军在法兰克尼亚进行了讨伐，摧毁了西金根拥护者的 30 多个城堡。骑士阶层的政治诉求就此被压抑几十年。

**德意志农民战争** 部分骑士反对派的小范围武装出征既没有得到城市的支持，也没有得到多数贵族的支持。1524 年 6 月在德意志西南部掀起的农民起义风潮则是另一种气势。它们逐渐发展为整个中世纪时期和新时代早期西欧最大的农民起义。三个主要起义地区位于士瓦本、法兰克尼亚与德意志中部的图林根和萨克森。这是一个宽 150～250 公里、从瑞士向北和东北长约 500 公里的人口稠密地区。起义范围还向西扩展到阿尔萨斯，向东主要扩展到蒂罗尔山区以及萨尔茨堡大主教领地。

农民战争爆发的原因很多。首先是封建主进逼农民的阵地，侵犯他们的经济、社会和法律利益。市场和资金作用的提升促使世俗和教会封建主改变保留下来的风俗。他们极力提高所辖农村人口的赋税，削减公社对阿里明达（中世纪早期日耳曼民族农村公社的公有耕地——译者注）的权利。同时，领地上的权力机构限制农村公社的自治和自我管理。但是，当时权力机构尤其是教会的权威开始动摇，宗教改革对此起了促进作用。与之前出现的社会抗议不同，现在农民反对使他们状况恶化的"革新"，他们不仅关注"旧权利"、传统，还关注"宗教权利"规范和福音书。

与其他农民起义一样，德意志的农民运动是自发发展起来的，在大部分起义者的诉求中单纯的地方利益占主导，广大起义者行动涣散。借助雇佣兵的经验，把德意志农民组织成一支拥有由推选产生的指挥官的上万人军队是一个创新，但这支队伍的纪律一如既往地涣散。这场被称为农民战争的运动，从总的规模来说，是一些局部进攻的总和。从起义的扩展程度来说，它把部分城市居民，主要是一小撮贵族、矿山工人吸收进自己的队伍。因此，起义超出了农民斗争的范畴，与初期相比，其高潮期的活动范围要更广泛，还公开使用武力。民间传教士——宗教改革拥护者发挥了重要作用是农民战争的特点。

1524年夏天，在莱茵河上游靠近瑞士边境地区的农村，这里的农民最早发起进攻。他们拒绝执行自己主人的新劳役规定，但准备按旧制度承担劳役。但是老爷们很顽固，当局刚开始并没有予以关注，当突然想起并试图通过谈判终止这场骚乱时，农民运动已经发展起来，而且农民很快占领了莱茵河上游和多瑙河上游的广大土地。农民在革命集会上列出了各种不公正清单，提出了自己的要求。号召不履行劳役，不缴纳任何税费，自由使用森林和水源，捣毁修道院，除上帝外，不屈从于任何政权。

组建了早期农民队伍，推选年轻时曾当过雇佣兵、拥有军事经验的农民汉斯·米勒担任指挥官。1524年秋天，他带领一支800人的队伍向施瓦尔茨瓦尔德的农村进军，号召农民自救。到进军结束时已经组建了3支武装队伍，人数达4500人。

1524年12月，第一次镇压起义的尝试未果。虽然其中一支队伍战败，但起义风起云涌。当局一边争取时间，一边积聚力量，长时间进行和平解决所有冲突的谈判。在士瓦本，他们寄希望于士瓦本联盟军，将联盟军置于自己的利益影响之下的德意志南部王公、贵族和22个帝国城市都加入了这个联盟。联盟有雇佣军，但此时由格奥尔格·特鲁赫泽斯·冯·瓦尔德堡指挥的联盟军主力正参加皇帝与法国在意大利国土上进行的战争，暂时不能帮助镇压起义。

**士瓦本起义 "门明根十二条款"** 1525年初是运动的上升期，在春天进入高潮。截至3月，士瓦本已经有6支大型武装队伍，人数达4万人。此前，农村大会和军营接到的农民控诉和训示有几百件。为了为下一步统一行动做准备，必须从中规划出最重要的内容。3月6~7日，队伍的领导人为此在门明根集会。而此前，其中一位领导人——商人乌尔里希·施密特对路德宗深信不疑，他反对起义者诉诸武力，支持通过与老爷们和当局谈判和平解决农民问题，他委托两个有经验的人汇总了农民的主要控诉和要求。这两个人一个是茨温利派传教士沙佩莱，另一个是非常熟悉《圣经》、在一支队伍中担任司书的毛皮匠帮手罗特采。他们起草了农民战争的主要纲领性文件"门明根十二条款"。1525年3月19日，开始刊印"门明根十二条款"纲要。这份文件引起了广泛的共鸣，在农民战争期间重印了24次。

与那些猛攻、破坏城堡和修道院，顺手抢劫它们的储备物和酒窖的起义军不同，"门明根十二条款"的起草者力求展示他们的和平意愿。"门明根十二条款"大量引用了福音书和确定农民不是叛乱者的引言部分内容。在第一条中提出了由宗教改革思想产生的要求——他们有权通过公社选出自己的、宣传真正福音的神职人员。接下来指出，农民同意缴纳"大什一税"，用它供养神职人员。但是，他们要求取消对牲畜和菜园收取的"小什一税"。在最激进的条款中提到必须取消个人的不自由和与之相关联的身后继承税。其他条款要求归还公社被占领的土地、田地和草地，剥夺老爷捕鱼、使用森林和狩猎的特权，这应成为公社所有成员的权利。在条款中还提到，即使不是全面取消，也要减少劳役、代役租及其他赋役，也不接受法庭的肆意妄为，建议根据之前成文的法规做出判决。总之，提出的要求不仅维护农民的利益免受肆意妄为的侵害，还提高了公社的地位。归还被没收的土地、独立推选神职人员的权利可以巩固他们的自治权、自治能力，这具有重要的政治法律意义。在最后一条中再一次强调农民的和平意愿：如果《圣经》能证明起义者的要求不公正合理，那么他们准备放弃自己的提议。

起义者群体对"门明根十二条款"的接纳程度各异。对于一部分起义者来说，"门明根十二条款"是他们意愿的体现，在政纲中他们的意愿由于有福音书加持有了更加清晰的表达。而另一些更激进的起义者认为"门明根十二条款"仅是他们要求的极小部分，可以将其扩大，重要的是要用实际行动来扩大。在门明根举行的起义者领导人三月会议上，"门明根十二条款"被三支队伍接受，他们决定组建共同的"基督教联合会"。实际上并没有实现军事力量的统一指挥，各支队伍仅是相互通报自己的行动和计划。"基督教联合会"主持与士瓦本联盟军的谈判，各方签订了停战协定。

单纯从法律上解决农民问题、长期寻求妥协方案，并不能令所有起义者满意。每支队伍，经常是队伍的某一部分各行其是。1525年3月末4月初，起义者大举进攻城堡和修道院。担任一支队伍指挥的传教士下令处决几名天主教神职人员和贵族。温和派军队领导人，包括乌尔里希·施密特没有能力控制局面。士瓦本联盟军指挥官借口他们没有遵守停战协定，同样也破坏了停战协定。至此，利用福格尔家族提供的资金，士瓦本联盟军完成了重装，依靠雇佣军扩充了力量。特鲁赫泽斯麾下有 1500 名骑兵、7000 名步兵，有火炮 18 门。在莱普海姆对农民进行出其不意的打击，特鲁赫泽斯初战告捷。上千名起义者在战斗在中牺牲，被骑兵甩进多瑙河的部分起义者溺死，4000 多人被俘。这说明农民没有作战经验，后来这一点也被多次证明。常常是炮弹一发射，他们就开始逃窜。

士瓦本联盟军的策略是对起义军各个击破。交涉、谈判同时进行。在一些城市的协助下，士瓦本联盟军取得了新胜利：4 月 17 日，在魏因加滕与一支人数达 12000 人的队伍签订了和平协议。如果考虑起义者的控诉，不对他们参加起义予以任何处罚，起义者需听命于老爷。《魏因加滕协议》使士瓦本联盟军可以抽身进军起义如火如荼的法兰克尼亚。路德拥护这个协议，将其视为这个恐怖时期"上帝的恩典"。

**法兰克尼亚起义　海尔布朗纲领**　1525 年 3 月开始的法兰克尼亚农民运动迅速积蓄力量。这里出现了几支规模较大的起义军。他们开始突击和焚烧城堡、修道院。起义军严惩武装对抗农民的路德维格·冯·霍恩施泰因伯爵在整个德意志引起极大反响。将其俘获后，农民通过长矛队驱逐了伯爵和他的 13 名亲信。

总的来说，起义军的行动方法与 1525 年 5 月初（看上去文件起草的时间要更早一些）开始散发的匿名文件"分项书简"中的主张相吻合，常常是通过武装力量胁迫居民给予他们帮助或加入他们的队伍。"分项书简"的作者提出建立"基督教联军"以解除普通穷人的负担。联军的目标是避免武装斗争和流血。对那些不加入联军的人加以驱逐，要像切除身体上的坏死组织一样对待他们，宣布立即将他们逐出城堡和修道院。换句话说，"分项书简"匿名作者的出发点是还政于民。他们无须顾及任何权力部门，自己决定应该和反对做些什么。"分项书简"中没有提到妥协和协商。它反映了农民战争的一个典型趋势，即农民在实践中经常表现出的激进倾向，即使他们对"分项书简"一无所知。

在城市密集的法兰克尼亚，主要是一些半农业性质、与周围地区联系紧密的小城镇支持起义军。这里有大量骑士，起义军的领导者多出身于此。如果说破产的贵族弗洛里安·盖耶尔真心支持农民，那么具有冒险主义倾向、绰号"铁手"的骑士格茨·冯·贝利欣根后来承认，他成为起义军的指挥官是为了避免起义军的"不理智"行为。

与在士瓦本一样，起义军在法兰克尼亚的行动并不协调一致，但他们决定讨论统一行动和纲领的可能性。1525年5月，准备在海尔布朗城举行农民军代表大会。由于传来符滕堡的起义军被士瓦本联盟军击溃，且其已逼近海尔布朗的消息，代表大会没能举行。起义军的一支野战部队的指挥官文德尔·希普勒和前城市司库弗雷德里希·魏冈特筹备的"海尔布朗纲领"仅以草案的形式呈现，没有经过讨论。

"海尔布朗纲领"的内容清晰地反映了法兰克尼亚起义军的人员构成。在纲领中，农民、市民、贵族的利益均有所体现。这里提出涉及在家人、全体神职人员、城市、乡村的全面改革。看上去，纲领应是对"门明根十二条款"的补充，因此纲领中涉及农民的要求不多，但所提出的总体改革对乡村有利。草案的主要目标是加强皇帝的中央集权，以平衡王公的势力。王公应该只是皇帝的官员。教会财产应世俗化，应从土地储备中划分出土地给骑士阶层，这种思想当时还是由乌尔里希·冯·胡登阐发的。应解除神职人员管理世俗事务的权力。纲领向农民承诺取消人身依附关系，使他们有机会用相当于其20年价值的缴费赎买赋役。只有富裕农民才能做到这一点。纲领向市民承诺统一货币、度量衡，取消内部关税，选举产生的法庭、有权威的代表参与法律判决（为此规定了全国性的机关），建议禁止大商业公司、高利贷公司——市民经常指责它们实行垄断——活动。

"海尔布朗纲领"是农民战争时期出现的重要文件，纲领提出了重要的全国性要求——国家的中央集权化。纲领规定的一系列措施在实施过程中可能极大推动了德意志经济的发展和法制建设。但是，这个纲领只是一个乌托邦式的纲领。

士瓦本联盟军彻底击败了法兰克尼亚起义军。他们被各个击破。弗洛里安·盖耶尔在战斗中牺牲。上千名被捕的起义者遭受了严酷的惩罚,起义军领导人被严刑拷问和处死,部分起义者被挖眼。老爷们因为自己受到惊吓而大肆报复。处置完法兰克尼亚起义军,士瓦本联盟军返回士瓦本,在遵守《魏因加滕协议》的农民的帮助下彻底击溃了残余的起义军。

**德意志中部农民战争中的大事件** 德意志中部的起义运动在图林根和萨克森积极展开。起义军在这里占领了城堡、修道院,与城市结盟或与城市发生冲突。尽管部分城市平民和矿业工人参加了起义运动,但权力机构还是通过各种贿赂手段成功地阻止大部分矿业工人参与起义。

托马斯·闵采尔对起义军社会意识的影响巨大。从1525年2月中旬起,闵采尔所在的人口只有7500人的皇帝直辖城市缪尔豪森成为德意志农民战争最重要的中心之一。起义军深受闵采尔、他的拥护者以及另一位民间传教士、土生土长的海因里希·普法伊费尔的影响。尽管闵采尔和普法伊费尔之间没有完全达成一致,但两个人都极力鼓动起义军投入战斗。在农民战争的大氛围下,闵采尔的观点更加激进。他号召广泛联合城市和乡村的力量,不仅号召农民还鼓动矿业工人参加起义。这是他与不能超越狭隘的地方利益的大部分起义军的区别。闵采尔预言,"不信神的僭主"即将走上"穷途末路",权力将转移到平民手里。他大胆地威胁当地伯爵,说起义军是在按上帝的直接旨意行动。他号召不要妥协,为了自己的权利要坚决斗争。

在图林根的弗兰克豪森附近出现了最大的起义军军营。闵采尔带领300人前来助战。交战之前天空出现了彩虹。闵采尔鼓动并使农民相信,这是上帝支持他们的标志,因为连接天与地的彩虹,化身为农民军的旗帜。王公的军队炮击起义军。这引起了起义军的恐慌,公爵的骑兵冲向溃逃的起义者,双方的步兵在弗兰克豪森的街道上短兵相接,持续战斗。5000名起义军被打死,600人被俘。闵采尔也被俘,经严刑拷打后被处死。普法伊费尔也被处死。图林根农民起义就此结束。

**农民战争的结束** 到1525年夏,农民战争的主要地区被士瓦本联盟军和王公的军队镇压,但各地的风潮余波未息,直到这年12月最后一次暴动才被镇压。镇压极其残酷。在阿尔萨斯，丧心病狂的雇佣兵一次就残杀了18000人。这是农民战争期间规模最大的一次屠杀。

德意志西南地区的农民战争结束后，农民和矿山工人的起义在蒂罗尔爆发，起义军进攻萨尔茨堡大主教辖区。起义军在蒂罗尔占领了布里克森城，摧毁了城堡和修道院。前主教秘书米夏埃尔·盖斯迈尔领导了这场起义。1526年初，他为蒂罗尔起草了最重要的改革纲领——"蒂罗尔宪章"。盖斯迈尔希望在胜利时实现的计划带有那一时期典型的理想主义成分。土地制度中讲到在蒂罗尔建立共和制；规定了国家在经济事务中的重要作用；矿业应是国家的财产，而利润应用来抵补共和国的支出；对沼泽地进行土壤改良，开垦荒地种植粮食作物，使蒂罗尔不再进口粮食；国家垄断贸易，依靠什一税救济穷人，修道院解散后在这里建立医院和孤儿院；国内应该完全平等，因此应该拆除城墙，除布里克森和特里登特外不再保留城市；应将所有手艺人集中到布里克森，终止商人活动。为了领悟上帝的教诲，计划在蒂罗尔建立高等学校，烧毁所有无用的书籍。与农民战争参与者的其他纲领一样，"蒂罗尔宪章"只是一个草案。尽管盖斯迈尔的队伍取得了一些军事胜利，但王公和士瓦本联盟军逐渐包围了起义军。盖斯迈尔成功越过山脉把部分起义军带到威尼斯的领地，准备同哈布斯堡王朝继续战斗，但不幸被暗杀。

**农民战争的结局**　德意志农民战争以失败告终。当路德的文章《反对杀人越货的农民暴徒》问世时，士瓦本联盟军和王公的军队歼灭了各个地区的起义军。在这篇抨击性文章中路德愤恨地谴责疯狂的暴动，号召像处置疯狗一样"砍死、勒死、刺死"起义者。不用号召，起义的镇压者已经以类似的方式行动，从此路德坚定地把自己的命运同当局联系在一起。除了少数激进派，市民阶层也极其厌恶暴动者，尽管一些路德的支持者认为路德的论调过于尖刻。路德派的宗教改革仍在继续，在德意志北部的许多城市取得了胜利。

农民战争的失败巩固了路德派同王公和市政厅当局的联系，当局政权本身得到巩固。相反，农村公社的政治意义遭到破坏。确实，农民战争后一些地区的权力当局和老爷们不仅处死农民，还对农民课以巨额罚款，强迫恢复被毁坏和烧毁的一切。当局也做出一些让步，部分施行"门明根十二条款"，以便缓和国内的紧张局面。他们还监视农民的思想动向，包括利用地方路德教会的牧师监视农民。在天主教会的领地内，也同样依靠当地神职人员和修会对农民进行监督。

**农民战争后宗教改革的激进派　明斯特的"虔诚者王国"**　引起农民战争的主要社会矛盾为战争失败后反对派的情绪营造了土壤。当局警察的恐怖，对教会、学校、大学更加严格的监督，对持不同政见者的监视，所有这一切都不能抑制改革现有秩序和对社会平等的渴求。在持续迫害的形势下，宗教改革的激进派分化为许多宗教团体，团体中对异己包括相互之间态度的不可容忍性滋生蔓延。这一时期反对派的社会思想具有两面性：与农民战争时期的思想一脉相承，但同时进行了重新诠释。代表性的思想是拒绝使用暴力手段或认为暴力手段只是自卫的极端措施。

这种趋势流行于整个欧洲中心地区，在德意志西部、尼德兰、摩拉维亚得到强化的再洗礼派运动（见第六章）中表现得尤其明显。在非暴力宣传占上风的同时，部分再洗礼派仍相信，依靠最虔诚信仰者自身的力量必将迎来"上帝之国"。把虔诚信仰者的力量作为上帝意志的工具，必将打倒"不信神的恶棍"。对于再洗礼派的这个分支来说，1534年在明斯特的公开演讲是一个好机会。

在这个德意志西部小城，为宗教改革与主教王公进行的斗争已经历时多年，最终主教王公被赶走。许多来自尼德兰的再洗礼派开始在自称是福音派阵地的明斯特合流。1534年2月，再洗礼派占领了大多数市政厅，来自尼德兰城市的移民——来自哈勒姆的面包师扬·马蒂斯和来自莱顿的裁缝扬·波克尔森（亦称作"莱顿的约翰"——译者注）开始在城市中唱主角，宣布明斯特为"新耶路撒冷"，"虔诚者之剑"将会从这里保护"上帝之国"并遍布整个大地。"虔诚者王国"在明斯特存了14个月，直到1535年6月明斯特遭到主教雇佣军的围困。扬·马蒂斯指挥防卫，他死后扬·波克尔森继任。他宣告称王，带领12位主要谋士盛装现身。军事形势、围困所造成的困境促使再洗礼派采取相对强硬的措施。废除了货币，城里只允许实物交换。居民须上缴贵重金属以满足公共需求。没收修道院和主教储存的食品，一部分发给各家各户，另一部分供应公共饭桌。如果城市领导层认为属于某人的消费品有剩余，剩余的部分就应该充公。禁止高利贷和投机倒把。再洗礼派领导人援引《圣经·旧约》经文，实行一夫多妻制。况且，在被围困的明斯特城，女人要比男人多得多。但是这种做法造成放纵无度，扬·波克尔森不得不放弃改革。

确定了神权政治制度后，明斯特"国王"采取了强硬的治理措施。消灭圣像和教会饰物，书籍只留《圣经》。把拒绝再受洗礼者驱逐出城，没收他们的财产。"虔诚者王国"陷入孤立：尽管同教者试图给予明斯特帮助，但帝国军队加入了围困的队伍，城市之围未能解除。尽管食品储备不足，明斯特还是英勇地坚持，但在叛徒的协助下，明斯特于1535年6月在一次夜攻时陷落。屠城之后，束手就擒的城防领导人受到严刑拷打和折磨。明斯特恢复了天主教。

**宗教改革的发展　新教　奥格斯堡的宗教信仰**　1526年，德意志的宗教改革出现了转折。根据国会决定，允许帝国官员在全体会议前像只对上帝和帝国负责一样对待宗教问题。这样，就不必执行下令采取强硬措施反对"路德宗邪说"的1521年《沃尔姆斯法令》。不信天主教的王公利用这一形势巩固自己在"福音派"中的地位。学校，包括高等学校改造，以及教会检查机构在这里广泛开展和发展。根据路德最亲密的助手、杰出教育家梅兰希顿以及其衷心拥护温和宗教改革者制定的纲领，对中小学教师、大学教师、教会的传教人员以及基层教会职员的信仰和活动进行检查；所有人须按公国当局认可的路德宗教改革精神行事。

早在1526年，由神学家和法学家组成的委员会就开始在萨克森进行宗教检查。他们对教会的财产进行清点登记，研究了教会公社成员的心理和行为，尤其关注牧师和教师的思想立场。参与检查者抱怨民众对宗教问题漠不关心，宗教部门不履行职责，神职人员的受教育程度不够。宗教检查和教会财产世俗化同时进行。一部分财产落入贵族和市民之手，另一部分由当局支配，在其监督下供养传教人员、中小学校和大学。继萨克森之后，在一些视王公为最高主教的地区也采取了类似措施。教会财产世俗化强化了王公的权力。检查委员会还在接受路德宗的帝国城市开展工作，由市政当局监督检查。支配教会财产的可能性使市政厅的力量得到加强。

福音派统治者的行为引起了天主教徒的愤怒。1529 年，皇帝查理五世在施派尔国会要求严格遵守《沃尔姆斯法令》。参加国会的多数天主教徒支持这一决定，认为在福音派王公和城市领地内天主教教会也必不可少。5 个公国和 14 个城市强烈反对，它们坚信，在良心和信仰上不可以屈从于多数人的决定。从此开始把拥护宗教改革者称为新教徒。

1530 年，奥格斯堡国会做了一个重要尝试，即以谈判为基础通过对比使天主教徒和新教徒达成一致，尽可能拉近宗教学说之间的距离。正式被定罪为异端的路德不能参加谈判。在谈判时维滕贝格方面由梅兰希顿负责。在奥格斯堡的宗教信仰问题上，他系统地阐述了路德宗的理论基础以及它与天主教教义，茨温利派教义以及当局不承认、坚决谴责的再洗礼派教义之间的原则性区别。他向茨温利派控制的国会寄去了自己的宗教改革方案，4 个德意志北部城市提交了由著名宗教改革活动家 Б. 布塞尔撰写的自己对信仰新教看法的论文。

在天主教徒方面，路德的老对头 И. 艾克异常活跃。他罗列了一个长长的清单，列举新教徒的罪过，只是不能给这一切定罪迫使艾克遗憾地将目录条数缩减到 404 条。有了这个支撑，天主教徒做好了反驳论敌学说的准备。同时，他们要求取消世俗化的成果，并威胁谁妨碍恢复他们的教会地位，谁就是世界的破坏者。

**皇帝与信仰新教的王公之间的战争　《奥格斯堡宗教和约》**　1530 年，奥格斯堡国会驳斥了新教徒提出的宗教改革理论，要求帝国法院传唤他们。以萨克森选帝侯和黑森侯爵为首的信奉新教的王公与城市做出回应，于 1531 年在施马尔卡尔登城订立了相互保护和支持宗教改革事业的军事政治联盟。新成员加入后，联盟的力量壮大。但是联盟内部并未完全达成共识，路德宗和茨温利派信仰上的分歧说明了这一点。

同法国和奥斯曼土耳其的战争使查理五世无暇干涉帝国内部事务。直到1546年与弗朗索瓦一世讲和之后，皇帝才腾出手开始反对施马尔卡尔登同盟的战争。他宣称应惩治同盟成员，但不是因为他们的宗教观点而是因为他们破坏了帝国法律。4万名精选的西班牙士兵被从意大利调往德意志。路德宗教徒、萨克森公爵莫里斯成为皇帝的盟友，因其投靠查理五世，新教徒给他取了"犹大"的绰号。帝国军队在易北河畔的米尔堡之役（1547年4月24日）中大获全胜。新教联盟解散，维滕贝格被查理五世的军队占领。皇帝做好了全面恢复天主教的准备。许多新教传教士不得不出走国外。信仰路德宗的王公进行新一轮和谈的企图落空。但是，信仰天主教、赞成攻击新教徒政策的王公开始担心皇帝的势力会显著增强。

莫里斯公爵决定利用这个形势。他突然改变自己的立场，带领再洗礼派力量，预先从法国得到大笔资助。1552年，他出其不意地袭击了查理五世，皇帝不得不从自己的府邸逃到因斯布鲁克，而法国人根据同莫里斯公爵的协议占领了洛林。经过有查理五世的兄弟斐迪南一世参加的长期谈判之后，1555年在国会订立了《奥格斯堡宗教和约》。

和约反映了德意志实际的权力格局，在宗教改革这些年里，消灭反动的骑士、镇压农民战争、一些城市屈从于不断强大的地方政权，所有这一切都使王公和皇帝成为国家政治命运的主宰者。在帝国立法的法律基础上，《奥格斯堡宗教和约》确定了天主教徒和路德派教徒的平等地位。和从前一样，既没有承认茨温利派和加尔文派，更不承认遭到当局和教会驱逐的再洗礼派。王公有权确定自己领土内臣民和居民的官方宗教。最后这条规则简短表述为"掌握政权者决定信仰"。这样，就暂时奠定了德意志各公国同各个宗教信仰——天主教（哈布斯堡家族在奥地利的世袭土地、巴伐利亚、法兰克尼亚、阿尔萨斯、莱茵河和德意志西北部教会公国）和新教（萨克森、勃兰登堡、德意志北部公国、布伦瑞克、符腾堡、黑森、上普法尔茨、下普法尔茨）和平共处的基础。

查理五世的政策惨遭失败。国家和平计划所必需的进一步中央集权没有形成，却向国家进一步分化迈出了新的一步。新教徒巩固了自己的成果。失败促使查理五世退位。他的领地被他的儿子——西班牙国王腓力二世和他的兄弟——后来成为皇帝的斐迪南一世瓜分。《奥格斯堡宗教和约》是宗教改革历史上一个重要的分水岭。宗教改革在欧洲和德意志的发展并未终结，但它的上升期已经结束。反宗教改革时代到来。德意志的反宗教改革从1555年开始，到1618年初的三十年战争结束。

**16世纪下半期至17世纪初德意志的经济生活**　16世纪下半期，德意志的经济进入快速衰退阶段。主要的贸易通道和物流线路开始向尼德兰沿岸转移。在同波罗的海沿岸国家的贸易上，德意志北部的汉萨同盟逐渐被强大的尼德兰赶超，退居第二位。德意志商人的地位以及与英格兰的贸易都被削弱。1589年，女王伊丽莎白一世下令关闭伦敦的钢铁厂——德国商人在英国的据点。衰退也波及德意志的矿山。美洲殖民地贵金属的进口尖锐地提出了在德意志生产的盈利问题，而且采矿业饱受与王公的开矿特权有关的苛捐杂税、必须增加费用的困扰，因为原来开发矿井的技术方法已经用尽。日益复杂的设备增加了生产成本，这已经无法令主要的投资者——认为长期投资不如掠夺式经营的大商业公司满意。德意志其他经济部门的工场手工业生产，和仍占优势的行会手工业一样，越来越承受不住尼德兰、英格兰以及其他国家出口贸易部门的竞争。

16世纪下半期农业没有取得特殊进步，只有"价格革命"为封建主和大部分农民创造了有利的机会。16世纪下半期至17世纪初，农产品的价格持续走高，而且粮食价格上涨速度高于畜产品价格上涨速度；同样，畜产品的价格上涨速度高于手工业产品价格的上涨速度。城市底层、雇佣工人、无地和少地的农民深受其害。富裕农民的状况得到改善。在易北河以外地区出现了对粮食出口生产极为有利的形势。西欧城市对粮食的需求快速增长，这增强了当地经济的商品性，与此同时，与德意志其他地区不同，也使大部分农民的状况恶化：由于封建主利用法律和警察对农民进行压迫，农民的田庄附属于封建主，农民为封建主不断扩充的领地服劳役。

**16世纪下半期至17世纪初德意志的政治形势**　在国家的政治生活中，与不断加强的地域分离主义齐头并进的是天主教和新教之间不断的冲突，但还不至于达到广泛军事冲突的程度。信仰不同新教派别的王公之间内讧和竞争不断。在他们的领地内出现了教会学说教条化和新教经院哲学繁盛的情况。同时，在反宗教改革力量占主导的公国，天主教经院哲学复苏。在多次争论之后，萨克森公国的路德宗各派于1577年制定了名为《协和信条》的正统路德派纲领。按萨克森选帝侯的坚决要求，所有神职人员、教师和教会职员都应在上面签名。1580年，《协和信条》与旧基督教信仰标志、路德的基本理念、奥格斯堡的宗教信仰和其他重要文本一起被纳入《协和书》。86名帝国官员和约8500名路德宗的代表签署了这份阐明路德宗教义的新理论纲领，使其成为2/3德意志新教徒的准则。同时，它巩固了企图与哈布斯堡王朝和平共处，与奉行敌对哈布斯堡王朝方针、信奉加尔文宗（加尔文派）的普法尔茨相竞争的萨克森统治者的政治地位。

16世纪80年代，后来成为权倾朝野的首相的萨克森二等文官H.科列里决定改变惯常的政治战略。考虑到强大的哈布斯堡王朝的威胁，他尝试促使加尔文宗阵营同法兰西王国结成稳固联盟。科列里鼓励加尔文宗教徒和可接受的梅兰希顿的支持者在公共服务中合作。国教是实际上已经被忘却的《协和书》。但科列里的地位并不稳固：支持他建议的选帝侯死后，各阶层要求以叛国罪的罪名拘捕他。1601年，科列里被处死。行刑前刽子手在宝剑上刻下铭文："珍重，加尔文宗教徒！"由此联合德意志路德宗和加尔文派力量的尝试失败。

加尔文宗教徒的一个典型特点是宗教认识的教条化。在这个过程中普法尔茨选帝侯领地内的海德堡大学成为重要的中心。1563年，遵选帝侯之命，在这里起草了《海德堡教理问答》，这本小册子被很多德意志以外的公社接受。1618~1619年，在尼德兰举行的多德雷赫特教会事务会议上，《海德堡教理问答》被宣布为加尔文宗重要的标志性作品。

不同教派之间连续不断的纷争致使皇帝有可能作为天主教和新教徒之间的中间人、1555年《奥格斯堡宗教和约》的担保人，提高在德意志的影响力。对教会联合仍抱有希望的斐迪南一世（1556~1564在位），尤其是他的儿子马克西米利安二世（1564~1576在位）奉行相对宽容的政策，对温和的路德宗王公也采取妥协的态度。他们竭力避免国内发生宗教武装冲突。由于土耳其危机，长期需要国内资金收入，这一立场得到巩固。马克西米利安二世做了让步，允许奥地利和捷克的贵族改信新教。担心邻国的军事行动蔓延到帝国，他禁止天主教徒和新教徒组织德意志士兵参加尼德兰同西班牙的斗争以及法兰西的宗教战争。但是特伦托会议后，德意志反宗教改革政策的影响先在巴伐利亚显现，鲁道夫二世（1576~1612在位）登基后，开始在全国蔓延。

布拉格成为皇帝府邸所在地。鲁道夫二世接受的是耶稣会教育，有抑郁症倾向，临终前身心俱病。他学识渊博，但执政时却性情不定。他忠实于天主教，在治国理政时实行相当严格的反宗教改革路线，却吸引各种信仰的人进入朝廷。他对"神秘科学"和自然科学感兴趣，对占星术、炼金术、神秘术、喀巴拉（中世纪犹太教的神秘主义体系——译者注）、数学和音乐表现出浓厚的兴趣。他的宫廷成为欧洲最大的艺术中心之一。鲁道夫二世优待耶稣会，却不让布拉格大学受耶稣会的影响，宁愿自己操心。从1593年起，他和奥斯曼土耳其人作战13年。1609年，受起义的威胁，他被迫做出承诺，保证捷克人信仰自由。鲁道夫二世在世时，他的兄弟、1612年称帝的马蒂亚斯就开始逐渐把他排除在政权之外。此前，好战的德意志天主教徒已经公开要求重新审定宗教改革时世俗化的教会和修道院土地的结论。

只是反宗教改革和哈布斯堡王朝取得的巨大成功、新教有被取消的危险促成了路德宗和加尔文宗各分散势力合流。德意志军事、宗教和政治权力的确定致使两个相互对立的联盟——天主教同盟和新教联盟形成，这两个联盟分别受到外国盟友的支持，使国家陷入三十年战争的深渊。

**16世纪的德意志文化　人文主义的发展**　德意志的人文主义始于16世纪30年代，比意大利晚了上百年，但深受意大利文艺复兴的直接影响。地域条件和精神传统注定德意志的人文主义有自己的特点。与意大利相比，它同中世纪文化的关联更紧密、更多样。对古希腊罗马文化遗产的浓厚兴趣与德意志的现实问题——宗教伦理和教会政治问题纠结在一起。国内没有一个人文主义者能够越过这些问题。德意志的人文主义具有鲜明的民族主义和爱国主义色彩。德意志的人文主义经常专注于对德意志历史、德意志地理尤其是城市的描写。德意志的许多人文主义者表现出对数学、自然科学的兴趣，但与意大利的人文主义者不同，他们较少关注艺术和美学问题。在文学创作中，德意志的人文主义者宁要不和谐，也要有表现力——夸张、怪诞、讽刺，喜欢把艺术效果和训诫结合在一起。

德意志人文主义的形成用了半个世纪，于15世纪90年代进入繁荣期。从此，德意志的人文主义快速发展，在宗教改革初期前的短期内取得了一系列重大成就。16世纪初，德意志的人文主义初具轮廓，开始积蓄力量与经院哲学公开对立，同欧洲其他国家相比，在德意志这种冲突更加尖锐。

15世纪中期 И. 古登堡发明的印刷术在新文化的发展中发挥了特殊作用。到16世纪初，德意志国内有约50个图书出版中心。围绕出版人文主义者作品的大型出版中心形成了人文主义的小圈子。大部分（约50%）德意志人文主义运动参与者出身市民阶层。人文主义者中也有出身贵族、特权阶层、神职人员和农民的代表。

德意志的人文主义运动与大学和中小学校、与新文化教育的任务紧密联系在一起。其自身特点决定了教育思想在德意志人文主义中的重要意义。在人文主义教育学形成中，鲁道夫·阿格里科拉（1444~1485）和雅各布·温普赫林（1450~1528）起了决定性作用。两个人都属于在德意志受欢迎、兴趣在于把新文化价值观同信守正统宗教思想结合在一起的人文主义者类型。阿格里科拉出生于尼德兰，他奠定了于16世纪发展起来的普通逻辑学和美学概念学说的基础，世界多样性研究也是在此基础上建立起来的。因此，他做出了通过人文经验构建科学认知方法的重要尝试。温普赫林衷心拥护不触及天主教教义的谨慎的宗教改革，同时还揭露神职人员尤其是修士的道德缺陷和无知。他因提出拉近教育与实际生活距离的建议而有很高的知名度。

康拉德·策尔蒂斯（1459~1508）和塞巴斯蒂安·布兰特（1456~1521）是15世纪末16世纪初人文主义新趋势的代表人物。策尔蒂斯是文艺复兴时期德意志最著名的新拉丁语诗人，促进了爱情抒情诗的繁荣。但是，他的兴趣不仅限于诗歌。他是一系列人文协会的创始人，提出了德意志人文主义学者集体进行科学研究工作的庞大计划。他号召收集、研究和出版阐明德意志历史、德意志民族和地理特点、德意志各个时代文化成就的文献。他本人创作了详尽描述纽伦堡的诗歌,在诗中对纽伦堡的文化古迹给予了特别关注。这首诗成为其他德意志人文主义者创作的样板。

布兰特是一位知名的律师,他以讽刺诗人、当代风俗和类型辛辣的观察员身份走进文学史。他用德语写成的作品《愚人船》(1494)一经面世就风行起来。布兰特刻画了一系列准备游向愚蠢王国的各阶层和各行业的傻瓜形象。他揭露了"芬尼先生"(芬尼,德国辅币名,等于1/100马克——译者注)的无知、自私自利、自大,王公、教皇、修士、律师对公共利益的漠不关心。训诫格言、民间谚语和俗语贯穿于他的作品。布兰特这本书的高潮在于唤起德意志人民的爱国主义良知和改正风气。此书成为16世纪德意志文学流派——"愚人文学"的滥觞,在欧洲其他国家也产生了影响。

德意志人文主义者的爱国主义情怀也体现在他们对待过去的态度上。开始流行赞颂长期与罗马教廷的野心对抗的中世纪帝国(而非批评)。人文主义者把主要的注意力放在古德意志人、查理大帝、奥托家族历史、与教廷的斗争以及部分公国和城市的起源和发展上。两位贵族人文主义学者——纽伦堡的维利布尔德·皮尔克海默(1470~1530)和奥格斯堡的康拉德·波伊廷格(1465~1547)为历史编纂学做出了巨大贡献。与丢勒交好的皮尔克海默的突出特点是兴趣广泛。他把古希腊罗马的哲学、文学、地理学领域古典作家的作品以及教父学的演说术样本从希腊语翻译成拉丁语,他还钻研数学和天文学。在《德意志简述》中,他浓缩了古希腊罗马作家有关古德意志人的信息,在《瑞士战争史》中通过不久前发生的事件绘制了早期人文主义全景图。出版了策尔蒂斯发现的10世纪甘德斯海姆修女赫拉斯维塔的作品后,他把注意力放在为祖国的荣誉和妇女的尊严问题激动不安的德意志第一位女诗人的创作上。这位女诗人曾尝试效仿古希腊罗马作家进行自己的创作。

皮尔克海默以丰富的手稿、硬币、奖章、雕像和其他古代纪念物收藏而闻名。他发表了对他的研究非常有价值的碑文资料和稀有的地形测量文献——策尔蒂斯发现的罗马道路图,出版了约尔丹的《哥特人史》、执事保罗的《伦巴第人史》。皮尔克海默不仅作为历史学家对德意志的人文主义做出了重要贡献,而且作为统领奥格斯堡市政厅的著名法学家,他还非常了解当代的经济问题,成为德意志自由贸易新思想、与之有关的经营道德新规最杰出的表述者。

在历史学科中,约翰·阿文提努斯(1477～1534)和贝亚图斯·雷纳努斯(1485～1547)又向前迈进了一步。阿文提努斯系统地考察了各种档案,尤其是修道院档案,这些档案奠定了他编写的通俗易懂的历史著作《巴伐利亚编年史》的基础。在对塔西佗多部著作的评论和自己的主要著作《德意志历史》(三卷本)中,雷纳努斯对史料进行了比同时代的德意志人更合乎情理的历史语文学批评。

**鹿特丹的伊拉斯谟** 鹿特丹的伊拉斯谟(1469～1536)是整个北方文艺复兴中最杰出的人文主义学者,对德意志人文主义发展产生了重大影响。与策尔蒂斯的拥护者不同,他认为"世界公民"的立场优于民族主义热情,而文学、语文学和宗教美学问题优于自然科学和数学问题。伊拉斯谟对意大利人文主义者制定的文本批评方法做了系统化的整理,并将其运用在自己的《古希腊罗马智慧概要》——3000多条古代作家的谚语和俗语注释增补合集中。

在早期的作品《基督教骑士手册》(1501)中,伊拉斯谟就运用人文主义方法阐述了"效仿基督"的概念,把自己的神学称为"基督哲学"。他确信,可以把一切真实的东西视为基督的。这种豁达的态度允许他在教会正统思想的框架之外,在各时代和民族的代表、各种信仰的人、古希腊罗马信仰多神教作家的创作中寻找真正智慧和善行的范例。多神教文化成就不被视为与基督教敌对的东西,相反,它被认为是人类文化进一步发展的基础。在对多神教文化和基督教文化总结的广度和深度上,任何一位德意志人文主义者都不能超越伊拉斯谟。

在自己的创作中,伊拉斯谟是迷信、无知及各阶层首先是自认为是主要社会教导者的神职人员和修士罪恶的无情揭露者。他反对宗教中的形式主义,用冰冷、恶毒的语言,像评价各阶层的偏见一样评价毫无效果、玄奥难懂的经院哲学。伊拉斯谟不仅关注宗教哲学问题,还关注当代的政治问题。

他希望通过传播新文化和教育、重建人们的精神生活来弥补社会缺陷。按他的话说，这应该是"和平的胜利"。他强烈反对内讧、战争，认为必须保卫国家，坚决谴责把战争作为解决争议问题的办法，认为这是民族的灾难、文化发展的桎梏。伊拉斯谟认为社会教育是避免各种恶和灾难的法宝，与伦理学有着密不可分联系的教育学成为他所有活动的指针也就并非偶然了。

伊拉斯谟的多领域创作对 16 世纪的欧洲文化产生了巨大影响，他的强大影响力在 17 世纪仍无处不在。他的作品被公认为是演说术的模板和优美的拉丁语的范本。他的两部著作——社会、道德批判杰作《愚人颂》集讽刺威力、丰富的嘲讽意味、优雅的文体于一身，《家常谈话》则是独特的教育学和伦理学思想百科全书——都流行了数百年。

**и. 赖希林与《蒙昧者书简》** 杰出的哲学家约翰·赖希林和伊拉斯谟并称为"德意志的双眸"。他号召学习拉丁语、希腊语和《圣经》使用的最古老语言古希伯来语。与伊拉斯谟相比，赖希林对基督教人文主义的理解更加广义。佛罗伦萨人文主义者的新柏拉图主义、古希腊的毕达哥拉斯学说和神秘的中世纪希伯来教义——"喀巴拉"是他的理论依据。赖希林确信，人这个"微观宇宙"，一直以来都在接收通过符号和信号显示的上帝真理的启示。不能轻视那些只有通过这些文献才能了解的东西，包括从摩西时代起就世代相传的犹太人的传统。

赖希林通过自己翻译《旧约全书》披露了拉丁文本《圣经》教会法规中的错误。这促进了人文主义文本批评的进一步发展，促成了理解《圣经》意义新途径的出现。尽管赖希林自认为是忠诚的教徒，与伊拉斯谟所处的环境相同，但他理解基督教本质的原则和人文主义宗教哲学观点都没有超出传统的框架。针对要求焚毁所有古希伯来语宗教书籍的狂热的天主教徒，赖希林的演讲在德意志和欧洲的人文主义运动中引起了广泛的反响。与天主教狂热分子相反，赖希林声明，必须对这些文献进行科学研究。支持还是反对赖希林的争论持续不断，后来演变成围绕人文主义者思想和科学研究自由权利的斗争。形成了两个阵营：包括多数人文主义者在内的赖希林主义者，以科隆神学家和宗教裁判所法官为首的反对派。

《蒙昧者书简》是一部反对经院哲学和全体神职人员的生动、尖锐的讽刺作品，它的问世成为这场斗争和德意志文艺复兴发展中的一件大事。这部匿名出版的两卷本（1515年和1517年）著作是人文主义者的集体创作，乌尔里希·冯·胡登和出版的倡议人柯罗特·鲁比安在其中发挥了主要作用。书中讽刺性地模仿不学无术、寡廉鲜耻的修士和神学家之间的信件往来。赖希林和人文主义反对派被描绘成狂妄自大、公开仇视自由思想的"盲人"。起初蒙昧主义者愉快地接受了《蒙昧者书简》，视其为志同道合者的著作，成为大家的笑柄。

**宗教改革时期文化的发展** 宗教改革的迅猛发展为人文主义运动解除了枷锁。王公政权的稳固、国家政治联合希望的破灭、不同教派之间的矛盾和争议，都在人文主义的命运中有所显现。失去了之前的自治权后，人文主义改变了自己的态度。天主教和新教教会都极力使人文主义文化成就为己所用，尤其在天主教和新教政权监督下的学校和大学，纷纷聘用饱学的人文主义者进行教学。奠定了文化以后发展的基础后，人文主义作为文化中一条独特、独立的路线逐渐消失。

伊拉斯谟的崇拜者、维滕贝格大学的希腊语教授、后来成为杰出宗教改革活动家的菲利普·梅兰希顿（1497~1560）做了协调人文主义者和新宗教派别利益关系的尝试。他第一个将路德的福音派学说系统化，多次作为学说的捍卫者在论战中发声。他的神学著作，尤其是《神学共同要点》，以及在确定1530年奥格斯堡宗教信仰中发挥的重要作用，使梅兰希顿作为新教主要奠基人之一得到认可。但是，他从未割断自己同人文主义兴趣的联系。他精通古希腊罗马经典作品，是哲学家、史学家，也从事地理研究。梅兰希顿首先是一位优秀的教育家、理论家、中小学和大学教育的组织者。按照他的计划，他建立了一些拉丁语学校，改造了8所大学。他的思想和教学大纲对天主教地区的教育发展也产生了影响。所有这一切为他赢得了"德意志教导者"的荣誉。梅兰希顿的人文主义情怀也体现为他尝试缓和各教派矛盾，包括与加尔文派妥协，这导致他多次与路德宗的狂热分子发生冲突。

宗教改革主张使用母语，面向广大人民，这也迫使改革的反对者采取同样的方法，这促进了德语创作的迅猛发展和德语出版物的繁荣。仅16世纪前30年就保留了5000多份《快报》——讽刺小品、对话、讽刺诗、社会政治纲领和其他类型的文章出版物。这一时期大部分辩论文学是用德语写作的，尽管整体上各种出版物仍以拉丁语为主。

1520~1525年，德语印刷品数量增长了3倍，顺便说一下，这一时期90%的印刷机是为宗教改革服务的。为了把亟待解决的社会生活问题更直观地传达给读者，大部分出版物都配有版画、插图。

在民族文化的发展中，路德本人的活动发挥了特殊作用。他最重要的宗教改革著作主要是用德语写的。其他宗教改革活动家也以他为榜样。他把《新约》翻译成德语（1522年9月出版，即所谓的《九月圣经》），后来把《旧约》也翻译成德语（1534年），这是文化和社会生活中的大事。在路德之前，也有人尝试翻译《圣经》，但只有他能用自己的著作展示德语的丰富，以精湛的语言技巧展示德语表达的清晰准确。路德翻译的《圣经》，包括经常单独发行的《新约》，从1522年至他去世的1546年，共出版430余次。到16世纪中期，他主要作品的发行总量达数十万本。

但宗教改革对教育发展的影响却相当矛盾。初期，它表现为对拉丁语世俗教育的兴趣急剧降低，后来表现为对教育的兴趣降低。路德证实，许多家长认为既然年轻人未来不能成为修士或教士，就用不着花钱送孩子去学校。改变现状需要时间，也需要有影响力的宗教改革家为维护教育采取系统的行动。1524年，路德劝导德意志城市的市长和文官设立、支持以恢复对古老语言和自由艺术兴趣为目标的学校。他确信，这种教学活动将促进大众对《圣经》的理解和学习，敦促基督徒在世俗制度的框架下履行自己的义务。

宗教改革驳斥了旧教会和修道院学校后，开始建立新型初等、中等学校。当时的新教徒认为，1538年由И. 斯图姆在斯特拉斯堡建立的中学是最成功的，堪称典范。学生被分成10个年级，他们按照统一的大纲按部就班地学习拉丁语、希腊语、语法、演说术、辩证法。"英明和能言善辩地笃信宗教"是学校的理想。也存在其他形式的新教学校，它的教学通常把传统经验和探索新人文主义文化元素、普遍的新教教育方向相结合。

**反宗教改革时期的文化** 反宗教改革活动家对教育的关注并不比新教徒少。在批判新教为异端邪说、销毁和禁止与特伦托会议决议相左的书籍、逼迫新教徒大规模移民的同时，罗马教会利用教育手段恢复教廷对各阶层尤其是对青年的影响。在这个过程中耶稣会士起了主要作用。从 16 世纪中期到 17 世纪初，他们逐渐成功地将德意志天主教领地内的所有大学都掌控在自己手里。这不仅是因为教学系统的改善，很大程度上也是由于耶稣会士从当局和教会那里获得了分配有偿教职的机会。未经他们同意，任何教研室都不能补充师资。他们密切跟踪，目的是只有热忱的天主教徒才能获准担任教职。耶稣会士不排斥在自己的教育系统内利用人文主义学科成分，但这些成分仅限于大学前的培养范畴。在教学方面，与新教学校的方法不同，伦理学、数学、古希伯来语学习退居次要地位。在中学中，重视语法、演说术、希腊语和拉丁语，但这些仅是为天主教大学哲学系的主要课程——逻辑学、物理学（主要按亚里士多德的方法研究自然）、形而上学的学习做准备。同样，哲学课程也完全针对接下来要掌握的严格正统的神学。耶稣会士的教学大纲没有为人文主义者和新教徒一直感兴趣的历史留出位置。16 世纪中期，在维也纳、科隆、巴伐利亚开始设立早期的耶稣会中学。到 16 世纪末，德意志已经拥有完整的耶稣会士主导的中学、穷人寄宿学校、青年贵族寄宿学校、培养未来神职人员的教会学校网络。耶稣会士免费教学，维持学校所必需的资金来自当局和各种捐赠。

16 世纪下半期，带有强烈的宗教色彩是所有人文学科的典型特点。这在历史学的发展中也有体现。与首先关注本国历史的人文主义者不同，新教的历史编纂学，在不忽视本国历史的同时，把主要精力放在教会史的研究上。路德强调世界史的教育意义，为系列史学著作撰写了序言。梅兰希顿把历史纳入自己的大学学科教学大纲，自己还教授世界史，把自己的学生 И. 卡里翁编写的《世界编年史》纳入讲义。按梅兰希顿的指示，他的讲义被改编成教科书，在 1564～1565 年出版，作为新教地区和国家的世界史教材长达百年。在梅兰希顿建议下，还获准在教授宗教史的同时教授人文史

(指国家和民族的历史——译者注)。

当时出版的13卷本《世纪宗教史》是信仰新教的史学家的鸿篇巨作,在这部著作中,从耶稣诞生到13世纪,每个世纪都单独成卷。在历史学领域,首部集体创作出版的著作(1559~1574),由来自马格德堡的路德宗神学家马蒂亚斯·弗拉齐乌斯(弗拉西奇)领导编纂。这部经常被称作《马格德堡百年史》的著作严格按照计划、参与者的明确分工来完成。一部分人收集资料,包括在天主教地区秘密收集,一部分人筛选和分析史料,以弗拉齐乌斯为首的另一部分人负责撰写和编辑。编纂这一著作的主要目的是以翔实的资料展示在基督教早期以及在罗马教皇的统治下将基督教变成"敌基督统治"的"腐朽"过程。

在天主教方面,主要以激烈的论战性文章回应新教徒,但在1588~1593年,12卷本《教会编年史》问世,以与《马格德堡百年史》相抗衡。作者是枢机主教塞萨尔·巴罗尼奥,他利用了新教徒不能使用的极其丰富的拜占庭档案资料。因此,在各教派尖锐斗争的情况下,历史编纂学被双方用作宣传的工具。同时,出版的大量新史料、在论战中尽力揭示的实际的而不仅仅是演说上的证据最终推动了历史学科的发展。

在当时,当局严惩的、与正统思想路线相对抗的情况是个别现象。受过人文主义教育的历史学家塞巴斯蒂安·弗兰克(1499~1542)是早期思想自由的代表。他捍卫在各种信念、教派和宗派的教义中寻找真理内核的权利。根据传统的神秘主义信仰,弗兰克把上帝理解为在人身上发挥作用的精神领袖,任何外在形式都不能限制人的内在声音。弗兰克反对宗教仪式、规定的教条和某些机构的宗教义务。在他的创作中,呈现出泛神论、和平主义和批评所有各类教会和当局相结合的趋势。

神秘主义泛神论是雅各布·贝姆(1575~1624)神智学的突出特点。他在《黎明的曙光》(1612)一书中利用形象、信号、一系列完整的诗意画面的概念,来表征上帝与世界的关系。贝姆确定,上帝住在圣洁的人身体里,他通过对基督教的这种伦理学解释,动摇了宗教信仰差别的基础。神职人员迫害他,试图禁止他写作。

在王公的强霸下，德意志的政治思想没有取得实质性成果。北德意志的加尔文宗教徒阿尔图齐（1557～1638）是唯一发展了新政治思想的大人物。他维护人民主权，主张统治者对人民负有责任，如果他们企图压迫人民或破坏人民的利益，人民可自由谴责和推翻统治者。

16 世纪，依靠积累、描述和系统化的经验，一些学科取得了进步。受过人文主义教育的医生格奥尔吉·阿格里科拉（1494～1555）多年研究矿业。他的主要著作《矿冶全书》配有丰富的插图，在他去世后的 1556 年出版。阿格里科拉对这一时期的矿业、冶金和地质知识进行了总结，有助于进一步在实践中取得成绩。200 年来，他的著作都是重要的科学参考资料。

在地理大发现时期，对地球全面描述的《宇宙志》非常流行。塞巴斯蒂安·明斯特（1489～1552）于 1544 年编辑的《宇宙志》知名度最高。其中有 26 幅地图，包括相当准确的古巴地图和其他新开辟土地的地图，在约 500 幅版画中加入了新大陆居民的画像。

杰出的德意志天文学家和数学家约翰·开普勒（1571～1630）活跃在文艺复兴末期。他是哥白尼日心学说的拥护者之一，哥白尼的书最早于 1543 年在德意志的纽伦堡出版。利用丹麦科学家第谷对天体运动高度精准的天文观测，开普勒于 1609 年在《新天文学》一书，于 1619 年在《世界的和谐》一书中公布了他发现的天体围绕太阳运行的定律。在此基础上，他制定了附有计算结果的更加准确的天体运行表，其运算的准确性得到了实验的验证。开普勒与哥白尼、伽利略并称为新天文学的奠基人。他还为光学、结晶学和其他学科做出了重大贡献。同时，在文艺复兴时期其他杰出学者和开普勒的意识中，科学知识与神术、玄学、占星术交织在一起。开普勒本人就编制了占星图，但同时他还与当代的迷信做斗争。

与反宗教改革有关的各教派矛盾的加剧是德意志和欧洲其他国家更大规模残酷迫害异端的原因之一。之前在德意志就存在的这一进程，在 16 世纪最后三分之一世纪至 17 世纪前期达到高潮。与赤贫、强大起来的君主专制政权的压力、教会间冲突有关的长期紧张局面致使需要寻找"替罪羊"，在集体心理变态的情况下，土耳其人、犹太人、女人成了替罪羊，其他信仰的基督徒把他们当成撒旦的奴仆。教皇的支持者和路德的崇拜者都相信这是真的，认为女巫是"魔鬼"。他们异想天开地搜寻女巫并残酷地迫害她们，告密行为受到认可、鼓励，以受审者的部分财产作为奖励。宗教裁判所以"女巫充斥国家"为由自我辩解。直到三十年战争后德意志的迫害行为才有所减少，文艺复兴时期才给予宗教迫害致命一击。

**16世纪下半期至17世纪上半期的德意志文学** 16世纪下半期民间书籍继续广泛出版，在这些书籍中中世纪传统——对骑士题材、神话、奇迹的兴趣占主导。在这一潮流中，《希尔德市民故事集》（1598）比较突出。这是一部嘲笑小市民愚蠢的作品。两段传奇故事具有长久的生命力，它们被加工成民间故事并出版问世。1587年，《著名术士、巫师约翰·浮士德博士的故事》问世，1602年，出版了"永恒的漂泊者"阿格斯菲尔（古犹太传说中注定永远流浪的一个人——译者注）的故事。与时代精神相一致，两本书都穿插有虔诚的布道和警告。

德意志诗人汉斯·萨克斯（1494~1576）的创作与民间文学传统有关。他不仅从民间创作中汲取了很多自己诗歌、剧本、滑稽短故事的情节，还反映了大众的趣味和观念。萨克斯是整个尘世的歌者。对于市民阶层来说，他的理想具有代表性——他赞颂安适、富足、稳定的秩序。但他富有幽默感，擅长发现典型细节，生动地传达日常生活的滑稽场景。萨克斯的创作是日常生活环境和时代风尚的反映，同时也一贯重视说教。

到17世纪初，上个时期即已在德意志出现的"语言破坏"过程——各类行话混杂在一起并广为流行——继续推进。在崇尚法兰西和西班牙宫廷趣味的德意志宫廷中，德语中出现了法语成分；在教师、牧师和官员集中的学界，德语混杂着拉丁语；在竭力效仿贵族和学界的市民中，行话包括了全部三种语言元素。"语言破坏"是德意志文化不断外省化的证据，引起了一些语言保护社团的反抗，他们极力规范德语标准语法，以消除语言混杂现象。成立于1617年、活跃了差不多半个世纪的"丰收社"最有影响力，这是一个贵族协会，包括奥比茨和格里菲乌斯在内的大文学家都是协会会员。

抒情诗人、诗体学理论家M.奥比茨（1597~1639）是一组文学家的领军人物，这个文学家组织依靠古希腊罗马作家的作品以及他们与尼德兰古典作家的友好关系，为民族文化、早期古典主义发展而奋斗。诗人和戏剧家A. 格里菲乌斯（1616～1664）——德意志最著名的巴洛克悲剧处世之道的表达者，呈现出另一条创作路线。他通过形象紧张的对照、色彩的凝聚、激情和行为的变化，摧毁镶嵌在自己作品中的古典形式要素。三十年战争时期，被时代灾难震动的奥比茨、格里菲乌斯、弗莱明和其他文学大师强烈、鲜明地表达了对国家遭破坏的悲痛之情和慰藉之感。

**美术　建筑**　15世纪末16世纪初是德意志文艺复兴式绘画时间不长但辉煌繁荣的时期。与意大利文艺复兴相比，它们更多地保留了与哥特式传统的联系，但也取得了世界级的艺术成就。在这一时期的艺术中，阿尔布雷希特·丢勒（1471～1528）是核心人物。他拥有全能天赋：不仅是全面的色彩画画家、欧洲最伟大的雕刻家，还是线性透视和人体比例问题学者、艺术理论家，坚持追求和领悟美的定律。在不放弃丰富的哥特式经验的同时，相比于自己同时代的其他德意志大师，两次赴意大利的丢勒更充分地汲取了意大利文艺复兴的成就。他在自己的创作中使理性与激情融为一体，力争形象准确又充满想象力，作品的线条结构华美又有空间深度。他在木版画《启示录》《基督大难》《小受难》中，在铜版画杰作《骑士、死亡与恶魔》《单间修士房中的圣杰罗姆》《忧郁》中，在《四位圣徒》的画面中，充分展现了文艺复兴时期人的紧张情绪和艰难处境。他是德意志肖像画的创始人之一，留下了很多当代人物——人文学家、商人、政治活动家的色彩和素描肖像，赋予他们鲜明的个性特征。他还创作了许多自画像。他的创作对德意志民族文化意义重大，因此德意志文艺复兴艺术繁荣时期被称为"丢勒时代"。

与丢勒同一时期的著名的大画家——马蒂斯·格吕内瓦尔德（1460/1470～1528），是一位富于表现、夸张的宗教形象的大师，他着力表达人物精神和肉体的苦痛、绝望和失望的痛苦。他的主要作品之一是为修道院礼拜堂创作的多扇画作《伊森海姆祭坛》。祭坛的中央是宏伟的带有耶稣受难像的十字架，仿佛沉沉暗夜中某个超现实的明亮的幻象。与丢勒相比，格吕内瓦尔德与哥特式遗风联系密切，但在对宏大的人物形象的力量、自然力量的感受上与文艺复兴分不开。其作品色调丰富，代表着德意志美术的崇高成就。

杰出的肖像画画家、神话和宗教题材大师老卢卡斯·克拉纳赫（1472～1553）把自己的创作同宗教改革紧密结合起来。文艺复兴对世界敏锐、新鲜的认知使他早期的作品就与众不同。这些特质在他晚期偏向矫饰主义、具有醒世目的的作品中则比较少见。他拥有高超的装饰艺术技巧，对自然美的感受非常细腻。

在"多瑙河画派"整整一代杰出画家的创作中，风景画占有重要地位。A. 阿尔特多费尔（1480～1538）是其中最伟大的画家之一，他的作品包括一系列宗教形象，其艺术巅峰之作为《马其顿的亚历山大与达利耶的激战》。通过自己对大自然的诗意认知，对形象时而抒情时而庄严宏大的表现，阿尔特多费尔为欧洲风景画体裁的形成做出了巨大贡献。另外，一些光辉的名字使丢勒时期德意志的色彩画和线条画更加丰富多彩。

16世纪中期和下半期，德意志的美术经历了严重的衰落。不仅在信奉新教地区，随着宗教改革的发展那里的美术家失去了更多为教会绘制定制作品的机会，而且在信奉天主教的公国和城市也同样经历了衰落。直到16世纪末17世纪初，德意志才重又出现为本国宫廷和其他国家宫廷作画的杰出的矫饰主义画家。居住在意大利的 A. 埃尔斯海默（1578～1610）在欧洲的知名度很高。他以带有宗教和古希腊罗马人物形象的精致的小幅风景画而闻名。

与美术相比，德意志建筑上的文艺复兴潮流来得比较晚，直到16世纪中期，才与这种新趋势有了频繁交流。以世俗建筑的发展为主，修建了大量公国的宫殿和城堡、行会和私人房屋、市政自治机关大楼、仓库和军需库等。这些建筑融合了哥特式晚期的结构传统和文艺复兴时期的形式、装饰图案。新趋势也渗透进正在进行的长期建设之中。16世纪末，按一贯坚持的"意大利理想城市"的布局，在维滕贝格开始修建完整的福来登施塔特城，这是专门为逃亡的奥地利新教徒修建的城市。在整个时期，德意志实用装饰艺术——金属、木质、骨质及其他材料装饰艺术大师的作品都保持着较高水准。在他们的作品中，装饰形式和图案风格精巧奇异，矫饰主义风格更加突出。

**音乐** 在文艺复兴时期的德意志音乐中，尼德兰复调作曲家的影响较大，"意大利"式牧歌和法国复调歌曲发展起来，器乐的突出特点是多样性：从管风琴音乐到诗琴音乐，层出不穷。在16世纪的杰出大师中，一位是德意志复调音乐的创始人之一、尼德兰人Г.伊扎克（1450~1517），另一位是他的学生Л.森夫里（1486~1542）。森夫里是路德钟爱的作曲家，以众赞歌闻名。他在作品中对悦耳的旋律包括民间音乐进行广泛的加工处理。与天主教传统不同，赞美歌的歌词是德语而不是拉丁语。歌词创作是由整个新教教会公社完成的。德意志音乐文化的整体水平较高。在许多城市都有工匠、诗人歌手协会，在宫廷有合唱团。在慕尼黑，绰号"音乐公爵"的奥兰多·拉索多年来领导着巴伐利亚公爵合唱团。日常的音乐消遣也比较普遍，诗琴是最受欢迎的乐器。到16世纪末，和在尼德兰一样，独唱的地位凸显，器乐同声乐分离，管风琴艺术开始繁荣，其中包括即兴作品。大作曲家根利赫·许茨（1585~1672）广博的创作是对16世纪音乐成就和传统的总结。在他的音乐，尤其是宗教题材的"圣乐"清唱剧中诞生了一种新的表现手法。它因强烈的对照、激情和英勇精神而与时代相呼应。对于正在形成的巴洛克音乐来说，它充满力量、活力和缤纷的色彩。许茨的创作成为17世纪复调音乐迈向巴赫和亨德尔时代的一个重要里程碑。

# 第六章
# 16世纪至17世纪上半期的瑞士

**16世纪的瑞士永久同盟** 16世纪，瑞士是欧洲为数不多实行共和制的国家之一。它的城市和土地在法律上仍属于神圣罗马帝国，但在1499年士瓦本战争胜利后，它坚持自己独立于帝国权力机关，实际上过着自主生活。

16世纪，瑞士永久同盟的领土基本确定。依靠自愿兼并结盟、占领和收购的土地，瑞士永久同盟的领土扩大。16世纪初，3个新州加入联邦。这样，联邦共有13个州、7个城市州和6个乡村州。直到18世纪末，州的数量都没有变化。拥有有限自治权的"盟国"的数量增加到10个。1584年获得自治权的日内瓦也加入进来。在南部，各州占领了意大利人居住的一些地方，并将其纳入共同的管理者——福格特的统治之下。在西部，伯尔尼市占领了从萨伏依公国一直到日内瓦湖的广大土地。伯尔尼市和弗里堡市从需要钱的领主手里收购了一块不大的伯爵领地。在东部，格劳宾登获得了另一块伯爵领地。经上述变更后，瑞士永久同盟的疆界接近现在瑞士的疆界。语言特色也固定下来，大部分瑞士居民讲德语，在一些州居民主要讲法语或意大利语，而在一些山区居民保留了古老的列托罗曼语。

16世纪，瑞士人口从85万人增加到100万人。在一半以上国土是山脉和湖泊的瑞士，居民点分布极不均衡。大部分瑞士人居住在平原农业区和山谷。城市不多，规模不大，与农业区紧紧相连。巴塞尔和日内瓦（1万~1.6万人）、苏黎世（约7000人）、伯尔尼（5500人）是最大的城市中心。即使在城市州，市民也仅占一小部分。16世纪中期，苏黎世市民占苏黎世城市州人口的1/12，伯尔尼市民仅占伯尔尼城市州人口的1/30。但是城市在国家生活中的意义不仅是由人口密度决定的，还是由其经济、政治和文化地位决定的。

就政治结构而言，瑞士是联盟，实际上是拥有自主权的城市共和国和自治农村的联盟。所有联盟成员之间没有统一的盟约，依靠个别州和一组州之间的交叉协议网络得以维持。瑞士没有固定的中央权力机关、固定的军队、统一的国库和法院。塔扎宗（Tarзатцунг）是整个联盟的最高自治机关，是代表"盟国"及其统治下的福格特管辖区利益的州代表会议。会议没有严格规定定期召开，一切均由具体需要和各州的兴趣决定。代表讨论战争与和平、联盟对外和各州间关系、收费、招募军队等重要的大事，尽力通过协商达成一致，但经常是一个或几个州拒绝执行于它们不利的决定。在这一政治体制下，地方政权机关的作用特别大。

在瑞士，自由人占农村人口的主体，这也影响到社会治理。在乡村州，村子决定自己的事务，在村民大会上选出村长。每年举行一次全州所有成年男性参加的大会。祈祷后全体公开投票通过决议。但是富裕的农村上层人物、有经验的军队指挥官确定基调，经常出现收买投票人的情况。

瑞士每个大城市的管理都有自己的特点，但是它们都有共性。通常，每年进行一次大议会、小议会和市政官——市长、法官和其他负责人的选举。在上届市政厅成员推荐的基础上，部分职位不需要参加选举。各个城市议员和公务员的数量各不相同，但实际上是小议会和市长负责最重要的事务。在苏黎世、巴塞尔、沙夫豪森，行会首脑在城市治理中发挥着主导作用；在伯尔尼、卢塞恩、弗莱堡，城市贵族是主导。在16世纪的瑞士，越偏远的地方越经常出现政权由某些家族集团掌控的情况。对外，保持民主传统，在城市和乡村寡头政权得到强化。

**经济结构** 自然条件决定了瑞士各个州的经济能力大不相同。耕作和放牧畜牧业在农业中占最重要地位。瑞士适于耕种的土地不足，因此珍惜每一块土地，哪怕是山坡阶地。平原和山谷的土壤、日照和风向允许粮食和葡萄种植实行三区轮作制。条件最好的是伯尔尼州，一般年份粮食都能够自给自足，丰年时还能出口部分粮食。相反，苏黎世、巴塞尔、卢塞恩城市州和瑞士东部地区只能在丰年自给自足，而其他年份则需要进口粮食。瑞士中部的"森林州"、沙夫豪森、楚格、阿彭策尔州、圣加仑和格劳宾登联盟、一些福格特领地，如不长期进口粮食根本无法生存。当它们同邻州发生冲突、道路封锁时，森林州面临饥荒的危险，一方需要粮食，一方售卖粮食，这是联系瑞士盟国的经济纽带。粮食从神圣罗马帝国尤其是从阿尔萨斯运抵的巴塞尔和转运到瑞士内地的苏黎世成为最大的粮食贸易中心。经济必要性决定城市实行强硬的粮食贸易政策：禁止投机倒把，当局监督最高粮食价格。同时，城市利用各种机会对农村施压，提出享有在国内市场上购买粮食的专有权。

瑞士农民封建依附形式的发展弱于邻国。到16世纪，摆脱世俗政权或教会控制获得自由的许多农村公社完全由土地所有者——农民构成。在被侵占的领土、从属于一个或几个州的福格特领地上，封建地租和赋税、残留的各种封建税费仍广泛存在。在祖先将土地赠予修道院的农民和修道院关系上，仍保留了封建传统。实际上，保留下来的赋役常被货币地租取代，市民经常全部或部分收购修道院的货币地租。农民经常抱怨与人身不自由有关的税费和小什一税。

在整个16世纪，农村公社缓慢发生变化。农民的财产分化加剧。富裕的公社上层人物极力将阿里明达（中世纪早期日耳曼民族农村公社的公有耕地——译者注）——公有的森林、草地和水源的收入据为己有。例如，少地的农民以及没有完整份地的农民要为使用木材修建或维修房屋向公社交费，实质上，费用是交给人口占少数的农业主，他们已经把其余所有人都排除在权力之外。当代画家喜欢描绘农村公共饭桌的丰盛场景，实际上这种情况非常罕见，因为农民没有足够的收入。成千上万的农民乐于加入外国雇佣军绝非偶然，他们指望险中求生，不仅能养活自己，还能蓄财接济家人。

与平原州的种植经济不同，山区是典型的放牧畜牧业。这里以养牛为主。春天，与季节开始有关的传统节日过后，男性牧民赶着牛群离开家前往阿尔卑斯山草场，慢慢赶牛上山。他们要在山上牧场待上几个月，保护畜群免遭狼、雪崩、天气骤变的打击，秋天回到山谷。农民用在当地市场销售牲畜、皮毛和乳酪的收入用来购买粮食和其他商品。瑞士的肉、奶制品不仅能自给自足，还能出口，牲畜主要销往意大利北部，而乳酪则出口到所有邻国。

盐和调味料是瑞士完全依赖进口的商品。在当时的欧洲，盐不仅直接用于饮食，还大量用于食物的储存。16世纪中期，伯尔尼的盐场也仅能满足一小部分需求。其他重要的进口商品是各种葡萄酒、高质量的呢绒、武器，包括瑞士人习惯使用的戟，步兵甚至能用它与骑兵作战。瑞士的金属产量不高，最大的矿场位于伯尔尼、苏黎世、巴塞尔和格劳宾登。

与其他西欧国家一样，制呢业是16世纪瑞士的主要城市手工业之一。它能满足当地需求，但生产灰、白呢绒的弗莱堡的产量更高：它的商品在瑞士最大的交易会——日内瓦、楚尔察赫销售，并出口到阿尔萨斯、勃艮第、萨瓦，为销往东方，甚至被运到威尼斯。

圣加仑是重要的出口亚麻织造中心。在德意志和瑞士境内博登湖周围形成了亚麻和大麻种植区。城市手工业者拥有丰富的廉价原料，但重视分配制度，以分散式手工工场组织劳动具有重要意义。原料在农村即进行局部加工，然后由有经验的城市手艺人进行最后处理。即使到16世纪最后三分之一世纪，圣加仑的生产规模仍在扩大，但后来和弗莱堡的制呢业一样，经历了衰落。

对于许多国家来说，平均有几十个职业的行会，但在瑞士并不存在这种情况，因此行会的数量不多。在瑞士的城市里通常没有新生产部门入行的禁令，因而按集中手工工场原则组织的印刷业、造纸业快速发展，稍晚时候丝绸业、丝绒业、注定给瑞士带来光明前景的钟表制造业也迅速发展起来。一些因宗教信仰遭本国驱逐的外国人迁居瑞士为某些手工业的发展带来强大动力，丝织业即是如此，得益于法国和意大利移民的劳动技能和已经形成的贸易关系，丝织业兴盛起来。在此前很长一段时间——15世纪末16世纪初，由于与人文主义者密切合作的巴塞尔大出版商 И. 阿梅尔巴赫和 И. 弗洛本，高水平图书出版的文化基础得以奠定，它使新时代早期瑞士的图书出版业在欧洲名列前茅。

早期银行的出现——1504年在巴塞尔，1568年在日内瓦，成为16世纪瑞士经济发展中的新现象。当时国内还没有出现依靠贸易和生产形成的大资本。瑞士商人的最高财产还不及欧洲的平均水平。只有在极少数情况下，主要是幸运的雇佣军首领才积攒下大笔资金。绰号"瑞士王"、信奉路德宗的普费菲尔是最富有的人。

瑞士在欧洲经济中的地位很大程度上是由它在国际过境贸易中的作用决定的。由北向南，从德意志到意大利，从西向东，从法兰西到多瑙河沿岸国家，最重要的通道都从瑞士穿过。圣哥达山口以及经过格劳宾登州山谷的路线不仅具有重大的经济意义，还具有军事战略意义。许多瑞士人为自己找到了收入来源，或充当向导，或护送人员参加货物押运，或提供过境服务。与充当雇佣兵相似，这些工作常常变成职业活动。

在外国人眼里，瑞士是一个盛产英勇和坚强战士的艰苦地区，是一个以人民酷爱自由和吃苦耐劳著称的国家。

**瑞士宗教改革的前提条件**　宗教改革前夕，罗马天主教会的危机在瑞士的显现并不比德意志少。16世纪初，教会管理的疆界与国家的疆界并不一致。瑞士的土地被纳入康斯坦茨、巴塞尔、洛桑、库尔主教辖区，邻国的一些领土也属于这个辖区，而瑞士南部的一些地方则隶属于意大利米兰和科莫教区。只有盟国瓦里斯境内的主教辖区才是"瑞士教区"。

与在其他国家一样，教会为追逐金钱营私舞弊、信仰上的形式主义、神职人员的不学无术和品行不端在瑞士饱受批评。农村神父和修士没受过充分教育；许多神职人员，包括上过大学的，没有通过考试就进入教区任职，通常自己都不懂神学理论。破坏教士不婚规则、神职人员包养情妇成为普遍现象，康斯坦茨和库尔主教甚至制定了一个非婚生子女等级罚款体系。教会还收取其他违反道德行为的罚款。用金钱赎免自己的罪行成为常规做法。和德意志一样，在瑞士教会也倒卖赎罪券。与朝圣有关的圣徒、圣力、圣物祭礼是教会重要的收入来源。艾因西德伦是重要中心之一，认为那里的圣母像可以显灵。苏黎世支付了相应的费用后，7个教堂成为和拥有7个著名大教堂的罗马一样的朝圣地。修士引起了社会各阶层的强烈不满。1508年的"伯尔尼事件"不消说在瑞士，甚至在整个欧洲都臭名远扬。由于在圣母玛利亚是贞洁怀孕还是"有罪"问题上存在神学争论,伯尔尼的多明我会修士为了支持第二种观点,决定利用自己修道院中一名无知、有精神病的见习修士伪造启示。他担保,圣母玛利亚在梦中、在教堂里向他显灵,对自己"有罪受孕"痛心疾首。为了使该见习修士的证明更有说服力,其他修士把他烧伤,弄出类似耶稣的十字架创伤的伤口。该见习修士忍受不住痛苦,把一切向当局和盘托出。这实在是一个大丑闻,以至于没有办法把事情压下来。宗教裁判所判处四名多明我会修士火刑。

人文主义者是社会情绪的主要表达者,他们反映各阶层对教会和神职人员的批判,表达改革教会和教育的希望。巴塞尔成为国际"学者共和国"的一个重要中心,这里有一所大学和一些印刷人文主义者著作的大型印刷厂,在文化界交友广泛的鹿特丹的伊拉斯谟就在巴塞尔生活多年。

早在宗教改革前城市的世俗政权就开始插手教会生活,扩大自己在任命神职人员、付给他们劳动报酬、管理教会财产尤其是土地时的影响力。相反,顺从神职人员的传统顽固地保留了下来,教民经常顺从利益和生活条件与自己接近的神职人员。

在瑞士宗教改革和整个国家历史中,在境外的雇佣军服役传统发挥了重要作用。从军事重要性来说,瑞士是欧洲一支强大的军事力量。从15世纪末起,瑞士人作为法兰西国王的雇佣军,之后作为罗马教皇的盟友参与了意大利战争。1516年,法国国王弗朗索瓦一世与瑞士人签订了"永久和平条约",而在此前的一年内,他虽战胜了瑞士人,但对他们的英勇和作战艺术赞赏有加。1521年,法国和除苏黎世州以外的所有州签订了盟约,后来又多次续约;直到18世纪末,盟约一直都有效。法国有权在参与协议订立的州招募几千名雇佣兵和军事指挥官,付给他们按当时来说相当丰厚的酬金,并支付给州和公社当局征兵抚恤金,给他们的家庭发放死亡抚恤金。当瑞士遭到进攻时,它受法兰西骑兵、炮兵的保护,得到以黄金计的巨额补贴以及贸易特权——有权在法兰西自由过境和贸易,在里昂和隶属于法兰西人的米兰交易会享有特殊优惠,协助从法国进口食盐。1521年协议使伯尔尼有可能不惧法国干涉从萨瓦公国手中收复瓦德特;16世纪,与瑞士永久同盟所有成员的雇佣军有利害关系的法国外交部门，多次协助抑制国内冲突，使它免于分崩离析。

同时，协议长期巩固了征兵体系。雇佣兵制的反对者称其为"流血的交易"。对于贫民来说，这是赚钱的方法；对于年轻人来说，这是见识世界的机会，但雇佣兵习惯了军事掠夺，不习惯和平劳动，经常在伤残后才卸甲，而各级政权依靠征兵许可发财，在发放抚恤金时贪污受贿和营私舞弊。瑞士宗教改革卫士乌尔里希·茨温利强烈谴责雇佣兵制。

**乌尔里希·茨温利及其学说**　瑞士未来的宗教改革家茨温利于1484年生于一个农村村长之家。在伯尔尼的拉丁语学校毕业后，他在维也纳大学和巴塞尔大学学习，受鹿特丹的伊拉斯谟影响，与其他人文主义者有交往。1506年，他在格拉鲁斯成为教士，跟随瑞士军队出征意大利，是1515年马林雅诺歼灭战的见证人。他开始反对雇佣兵制，认为它是"可怕的罪恶"，他确信，没有外国的抚恤金瑞士也能养活自己。

早在1516年路德演讲之前，茨温利就表达了宗教改革思想，尽管路德的文章对他产生了深刻影响，但他走的是自己的路线。茨温利被邀请到苏黎世担任市大教堂的教士，从1519年起，他开始在这里有计划、有步骤地宣传自己的福音派教义，日复一日地对《圣经》文本进行阐述和评价。1521年，他获得了首次真正的胜利，苏黎世拒绝与法国签订雇佣兵协议。

茨温利的学说与路德学说有相似点，但也有许多不同之处。和路德一样，茨温利依据的是《圣经》，排斥"圣传"，严厉批评空洞的神学，捍卫"因信称义"和"总神父"原则。对他来说，早期的基督教会是典范。他不承认那些在他看来不能用《圣经》来论证的事务，因此他谴责教会等级、僧侣生活、圣人崇拜、朝圣、教士独身生活。在批评天主教仪式上，他比路德走得还远。他们的神学分歧在于对圣餐的不同解释，茨温利的阐释更纯理性，他不视圣餐祈祷为圣礼，而视其为回想起耶稣牺牲的标志和仪式。

路德和茨温利的原则性分歧与他们的政治立场有关。从年轻时起一直到死，作为爱国主义者的茨温利就一直支持共和制，无情揭露君主、王公的暴政。这在他反对哈布斯堡王朝的宣传中也有体现。如果说路德清晰地界定了世俗和宗教的范围，那么茨温利则承认"宗教公正性"在世俗生活中的作用。他寄希望于世俗政权进行政治和社会改革。茨温利认为，耶稣的福音书会促使当局和人民按基督教教规行事，这样就把两者联合起来。但那些偏离真理之路、违背福音书要求的统治者可能被推翻。推翻他们的方法不是起义，而是全体人民同心协力。茨温利把顺从僭主视同为违背教规。

1523年，根据苏黎世市政厅的决定，茨温利举行了两次公开辩论会，他的思想在辩论会上得到支持，建议在苏黎世进行改革。从教堂搬走圣像，修道院被遣散，它们的财产转归世俗政权。神职人员应遵守茨温利制定的规则。重建教会公社。此后，应由教徒自己选出牧师。严格规定了公社生活及公社成员的风俗，经常与《旧约》严格的规定相一致。"纠风警察"监督是否遵守这些规范。茨温利对市政厅的影响极大，在他进行宗教改革活动时期，苏黎世的政治制度带有神权政治色彩。

茨温利的社会思想在瑞士引起了广泛反响。他反对垄断中的高利盘剥，反对向农民收取小什一税，但激烈抨击蓄意侵占财产。他认为主张财产平均和共有者破坏了"不偷盗"的圣训。在苏黎世州茨温利的教义得到了各阶层多数教徒的支持，但不赞成其观点的人也不少。一个成员自称"兄弟""姐妹"的新基督教教派就属于此列，而再洗礼派是它的对手。新教教派于1519年形成于苏黎世，而后在欧洲其他国家得到发展。新教教派成员以耶稣为榜样，反对为儿童举行洗礼，认为应该为具有自觉意识和责任意识的成年人举行洗礼。他们用福音书来论证自己拒绝使用武器的非暴力思想。再洗礼派教徒拒绝发誓，拒绝在国家机关内任职。他们批驳现存的教会组织，无论是天主教派还是路德派、茨温利派，它们都确信，任何感受到圣灵启示者都可向教徒和公社布道。再洗礼派的典型主张是平均主义思想和相信耶稣很快就会降临，随后在上帝主宰的土地上实现公平。与此相关的还有做好苦行的准备，认为这是上帝赋予神圣使命的标志。茨温利强烈反对再洗礼派。苏黎世当局要求他们和天主教徒一样，听命于国家教会，后来加以残酷迫害，把他们淹死和烧死。在欧洲其他国家也进行了类似镇压，判定再洗礼派教徒反国家和反教会（尽管他们拒绝使用暴力斗争的方法）。

**瑞士宗教改革的发展** 1523~1529年茨温利派扩展到伯尔尼、圣加仑、格拉鲁斯、巴塞尔、沙夫豪森，而在上德意志——斯特拉斯堡、乌尔姆、康斯坦茨、林道、梅明根均有影响。1529年，盖森的菲利普侯爵在马尔堡安排了路德和茨温利会面，他非常关注路德和茨温利宗教改革拥护者的政治联合。在马尔堡，政治问题的原则性分歧（王公是路德宗教改革的主要支持者，城市共和制是茨温利宗教改革的基础）仅仅是神学问题——圣餐秘密阐述上差异显著的背景。侯爵的想法落空；而后路德强烈反对茨温利及其支持者，在上德意志的城市公社中排挤茨温利派。这已经是1531年茨温利去世后的事情。当时苏黎世企图把宗教改革强加给信奉天主教的森林州，实行粮食禁运，由此爆发了福音派拥护者和天主教徒之间的内战。内战期间，随苏黎世军队出征的茨温利，死于天主教徒获胜的战斗中。1536年，以梅兰希顿制定的《维滕贝格和约》为基础，路德对宗教改革的解释在上德意志的一些城市得到确认。

**让·加尔文及其学说** 从16世纪30年代中期起，宗教改革思想的发展及其在瑞士的实践与让·加尔文（1509~1564）的名字密不可分。他的学说对欧洲其他国家，首先是对法国的宗教改革运动产生了极其深刻的影响。

加尔文出生于努瓦永（法国北部）一个法律学家、主教秘书家庭。在布鲁日和奥尔良大学法律系接受教育后迁居巴黎，他在那里深受人文主义者尤其是鹿特丹的伊拉斯谟和列斐伏尔·德·艾塔普尔的文章的影响。1534年，加尔文和天主教决裂，很快，由于对新教徒的迫害，他被迫离开法国。1536年，他在巴塞尔出版了自己的主要著作《基督教要义》，后来，这部著作多次扩充（最终的拉丁文版本在1559年出版）。这部著作显示出加尔文不仅是一个杰出的宗教改革思想和经验的系统整理者，还是一个宗教改革学说的创立者，对教会制度有独特理解，对许多世俗生活问题包括政治问题有自己的见解。当时，即1536年，加尔文住在日内瓦。在加尔文到来前几年，这座城市才摆脱主教领主的统治，通过与信仰新教的伯尔尼结盟，也脱离了城市中支持者众多的萨瓦公爵。这里的政治斗争与宗教冲突密不可分。加尔文带领衷心拥护宗教改革者，开始大力宣传自己的学说。

上帝是世界上握有至高无上权力的统治者的缔造者，基督耶稣是救世主，这是加尔文神学教义的核心。在此基础上，加尔文对基督教生活和必要的手段给出了自己的理解。"双重命运"概念是加尔文教义的核心要素之一。加尔文确信，上帝在创造世界之前就以自己的卓越智慧预先确定了应该完成的一切，包括每个人的命运——一部分人被永远革出教门，痛苦不堪；另一部分人——优秀者被拯救，永享极乐。人不可能改变或避免这个判决。他只是能意识到，不以个别人愿望为转移的力量在世界上不断发挥强大的作用。这里不宜单纯从个人的角度来理解上帝的善，人只会心怀恐惧地认为，上帝审判的原因不可思议。对他来说，可以做的是坚信自己优秀并不断祈祷，谦卑地做好接受上帝任何意志的准备。他不应怀疑自己的优秀，因为不安本身就是"撒旦的诱惑"，是不充分相信上帝的标志。

认识到上帝无尽的伟大和光荣以及自己的渺小后，人应竭尽全力遵循《圣经》的圣训和教导，坚定、果断地行事。他应以极大的热忱实现自己的志向——在他的所有活动包括职业活动中显示上帝赋予他的天赋和能力。上帝仿佛为人指明方向，给人某种标记——证明他的支持、人真正理解了自己的"启示"并在正确的道路上实现它的标记，即事业的成功或失败。加尔文在这里使用了"繁荣"或"不幸"的概念。上帝祝福成功，但只能通过诚实和合法的途径获得成功，不要忘了对上帝和亲人的责任。"繁荣"和"不幸"同样是对一个人谦逊和道德准则的考验。比如，"繁荣"带来财富的积累（加尔文从未谴责财富积累本身），但不能以他人的血汗为代价获得这种上帝的恩赐，即违反"不偷盗"的圣训。已经有财富的，不能挥霍财富以满足自己任性的要求，应将自己富余的财富分享给他人。同样，穷人应顽强、耐心地战胜对自己的考验。总之，加尔文教义的宗教道德准则肯定并激发个人的高度积极性，冷静、理性对待事业，果断做出决定，在节制个人愿望的前提下关心事业成功——所有这一切都是在坚信上帝赋予自己的天赋的前提下实现的。加尔文的拯救和虔诚教义，包含劳动伦理学规范和世俗生活中适度禁欲的观点，其目标是培养人自律、集中精力和刚毅的品质。

在加尔文的观点体系中，"双重命运"教条与他对圣餐的解释有关。在路德的理解中，在举行授予面包和酒的圣餐仪式时（他在仪式中看到秘密），基督耶稣的肉体和血同时出现；而在茨温利的解释中，圣餐只是纪念最后晚餐的标志性仪典。加尔文确定圣餐具有神性，认为在举行圣餐仪式时，只有一部分优秀的人才能获得上帝的天惠。

按照加尔文的教义，教会生活要比其他宗教改革派别的要求更加严格和朴素。不接受圣人、圣力、圣物和圣像崇拜。祭坛、带有耶稣受难像的十字架、蜡烛、华丽的服饰和装饰从加尔文派的教堂中移除，停止演奏管风琴乐曲。任何东西都不能分散祈祷的注意力。教会的主要精力放在布道、唱圣歌、举行授予面包和酒的圣餐仪式上。

加尔文创立的原则上与天主教会体系不同的新教教会制度对天主教开始反攻时期宗教改革的命运以及后来加尔文传统的稳定具有重要意义。遵循类似共和制自治原则的公社组成"可见的教会"。公社领导人由公社成员选出，受成员监督。有四种"职务"：布道的牧师，保持教义纯洁性的博士（教师），监督教会纪律的长老，监管教会财产、募集捐助和关心穷人的会吏。在长老会——枢机主教会议上公社领导讨论公社事务，在修会、精神导师会议上讨论教条问题。公社实行自治，但为交流经验，必要时会为了一致行动相互保持联系。在选举公社领导人时，遵循形式上的法律平等，但在实践背后隐藏着富人对他们的影响。加尔文宗教义非常重视牧师的权威以及包括感化纪律破坏者的最严厉措施在内的教会纪律。公社应坚定地教导信众，同时坚决抵制罪孽和诱惑。

**加尔文的政治学说**　　与路德和茨温利相似，加尔文视国家为上帝的规章，强调统治者必须为社会服务，但与路德宗在对待违背义务者——僭主的态度上有分歧。加尔文认为，顺从一个人不可能比听从上帝更崇高。世界上真正的信仰应不顾任何人为障碍而确立，因此，每一个服从上帝的人不仅能够而且必须是一个为信仰积极奋斗的战士。如果僭主妨碍信仰大业，抵抗他即是神圣职责。路德认为，世俗政权对僭主负责，上帝自己惩罚僭主，因此只能消极抵抗不公正的政权，不使用武力，只能作为内部的对立派，等待上帝的公正裁决。与路德不同，茨温利承认公社有权反对不允许信徒履行自己基督教义务的僭主制。加尔文的做法更苛刻，把反对僭主制的斗争作为一种宗教义务。只有合法选出的代表机构才拥有这种抵抗的倡议权。他们必须竭尽全力采取各种可能的非暴力措施，但如果不奏效，可以号召基督徒公开反对当局，直到推翻僭主。市政厅和各阶层代表也可以行使这些功能。

加尔文认为，教会领导层和当局、国家机关的合作是政治生活的常态。因而教会应实行自治，不受政权监督，因为主要思想是得到国家各方面的支持。加尔文对各种政治制度持容忍态度。诚然，他发现，实践也证明，君主很少是能干的和在行的。他认为最好的统治形式是寡头共和制，确信在这里可以相互改造各自的结构。

**加尔文治下的日内瓦** 由于国家的政治制度以及缺乏（或不可能）统一的"指挥"中心，不同时期不同发展阶段的瑞士宗教改革只能在部分城市和地方开展。这使宗教改革具有许多地方特点和特色。

从1541年起，加尔文就对日内瓦的市政厅政策产生了一定影响。这里罔顾新教教会和国家活动范围的划分理论，实际上形成了神权政治制度。逐渐地，没有加尔文的同意或违背他的意志，市政厅的任何重要决定都不能通过，尽管很多年里他在法律上都不是日内瓦公民。在他的统治下，日内瓦确立了极其严苛的教会纪律，严厉监视居民，包括许多逃脱宗教迫害的移民的行为和思维方式。日内瓦被划分成街区，公社长老对私人住宅进行系统检查，不仅禁止赌博和辱骂，还禁止阅读消遣读物、行进时奏乐、宴饮时跳舞、戏剧表演，但《圣经》题材、有教育意义的戏剧除外。

对到访教会机构的行为的监视尤其严厉，鼓励邻居告发破坏这一规定者。应给予那些被视为违反信仰和道德的罪行严厉处罚。驱逐了城里的异见者，甚至将他们处死。仅在加尔文活动初期的6年中就处死了58人，78人被驱逐出城。处死过境日内瓦的医生 M. 塞尔维特引起了极大的反响，他的"三位一体"自由思想激怒了加尔文。加尔文对异己思想的偏执态度为他赢得了"日内瓦教皇"的绰号。他能毫不留情地消灭出现的反对派。尽管在日内瓦建立的制度非常严苛，但加尔文还是得到了多数市民的支持，这不仅是因为他们接受了加尔文派牧师日复一日的布道，而且是因为信徒对"正确信仰"和生活方式的热忱。此外，这里经常遭到信仰天主教的萨瓦公国的突然袭击。持续不断的移民潮是各国为追求真正信仰而遭受苦难的活见证。在这种情况下，对于加尔文信徒来说，日内瓦是自由的沃土。市民不认为加尔文的要求是独裁作风。

在瑞士，多数加尔文信徒还认为日内瓦是虔诚信仰的堡垒、被驱逐者的避难所。日内瓦有60个在整个欧洲传播加尔文教义的印刷厂。1559年，在日内瓦成立了一个预科培养和大学课程相结合的学院，这里成为培养加尔文教派骨干的场所。滥觞于日内瓦的宗教改革思想也影响了英格兰、苏格兰、法兰西、尼德兰、匈牙利、波兰和德意志西部、北部地区加尔文主义的发展。早在1549年，加尔文和苏黎世茨温利宗教改革的继承者布林格尔就在瑞士签订了协议，吸收了一系列茨温利派思想和传统的加尔文主义，逐渐成为瑞士改革派教会的主要代言人。

加尔文主义在欧洲的传播最终导致各个分支出现，它们的特点主要取决于具体的地点和时间。加尔文主义的理论和实践有时严重偏离加尔文的初衷。在保留基本原则的基础上，加尔文主义面貌多样；对于宗教改革的其他各大流派，包括对于路德宗来说，分支林立也是典型现象。

**瑞士的反宗教改革**　16世纪下半期是特伦托会议决议后罗马天主教会及其支持力量在思想斗争中公开进攻的时期。瑞士的天主教徒参与了这次思想进攻。枢机主教卡洛·博罗梅奥、监视瑞士的大主教米拉纳，以及担任卢塞恩市市长、幻想把日内瓦从地球上"抹掉"的狂热天主教徒路德维格·普菲费尔在天主教地区新环境的建立中发挥了重要作用。在普菲费尔的支持下，在卢塞恩建立了耶稣会士学校，教皇、西班牙国王腓力二世、法国国王和萨瓦公爵提供了维持学校开支和支付教师工资的资金。在弗里堡、索洛图恩和其他城市都出现了耶稣会士学校。博罗梅奥在米兰建立了海尔维第寄宿学校——为瑞士培养神职人员的学校（每年有40~50名瑞士青年在这里学习）。

1568年，施维茨、乌里、翁特瓦尔登、卢塞恩、弗里堡、索洛图恩和楚格7个州达成结盟协议，称为"黄金联盟"（因为协议书面文本中的首字母是金色的）。联盟成员必须在各自州内维护天主教，甚至不惜动用武力。

在不拒绝参加全瑞士会议的同时，它们开始在卢塞恩举行自己的会议。1587年，7个州中的6个分别与西班牙国王腓力二世结成友好联盟，这引起了信奉新教的各州的警惕。

瑞士各教派间的矛盾很深，几乎导致联盟解体。由于共同的领地和管辖地的存在以及法国的政策，矛盾才得以缓和。信奉天主教和新教的各州按早已固定下来的秩序管理这些领地。而法国则关心利用瑞士各州的雇佣军与哈布斯堡王朝进行斗争，极力不让联盟完全解体。而在瑞士内部，也有一些势力，包括文化界，表达了国家统一思想。例如，深受人文主义影响、最著名的《海尔维第编年史》的作者埃吉迪乌斯·楚迪（1505~1572）揭示了瑞士人的历史共性。他确定，正是在瑞士永久同盟内，海尔维第人（当时居住在未来瑞士领土的凯尔特人的一支）罗马前时代的美德得以复活并实现。

**17世纪上半期的瑞士**　随着路德维格·普菲费尔在1594年去世，瑞士的天主教卫士失去了自己强有力的领袖。在法国，之前有利于他活动的环境也发生了变化：随着亨利四世登基和1598年允许不同宗教信仰存在的南特敕令的颁布，国内战争结束。同年，与信奉天主教的各州签订盟约的腓力二世去世。西班牙逐渐衰落。所有这一切都削弱了国内的反宗教改革势力，促使其与法国在1602年续订盟约。这次所有州都签订了和约，所有盟国都参加了讨论。为此，亨利四世应向瑞士提供100万塔列尔。两国的互助联盟重新建立，在巴黎圣母院举行了盛大的宣誓仪式。同样，三十年战争不仅直观地向瑞士人展示了国内战争和竞争各方过分宗教狂热导致的大屠杀威胁，还展示了不卷入战争和中立的好处。当然，它还没有成为国家法则，尽管长期保持这种立场可能性的观念已初步形成。

对于多数瑞士居民——农民来说，随着三十年战争的开始，形成了有利的经济行情。在德意志的邻州，战争导致食品需求迅速增长，促进了瑞士的出口。在瑞士国内，由于价格革命，农产品价格上涨，农民纷纷利用有利于自己的各种机会。同样，拥有自由资金的市民攒钱购买土地。很快形势发生巨变。

低成色或残破的钱币从邻国涌入瑞士，那里的战争加剧了"货币损坏"。高昂的物价加剧了城市底层的贫困，为了避免社会暴动，地方政权加强了对粮食和食盐销售的调节。相反，农民关心粮食和盐的自由买卖。在日内瓦、伯尔尼、苏黎世和其他城市广泛开展军事工事的修复工作，一旦战争蔓延到瑞士，这些工事应起到保护居民的作用。修建能经得住炮击的城墙和塔楼费用高昂，市政厅大幅提税，不仅向市民而且向农村居民征税，不满的情绪一浪高过一浪。三十年战争的最后几年，农产品的价格开始下降。所有这一切导致瑞士农民战争在1653年爆发。

战争在卢塞恩爆发，开始从一个地区蔓延至其他地区，要求减税、减少钦什代役租和降低土地抵押金，允许自由买卖粮食和盐。通常，农民军的首领都是富裕、有影响力的农民。起义军的诉求均带有追求自由的爱国主义色彩：行军时，他们高唱歌颂威廉·退尔的歌曲，为制定规则，举行有大力士、"三个退尔"参加、身穿古老瑞士服饰的大型集会，集体宣誓保卫瑞士联盟。通常，农民行动涣散，在一些地方，运动被由部分死刑犯组成的军队镇压；在另外一些地方，通过向当局让步的谈判被平息。起义军的失败造成城市政权取消了农村公社的自治权，农民被完全排除在联盟的政治生活之外。以往在文学和艺术作品中对自由瑞士人等同用于农民的认识崩塌。17世纪，文学和艺术作品中的农民越来越频繁地以贫穷、粗鲁、迟钝的面貌出现，成为嘲笑的对象。

17世纪中期，瑞士永久同盟的形势发生了重要变化。在缔结结束三十年战争的《威斯特伐利亚和约》时，巴塞尔市市长建议在《明斯特和约》和《奥斯纳布吕克和约》中规定联盟完全不受神圣罗马帝国任何责任的约束。皇帝还同意解除巴塞尔和1499年之后加入瑞士永久同盟的其他各州对帝国的从属关系。这是对早已形成的国家主权在国际法上的认定，尽管《威斯特伐利亚和约》没有给出清晰的法律程式。在极力改变这种状况的同时，苏黎世市市长还在1655年尝试起草由联盟各成员相互签订的协议，在此基础上建立统一的瑞士永久同盟。这是首次尝试，尽管由于各教派矛盾深重尖锐失败，但预示了未来的发展趋势。

**瑞士的文化**　与其说是瑞士文化的共性决定了16世纪至17世纪上半期

瑞士文化的特色,不如说是瑞士部分地区与共同说法语、德语和意大利语的邻国文化上的相近性决定了它的特点。宗教改革和反宗教改革使情况更加复杂。一方面,它们破坏了不稳固的政治联盟;另一方面,由于不受语言差异的影响,它们拉近了那些拥有共同信仰的各个地区的距离。瑞士文化其他特点的作用也不可小觑。16世纪,早在之前就已经形成的瑞士城市州和乡村州之间的文化对立进一步巩固和强化。这一时期在相邻国家已经形成的宫廷文化中心和类似题材,在瑞士是不存在的,这也是瑞士文化的另一个特点。与邻国相比,瑞士的中世纪传统更稳固、更长久。如除极少数情况外,艺术风格的变化来得更迟一些。

16世纪瑞士文化的发展,可以分成三个主要阶段。涵盖不到三分之一世纪的第一阶段与印刷业和人文主义的成就有关。持续到16世纪60年代初的第二阶段是宗教改革对文化影响最大的时期。对于包括17世纪初的第三阶段来说,其典型特点是反宗教改革对文化的影响增强,之后反宗教改革衰落,各州的文化呈现出各自的特色。

瑞士文艺复兴迹象的出现与意大利的影响有关。德意志人文主义运动的发展也起了一定作用,在它的影响下,巴塞尔开始变成意大利以外重要的人文主义发源地。德意志人文主义者塞巴斯蒂安·布兰特长期在此生活并在大学教授法律。鹿特丹的伊拉斯谟多次到巴塞尔出版自己的著作,1521~1529年,他就居住于此。他的朋友、人文主义历史学家贝亚图斯·雷纳努斯也在巴塞尔活动。巴塞尔成为欧洲最大的图书出版中心之一。许多后来的杰出宗教改革活动家、与自己之前的观点分道扬镳的人文主义教育神学家、伊拉斯谟的崇拜者都与巴塞尔的印刷厂有关联。发展了15世纪末16世纪初威尼斯传统的文艺复兴图书装帧和装饰艺术在巴塞尔大放异彩。

诗人、数学家、希腊语大家、音乐理论家海因里希·格拉雷安(1488~1563)也是伊拉斯谟的信徒。他在意大利和德意志的大学学习,在И.赖希林与宗教裁判官的斗争中支持前者,他与人文主义出版商弗罗本合作,在他的印刷厂与伊拉斯谟的关系亲密。他在巴塞尔开设了自己的学校,为学校撰写了很多有关教育的文章。他用拉丁语诗歌描述瑞士的历史地理,诗中充满了爱国主义精神。由于不认可巴塞尔的宗教改革，来到德意志后格拉雷安出版了罗马历史学家和诗人的作品，发表了当时最好的音乐理论著作《十二弦乐师》（1547）。他用文艺复兴的形式把音乐阐述为"快乐之源"，但他也没有忘记对音乐的传统理解，视音乐为高尚情操的教导者。

约阿希姆·瓦迪安（1484~1551）是瑞士的文艺复兴文化活动家。他出身于圣加仑的显贵之家，在维也纳大学学习医学、天文学和自然科学。由于自己的诗歌才能，他被皇帝马克西米利安一世授予月桂花环。后来，他成为维也纳大学人文主义演说术和诗学教授。1518年他回到故乡，担任圣加仑的城市医生，后当选为市长，领导城内的茨温利宗教改革。在维也纳文学讲座的基础上，瓦迪安发表了著作《诗学和诗歌创作学派》，这部著作成为第一部德语文学作品。在书中，他在其他民族从古代至16世纪文学发展的宏大语境下研讨了德语文学发展的历史。

16世纪瑞士文化发展的新趋势不仅与人文科学有关，还与自然科学有关。医生、炼金术士、德国自然哲学的奠基人菲利普斯·冯·霍恩海姆（自称"帕拉塞尔苏斯"，1493~1541）的活动是最独特的现象。作为学者，帕拉塞尔苏斯拉近了医学和化学的关系，以自己的发明奠定了药剂学和化学药品治疗的基础。帕拉塞尔苏斯论证了医学的人道主义目的，号召炼金术士不要只寻找金子，还要探索治病救人的方法。在紧密联系理论与实践的基础上，他成为研究自然的战士。他在自己的哲学当中赋予自然以生命，以类人特征对自然进行划分，强调每种自然现象、人——微观宇宙与内部充满变化、不可见力量相互影响和斗争的统一——与宇宙之间不可分割的联系。帕拉塞尔苏斯的哲学学说促进了宇宙学和人类学中泛神论趋势的发展。对自然潜在奥秘文艺复兴式的领悟贯穿于帕拉塞尔苏斯的所有活动。

另外，科学兴趣多样的医生康拉德·格斯纳（1516~1565）是一位杰出的瑞士学者。他被称作"赫尔维希亚的普林尼"。格斯纳在苏黎世建立了一个植物园，奠定了系统的植物学基础，因自己的著作《动物史》为动物学做出了巨大贡献。

出生于奥格斯堡的德国人汉斯·小荷尔拜因（1497/1498~1543）是16

世纪在瑞士工作的最著名画家。小荷尔拜因善于赋予北方文艺复兴艺术中新兴的文艺复兴风格以完美的形式。小荷尔拜因的意大利之旅对此也有促进作用,他在那里能直接了解意大利的文艺复兴艺术。他还曾在法兰西游历,在英格兰工作。他在巴塞尔总共工作了13年,1532年移居伦敦,成为亨利八世的宫廷画家。小荷尔拜因是一位全面的画家:他创作了许多大型装饰艺术作品,绘制了卢塞恩和巴塞尔城市建筑正面图、巴塞尔市政大厅,晚些时候绘制了德意志商人在伦敦的"钢铁宫"。他还在鹿特丹出版的伊拉斯谟的《愚人颂》页边上绘制了精美的、充满讽刺和幽默意味的插图,绘制了戏剧《死亡之舞》系列版画海报。肖像画也为小荷尔拜因赢得了极大荣誉。其中,有达官显贵和商人、外国使节和与他交好的人文主义学者——伊拉斯谟、托马斯·莫尔等人的肖像。小荷尔拜因是深刻和客观描绘人物的大师,他擅长不拘泥于原型来展现人物的个性。

# 第七章
# 新时代早期的天主教会、反宗教改革和天主教会改革

在自身的整个历史中，天主教不曾知道宗教改革能给它带来如此深刻的震撼。欧洲地区或国家——部分德意志和瑞士领土、英格兰、瑞典、丹麦和挪威接连断绝了与神圣罗马帝国的关系。法兰西、尼德兰、波兰、捷克和匈牙利的一部分居民纷纷加入新教教会和新教团体。

天主教会开始与宗教改革进行积极斗争，同时进行教会改革。一些国家的世俗政权支持天主教会改革。旨在取缔和肃清宗教改革思想和运动的措施包括：建立高级宗教裁判所法庭、进行严格的审查、罗马教廷插手国家事务、吸收君主——历史上以反宗教改革著称——加入与新教的斗争。天主教宗教改革的预定目标是有组织地革新天主教会，根据时代精神规范信仰的某些方面。

**天主教的新修会　耶稣会**　早在采取反宗教改革措施之前就已经开始了天主教会改革。教会改革应该追溯到 14~15 世纪的公会议运动，当时公会议运动大肆号召净化和回归早期耶稣会的理想状态。重新论证了改革的必要性后，15~16 世纪的人文主义启蒙、学校网络的扩大以及印刷业的发展提高了改革运动的积极性。从这方面来说，天主教会改革和宗教改革的出发点是相同的。

天主教会改革是随着修会组织的恢复和新修会的出现开始的。1527 年，由戴蒂尼大主教 П. 卡拉法即未来的教皇保罗四世创建的戴蒂尼修会是早期的修会之一。戴蒂尼修会修士以恢复基督教早期的宗教团体、回归圣徒的生

活为己任。1526 年，卡普秦（方济各会的托钵僧士——译者注）从方济各会分离出来。卡普秦要求回归圣方济各最初的严格规定。他们效仿圣方济各，带着大风帽，修会也因此得名。卡普秦是最重要的反宗教改革支柱之一。同时，从老托钵僧团加尔默罗会（圣衣会）中分离出一个宗教改革的分支，他们要求回归贫穷和禁欲的最初理想。阿维拉的圣特雷莎（1515～1582）领导了改革，她是隶属于加尔默罗会的"赤脚会"的创立者，后来男性也加入"赤脚会"。1530 年，在米兰成立了巴尔纳伯修会，关心穷人和病人是它的宗旨。在这一时期还出现了圣厄休拉会，其职责是对女子进行宗教教育。

这些复兴失去的崇高道德和仁慈精神的修会成为新型信仰的楷模。在宗教改革大动荡的情况下，新修会的出现证明了修士楷模的潜在力量以及现有修会组织不能令人满意。回归严格的禁欲主义、牧师在俗世积极开展慈善事业、为培养有文化的神职人员和"善良的"在家的天主教徒而建立学校是新修会修士的共同目标。

圣母崇拜——对贞洁、虔诚、神圣的崇拜，同时对为了赎人类的罪而牺牲圣子的圣母崇拜的强化，对新型修会的修士不无影响。对于信众来说，圣母崇拜尤其易懂和亲切，因而得以推行。教会把了解人们需求，首先是女性需求的圣母视为上帝的庇护人。与拒绝崇拜圣力、圣像，洗劫天主教会的新教宗教改革家不同，相反，天主教会改革者依托传统的信仰形式，把天主教教堂富丽堂皇的陈设同新教严格的教规相提并论，而把新教的禁欲主义同天主教情感充沛的一面进行比较。

耶稣会在新型修会中占有特殊地位。它的出现与西班牙贵族依纳爵·罗耀拉（1491～1556）的名字有关。罗耀拉是意大利战争时期法国人围困帕姆普洛纳城时的战斗英雄。在战斗中受到重伤不仅毁了他光明的军事前程，还改变了他以后的生活。从未考虑过脱离军队生活的旧军官把自己的生命献给了"为耶稣献身"的事业。罗耀拉先在西班牙学习科学和神学，后在巴黎大学取得神学博士学位和教授资格。1534 年，未来耶稣会的核心在巴黎形成，与罗耀拉志同道合的 6 人宣誓为天主教会献身。耶稣会在 1540 年正式成立，教皇保罗三世通过训谕认可了耶稣会的活动。耶稣会的宗旨是巩固

## 第七章 新时代早期的天主教会、反宗教改革和天主教会改革

天主教会，同异端做斗争。宗教改革的成功使这个宗旨变得极为现实。修会确定了独特的组织结构，并将其写进章程。与中世纪的修会不同，耶稣会拒绝禁欲：他们可以在家生活，修会没有修道院。此外，耶稣会有权解除会士无私的誓言，与托钵僧团不同，他们可以拥有不动产。无条件服从教皇、把自己完全交给教皇领导是耶稣会章程中的特别条款。除了其他修会必须遵守的顺从、贞洁和不贪条款外，这是第四条。为了实现活动的宗旨，耶稣会在集权原则的基础上确定了复杂的组织结构。所有会士应完全服从自己的精神主宰者。总会长职位是终身制。成立了咨议委员会，其职责是监督总会长的活动。此外，还有最高机关——公共事务圣理会，它负责选出总会长。罗耀拉是第一位耶稣会总会长，他的继任者是迭戈·莱内斯。

为了成为享有充分权利的耶稣会士，需要克服四个等级。见习修士等级最低。见习修士不用宣誓，他们在耶稣会学校进行初级学习。显示出科学研究能力、希望继续学习的部分见习修士升为经院哲学家。经院哲学家学习演说术、哲学、文学、物理和数学。哲学课程结束后他们被派往学校教书。部分经院哲学家到 28 岁又恢复学习，此时他们参悟神学，目的是在 33 岁时成为副主教，向教皇宣誓效忠后，获得享有充分权利的修士资格。因此，要求未来修会成员受过良好的教育，耶稣会士把教育放在重要地位。出身社会各阶层的人均可免费在耶稣会学校学习。罗耀拉的同道者一方面充分利用中世纪大学经院哲学教育的实践经验，另一方面充分利用人文主义者创造的新教学方法。依靠学习古代语言（包括阿拉伯语和古希伯来语）、古希腊罗马和中世纪哲学家的著作，教学大纲得到扩展。不仅要求学习者拥有渊博的《圣经》知识，还要求他们谙熟《圣经》的希腊语文本。耶稣会士非常重视对演说术的掌握，以古希腊罗马最好的范本教育年轻人。耶稣会学校的目标不仅仅是教育修士和耶稣会成员，它们还提供良好的世俗教育，得到了欧洲社会的认可。耶稣会的教育活动在欧洲文化史上留下了引人注目的印记。

耶稣会士的宗教哲学观点在罗耀拉的《精神训练》（亦译作《神操》——译者注）以及神学家 Л.德·莫里纳、Ф.苏亚雷斯和 P.贝拉尔明的著作中都有体现。通过他们的努力，新经院哲学诞生。托马斯·阿奎纳教

义的权威性得到巩固,他的方法得以使用。这些神学家主张根据经验知识和 16 世纪的科学成就得出天主教教义。

耶稣会士是最机巧的罗马教廷维护者:耶稣会的神学家从理论上论证了在推翻那些不履行服从教会和教皇义务的君主前,教皇谋求建立专制政权。他们和新教徒一样,创立了自己的诛杀暴君学说。刺杀法国君主亨利三世和亨利四世的克里曼和拉瓦利亚克竭力获得教皇对其行动的谅解。

学校成为欧洲国家耶稣会士的堡垒。这些学校构成法兰西、西班牙、葡萄牙、巴伐利亚、奥地利、捷克和匈牙利整个教育体系不可分割的一部分。此外,耶稣会士积极进行传教活动。17 世纪初,耶稣会士进入奥斯曼土耳其帝国,当然时间不长。耶稣会士还前往东印度、日本、中国、阿比西尼亚、拉丁美洲(他们在巴拉圭建立了独立的国家)传教。

修会的合法化引起了视耶稣会为危险的竞争者的旧修会的抵抗。控制着宗教裁判所的多明我会修士坚决反对耶稣会士。修会对权力的过分觊觎,有时甚至超过教皇的野心,也引起了教皇本人的担忧。但是,在宫廷和贵族当中,以受过良好教育、风度优雅、能完成最棘手的外交任务而著称的耶稣会士受到信任和尊重。

**罗马教廷的政策　特伦托会议**　天主教会在自身改革和宗教改革上的官方立场也反映在罗马教廷的政策上。16 世纪 20～30 年代,教皇复兴天主教会的行动如采取反宗教改革措施的效果并不尽如人意。此外,教皇把教会分裂视为暂时现象,它的消除取决于政治力量格局。几乎整个 16 世纪上半期教皇都在忙于意大利战争和围绕亚平宁事件进行外交斗争。16 世纪中期形势发生变化。教廷失去了对意大利甚至整个欧洲的影响力。与英格兰、德意志、斯堪的纳维亚国家教会的分裂带来了巨大的精神和物质损失。天主教国家君主有干涉本国天主教会事务的危险和野心。形势迫使教皇与世俗君主结成政治联盟,容忍他们与奥斯曼土耳其帝国和新教徒接触。

罗马教廷活动的改革转向发生在保罗三世(1534～1549)时期。教皇对主张复兴天主教会者的庇护,为准备反宗教改革奠定了精神理论基础。他推举严厉的修士和睿智的改革者——天主教会改革的代言人孔塔里尼、人文主义者雅各布·萨德勒托、那不勒斯-西班牙宗教裁判所之父卡拉法为枢机主教。保罗三世与神圣罗马帝国皇帝查理四世达成召开天主教主教会议的协议。

1542年，在枢机主教卡拉法的倡议下，罗马的高级宗教裁判所开始活动，这被视为反宗教改革对宗教改革进攻的开端。在信仰和司法权事务中，法庭对所有信奉天主教的国家拥有无限权力。这个"神圣组织"的特派员被派往各国。因"异教邪说"被判火刑的 Дж. 布鲁诺、Дж. Ч. 瓦尼尼以及 T. 康帕内拉、Г. 伽利略和其他人均成为宗教裁判所的牺牲品。1543年，枢机主教卡拉法下令，未经宗教裁判官允许，禁止刊印任何著作、文章。根据鲁汶、巴黎、威尼斯、佛罗伦萨和米兰地方当局的建议，拟定了第一批禁书名单。1559年，在罗马出现了所有天主教会必须执行的《禁书名录》。新教徒的著作、与天主教教义的官方理解不一致的著作都在禁书之列。甚至枢机主教卡拉法本人为作者之一的《教会修正案》、耶稣会士 Ф. 苏亚雷斯、Л. 德·莫里纳的著作、鹿特丹的伊拉斯谟的《新约注》，以及薄伽丘、洛伦佐·瓦拉、马基雅维利、乌尔里希·冯·胡登等人的著作也在禁书之列。主管委员会审核可在学校阅读的文献，删除不允许阅读的内容或勾除留在书中的部分篇章。书刊检查法指向的不仅仅是印刷厂主和书商，还惩罚支持阅读、收藏、传播禁书和隐瞒这方面信息的个人。

1545~1563年的特伦托会议在团结天主教会方面发挥了重要作用。如果说宗教裁判所和书刊检查制度的目的是取缔宗教改革，根除宗教改革思想和世俗社会的自由思想，那么特伦托会议的目的不仅是给新教异端判罪，还要采取措施巩固天主教会。教皇公布的训谕说明了会议的目的：清晰界定天主教信仰和教会改革。天主教教义的系统化和统一是主要目的。必须对动摇传统准则的新教徒采取行动。教皇保罗三世认为要毫不动摇地、有组织地把教会团结在教皇的统治之下，为教会改革和与新教斗争奠定基础。

会议工作从1543年起在意大利和德意志边境小城特伦托（拉丁语为Trént）启动，在没有最终做出决定前，谈判持续了18年。首先指出了教职、传统和圣礼不可动摇。尤其强调了教会作为救赎载体的媒介功能。推翻新教的意图得到确认和巩固。会议斥责宗教改革派提出的只有《圣经》才是信仰之源的基本理论，确定"圣传"也是信仰之源。会议确定了教皇在教会中的领导、神职人员的地位、不婚、弥撒、忏悔仪式、圣人和圣力崇拜等方面的内容。有关上帝拯救和仁慈的教义成为神学争论的焦点，这也是天主教和新教的分野。会议确定，由于耶稣的恩典，人们才得到拯救，但信仰只是打开通往救赎之路的大门。为了获得救赎，必须通过教会这个媒介，积极信仰上帝和行善。因此，确定了整个天主教会的教条和组织结构。天主教与新教彻底决裂。

应该指出，会议上重现了早在公会议运动时期即已出现的分歧。民族国家和民族教会的产生再度唤起公会议情结：在君主的支持下，本国神职人员支持限制教皇的权力。特伦托会议显示出两股力量——支持限制教皇对教会权力者和维护教皇绝对权力者的敌对立场。但是，会议前，宗教改革人士面临着团结各方力量的任务，而只有教皇才具有这种能力。在怀疑教皇觊觎教会和世界领导权，把教皇称为魔鬼的奴仆、把罗马比作"巴比伦的荡妇"的情况下，会议再次确定罗马主教为使徒彼得的全权代理人、耶稣在人间的副主教，认可他对教会的无限权力。忠诚于罗马教廷成为天主教忠诚的准则。特伦托会议再次宣示了之前已经形成的忠实于教皇权力的概念，因此也界定了天主教会改革的范围。

会议的下列决定对实现天主教会改革非常重要：每年举行一次教区教会事务会议，每三年举行一次省教会事务会议；强化主教对监管的神职人员的监督，采取措施应对破坏教会威信的买卖教职、敲诈勒索、一部分人手中握有多个领受俸给的圣职等营私舞弊现象。针对祭礼也做出了一些决议。此外，只承认圣杰罗姆拉丁文本的《圣经》的正确性。会议还保留了天主教会阐述《圣经》的特权。确定在原罪、拯救、炼狱、圣人和圣礼崇拜等概念上要忠实于传统阐释。尤其强调在免罪仪式上必须遵守教会程序。会议抬高了忏悔的作用，不容许买卖赎罪券。对既是宗教改革导火索，也让路德在整个欧洲声名大振的赎罪券的态度有了新理解，重点在于忏悔——意识到罪过和悔过的仪式。这能有助于天主教徒净化道德、精神。

第七章 新时代早期的天主教会、反宗教改革和天主教会改革

建立教会学校的决议是会议最有意义的决议之一。会议下令，尽可能在每个教区建立学院（学校），由它实现天主教会改革。教会学校应培养与新教传教士在神学理论知识上相匹敌的新型神职人员。

**特伦托会议决议的实施　天主教复兴**　特伦托会议决议没有马上在各处实施。法国拒绝实施，西班牙拖延实施。教皇任命和罢免各国教会高级教士的权力招致非议：这些决定限制了君主对"本国教会"的权力。罗马教廷坚决着手改革。教皇办公厅在管理教会事务中的地位提高，枢机主教团人数限定为70人，成为隶属于教皇的行政机关。教皇格里高利八世（1572～1585）在位时，在世俗国家的宫廷内设立了教皇常驻使节（外交代表）。经教皇核准，实行统一的天主教礼拜仪式。根据特伦托会议决定，修订了祈祷书和礼节，精确了宗教仪式（1588年成立了专门的宗教仪式圣理会）。1592年，新修订的《圣经》拉丁语翻译文本出版。教皇格里高利八世把复兴天主教事务同组织教会基础教育联系在一起。他关心教皇尤里乌斯三世批准罗耀拉在1552年建立的天主教格里高利大学，并为其拨付巨款，让出在罗马的几栋建筑，希望培养出名副其实的反宗教改革斗士。为在这所大学学习的外国人建立民族分部。1552年建立的德意志分部在1569年接收了100名大学生。继德意志之后，1569年为希腊人和亚美尼亚人建立了希腊分部，1579年建立了英格兰分部，之后又建立了苏格兰分部以及其他分部。

教皇格里高利八世在位时天主教会改革得以实行。还在特伦托会议期间提出了必须避免儒略历和天文年不符的问题。变化归结为一点，即1582年10月4日之后的那一天不是10月5日，而是10月15日。格里高利八世领导的天主教会改革被所有信奉天主教的国家接受。百年之后，新教徒才承认它，而一些东正教会，包括俄国的东正教会保留了对儒略历的忠诚。

耶稣会和本笃会修士在中世纪史料出版方面所做的大量工作意在增强天主教会实力和神职人员威信。夺回在文艺复兴时期失去的地位需要精心准备出版发行的资料。丹尼斯·贝托（1583～1652）是16世纪末至17世纪上半期一位著名的耶稣会士兼史学家，他与新教徒斯卡利格尔合著了科学编年史。他在1628年出版的著作《论神学信条》中，最早尝试将系统化纳入解

127

决统一编年史问题的科学方法中。在中世纪史料收集方面，让·博兰德（1596~1665）撰写的《圣人行传》的出版意义重大。从1643年起开始出版系列《圣人行传》，博兰德死后，他的弟子继续这一事业。圣莫尔的本笃会修士在史料出版方面也做出了巨大的贡献。路克·德·阿舍利和让·马比雍（1632~1707）完善了历史研究技巧，参与创立新的专门史学科——古文字学和印章学。

文献学著作［《古文献学论》（1681）］为马比雍带来了声誉，他在这部著作中收集了有关信函、族系、中世纪外交文书、证书特点的数据并加以系统化，形成了确定其真实性的方法。同时，马比雍因撰写《圣徒本笃行传》而闻名。教皇尼古拉五世和西斯科特四世早在9世纪修建的梵蒂冈图书馆中就系统地收藏了大量出版物和手稿。梵蒂冈图书馆官员一职的地位很高，被列为枢机主教团成员。

至于反宗教改革对政治局势的影响，可以说在哈布斯堡王朝的世袭领地、德意志北方公国，反宗教改革对统治者大有帮助，相反，在英格兰和法兰西，它却帮了反政府的天主教会的忙。反宗教改革在实行专制统治的西班牙、葡萄牙，在德意志南部公国以及意大利找到了盟友。教皇一边同世俗君主合作，一边支持与宗教改革做斗争，在支持某些具体的反宗教改革斗争中他还不惜牺牲金钱、士兵、神职人员。教皇庇护五世支持尼德兰的阿尔瓦公爵，向与胡格诺派（16~18世纪受天主教会和征服迫害的法国加尔文宗新教徒——译者注）做斗争的法兰西国王查理四世提供军队，参与密谋推翻都铎王朝的伊丽莎白一世。西斯科特五世把法兰西王位的唯一合法继承人亨利·纳瓦拉逐出教门。

哈布斯堡王朝是反宗教改革的主要政治军事力量——16世纪是西班牙的哈布斯堡家族，17世纪是德意志的哈布斯堡家族。依靠辽阔的地域、实力和国际盟友，腓力二世向整个欧洲新教发起进攻。他竭力摧毁新教最强大的堡垒——英格兰。为了在北欧恢复天主教，传播反宗教改革精神者以君主为目标，大肆在民众中进行口头和书面宣传，恢复传统的祈祷和仪式。尽管取得了显著成效，但17世纪初基本没有开展反宗教改革活动，天主教在英格兰和苏格兰王国遭遇失败。

在德意志，巴伐利亚公爵积极支持天主教复辟。从16世纪中期起，阿尔布雷希特五世（1530~1579）下令与自己领地内的新教进行坚决的斗争，在巴登公国恢复天主教。到17世纪初，天主教会在宗教改革学说广为传播的德意志重新站稳脚跟并收复大片失地。1608年，新教合并后力量与天主教势均力敌，作为对新教合并的回应，组建了以巴伐利亚为首的联盟（1609）。奥地利的哈布斯堡王朝、教皇和西班牙支持结盟。德意志成为反抗两个宗教政治联盟的中心。

罗马教廷的政策不仅使欧洲国家内部的政治形势更加严峻，还使国际关系更加复杂。1648年，在签订结束三十年战争的《威斯特伐利亚和约》时，不顾教皇的抗议没有赋予它任何地位绝非偶然。在1648年调整之后的年代（直到1713年），罗马教廷不再是欧洲的政治中心。

## 第八章
# 16世纪至17世纪上半期的西班牙

1492年西班牙收复失地运动结束后,除葡萄牙外的整个比利牛斯半岛,在西班牙国王统治下联合成一体。撒丁岛、西西里岛、巴利阿里群岛和那不勒斯王国以及纳瓦拉都属于西班牙国王。

1516年阿拉贡的斐迪南二世死后,查理一世登上王位。从母亲这方,他是斐迪南二世和伊莎贝拉一世的孙子,而从父亲这方,他是哈布斯堡王朝皇帝马克西米利安的孙子。查理一世从父亲和祖父那里继承了哈布斯堡王朝在德意志、尼德兰的领地和南美洲的土地。1519年,他登上德意志民族神圣罗马帝国的御座,史称查理五世。当代人说他的领地内"日不落"不无根据。但是西班牙国王治下的大规模领土合并并未实现经济和政治团结。在整个16世纪,因合并而联系在一起的阿拉贡王国和卡斯提尔王国在政治上是隔绝的:它们保留了各自的等级代表机构——议会、立法和司法体系。卡斯提尔的军队不能踏上阿拉贡的土地,而后者没有义务在战争时保护卡斯提尔的国土。在阿拉贡王国内,大部分地区(尤其是阿拉贡、加泰罗尼亚、瓦伦西亚和纳瓦拉)也保留了明显的政治独立性。

没有统一的政治中心也显示出西班牙国家的松散性。王宫在境内流动,多数时候在巴拉多利德,直到1605年马德里才成为西班牙的正式首都。

西班牙经济的分散性更加严重:部分地区的社会经济发展水平非常突出,但相互间缺少联系。在很大程度上,山地、没有连通国家南北方可通行船只的河流等地理条件造成了这种情况。加利西亚、阿斯图里亚、巴斯克邦等北方州与半岛中心几乎没有联系。它们通过港口城市毕尔巴鄂、拉科鲁尼亚、圣塞巴斯蒂安和巴约纳与英格兰、法兰西、尼德兰进行贸易。老卡斯提尔和莱昂的一些州也属于这个地区,布尔戈斯成为这个地区最重要的经济中心。国家的东南部,尤其是加泰罗尼亚和瓦伦西亚与地中海有着密切的贸易往来,商人资本在这里非常集中。卡斯提尔王国的内陆省份为很久之前就是大型手工业和商业中心的托莱多所吸引。

**查理五世统治初期国内的紧张形势**　年轻的国王查理一世(查理五世)(1516~1555)在登基前在尼德兰接受教育。他意大利语说得不好,他的随从主要是弗拉芒人。早期,查理五世在尼德兰治理西班牙。登上神圣罗马帝国皇位、出行德意志、加冕礼都需要大笔资金,这都给卡斯提尔国库带来沉重负担。

查理五世一心要建立"世界帝国",他在当政之初就先把西班牙视为在欧洲实行帝国政治的财力和人力来源,国王广为吸收弗拉芒亲信进入国家机关,伴随自命不凡的专制,西班牙城市的风俗、自由和议会权力遭到系统破坏,引起了广大市民阶层和手工业者的不满。查理五世排斥上层贵族的政策遭到暗中反抗,一度演变成公开的不满。在16世纪前四分之一世纪,反对势力主要围绕查理五世统治初期经常出现的强制借债问题开展活动。

1518年,为了偿清自己的债主——德意志银行家福格尔家族的债务,查理五世费尽周折从卡斯提尔议会获得大笔资助,但这笔钱很快就被消耗殆尽。1519年,国王为获得新借款,被迫接受议会提出的条件,其中要求国王不能离开西班牙,不任命外国人在国家机构任职,不给他们包收捐税权。但查理五世当时拿到钱,任命完弗拉芒人、乌特勒支枢机主教阿德里安为副都主教后就离开了西班牙。

**卡斯提尔城市公社起义**　国王破坏签订的协议是城市公社反对王权起义(1520~1522)的信号。国王出走后,做了极大让步的议会代表回到自己的城市后引起公愤。制呢手艺人、短工、洗涤工人、羊毛梳理工在塞戈维亚起义。城市起义者的一个主要要求是禁止从尼德兰进口羊毛织物。

贵族和城市结盟是城市公社运动第一阶段(1520年5~10月)的典型

特点。这是因为贵族的分离主义意向得到了部分维护中世纪城市自由、反对王权独裁的都会贵族和市民阶层的支持。但是贵族和城市的联盟不稳固，因为它们的利益有很多矛盾之处。城市和王公为争夺城市公社支配下的土地进行了不懈斗争。尽管如此，所有反独裁力量还是实现了联合。

最初，托莱多领导城市运动，运动的主要领袖——贵族胡安·德·帕迪利亚和佩德罗·拉索·德·拉·维卡都来自这里，曾试图把所有起义城市联合起来。城市的代表在阿维拉集会，许多贵族、神职人员的代表、自由职业者和市民的势力相当。但是手工业者和底层市民的作用最积极，如织布工是塞维利亚的代表，毛皮匠是萨拉曼卡的代表，制呢工是坎波城的代表。1520年夏，以胡安·德·帕迪利亚为首的武装起义军在"神圣委员会"框架下联合。城市拒绝服从国王的全权代理人，禁止他的武装力量踏上它们的领土。

随着事件的发展，城市公社运动的计划更加具体，出现了反贵族倾向，但没有像反对王权那样公开。城市要求以资金形式把皇家占领的土地归还给国库，用这个资金缴纳教会的什一税。城市公社领导人希望这些措施能改善国家的财政状况，减轻落在纳税阶层身上的税负。但是，他们的许多要求反映了运动的分离主义倾向，有恢复中世纪城市特权的倾向（限制国王在城市的行政权，恢复城市武装等）。

1520年春天和夏天，几乎整个国家都在委员会的监视之下。一直处于惊恐中的枢机主教、国王的全权代理人致信查理五世："在卡斯提尔没有一个村镇没有加入暴动。"查理五世下令答应几个城市的要求，这使运动内部出现分裂。

1520年秋天，15个城市脱离起义军，它们的代表在塞维利亚集会，接受了停战文件，文件清晰地反映了城市贵族惧怕城市底层运动。同年秋，国王的全权代理人开始了秘密打击起义军的军事行动。

在第二阶段（1521~1522），起义者继续完善和细化自己的纲领。在新《九十九条》（1521）中出现了下列要求：议会代表不受王权限制，他们有权不受君主意志限制每三年集会一次，禁止售卖国家职位。还有一些公开反对贵族的要求：关闭贵族进入市政厅任职的通道，贵族须纳税，取消他们的"有害"特权。

随着运动的深入，反贵族的倾向开始清晰地显现出来。卡斯提尔的广大农民开始加入城市起义，王公在他们占领的封建领地上肆意妄为，农民深受其害。农民摧毁田庄，破坏贵族的城堡和宫殿。1521年4月，委员会宣布支持农民反对王公的运动，把王公视为国家的敌人。

这些事件促成起义者进一步分化，贵族公开进入运动的敌对阵营。只有极少数贵族仍留在委员会中，中层市民在委员会中发挥着主要作用。利用贵族的敌对态度，枢机主教的军队转入进攻，在比利亚拉尔战役（1522）中打败胡安·德·帕迪利亚的军队。运动的领导人被俘并被斩首。胡安·德·帕迪利亚的妻子玛利亚·帕切科在活跃的托莱多又坚持了一段时间。尽管饥饿和疫病流行，但起义者仍然坚守。玛利亚·帕切科寄希望于法国国王弗朗索瓦一世的援助，但最终她也不得不败逃。

1522年10月，查理五世以雇佣军首领的名义回到西班牙，但在此之前，运动已被镇压。

在卡斯提尔城市公社起义的同时，瓦伦西亚和马约卡岛上的斗争也愈加激烈。起义的主要原因与卡斯提尔相同，但这里的事态更加严重，因为很多城市的市政厅受到王公的很大制约，他们将市政厅变成反动政治的武器。

但是，随着城市起义的发展和深入，市民阶层变节。担心会触动他们的利益，瓦伦西亚市民阶层的领袖劝服部分起义者向攻到城下的总督军队投降。继续战斗者的抵抗被镇压，起义军首领被处死。

城市公社运动是一种复杂的社会现象。在16世纪前四分之一世纪，西班牙的市民阶层还没有发展到利用城市的自由满足自己作为新兴资产阶级利益的程度。政治上弱势、缺乏组织的城市底层在运动中发挥了重要作用。在卡斯提尔、瓦伦西亚和马约卡起义中，西班牙市民阶层既没有任何能联合人民群众的临时纲领，也没有与封建主义进行坚决斗争的愿望。

在城市公社起义中显示出市民阶层用传统手段——保留城市自由来维护甚至提高自己在国家政治生活中影响力的渴望。在城市公社起义的第二阶段，城市贫民和农民的反封建运动达到了一定规模，但在那种条件下不可能成功。

城市公社起义的失败对西班牙接下来的发展产生了负面影响。卡斯提尔的农民拱手把政权交给了与王权独裁妥协的王公；市民运动被镇压；新兴资产阶级遭受沉重打击；对城市底层市民运动的镇压使城市面对增长的纳税负担无力自卫。从此，农村和城市都遭受到西班牙显贵的掠夺。

**16世纪西班牙经济的发展** 卡斯提尔是西班牙人口最密集的地区，比利牛斯半岛3/4的人口生活在这里。与西班牙其他州一样，卡斯提尔的土地掌握在王公贵族、天主教会和修道院手里。卡斯提尔的大部分农民拥有人身自由。他们租用教会和世俗封建主的土地，交纳货币地租。迁居到从摩尔人手里夺回的新卡斯提尔和格拉纳达的开拓农的处境要好一些。他们不仅拥有人身自由，他们的公社还享有与卡斯提尔城市类似的特权和自由。但是城市公社起义失败后这种情况发生了变化。

阿拉贡、加泰罗尼亚和瓦伦西亚的社会经济结构与卡斯提尔有很大的区别。16世纪，这里保留了更严酷的封建依附形式。封建主继承了农民的财产，干涉他们的个人生活，可以对他们进行体罚，甚至处以死刑。

摩里斯科人——被强制皈依基督教的摩尔人的后裔是受压迫最重和最没有权利的农民和市民。他们主要生活在格拉纳达、安达卢西亚和瓦伦西亚，以及阿拉贡和卡斯提尔的农村地区，他们要向教会和国家缴纳沉重的税收，不断受宗教裁判所的监视。尽管受到迫害，但勤劳的摩里斯科人很久以来就培育出橄榄、水稻、葡萄、甘蔗、桑树等经济作物。他们在南方建立了完善的灌溉系统，得益于这一灌溉系统，他们的粮食、蔬菜、水果获得丰收。

几百年来，牧羊业一直是卡斯提尔重要的农业部门。大部分羊群属于享有特权的贵族团体——"麦斯达"（中世纪至19世纪西班牙的一个剥削农民的大牧场主组织——译者注）。

每年春季和秋季，成千上万只绵羊被从半岛的北方赶往南方，再从南向北穿过耕作的田野、葡萄园、橄榄树林返回。羊群在全国流动，给种植业造成巨大损失。以重罚为威胁，禁止农民在田野四周修筑防止路过羊群进入的围墙、篱笆。早在15世纪,"麦斯达"就获得了在农村和城市公社牧场放牧自己羊群的权利,如果整个季节都在这里放牧,他们可以无限期租赁任何一块土地。"麦斯达"在西班牙有巨大的影响力,因为最大的羊群属于协会内联合在一起的卡斯提尔高层贵族代表。16世纪初,他们获准享有这个团体之前享有的所有特权。

在16世纪前四分之一世纪,由于城市生产的发展和殖民地对西班牙食品需求的增长,农业生产有所提高。史料证明,大城市周围(布尔戈斯、坎波城、瓦利亚多利德、塞维利亚)粮食作物的种植面积扩大。葡萄酒酿造业出现了明显的集中趋势。但是,为满足增长的市场需求扩大生产需要大量资金,在西班牙只为数不多的富裕农民才能做到。大多数农民被迫以自己的财产做抵押向高利贷者和富裕市民借债,需要几代人每年偿还利息。这种情况与提高国家税收水平一起导致大部分农民债务增加、失去土地,沦为雇农或流浪汉。

由贵族和天主教会主导的整个西班牙的经济和政治结构阻碍了经济向前发展。

西班牙的税收系统也妨碍了国家经济中早期资本主义成分的发展。阿里卡巴拉(Алькабала)是最最令人痛恨的税种——每笔商业交易征收10%的交易税;此外,还有大量固定税和特别税,16世纪,税收的比例不断上升,吞噬了农民和手工业者50%的收入。名目繁多的国家赋役(为王室和军队运输货物、把房屋借给军队宿营、为军队供应食品等)使农民的状况更加艰难。

西班牙是第一个受价格革命影响的国家。1503~1650年,殖民地居民辛苦开采和征服者搜刮的180余吨黄金和1.68万吨白银被运到西班牙。廉价贵金属的流入是欧洲国家价格飙升的主要原因。在西班牙,价格上涨了2.5~3倍。

早在16世纪的前四分之一世纪就出现了必需品,首先是粮食价格上涨的现象。表面上看,这种情况会促进农业商品化程度的提高。但1503年确定的定价体系(粮食最高限价)人为地保持了粮食低价,而与此同时,其他食品价格飞涨。这导致16世纪中期粮食种植面积缩减,粮食产量急剧下降。从16世纪30年代起,西班牙多数地区从法兰西和西西里进口粮食。进口的粮食价格不受定价法律的影响，是西班牙出产的粮食价格的 2~2.5 倍。

殖民地和殖民地贸易空前扩张促进了西班牙城市手工业生产的发展和某些工场手工业生产成分的出现，在制呢业中表现尤其明显。在主要生产中心——托莱多、塞维利亚、昆卡出现了手工工场。城市和周边大量的细纱工、织布工为收购商工作。17 世纪初，塞戈维亚的大型作坊平均有几百名雇佣工人。

从阿拉伯人统治时期起，西班牙的丝织品就以质量高、色彩明丽、结实耐用而在欧洲享誉盛名。塞维利亚、托莱多、科尔多瓦、格拉纳达和瓦伦西亚是丝织品生产中心。国内市场对贵重的丝织品的需求少，在南方城市加工的锦缎、天鹅绒、手套、帽子主要用于出口。而粗糙、廉价的丝织品、亚麻织物则从尼德兰和英格兰运进西班牙。

冶金业是手工工场萌芽阶段的重要经济部门。在欧洲的冶金生产中，西班牙的北方州与瑞士和德意志中部均占有重要地位。在矿山开采基地，扩大了冷兵器、火器以及各种金属制品的生产规模，16 世纪出现了火枪和炮。除了冶金业，造船业和捕鱼业也很发达。毕尔巴鄂是与北欧进行贸易的重要港口，16 世纪中期以前，在设备和货物流通上，毕尔巴鄂优于塞维利亚。北方州积极参与从全国各州运往布尔戈斯的丝织品出口贸易。围绕布尔戈斯—毕尔巴鄂这个轴线，展开了与西班牙和欧洲其他地区，首先和尼德兰贸易有关的活跃的商业活动。托莱多地区是西班牙另一个古老的经济中心。城市以呢绒和丝织品加工、武器生产和皮革加工闻名。

从 16 世纪第二个四分之一世纪起，随着殖民地贸易的拓展，塞维利亚的地位开始上升。在塞维利亚城内和周边出现了生产呢绒、煤油产品的手工工场，丝织物生产和生丝加工得到发展，造船以及与舰船装备有关的行业快速发展。在塞维利亚周围地区和其他南方城市的肥沃谷地变成了成片的葡萄园和橄榄树林。

1503 年确立了塞维利亚与殖民地贸易的垄断权，建立了"塞维利亚商业局"，对西班牙运往殖民地的出口商品和从新大陆运来的商品，主要是金银锭进行检查。所有进出口商品由官员仔细登记，并征收对国库有利的关税。葡萄酒和橄榄油成为西班牙出口美洲的主要商品。投资殖民地贸易利润非常丰厚（这个行业的利润比其他行业高出许多）。除了塞维利亚商人，布尔戈斯、塞戈维亚、托莱多的商人也参与了殖民地贸易。大部分商人和手工业者从西班牙的其他地区移居到塞维利亚。

1530～1594年，塞维利亚的人口增长了一倍。银行和商业公司的数量增加。同时，这也意味着其他州实际上失去了同殖民地进行贸易的机会，由于缺少水路和便利的陆路，从北方向塞维利亚运输货物的成本很高。塞维利亚的垄断权保证了国库的巨额收入，但它对西班牙其他地区经济的影响是致命的。拥有通向大西洋便利出口的其他北方州的作用仅限于保护开发殖民地的浅水舰队，这导致16世纪末这些地区的经济衰落。

16世纪，坎波城是最重要的内贸和信贷金融业务中心。每年春季和秋季的交易会不仅吸引西班牙，还吸引欧洲其他国家的商人云集于此。在这里进行最大宗国际贸易的结算，签订借贷和向欧洲国家、殖民地供货的协议。

因此，16世纪上半期在西班牙形成了有利于工商业发展的环境。殖民地需要大量商品，而从16世纪20年代起因掠夺美洲进入西班牙的大量金银为资本积累创造了条件。它推动了西班牙的经济发展。但无论是在农业中还是在工商业中，萌芽中的进步的新的经济关系均遭到封建社会保守阶层的抵制。西班牙主要工业行业——丝织品生产发展受到大部分生丝出口尼德兰的限制。为了降低国内市场价格，西班牙城市要求限制原料出口，但毫无效果。西班牙的生丝生产掌握在西班牙贵族手里，他们不想失去自己的收入，不仅没有减少生丝出口，还颁布法律，允许进口外国呢绒，尽管16世纪上半期经济上升，但西班牙仍是一个国内市场欠发达的农业国，部分州在经济上处于局部封闭状态。

**国家结构** 在查理五世和腓力二世执政期间，中央集权强化，但西班牙是一个政治上制度不一、地域上与世隔绝的混合体。国家部分地区依据构成西班牙帝国政治核心的阿拉贡－卡斯提尔王国的制度进行治理。领导卡斯提尔会议的国王是国家元首，此外还有管理阿拉贡、加泰罗尼亚和瓦伦西亚的阿拉贡会议。其他会议——佛兰德尔会议、意大利会议，印度会议——领导半岛以外的地区，这些地区由总督进行治理，通常从卡斯提尔高层贵族中任命总督。

16世纪至17世纪上半期，专制统治强化的趋势导致议会衰落。早在16世纪前四分之一世纪，议会的作用就仅剩投票表决向国外征收新税和发行新债券。仅邀请城市代表参会的情况越来越频繁。从1538年起，正式要求贵族和神职人员无需参会。与此同时，由于大量贵族迁移到城市，市民和贵族为参与城市自治的斗争更加激烈。最终贵族巩固了自己在市政机关占据一半席位的权利。

贵族越来越频繁地作为城市代表参加会议，这说明他们的政治影响力加强。实际上，贵族经常把自己在市政机关中的职位卖给富裕市民，许多购买职位的人甚至不是当地的居民，或者把职位租给市民。

随着17世纪中期议会的进一步衰落，议会甚至失去了对新税种的表决权，权力被转交给城市会议，此后停止召开议会。

16世纪至17世纪初，尽管工业发展取得了巨大成绩，大城市仍保留了很多中世纪风貌。这就是由城市贵族和其他贵族掌管的城市公社。许多收入高的市民花钱买得"伊达尔戈"的身份，这样他们就能免除落在城市中下层居民头上沉重的税务负担。

在整个时期，许多地区都保留了大封建贵族的特权。教会和世俗封建主不仅支配农村，还支配城市的司法权，整个街区，有时包括城市和郊区，都在他们的司法权管辖之下。很多封建主从国王那里获得包税权，他们的政治和行政权力进一步扩大。

**西班牙衰落的开始　腓力二世**　查理五世一生在行军打仗中度过，几乎没在西班牙待过。他的整个统治时期都充斥着战争：与从南部向西班牙和从东南向奥地利哈布斯堡王朝进攻的奥斯曼土耳其人的战争、为争夺在欧洲尤其在意大利的优先权与法兰西的战争、与自己的子民——信奉新教的德意志王公的战争。尽管查理五世取得了许多军事和政治成就，但建立"世界天主教王国"的宏愿落空。

1555年，查理五世退位，将西班牙、尼德兰、美洲殖民地和意大利领地交给了自己的长子腓力二世。除了合法继承人外，查理五世还有两个私生子：帕尔马的玛格丽特——未来的尼德兰统治者，奥地利的唐·胡安——著名的政治和军事家，他在勒班陀战役（1571）中大胜奥斯曼土耳其人。

腓力二世是在父亲缺席的情况下长大的，因为查理五世差不多有20年不住在西班牙。和他父亲一样，腓力二世对待婚姻持功利主义态度，他经常重复查理五世的话："国王结婚不是为了家庭幸福，而是为了王朝的延续。"腓力二世与葡萄牙的玛丽的婚生长子唐·卡洛斯是一个身体和心理都不健全的人。他在父亲面前感到死亡的恐惧，准备秘密逃到尼德兰。这个传言提醒腓力二世把儿子拘押起来，很快，卡洛斯就死在那里。

27岁的腓力二世与43岁的英格兰女王——天主教徒、都铎王朝的玛丽的第二段婚姻纯粹是出于政治考虑。腓力二世希望在反宗教改革的斗争中联合两个天主教国家的力量。四年之后，都铎王朝的玛丽去世，没有留下子嗣。腓力二世向信奉新教的英格兰女王伊丽莎白一世求婚，但遭到拒绝。

腓力二世一生结婚四次，但他的8个子女中只有两人活了下来。他与奥地利的安娜的儿子——腓力三世是唯一的王位继承人。无论是健康状况还是治理国家的能力，腓力三世都毫无过人之处。

腓力二世放弃托莱多和巴利亚多利德的西班牙国王旧官邸，在荒芜和贫瘠的卡斯提尔台原上的小城马德里修建了自己的都城。在距离马德里不远的一个地方出现了一个大修道院，同时它也是王室的陵寝。

西班牙的统治者曾采取严厉措施对待摩里斯科人，但许多摩里斯科人暗地里仍继续宣传自己父辈的信仰。宗教裁判所猛烈地攻击摩里斯科人，强迫他们放弃以前的风俗和语言。腓力二世统治初期，颁布了一系列加强对摩里斯科人进行迫害的法律。陷于绝望的摩里斯科人在1568年打着保留哈里发国家政体的旗号发动了起义。

政府费尽周折在1571年镇压了起义。在摩里斯科人的城市和村庄屠杀了所有男性居民，把女人和儿童卖为奴隶。把幸存的摩里斯科人驱赶到卡斯提尔的贫瘠地区，使他们注定遭受饥饿和流浪。卡斯提尔当局残酷地监视摩里斯科人，被宗教裁判所烧死的"背叛真正信仰"者数以千百计。

对农民的残酷压迫以及西班牙经济状况的整体恶化导致了多次农民起义，其中1585年爆发的阿拉贡起义的影响最大。肆无忌惮地掠夺尼德兰、大力强化宗教和政治迫害政策导致16世纪60年代的尼德兰起义，后来起义发展为对西班牙的解放战争（见第 9 章）。

**16 世纪下半期至 17 世纪西班牙经济的衰落** 从 16 世纪中期起，西班牙进入长期的经济衰退期，它先波及农业，后席卷工商业。说到农业衰落和农民破产的原因，史料一贯强调其中的三个原因：税负重、粮食最高限价和"麦斯达"的营私舞弊。农民被从自己的土地上赶走，公社失去了自己的牧场和草地，这导致畜牧业的衰落和种植面积的缩减。西班牙遭遇了严重的食品短缺，物价被哄抬得更高。流通中的货币数量没有增加，由于新大陆贵金属的开采费用降低，金银的价值不升反降，这是商品涨价的主要原因。

16 世纪下半期，大封建主的地产集中仍在加剧。大部分贵族领地享有长子继承权，领地传给长子，不可转让即既不能做债务抵押也不能出售。教会和修会的土地不可转让。尽管 16 ~ 17 世纪特权阶层欠下了大量债务，但贵族仍保留了自己的土地，甚至通过收购国王陆续抛售的领地增加了土地数量。新土地所有者剥夺了公社和城市牧场的权利，强占了公社的土地和那些权利还未生效的农民的份地。16 世纪，长子继承制也扩展到市民的领地。长子继承制的存在造成大量土地无法流通，给农业资本主义的发展带来障碍。

西班牙出现了集中吞并农民阶层的进程，它导致西班牙北部和中心地区农业人口减少。议会的请愿书中不断提到一些村子，那里只剩几个被迫承担过重税负的村民。如在托罗附近的一个村子里只剩下 3 个村民，他们被迫卖掉当地教会的钟和圣器换钱纳税。许多农民没有劳动工具、役畜，未到收获时间就不得不卖掉未收割的庄稼。卡斯提尔的农民出现了明显分化。在托莱多地区的很多村子里，60%~85% 的农民经常出卖自己的劳动力打短工。

在小农经济衰落的背景下，同时出现了建立在短期租赁、使用雇佣劳动、面向出口基础上的大商品经济。这种趋势在西班牙南方尤其明显。几乎整个埃斯特雷马杜拉都掌握在两个大亨手里，安达卢西亚最好的土地被几位领主分割。葡萄园和橄榄林占据了广阔的土地。在葡萄酒酿造业中集中使用雇佣劳动，出现了从继承向短期租赁过渡的趋势。同时，农业开始在全国范围内衰落，农业种植面积缩减。与殖民地贸易有关的行业繁荣起来。西班牙从国外进口了大量所需的粮食。

16世纪末17世纪初，经济衰退席卷了西班牙的所有行业。从新大陆运来的贵金属大部分落入贵族手中，因此贵族失去了对经营活动的兴趣。这不仅决定了农业的衰退，而且注定了工业首先是纺织业的衰落。

早在16世纪上半期西班牙就出现了手工工场，但数量不多，没有得到进一步发展。塞戈维亚是最大的手工工场生产中心。1573年，议会抱怨托莱多、塞戈维亚、昆卡和其他城市的羊毛织物产量下降。这样的抱怨很好理解，尽管美洲市场的需求增加，但由于原料和农产品价格和工资上涨，用西班牙羊毛在境外生产的织物比西班牙本土生产的要便宜。

主要原料——羊毛的生产掌握在贵族手里，他们不想失去由西班牙和境外高价羊毛带来的高利润。尽管城市多次请求减少羊毛出口，但出口仍在增加，1512~1610年，出口几乎增长了3倍。在这样的条件下，昂贵的西班牙织物不能与更便宜的外国商品竞争，西班牙的工业失去了在欧洲、殖民地甚至本国的销售市场。从16世纪中期起，塞维利亚的贸易公司开始使用从尼德兰、法兰西、英格兰进口的更廉价商品来替代昂贵的西班牙产品。60年代前，即手工工场形成时期的情况对手工工场产生了负面影响，当时它尤其需要免受外国竞争的保护。但工商业发达的尼德兰处在西班牙的统治之下，西班牙君主视这些州为西班牙国家的一部分。尽管在1558年提高了进口羊毛的关税，但仍比普通关税低一倍。而成品弗拉芒呢绒的进口条件比从其他国家进口更加优惠。所有这一切均对西班牙的手工工场产生致命影响：商人从手工工场撤资，因为参与外国商品的殖民地贸易会给他们带来更大利润。

到16世纪末，在农业和工业不断衰退的情况下，只有殖民地贸易继续繁荣，塞维利亚仍和从前一样，垄断了殖民地贸易。16世纪最后十年和17世纪第一个十年，殖民地贸易上升最快。但是，由于西班牙商人主要买卖外国生产的商品，从美洲进入的金银在西班牙基本不停留，而是流入其他国家用来支付购买西班牙本土和殖民地所需商品以及供养军队。用木炭冶炼的西班牙铁被使用煤炭冶炼的更便宜的瑞士、英格兰、洛林的铁排挤出欧洲市场。西班牙开始从意大利和德意志城市进口冶金制品和武器。

国家在军工企业和军队上的花费巨大，税收增加，国债也止不住地增加。早在查理五世时期西班牙就向外国银行家福格尔家族借了大笔债务，为了偿还债务，西班牙国王作为僧侣团团长的圣雅各布骑士团、卡拉特拉瓦骑士团、阿尔坎塔拉骑士团的教会修道院的土地收入全都抵押给了福格尔家族。后来，阿尔马登最富有的汞锌矿也落入福格尔家族之手。16世纪末，支付国债利息一项就占国库支出的一半以上。腓力二世多次宣布国家破产，在给债权人带来巨大损失的同时，政府也失去了贷款。为了获得新贷款，需要为热那亚、德意志和其他国家的银行家提供包收部分州的税收和其他收入来源的权利。

16世纪下半期，著名的西班牙经济学家托马斯·德·梅尔卡多曾描述国家经济中的外国强霸势力："西班牙人不能平静对待他们的土地上红火生意的外国人：最好的领地，长子继承的最肥沃的土地，国王和贵族的所有收入都在他们手中。"西班牙是最早走上资本原始积累道路的国家之一，但社会经济发展的特殊条件妨碍了它走资本主义发展道路。从殖民地掠夺的大量资金没有用于建立新经济形式，而是用于满足封建阶级的非生产性需求。16世纪中期，国库收入的70%来自宗主国，30%来自殖民地。到1584年，比例发生了变化：来自宗主国的收入占30%，来自殖民地的收入占70%。通过西班牙流入的美洲黄金成为其他国家（首先是尼德兰）最重要的原始积累，极大地加快了它们的早期资本主义经济形式的发展。16世纪即已启动的资本主义发展进程在西班牙中断。早期资本主义社会经济结构并没有随着封建工农业的衰落建立起来。

**西班牙的专制制度** 西班牙的专制制度有自己的特点。国家机关的权力集中，它只听命于君主或权势无边的君主的宠臣，拥有极大的自主权。在政策上，西班牙的专制制度以贵族和教会的利益为目标。这在16世纪下半期西班牙经济衰退期表现得特别明显。随着城市工商业活动的衰颓，国内贸易缩减，各省居民的流动减少，贸易通道上车马人流稀少。经济联系的弱化使每个州的旧封建特征暴露出来，西班牙各城市和各州的中世纪分离主义死灰复燃。

在这种条件下，西班牙的民族独立团体仍和从前一样存在。加泰罗尼亚人、加利西亚人、巴斯克人说自己的语言，它们与构成标准西班牙语基础的卡斯提尔方言有很大不同。不同于欧洲其他国家，西班牙的专制制度没有起到进步作用，不能保证真正的集中。

**腓力二世的对外政策** 都铎王朝的玛丽去世，信奉新教的伊丽莎白一世登上王位后，查理五世通过联合西班牙和信奉天主教的英格兰的力量建立"世界天主教王国"的希望落空。西班牙同英格兰的关系恶化。英格兰把西班牙视为它在海上和争夺西半球殖民地斗争中的对手不无理由。英格兰利用尼德兰的独立战争，竭尽全力保证自己在这里的利益，不断进行武装干涉。

英格兰海盗抢劫从美洲归来载满贵金属的西班牙船只，封锁西班牙北方城市的贸易。

西班牙的目标是摧毁这个"异端分子和强盗的老巢"，一旦成功，即占领英格兰。葡萄牙并入西班牙之后，目标似乎完全可以实现：执政王朝的最后一位代表在1581年去世后，葡萄牙议会宣布腓力二世为自己的国王。葡萄牙在东、西印度包括巴西在内的殖民地和葡萄牙一起并入西班牙。因新资源并入而实力大增的腓力二世开始支持英格兰境内的天主教势力——他们蓄谋推翻伊丽莎白女王并推举信奉天主教的苏格兰斯图亚特王朝的玛丽女王登上御座。但1587年反对伊丽莎白一世的阴谋败露，玛丽被斩首。英格兰派出舰队前往加的斯，海军上将德雷克率领舰队一举歼灭了西班牙舰队（1587）。该事件成为西班牙和英格兰公开斗争的开端。为同英格兰斗争，西班牙着手装备庞大的舰队——"无敌舰队"，"无敌舰队"从拉科鲁尼亚出发，于1588年6月底抵达英格兰海岸，但行动以失败告终。"无敌舰队"的失败给西班牙以沉重打击，动摇了它的海上优势。

此次失败并未影响西班牙犯下另一个政治错误——插手法国国内战争（见第十二章）。这次干涉也未加强西班牙在法兰西的影响力，没有带来西班牙想要的积极结果。

同奥斯曼土耳其的斗争也未给西班牙带来更多胜利。当奥斯曼土耳其人占领大部分匈牙利和土耳其奥斯曼帝国的舰队开始威胁意大利时，土耳其进逼欧洲的危险迫在眉睫。1564年，奥斯曼土耳其人封锁了马耳他。西班牙费尽周折才保住了岛屿。

1571年，在奥地利的唐·胡安的指挥下，西班牙-威尼斯联合舰队在勒班陀湾给予土耳其舰队以毁灭性打击。这次胜利使奥斯曼土耳其帝国停止了在地中海的海上扩张。唐·胡安企图乘胜追击，占领地中海东部的土耳其领地，夺回君士坦丁堡并恢复拜占庭帝国。他的野心计划令其异母兄弟腓力二世非常不安。腓力二世拒绝给予他军事和财政支持。被唐·胡安占领的突尼斯重新回到奥斯曼土耳其人手里。

到自己的统治末期，腓力二世承认，他的所有庞大计划几乎都被打乱，西班牙的海上优势也被摧毁。尼德兰的北方省份脱离西班牙。国库空虚，国家遭遇严重的经济衰退。腓力二世的一生都为实现父亲的理想——建立"世界天主教王国"而奋斗。但他的所有外交阴谋都被挫败，军队以失败告终，舰队也走向没落。他在临终前承认，"异教促进了贸易和繁荣"，但尽管如此，他还是顽固地重复道："我宁可没有臣民，也不想有那样的异端分子。"

**17世纪初的西班牙**　随着腓力三世（1598~1621）登基，曾经强大的西班牙长期处于垂死挣扎的状态。国王的宠臣莱尔马公爵掌管着贫穷不幸的国家。马德里宫廷的富丽堂皇和挥霍浪费令当代人震惊不已，与此同时，在过于繁重的税负和无休止的勒索下，民众疲惫不堪。即使是俯首听命、国王经常向其索要新补贴的议会，也被迫声明无税可缴，因为国家彻底分裂，贸易被阿里卡巴拉（一种交易税——译者注）毁掉，工业衰落，城市萧条，国库收入减少。载满贵金属从美洲殖民地驶来的大帆船越来越少，可就是这些货物还常被英格兰和荷兰海盗劫走，或交给向西班牙提供高息贷款的银行家和高利贷者。

西班牙专制制度的反动性在它的许多行动中均有体现。把摩里斯科人逐出西班牙就是一个典型的例子。根据1609年颁布的法令，必须强制将摩里斯科人迁出西班牙。以死刑相威胁，他们必须在几天内登船前往柏柏尔（北非），只能随身携带身边能带走的东西。在去港口的路上，逃跑者被洗劫或被处死。山区的摩里斯科人进行了反抗，但加速了他们悲剧性结局的到来。到1610年，从瓦伦西亚强制迁出了10万余人。阿拉贡、穆尔西亚、安达卢西亚和其他省的摩里斯科人遭遇了同样的命运。总共约 30 万人被驱逐。许多人成为宗教裁判所的牺牲品或在被驱逐时死去。

**17 世纪上半期西班牙的对外政策**　尽管国家陷入贫困和衰败，但西班牙仍保留了从过去继承的在欧洲事务中扮演领导角色的自命不凡。腓力二世的所有侵略计划破产并未令他的继承者醒悟。腓力三世登基后，欧洲的战争仍在继续。英格兰与尼德兰结盟反抗哈布斯堡王朝。尼德兰拿起手中的武器捍卫自己，力图挣脱西班牙独立。

西班牙在南尼德兰的全权代理人没有部署足够的兵力，企图同英格兰和尼德兰签订和平协议，但由于西班牙方面的极大野心，这种尝试夭折。

1603 年，英格兰女王伊丽莎白一世去世。他的继承人斯图亚特王朝的詹姆斯一世突然改变英格兰的对外政策。西班牙通过外交途径成功地将英格兰国王拉入西班牙对外政策的轨道。但这都无济于事。在同荷兰的战争中，西班牙难以获得决定性胜利。在国库枯竭的情况下，即使是西班牙军队的总指挥、刚健的天才统帅斯皮诺拉也无计可施。对于西班牙政府来说，荷兰人在亚速尔群岛附近截击西班牙船只，用西班牙的钱发动战争是最悲哀的事情。西班牙被迫同荷兰签订了为期 12 年的停战协定。

腓力四世（1621~1665）登基后，仍和前任一样任由宠臣统治西班牙。虽然精力充沛的奥利瓦雷斯伯爵加斯帕尔·德·古兹曼取代了莱尔马公爵，但他也无计可施。腓力四世统治时期，西班牙的国际威望扫地。1635 年，法国直接插手三十年战争（见第 17 章），西班牙军队频频失利。1638 年，黎塞留决定在西班牙本土痛击西班牙：法国军队占领了鲁西永，随后攻入西班牙北部省份，但在那里遭到了民众的反抗。

到 17 世纪 40 年代，国家彻底衰败。财政的长期紧张，税负的压榨，傲慢、游手好闲的贵族和狂热的地主的经营，工农商业的衰退，所有这一切都引起广大民众的不满。很快，这种不满公开爆发。

**葡萄牙的脱离**　葡萄牙并入西班牙后，它自古以来的自由仍不可侵犯：腓力二世尽量不刺激自己的新子民。在腓力三世统治时期，情况恶化，葡萄牙和西班牙的其他领地一样，成为被残酷剥削的对象。西班牙不能控制落入荷兰之手的原葡萄牙殖民地。加的斯在贸易上拉拢里斯本使其站到自己这边，在葡萄牙引入了卡斯提尔税务系统。葡萄牙广大社会阶层暗中的不满在1637年爆发。

第一次起义很快被镇压。但是，葡萄牙脱离西班牙和宣布独立的想法一直都未消失。原葡萄牙王朝的继承人之一被推选为国王候选人。里斯本枢机主教、葡萄牙贵族代表、富裕市民都在阴谋复辟者之列。1640年12月1日占领了里斯本的王宫后，阴谋复辟者逮捕了西班牙总督，宣布布拉干萨王朝的若昂四世为国王。

**17世纪上半期西班牙的人民运动** 西班牙专制制度的反动政策引发了西班牙及其领地内一系列大规模人民运动。保留中世纪的自由和特权是农村的反领主压迫斗争和城市底层市民革命行动的目标。此外，封建贵族和城市上层当权者的分离主义叛乱常常得到境外的支持，它们与农民和城市平民的斗争交织在一起，致使社会力量的分布极其复杂。

17世纪30~40年代，在阿拉贡和安达卢西亚贵族叛乱的同时，加泰罗尼亚和比斯开也爆发了大规模人民起义。加泰罗尼亚起义始于1640年夏，准备与法国作战和驻扎在加泰罗尼亚破坏其自由和特权的西班牙军队使用暴力和趁火打劫是起义的直接导火索。

从一开始起义队伍就分成两个阵营。信奉天主教的贵族阶层中的封建分离主义分子、城市都会贵族和上层市民构成第一阵营。其纲领是建立法兰西保护下的自治国家，保留传统的自由和特权。为了达到自己的目的，他们与法国结盟，甚至承认路易八世为巴塞罗那伯爵。另一个阵营包括支持反封建要求的加泰罗尼亚农民和城市平民。起义的农民得到了巴塞罗那市民的支持。他们打死总督和许多当局的代表。伴随着起义，城市富人遭到屠杀，他们的房屋遭到洗劫。当时，贵族和城市上层招来了法国军队。法国军队动武和趁火打劫激怒了信奉天主教的农民。农民军与法国掠夺者发生了小规模冲突。1653年，被不断扩大的农民－平民运动弄得焦头烂额的加泰罗尼亚贵族和上层市民以保留他们的自由为条件与腓力四世讲和。

**16~17世纪西班牙的文化** 16世纪上半期的国家联合、经济上升、与发现新大陆有关的国际交流和对外贸易增长、日益高涨的创业精神决定了西班牙文化的高度发展。西班牙文艺复兴的繁盛时期为16世纪下半期至17世纪前十年。

位于萨拉曼卡、阿尔卡拉·德·埃纳列斯的重点大学是西班牙最重要的教育中心。15世纪末至16世纪上半期，人文学科的教学和科研在萨拉曼卡大学居于首位。16世纪下半期，在萨拉曼卡大学里开始教授哥白尼的日心说。15世纪末16世纪初，这里出现了哲学和法学人文主义思想萌芽。杰出的人文主义学者弗朗西斯科·德·维托里亚举办的有关美洲殖民地印第安人状况的讲座成为国家社会生活中的一件大事。维托里亚反对强迫印第安人受洗，谴责大规模残杀和奴役新大陆的原住民。杰出的西班牙人文学者、神父巴尔托罗梅·德·拉斯·卡萨斯得到萨拉曼卡大学学者的支持。作为墨西哥侵略的参与者和后来的传教士，他主张保护原住民，在自己的《印度毁灭的真实历史》一书和其他著作中，描绘了征服者施暴的可怕场景。萨拉曼卡的学者支持他的解放被奴役的印第安人和禁止以后将他们卖为奴隶的计划。在萨拉曼卡的辩论会上，学者拉斯·卡萨斯、弗朗西斯科·德·维托里亚、多明戈·索托的著作中，最先提出了印第安人和西班牙人平等、西班牙侵略者在新大陆所进行的战争是非正义战争的思想。

发现美洲、"价格革命"、贸易空前增长都需要解决一系列经济问题。在寻找价格上涨原因的答案时，萨拉曼卡的经济学家做了对当时来说非常重要的金融、贸易和交流理论研究，制定了重商主义政策的基本原则。但是在当时的西班牙这些思想不能得到实际体现。

地理大发现、侵占新大陆土地对西班牙的社会思维、文学和艺术产生了巨大影响。16世纪文学中流行的人文主义乌托邦就是对这种影响的反映。过去人们首先从古希腊罗马文化、理想的骑士文化中寻找"黄金时代"的思想，现在人们常常把它同新大陆联系在一起。出现了许多在新大陆上建立理想的印第安-西班牙国家的计划。人们把拉斯·卡萨斯、Ф.德·埃纳列斯、A.基罗格的社会改革理想与相信人的向善天性、相信人有能力克服共同富裕道路上的障碍联系在一起。

西班牙杰出的人文主义者、神学家、解剖学家、医生米盖尔·塞尔维特（1511~1553）主要活动在16世纪上半期。他受过良好的人文主义教育。塞尔维特反对基督教关于上帝是三位一体的重要教条，与再洗礼派教徒有联系。因此，宗教裁判所对其进行迫害，他被迫逃到法国。他的书被焚毁。1553年，他匿名发表论文《基督教的复兴》，他在文中不仅批评天主教，还批评加尔文派的一些论点。同一年，塞尔维特在经过信奉加尔文教义的日内瓦时被捕，以异端邪说罪被烧死。

因为文艺复兴哲学思想的传播和先进科学的发展遇到天主教反动势力的阻挠，人文主义思想在文学和艺术中的体现最鲜明。与其他国家相比，西班牙文艺复兴的特色表现为这一时期文化与民间创作的联系增多。西班牙文艺复兴大师从中汲取了自己的灵感。

16世纪上半期，冒险骑士小说和田园小说广为流行。对骑士小说的兴趣说明没落的伊达尔戈对过去的怀念。但是，这不是对收复失地运动时期保卫祖国、为反抗人民和国王的敌人而战的骑士英勇功绩的回忆。16世纪骑士小说的主人公是为个人荣誉、为获得自己女人的崇拜而去建功立业的冒险家。他们不和祖国的敌人，而是和自己的竞争者、巫师和怪物战斗。这种风格的文学把读者吸引到神秘莫测的国度、曲折离奇的爱情和大胆冒险的世界，迎合了宫廷贵族的口味。

描写骗子活动的小说成为城市文学最喜爱的题材，通过行骗或贪图利益结婚不择手段实现自己的物质利益的流浪汉是这类小说的主角。未署名的小说《拉萨里奥与托尔梅萨的生活》（1554）可谓家喻户晓，小说的主人公童年时就被迫离开家乡，满世界流浪糊口。他当过盲人的向导，后来给神父当仆人、给拉萨里奥准备施舍的落魄贵族当仆人。在小说的结尾，主人公通过功利性婚姻获得了物质利益。这部作品开了描写骗子活动小说的先河。

16世纪末17世纪初，西班牙出现了能够进入世界文学宝库的作品。米盖尔·塞万提斯·德·萨维德拉（1547~1616）在这方面拔得头筹。塞万提斯出身落魄贵族，他度过了困苦和离奇曲折的一生。他当过教皇使节秘书、士兵（参加过勒班陀战役）、收税员、军队供货人，最终，在阿尔及尔的五年被俘经历使塞万提斯认识了西班牙各社会阶层，使他能够深入研究他们的日常生活和风俗，丰富了他的生活经验。

他从写剧本开始了自己的文学活动，在戏剧创作中只有爱国主义作品《努曼西亚》得到广泛认可。1605 年，他的伟大作品《唐·吉诃德》第一部问世；1615 年，第二部问世。作为讽刺性的模拟当时流行的骑士小说，《唐·吉诃德》远远超出了最初的构思。它是当时生活的真正百科全书。书中描写了贵族、农民、士兵、商人、大学生、流浪汉等西班牙所有社会阶层。

在主角唐·吉诃德的形象中，作者的人文主义志向披上了过时的骑士外衣。落魄贵族阿隆索·吉哈诺热忱希望仗剑执矛保护受欺凌和被侮辱者。他同风车大战，落入羊群，把羊群当成敌军。他的愿望是好的，但他的良好愿望却给他想保护的人带来不幸。塞万提斯的主人公活在"黄金时代"的幻想中。作者强调他的所有愿望和理想都从人文主义出发，但唐·吉诃德的每个行动都证明，在塞万提斯时代的西班牙，骑士精神是荒诞的、脱离实际的幻想。小说描绘了难以置信的富有和可怕的贫穷、官府任意妄为、神职人员寄生生活的画面。这是对 16 世纪的西班牙深刻大胆的揭露。塞万提斯的人文主义理想彻底走进了民间生活。他的侍从农民桑丘·潘沙是唐·吉诃德忠实的同伴。他在小说开头呈现的有点滑头、好心肠、不识字的桑丘，受唐·吉诃德的影响变成了一个高尚的人；他最好的品质——坚定、乐观、正派、无私变得更加完美。当他应公爵的刁钻要求成为海岛总督时，这些品质生动地呈现出来。桑丘比公爵治理得更好，显示出了自己的自制力和智慧。

自古以来，西班牙就有民间戏剧。流动戏班既上演宗教内容的剧作，也上演民间喜剧和讽刺喜剧。剧作经常在露天或房子的内院上演。西班牙最伟大的戏剧家费力克斯·洛卜·德·维加·卡尔皮奥的剧作最先在民间舞台上上演。

维加·卡尔皮奥（1562~1635）出生在马德里的一个农通家庭。他的一生充满曲折，在晚年时接受教职。极大的文学天赋、良好的民间生活知识和西班牙悠久的历史都为维加·卡尔皮奥创作诗歌、戏剧、小说和宗教神秘剧等各种题材的优秀作品创造了条件。他创作了约 2000 部剧作，其中有

400部流传至今。与塞万提斯相似，维加·卡尔皮奥在自己充满人文主义精神的作品中塑造了处于不同社会地位的人：上至国王、达官贵人，下至流浪汉和乞丐。在维加·卡尔皮奥的戏剧中，人文主义思想与西班牙民间文化传统相结合。维加·卡尔皮奥一生都在和马德里剧院的古典派进行斗争，捍卫大众民间戏剧作为独立体裁的生存权。他在辩论中撰写了题为《编写喜剧的新艺术》的论文，反对古典派的标准。

维加·卡尔皮奥创作了悲剧、历史剧、风俗喜剧。他描写错综复杂剧情的技巧堪称完美，被认为是特殊体裁——"斗篷和长剑"喜剧的创始人。他创作了80多部以西班牙历史为情节的剧作，其中有献给人民在收复失地运动中英勇斗争的作品。在他的作品中人民是真正的英雄。其中最著名的戏剧作品是《冯恩特·奥威古纳》（《羊泉村》），故事基于农民反抗卡拉特拉瓦骑士团高级骑士、压迫者和施暴者的历史事实。

蒂尔索·德·莫里纳（1571~1648）和佩德罗·卡尔德隆·德·拉·巴尔卡（1600~1681）是维加·卡尔皮奥的追随者。蒂尔索·德·莫里纳的贡献是进一步完善了戏剧技巧，赋予自己的作品清晰的形式。在捍卫个人自由和享受生活的权利的同时，蒂尔索·德·莫里纳还毫不动摇地维护现存制度和天主教信仰。他创造了第一个"唐·胡安"形象，后来这个主题在戏剧和音乐作品中被不断深加工。

佩德罗·卡尔德隆·德·拉·巴尔卡是宫廷诗人和戏剧家，是一系列宗教道德题材剧作的作者。在他的作品中，文艺复兴和人文主义只剩下形式，但它也吸收了巴洛克风格特有的精致奇巧。同时，巴尔卡在自己最好的作品中对人物的性格进行了深入的心理刻画。在他的作品中，对民主的同情和人道主义动机被悲观主义和残酷命运不可避免的情绪淹没。巴尔卡之后，西班牙文学的"黄金时代"终结，取而代之的是长期衰落。具有民主传统、现实主义精神和健康幽默的民间戏剧几乎被压制。包含世俗内容的剧作只能在1575年建立的宫廷剧院和贵族沙龙上演。

在文学繁荣的同时，西班牙的美术有了很大提高，它的繁荣与下列杰出画家的名字有关，如多梅尼克·塞奥托科洛斯（埃尔·格列柯）（1547~

1614)、迭戈·席尔瓦·德·维拉斯克斯（1599~1660）、胡塞佩·德·利贝拉（1591~1652）以及巴尔托罗梅·穆里略（1617~1682）。

多梅尼克·塞奥托科洛斯出生在克里特岛，他从意大利来到西班牙时，已经是著名的画家、丁托列托的弟子。但正是在西班牙他创作出了自己最好的作品，他的艺术也达到了真正的顶峰。在马德里不受重视、订购遇挫后，格列柯来到托莱多，并在那里度过余生。在西班牙和阿拉伯文化传统相互交融的托莱多，丰富的精神生活使他能更深刻地理解西班牙。宗教题材（《圣家族》《圣莫里斯的殉教》《拉奥孔》《基督复活》）的画作，清晰地展现了埃尔·格列柯的独特手法和美学理想。这些画作的主体思想是将精神的完美、高尚同鄙俗的狂热、残酷和愤恨进行对比。画家特有的忘我、顺从题材的画作是16世纪西班牙社会深刻危机和不协调的产物。在更晚期的画作和肖像画（《奥尔加斯伯爵的葬礼》《生人肖像》）中，埃尔·格列柯关注的是人间的生与死、人的情感的直接表达。埃尔·格列柯是艺术中新矫饰主义的创始人之一。

维拉斯克斯的作品是西班牙文艺复兴绘画的古典主义样板。维拉斯克斯作为风景画画家、肖像画画家、军事画画家进入世界绘画史，他也是完全掌握构图、色调、心理肖像艺术的大师。

利贝拉的创作形成和繁荣于西班牙的那不勒斯，他深受意大利绘画的影响。他的画作始终保持透彻和明亮的色调，以现实主义和表现力见长。利贝拉的作品以宗教题材为主。

巴尔托罗梅·穆里里奥是17世纪上半期最后一位绘画大家。他的画作充满抒情色彩，富于柔和的色彩变幻。他创作了很多反映他的家乡塞维利亚普通人生活的作品，穆里里奥塑造的儿童形象尤其成功。

# 第九章
# 16世纪至17世纪上半期的尼德兰

**哈布斯堡王朝时期尼德兰的政治结构** 勃艮第公爵——勇敢的查理于1477年死后,他的女儿——唯一的继承人玛丽嫁给后来成为德意志皇帝的哈布斯堡王朝年轻的马克西米利安。勃艮第-尼德兰的土地成为哈布斯堡王朝的财产,尽管马克西米利安不得不为此承受与法兰西国王紧张的战争。马克西米利安的孙子、哈布斯堡王朝皇帝查理五世在1523~1543年依靠兼并莱茵河下游以北新的土地扩大了自己的尼德兰领地。根据1549年国事诏书,由17省组成的这个综合体称为哈布斯堡王朝世袭领地,不能再行分割。它成为哈布斯堡帝国的组成部分,应向帝国缴纳部分税收,但实际上是独立的,如帝国法院不干涉它的司法。

尼德兰领地包括现在比利时、荷兰、卢森堡和部分法国北部地区。哈布斯堡王朝世袭领地的南部,包括佛兰德尔、布拉邦特、亨内高(艾诺)、阿图瓦、那慕尔、卢森堡、林堡以及其他领土,而在北部则是荷兰省、泽兰省、乌特勒支、弗里斯兰、盖尔登、格罗宁根和上艾瑟尔。拥有自治权的列日大主教辖区作为宗教公国也被并入尼德兰。哈布斯堡王朝世袭领地共存在了30年,查理五世宣布退位后,在1555年被纳入他的儿子、西班牙国王腓力二世的统治之下,1579年,在脱离西班牙的独立战争中分裂成两部分:北方省和南方省。

在查理五世和腓力二世时期,尼德兰的政治结构具有双重性。哈布斯堡王朝在国内培植专制制度,而各省、城市、地方贵族坚持捍卫自己原来的自由和特权。

皇帝，后来是西班牙国王的全权代理人——总督管理尼德兰。主要由地方高级贵族、小部分宫廷人士——金羊毛骑士团的骑士组成了国务会议。国务会议领导安全、军队财产、高级职位的任命、中央和地方冲突时的仲裁问题。财政委员会负责应付给国王的税收进款、金融产业和铸币。委员会中贵族、财政专家和官员平均分配。第三个委员会是秘密委员会，筹备制定法律、发出命令，监视日常事务。在这里任职的首先是国王的法律专家和其他有教养的官员。法学家在位于梅赫伦的最高上诉法院举行会议。中央在地方的权力机关由督察管辖，各省的管理者——督察受总督管辖。

很好地保留了代表制和地方自治传统的联省议会和各省代表议会与这个壮大起来的集权机关并存。代表议会表决向居民额外收税问题，并确定税收额度。城市及其选出的市政厅、市长、法官、陪审员拥有很大的自治权。通常，城市治理是寡头政治：都会贵族、商人、行会的上层人物牢牢地将主要职务掌握在自己手里。他们向步兵协会派遣军官，必要时领导从行会手工业者中招募的城市民军。这种权力体系极其稳固，与统一地方特色和特权的各种企图进行坚决对抗。

**16世纪尼德兰经济的发展** 到16世纪初，尼德兰成为欧洲人口密度最大和经济发达地区之一。在面积不大的国土上生活着200万人，到16世纪末达到300万人。尼德兰约有300个城市和6500个村庄。

位于与8条运河港湾汇合的斯凯尔特河口的安特卫普是最大的城市和港口。在16世纪的前三分之二世纪，作为世界市场、中间贸易和金融事务中心的安特卫普快速发展起来。这是一个经济发展异常迅速、贫富悬殊的城市。来自世界各地的2500艘船只云集港口，其中包括来自美洲、印度、东南亚殖民地的货船。货物从这里分流到欧洲各国。

在10.5万城市居民（1568）中，有1.5万外国人：西班牙人、葡萄牙人、意大利人、日耳曼人、英格兰人、丹麦人。城市里有他们的私人住宅、大型贸易公司的办事处以及仓库、银行的分支机构，包括最富有的商人和银行家——奥格斯堡的福格尔家族的代表处。这里对各种不同的语言、不同的民族服饰、多种多样的风俗习惯已经见怪不怪。正是集中在安特卫普活动的外国资本保证了城市经济的上升。抵达港口的多数船只也是外国人的。当地的商人主要从事中间贸易服务，他们没有大资金，因而城市自己的船只很少。但是，安特卫普有商品和证券交易所，在这里进行世界上最大的现货、期票、抵押货物、证券交易。1531年，市政厅修建了带有巨大庭院、连拱，可同时容纳5000名商人和经纪人的新交易大厦。大厦的入口上方题词为"为了所有民族和语言的批发商人的利益"。城市掀起了建设热潮，教堂、住宅、行会大楼、新街道和广场等新建筑相继建成。同时，城市贫民，包括港口工人居住的简陋住宅也快速增加。

安特卫普在贸易中的作用决定了它的经济地位。16世纪，传统的行会生产在安特卫普以及国内其他工业中心仍占主导地位，但与此同时，在安特卫普和一些其他城市各种形式的手工工场已经出现。为最后加工大批从英格兰进口的呢绒（禁止完全进口成品），在制呢业中出现了手工工场，手工工场还出现在亚麻、丝绸织物、玻璃制品、肥皂以及啤酒和糖生产部门中。安特卫普成为欧洲主要的书籍出版中心，形成了使用雇佣劳动的稳定传统。在最大的印刷厂——法国的克里斯托弗·普兰金的印刷厂里，到1560年有22台印刷机，50多名雇佣工人。

南方工商业最发达的省份是佛兰德尔省和布拉邦特省，北方则是荷兰省和泽兰省。两个南方省份自古就以出口高质量的呢绒闻名，这一成绩应归功于行会手工业的技艺。16世纪，形势发生了变化：之前重要的生产中心——布吕赫（布鲁日）、根特、伊普尔的繁荣时代已成历史；那里的制呢业并未衰败，但被极大压缩。因而布吕赫从加工英格兰呢绒转向加工西班牙羊毛，取得了羊毛贸易的垄断权。新行业——缎子生产开始发展起来，取代了习以为常的行会手工业生产。根特的亚麻织造业蒸蒸日上，到16世纪中期，每年生产11万块亚麻布。伊普尔开始供应绒布。

行会适应新条件和市场需求的过程艰难而缓慢，伴随而来的是部分手工业者破产，城市贫民增加，赤贫加剧。同样，它也是大规模流浪现象产生的原因之一，从1501年起，当局颁布了严厉的反流浪法令。同时，在行会监督不太严密的城市和根本没有行会监督的乡村，以手工工场形式组织起来的织造业开始积聚力量。在乡下,以分散式手工工场为主,这与原来供应人分散有关。在城市,分散式手工工场和行会、分散式手工工场和集中式手工工场相结合。新的生产中心成为主角。洪德霍特就是其中之一,在从16世纪初起的60年里,廉价薄呢绒的生产增长了4倍,年产量接近10万块。在国内的其他城市也出现了这种新趋势。因为尼德兰的制呢业主要依靠从英格兰和西班牙进口羊毛,所以国内和新生产中心的生产上升或下降不仅取决于总的经济形势,还取决于同这些国家的关系。

佛兰德尔是尼德兰种植亚麻和大麻的主要省份,同时也是主要的亚麻布生产中心。在布拉邦特省,梅赫伦以亚麻布生产闻名,而且由于铸钟工艺高超,尤其是钟声("梅赫伦的钟声")优美,因此也闻名遐迩。拥有7.5万居民的布鲁塞尔,是哈布斯堡王朝统治时期尼德兰政府的所在地、奢侈品生产行会的聚集地,以花边和挂毯生产闻名欧洲。南方省份的产量几乎占了尼德兰城市产量的2/3。在这方面北方逊色于南方。

即使在尼德兰北方最大的城市——阿姆斯特丹、哈勒姆、莱顿,居民人数也不超过4万人。但是这里的城市和小城,包括港口城市非常多。荷兰全省一半人口都居住在城市里,当时,欧洲其他地区都没有这么高的比例。尼德兰最大的村庄——海牙尽管没有城市的法律地位,但拥有荷兰伯爵的2000所房子和庭院,实际上就是城市。北方的许多城市分布在面积不大的丘陵上,与之毗邻的是通过艰苦劳动排干海湾、湖泊、沼泽地水分获得的广阔地域。这里大量风磨通过带动固定在链条上的长柄勺系统来收集潜水,并把它扬到水渠里。对大坝、堤坝、水闸的养护需要专门的技术、知识和不菲的资金。严惩破坏水利设施的行为(可能导致低于海平面的土地被淹没),最高可判死刑。排干的土地、河滩地上的天然草地用作乳畜地。著名的荷兰乳酪、奶油的2/3用于出口。荷兰还向其他国家出口公牛,但不是本国公牛,而是丹麦公牛——为了把公牛运到更远的地方,包括通过海路和河路,把公牛赶到当地肥沃的草场育肥,然后再运到市场。

与南方省份一样,北方的羊毛、亚麻、丝织物制造业也高度发达,但这里造船业举足轻重,行业内出现了行会和手工工场混合式生产。运输货物、远海捕鱼的小海船和河船云集在荷兰省和泽兰省的港湾。尼德兰商人拥有传统的贸易方向——首先是和波罗的海的贸易。16世纪，尼德兰人尤其是阿姆斯特丹的公司在这里的作用迅速提高。各种金属、呢绒制品、葡萄酒、奢侈品、乳酪、奶油、香料被运往波罗的海，而反向运回矿石、造船材、大麻、俄国的毛皮、蜂蜜、蜂蜡，粮食运输的数量非常大，这不仅是为了倒卖获利，而且是为了满足不断增长的需求。城市和专门从事畜牧业或经济作物种植的乡村都与粮食采购休戚相关，因为尼德兰的粮食不能自给自足。

北方省份也有其他贸易对象，包括英格兰和西班牙。阿姆斯特丹不仅是过境贸易中心，还是主要的海上捕鱼船停靠港口。捕鱼业高度发达，供应大西洋鳕鱼、鲑鱼、黑线鳕，但最多的是鲱鱼。拥有上千艘捕鲱鱼的船只，其中包括完全租赁的船只或入股阿姆斯特丹"大渔业公司"的船只。直接在船上或岸上腌制、熏制或晒干鲱鱼。有这样一句诙谐的俗语：阿姆斯特丹是在鲱鱼骨上建立起来的。此外，还有献给鲱鱼的诗歌，尼德兰的静物大师也描画了各种各样的鲱鱼。鱼从尼德兰销往英格兰、法兰西、德意志以及波罗的海的汉萨同盟城市。

尼德兰南方的阿登山区也有自己的经济特色。农业生产在这里占主导，但在一些地方（那慕尔、列日主教辖区、林堡）还开采矿石、煤炭，铸造金属，进行金属加工。丰富的森林资源提供当时冶金生产所需的木炭，但很多森林后来都消失了。不仅在开采中心使用煤炭和矿石，还沿马斯河向下运输。尼德兰密集的贸易通道四通八达，但是这里没有形成稳固统一的国内市场：南方省和北方省、毗邻德意志的沿海和大陆省份的贸易倾向各不相同，中世纪特权传统使统一市场形成的难度加大。仅从那慕尔到河口的马斯河河道上就有30多个收取货物运输关税的关卡。

尼德兰的农业地区——阿图瓦、亨内高、卢森堡、盖尔登、上艾瑟尔省与工商业省份有很大差别。在那里，各种人身不自由，包括农奴制与世俗和教会的封建土地所有制、各种形式的农民与土地的依附关系相伴相随。但是，总的来说，尼德兰的农业制度五花八门：在与上艾瑟尔省相邻的弗里斯兰省和德兰特省的一部分地区，自由农民阶层保留了自己的土地。佛兰德尔和布拉邦特也有自己的特色。几乎一半的土地都属于地方修道院，同时贵族没落，把自己的土地租赁或转卖；许多地块转到市民手里。这些省份的农民多数人身是自由的，被迫通过交纳货币地租或实物代役租租赁土地。这里已经存在使用雇工的农场。与南方省份不同，只有1/4的土地属于贵族和教会，1/3的土地属于市民，他们经常把土地出租。大部分农民是自由的，农民出现了明显的分化：少地的农民与拥有殷实产业的农民为邻，部分农民从事手工业，其他人到城市做季节工，成为城市贫民。

与欧洲其他国家一样，尽管尼德兰的手工业、手工工场生产和贸易在16世纪取得了一定成绩，但从事农业仍是多数人的主要谋生手段。金融关系的发展和价格革命导致少地和无地农民数量增加以及大量城市居民贫困化。1/4~1/2的居民由于要为自己微薄的财产纳税而成为穷人。

16世纪中期，尼德兰的年生产总额约为1亿盾，其中一半来自农业，另一半来自工商业活动。200万盾即2%每年要上缴给查理五世作为军费开支。这个数字相当于西班牙、意大利领地和美洲殖民地生产总额的总和。对于尼德兰来说，虽然这笔税款是一个沉重的负担，但是它也因依附哈布斯堡王朝收获不少——销售市场、有利的进口条件、参与殖民地贸易等。查理五世坚决要用固定税来代替那些应预先征得代表机构同意才能收取的杂税。这些计划落了空，但查理五世以后的政策则使国内局势变得更加紧张。

**尼德兰的宗教改革运动**　与欧洲其他国家一样，尼德兰宗教改革的前提条件是由社会经济、政治、文化变革与各阶层对天主教会不断增长的不满——它的特权、财富、苛捐杂税、神职人员不学无术和行为不端共同决定的。甚至查理五世的继承人都确定，国内反教会、异端情绪是由尼德兰神职人员道德败坏和敲诈勒索造成的。在宗教改革思想的传播中，政府对反对派的政策发挥了重要作用。政府残酷迫害持不同政见者，甚至把异教观点等同于反国家行为。

与德意志一样，尼德兰的宗教改革运动是在路德演讲的影响下开始的。从一开始运动就遭到了当局的强烈阻挠。根据查理五世颁布的与新异端邪说斗争的《沃尔姆斯法令》，早在1521年6月就在根特公开焚烧了3000本"邪教"著作，查理五世同丹麦国王共同出席了这个活动。接下来，开始系统地焚烧禁书。1522年，查理五世建立了在整个尼德兰都可自由行动的帝国宗教裁判所。这引起了一些在当地拥有自己的居民司法事务处理权的城市的不满。这甚至引起了那些压根不同情"异教"的人士的不满。1523年6月，根据宗教裁判所的判决，烧死了两个支持路德的奥斯定会士。这是欧洲第一次对路德宗教徒处以死刑。但是路德的信徒开始出现在尼德兰的各个城市。在宗教改革运动初期，宗教裁判所不做任何详细说明把所有被判罪为异端邪说者定性为"路德信徒"。但是，无论是在尼德兰还是在其他国家，热烈支持改革的各个宗教派别都在活动，包括再洗礼派教徒和不把圣餐仪式当作圣礼而是想起最后晚餐的象征性行为的"宗教礼仪派"教徒。

在16世纪第二个四分之一世纪，路德宗教义在尼德兰没有得到特别推广。各宗教派别对罗马教廷和天主教的立场不尽相同。各派学说间的界限经常模糊不清，而教义本身是折中的，只在构成要素的布局上存在分歧。其典型特点是即使在自己的小圈子里也不能容忍异己思想，这导致宗教信徒团体多次分裂。1535年对明斯特的再洗礼派的武装镇压、长期迫害局面及对尽快建立人间基督王国的失望都影响到了宗教运动。非暴力抵抗情绪不断高涨。

到16世纪60年代，在尼德兰的宗教改革运动中，各派信徒各领风骚。宗教改革的支持者来自各个社会阶层。各阶层城市居民——从贫民到作为统治阶层的都会贵族、部分神职人员、中小贵族——成为宗教改革思想的传播主力。

决定尼德兰宗教改革运动发展的不仅仅是当地条件。它的发展与全欧洲的变化密不可分，它是在文艺复兴取得成功的背景下在德意志、瑞士、英格兰、瑞典、丹麦、汉萨同盟城市发生的，随之而来的是欧洲范围内天主教会反攻的积极性不断提高。尼德兰的宗教改革运动表现出以告示——当局反对异己分子的命令为基础的迫害更加残酷。1550年的告示尤为残酷，它以判处男性异己分子死刑、女性活埋、没收异己分子的财产相威胁，并承诺把被没收财产的一半分给告密者。在这条命令中，Ж. 加尔文已经被列为主要的异教导师，16世纪中期他的教义开始在尼德兰迅速传播。

**腓力二世的尼德兰政策** 1555年查理五世逊位后，尼德兰和西班牙及它的殖民地、那不勒斯王国和米兰公国统归查理五世的儿子、西班牙国王腓力二世治下。在他统治之前，查理五世同法兰西人、土耳其人和德意志信奉新教王公之间的战争耗尽了帝国国库，这也影响了尼德兰的财政状况，为了实现自己的野心，查理五世无情地榨干了尼德兰的财政。1557年，腓力二世被迫宣布国家破产。这给许多借钱给皇帝的银行家带来巨大损失，其中包括尼德兰的银行家。统治初期，腓力二世在布鲁塞尔度过，他在南方各省布满了西班牙军队，准备以此为基地实施反对法兰西的军事行动。即使在1559年于卡托－康布雷齐签订了法兰西承认西班牙对意大利领地所有权的和平协定后，这些军队两年内也没有撤出尼德兰，这对被迫供养他们的尼德兰民众来说是个沉重的负担，破坏了之前的地方特权。1559年离开布鲁塞尔，准备一直生活在西班牙的腓力二世，把尼德兰的继承权留给了自己的异母姐姐、和自己一样忠实于天主教会的帕尔马的玛格丽特。国王批准安托万·格兰维尔为一小部分国会议员的代表，很快格兰维尔就成为枢机主教。

为了加强对异教的斗争，腓力二世决定促成尼德兰教会结构改革：打算大量增加主教的数量，为严格执行反异教命令，决定为每个主教配备两名宗教裁判官，把宗教裁判所的领导权交给格兰维尔。格兰维尔是来自弗朗什孔泰地区的勃艮第人，是一个外国人，而任命外国人担任要职违反了尼德兰和政府官邸所在地布拉邦特省的法律。国王的计划也触动了尼德兰贵族的利益，他们习惯看到当地的名门望族担任主教，而非中央政府安插的"外人"。修道院的利益也受到侵扰，它们的一部分收入应用来供养新主教。结果，国王新制的实行招致不满，以至于当局不得不中止执行这一制度。

腓力二世仅把尼德兰视为收入来源，轻视这个拥有大量异端分子的地区的经济政策，这也导致社会上不满情绪滋长。1560年，为了西班牙的生产利益，大幅提高之前以有利条件大量从西班牙进口的羊毛的关税。结果，出口到尼德兰的羊毛数量下降了一倍。后来，阻断了西班牙商人在查理五世时期被认为是正常的殖民地通路。腓力二世同英格兰关系的恶化导致尼德兰同英格兰的贸易下降。其后果是商人大量破产，相关出口贸易行业的失业人数激增。

最开始，对当局的控诉不是诉诸国王腓力二世，甚至不是总督，而是布鲁塞尔政府的实际领导人格兰维尔。要求保护国家利益免受"愚蠢管理者"统治、抗议侵犯它的自由和特权、抗议强化宗教裁判所、担心尼德兰的制度进一步"西班牙化"，所有这一切都成为与当局专制立场相对立的反对派形成的基础。在国务会议内部，贵族们也并非一致支持格兰维尔。当地贵族的上层代表奥兰治亲王威廉和艾格蒙伯爵、格伦伯爵严厉抨击这位西班牙政策的主要宣传者。

**奥兰治的威廉** 1533年，未来的亲王威廉生于德意志拿骚一个信奉新教的伯爵家庭。对于尼德兰贵族来说，来自拿骚家族的威廉不算"外国人"——他在尼德兰拥有一些面积广大的庄园，拥有布雷达（在布拉邦特）男爵爵位。1544年，威廉的表兄在临死前立下遗嘱，将自己在法兰西南方的领地和奥兰治亲王的爵位传给他。继承要求威廉改信天主教。威廉是在布鲁塞尔查理五世的宫廷中接受的教育。他精通几种语言，很早就显示出政治天赋，善于交际、辞令，但能高明地掩饰自己的目的，后来，枢机主教格兰维尔给他取了一个绰号"沉默的威廉"，这个绰号被所有人——敌人和朋友沿用。他成为皇帝的宠儿，被晋升为金羊毛骑士团骑士，执行重要的军事和外交任务。

1559年，法兰西国王亨利二世向腓力二世的受托人威廉通报了两位国王将在整个基督教世界彻底消灭新教徒，为此必须加强宗教裁判所的计划。多年之后，威廉在1580年发表《辩论》一文，他在文中讲道，两位国王的秘密令他大为震惊，他当即决定违抗他们的意思。被腓力二世任命为荷兰省、泽兰省、乌特勒支和其他领地管理者的威廉，在国务会议中多次反对万的格兰维尔的决定，逐渐成为反对派的领导人物。格兰维尔将这一切禀报国王。亲王与艾格蒙伯爵、格伦伯爵要求扣留格兰维尔。腓力二世不希望局面更加尖锐，将格兰维尔召回西班牙，但要求在尼德兰严格执行特伦托会议反对异教的决定。奥兰治亲王威廉多次提醒可能爆发由宗教迫害引起的全面暴动，号召召开国会讨论这个问题，但无论是国王还是他的全权代理人，都没有认真对待他的建议。

**解放运动的开端 贵族联盟和 1566 年圣像破坏运动** 16 世纪 60 年代中期，国内的政治形势开始摆脱政府的监督。价格上涨造成城市贫民陷入饥馑。遭受残酷迫害和惩罚的加尔文主义的传播使新型传教获得生机——经常在夜里、城外传教，聚集上千名听众，为了安全起见，这些听众都带着应手的武器。路德宗教徒也举行了类似的传教活动。用募捐款为许多参加夜间集会者提供资助。匿名"快讯"广泛传播，各教派间的辩论非常激烈。国内的宗教狂热在 1566 年达到顶点。

而此前希望腓力二世本人缓和使用"告示"的尝试彻底失败。反对派被迫采取更坚决的行动。奥兰治亲王威廉拒绝在自己管辖的领地内实行迫害信仰的决定。他通过自己的兄弟——与加尔文信徒走得比较近的拿骚亲王路德维格，进行在德意志招募雇佣军的秘密谈判，以防在尼德兰发生武装冲突。贵族迈出了新的一步。在这个圈子中，政治反抗、破坏国家法律与极端宗教狂热、极力防止民众不满的自然爆发交织在一起。早在 1565 年底就形成一个由几百名贵族组成的联盟，联盟签署了关于共同立场和相互扶助的《仲裁协议》。联盟的参与者、新教徒和天主教徒发誓铲除尼德兰境内的宗教裁判所，因为它是暴政、不公正、公民破产、对社会制度构成威胁的原因所在。同时，也表明了对西班牙国王的忠诚。许多市民也赞同贵族的主张，在印刷版的《仲裁协议》上签了名。

1566 年 4 月 5 日，300 名抵达布鲁塞尔的贵族向帕尔马的玛格丽特递交了请愿书，警告国王，如果不取消宗教裁判所和召开国务会议讨论国内形势，就有发生民间暴动的危险。请愿书没有反映所有贵族的意见。比如，在荷兰只有 56 名贵族签名，而有 75 人拒绝。但总督受到警告的惊吓，承诺将请愿书内容报告国王，决定在得到国王的回复前限制宗教迫害。一位朝臣鄙夷地称这群穿着简陋的送信人为"乞食者"。反对派接受了这个词。为了证明国家已经衰落到了什么程度，他们开始示威性地自称"乞食者"，拿着讨饭袋，做出讨要施舍的样子。他们制作了一枚徽章，上面刻着"一切忠诚于国王，直至讨饭"。但徽章上也刻有反对派联盟的标识。

新教传教士善于利用暂时的宽松环境开展传教活动。反对派中的加尔文主义信徒迅速成长起来。他们在反对"拥护教皇的统治者"时尤其积极。在各派新教徒的祈祷会上，不断揭发天主教会的"盲目崇拜"——圣像崇拜。在其他国家，这种盲目崇拜已经多次招致圣像破坏运动的浩劫（尽管路德、茨温利和其他宗教改革家能在监督下和平拆除寺庙中的圣像）。尼德兰的圣像破坏运动在自发的猛烈程度和规模上超过迄今为止欧洲所知的一切运动。

圣像破坏运动从佛兰德尔的南部和东部开始，在三个月内如同燎原之火从一个省烧到另一个省，经常把郊区的农业人口也拉进城市起义之中。值钱的东西被洗劫一空，只有一部分转交给了地方当局。教会的领地文件和诉讼档案也被顺手销毁；来不及藏匿的神职人员和修士被打死。破坏力最大的事件是在安特卫普持续两天的抢劫。遭到圣像破坏运动拥护者洗劫的教堂和修道院达5500所。在一些地方，加尔文宗的宗教事务所也参加自发的群众性行动，它们试图在被占领的场所组织新式礼拜仪式。

圣像破坏运动不仅造成政府的恐慌，而且迫使政府想方设法尽快粉碎反对派，总督承诺缓和使用"告示"，只要贵族能帮助恢复国内的安宁，甚至保证在专门划出的地方允许新教徒自由传教。确实，贵族参与了镇压圣像破坏运动。贵族联盟解散。奥兰治亲王威廉插手安特卫普事件，镇压了抢劫者，处死了两名罪犯。加尔文宗的宗教事务所响应恢复秩序的号召，但温和的拥护者已经与反对派断绝了关系。圣像破坏运动基本没有波及农业省；此外，地方当局领导下的天主教农民武装队伍被派往城市，打击圣像破坏运动拥护者。

**阿尔瓦公爵在尼德兰的制度**　得知尼德兰事件详细信息的腓力二世决定严惩暴动者。1567年夏，向尼德兰派出了以著名军事统帅阿尔瓦公爵为首的讨伐军。傲慢而严肃的阿尔瓦公爵是坚定的天主教徒、国王意志的忠实执行者。没等他来到，成千上万人就流亡国外，其中就包括奥兰治亲王威廉。艾格蒙伯爵和格伦伯爵希望与腓力二世讲和，留在了国内。

阿尔瓦公爵通过雇佣兵，包括从尼德兰南部贫农中招募的人员扩充了自己的西班牙军队后，于1567年8月进入布鲁塞尔。军队在城市和城堡驻扎安稳后，阿尔瓦公爵开始实行恐怖和恫吓政策。在他的领导下建立了"血腥的"除暴委员会，委员会有计划地在一个月内做出了 6～18 个死刑判决。为了教训尼德兰人，艾格蒙伯爵、格伦伯爵和安特卫普市市长也在被判处死刑的几千人之列，他们的财产在登记后充归西班牙国库。

奥兰治亲王威廉及其兄弟拿骚亲王路德维格领导了反抗力量。为了推翻阿尔瓦公爵，他们一个从南方，一个从北方带领雇佣军攻入尼德兰。但是阿尔瓦击溃了拿骚亲王路德维格的军队，逼迫亲王的军队后退，而此后没有拿到承诺的报酬的军队四散。威廉及其追随者借助雇佣军武力赶走阿尔瓦的其他尝试也都以失败告终。为了动摇奥兰治亲王威廉的地位，除暴委员会判处他企图以宗教理由为掩护夺取国家政权罪，没收了他的所有领地，逮捕了他 13 岁的儿子并押往西班牙。

阿尔瓦公爵极力想让尼德兰成为西班牙驯顺的附庸，他不仅需要更多钱财上缴国王，也需要更多钱财支付军队的开支。他决定进行财政改革，未经腓力二世同意即开征新税。1571 年，开始把西班牙中世纪税收系统引进尼德兰。下令征收 3 种税：1% 的不动产税，5% 的不动产销售税和 10% 的商品销售税。有人警告阿尔瓦公爵，第三种税很可能引起民愤，因为在尼德兰，通常要经过几个中间人商品才能到达消费者手里。但是，阿尔瓦公爵固执己见。他认为，"为了上帝和国王，就算使国家陷于贫穷和分裂，也好过为了撒旦和他的帮凶——异端分子使国家繁荣兴盛"。阿尔瓦公爵的经济政策的后果是灾难性的，大量市民破产，贸易量下降，各种反抗企图被无情镇压：阿尔瓦使用威胁手段，在布鲁塞尔一些店铺门口绞死几个为了表示不满临时中止买卖的店铺老板。

阿尔瓦公爵实行的政策不仅让居民恐惧，还激起了部分人的反抗情绪，企图以自己的武装力量组织反抗，而不是像奥兰治亲王威廉试图做得那样，仅仅依靠雇佣军和外国当权者的支持。流放犯表现出极大的积极性。有些人秘密回到尼德兰南方省份，与毗邻省份的支持者一起进行反抗西班牙人及其帮凶的游击战。这是以恐制恐政策导致的矛盾的局部爆发，具有分散性和激烈性的特点：打死西班牙士兵、天主教神职人员和修士、告密者。在佛兰德尔和亨内高的森林里隐藏着来自各个社会阶层的游击队队员，他们自称"森林乞食者"。

**解放斗争的第二阶段　1572年北方省份起义**　北方的解放斗争走的是另一条路线。"海上乞食者"在这里活动，指挥员中有不少贵族。他们利用英格兰港口作为自己的基地攻击劫掠西班牙船只。英格兰秉承的原则是谁打击它的敌人西班牙，它就帮助谁。阿尔瓦公爵采取了应对"海上乞食者"的措施，同时对他们持蔑视态度，认为只有奥兰治亲王的军队入侵才算真正的威胁。阿尔瓦公爵是一位经验丰富的军事统帅，但是他没明白，乞食者运动反映了民众情绪的变化，很快他为自己的失算付出了代价。

1572年春天，为了避免与西班牙公开冲突，伊丽莎白女王命令"海上乞食者"离开英格兰港口。"海上乞食者"乘坐24艘船离开，于1572年4月1日占领了泽兰省城市布里勒。这是北方人民反抗外国专制的解放运动开始的信号。泽兰省第二大港口城市弗利辛恩起义，决定脱离西班牙。随后，其他城市也揭竿而起。大量具有不同信仰的民众参加了起义。奥兰治亲王威廉派出自己的贵族支持者作为指挥官协助当地城市的义勇军。与发誓消灭神职人员、修士、维护教皇统治者、推翻盲目膜拜圣像的天主教的"海上乞食者"领导人中狂热的加尔文派教徒不同，亲王一再坚持不破坏信仰自由，其中包括对天主教信仰的自由。对他来说，作为政策，它在尼德兰北方的局部成功和全局同样重要：尽管加尔文主义在此时得到了广泛传播，但尼德兰90%的居民仍是天主教徒。这不会妨碍其中一部分人在保留自己信仰的同时，反对国家和教会的西班牙化，奥兰治亲王威廉不想失去他们的支持。

1572年夏天，在多德雷赫特召开的荷兰省和泽兰省代表议会反映了社会上多数人的心声，正式决定邀请奥兰治亲王来这些省份，不是依国王的命令，而是自己决定任命他为总督——执政当局的首脑和军事指挥官，还宣布信仰自由。这是在北方组建独立共和国迈出的第一步。1582年8月，法国圣巴托洛缪之夜大屠杀的消息对事件的进一步发展产生了巨大影响。寄希望于法兰西的胡格诺派给予直接帮助的奥兰治亲王终于明白，暂时指望不上他们。

为了领导反抗西班牙人的斗争，威廉抵达荷兰。反对派领导人长期以来都认为，没有外国帮助，小国难以独立坚持解放斗争。在北方各省影响力不断增强的加尔文教徒对局势有自己的认识。不顾奥兰治亲王威廉的反对，他们决定在荷兰省和泽兰省禁止天主教弥撒。很快，威廉自己也改宗天主教，但继续捍卫信仰自由。

阿尔瓦公爵将自己的军队向北方推进打击叛乱者，为了使尼德兰人归顺，阿尔瓦公爵的军队相继围困城市。从1572年12月至1573年6月，阿尔瓦公爵的儿子指挥的西班牙军队围困哈勒姆，英勇的保卫战持续了七个月。由于断粮，城市被迫投降。承诺善待叛乱者的西班牙人，立即处死了2300名参加哈勒姆保卫战的法兰西、英格兰和尼德兰南方省份的士兵。在劫掠后向市民征收了巨额现金税。但是阿尔瓦公爵认为对待叛乱者太过温和，他在信中向腓力二世承诺，再取一城即阿尔克马尔后，"刀子将插进每个人的咽喉"。阿尔克马尔的守卫军和从外面支援他们的乞食者选择开闸放水，淹没了整个周围地区，逼迫西班牙人撤退。到1574年10月，对莱顿的围困持续了5个月，但西班牙军队没能攻下它。

而与此同时，统治了尼德兰六年半的阿尔瓦公爵被腓力二世召回西班牙，国王终于明白，公开镇压政策失败后，他可能要失去对尼德兰的统治权。1573年末，新总督——路易斯·雷克森斯取代了阿尔瓦。而后，西班牙人开始玩两面把戏：一面试探谈判的可能性；另一面放缓执行当局的一些决议，但继续用武力巩固西班牙的统治地位，总体上没有改变反宗教改革的方针。这只是战术上的变化，而非战略上的变化。在雷克森斯统治时期，西班牙人成功地给予反对派以沉重打击：拿骚亲王路德维格用法国提供的资金招募的德意志雇佣军开始了新一轮进攻，但惨遭失败。路德维格和他的弟弟在战斗中被打死。而之前，威廉的第三个兄弟也在战斗中战死。1576年3月，雷克森斯去世，但在新总督到来之前，国务会议沿用了它随机应变的新路线。

**南方反抗西班牙的运动 1576年《根特协定》** 由于国家长期资金匮乏，西班牙军队已经好几个月没有领到军饷。1576年夏天，他们发动暴动，占领了好几个城市的堡垒，其中包括安特卫普和根特，他们对这里进行掠夺式偷袭，恐吓当地民众。布拉邦特的一些城市组织武装反抗雇佣军。受国王庇护的国务会议成员企图阻止，1576年9月4日，威廉的追随者——奥兰治派指挥的当地义勇军在布鲁塞尔逮捕了他们。代表当局的联省议会在根特集会。会议期间，1576年11月4日，西班牙雇佣军从安特卫普堡垒向城市发起进攻，安特卫普遭到前所未有的洗劫。后来，将这次洗劫称为"西班牙式的疯狂"。在疯狂的劫掠和屠杀中，有8000名市民被杀，大火烧毁了上千间房屋。事件在国内引起了愤怒的全面爆发。反西班牙的行动席卷南方。

1576年11月8日，联省议会发表《根特协定》——荷兰省、泽兰省和早在1572年就起来反抗西班牙人的其他北方省份、刚开始解放斗争的南方省份之间结盟的协定书，但没打算排斥天主教。协定中包含了联合南北力量齐心协力把西班牙军队驱逐出尼德兰的内容。取消阿尔瓦公爵制定的法律及做出的法院判决，恢复被囚禁者的自由，恢复失去财产者的财产所有权，保证联省议会召开前即已存在的祭礼自由。这体现了奥兰治亲王政策中天主教徒和新教徒相互宽容的精神，但在南方省份全面保留了天主教。

尽管《根特协定》的签订罔顾腓力二世的意志，与他的政策对立，但协定郑重声明，协定的参与者忠诚于尼德兰的最高统治者——西班牙国王腓力二世。这是占联省议会多数席位的温和派天主教徒、希望和解的奥兰治亲王威廉的追随者的共同愿望，为与西班牙国王签订和平协定铺平了道路。

协定既令正在南方战斗、力图使市政厅处于自己影响下的加尔文派不满，也令腓力二世不满，他强硬要求自己的尼德兰总督和异母兄弟——著名的军事统帅、奥地利亲王唐·胡安在国内甚至在荷兰省和泽兰省全面恢复天主教。刚开始承诺接受《根特协定》作为未来国家制度的基础，撤出西班牙军队的尼德兰总督唐·胡安甚至开始公开准备向北方各省进军。联省议会与西班牙当局的冲突加剧，在各城市要求与总督进行坚决斗争的压力下，他们邀请奥兰治亲王威廉回到布鲁塞尔。1577年秋天，受到民众热情迎接的威廉领导了与总督的武装斗争，宣布他为国家的敌人。但是联省议会的军队遭遇了一系列失败，这加强了温和派天主教徒和新教徒联盟反对派的力量。一方面，受军事失败影响，狂热的加尔文宗教徒企图重新进行圣像破坏运动；另一方面，南方阿图瓦和亨内高信奉天主教的贵族怪罪联省议会，认为它对新教徒的纵容会导致类似的破坏性行为。

**解放运动第三阶段的开端　1579 年阿拉斯联盟和乌特勒支同盟**　1579 年 1 月 6 日，南方一些不满同新教徒妥协的省份，不顾联省议会路线，与尼德兰新总督亚历山大·法尔涅兹单独结盟。当地信奉天主教的贵族在结盟决定中发挥了主要作用。阿拉斯联盟的目标是与腓力二世签订确定他在联盟参与者属地最高统治权的协议。天主教是这些地方允许的唯一宗教。取消西班牙军队撤出的承诺，批准恢复传统特权、补贴和赦免。结盟的结果是尼德兰南方的力量对比发生变化，西班牙方面占了上风。

作为回应，1579 年 1 月 23 日，5 个北方省——荷兰省、泽兰省、乌特勒支省、弗里斯兰省、盖尔登省在乌特勒支结盟，联合为一个统一的政治同盟，在明确了几乎把尼德兰所有土地联合在一起反抗西班牙的《根特协定》的意义，强调不排斥西班牙国王的政权后，同盟成员发表声明，共同与西班牙军队斗争，因为他们企图使尼德兰臣服于"暴虐的统治"并奴化尼德兰。采取了共同防卫措施，拨出防卫必需的资金，保障各省宗教的自主性（加尔文宗只在一部分省份占优势）。应由同盟统一做出有关战争、和平、总税的决定，其他问题应投票决定，以多数票通过，或在进一步谈判的基础上决定。稍晚些时候，格罗宁根和上艾瑟尔两个省加入同盟，这是北尼德兰各省行政和法制发展的一个重要转折点。佛兰德尔省和布拉邦特省的一些大城市——安特卫普、布鲁塞尔、根特、布吕赫、伊普尔、布雷达也加入了同盟。

1581 年夏，联合了北方省份的联省议会宣布废除蔑视自己臣民的僭主腓力二世。自此，尽管没有专门宣告，但在乌特勒支同盟的基础上在北方建立了新的共和国。

早在 1580 年，西班牙国王就宣布尼德兰解放运动领袖奥兰治亲王威廉不受法律保护，下决心不惜代价杀死他。1582 年，对亲王实施了暗杀，但他重伤后大难不死。1584 年夏天，西班牙奸细冒充因新教信仰受奴役者潜入威廉的身边，开枪杀死了他。对于年轻的共和国和那些希望在容许不同宗教信仰的基础上实现整个尼德兰联合的人来说，威廉的死是一个巨大的损失。

**尼德兰北方的独立战争**　16 世纪 80 年代上半期,西班牙总督亚历山大·法尔涅兹成功地使佛兰德尔和布拉邦特接受西班牙统治。作为天才统帅和手腕高明的外交家,他在使各个城市彼此疏远的同时,竭力迫使它们相继屈服。布吕赫、根特、布鲁塞尔、梅赫伦和其他解放斗争的中心都向他投降,1585 年安特卫普陷落是他取得的重要胜利。精明的法尔涅兹没有在这里实行没收政策,他宣布赦免居民,给新教徒四年时间使他们回归天主教或离开尼德兰。其结果是各城市成功恢复天主教信仰。无论是在安特卫普还是在其他地方,恢复天主教信仰都不顺利:尽管宣布要保持克制,但天主教会还是伺机报复,迫害异端分子。南方及北方的一些能工巧匠大规模外逃,不少资金外流。尼德兰南方的解放斗争遭遇失败,西班牙政权在这里得到承认。

　　法尔涅兹的成功使南方省份成为西班牙反对英格兰斗争便利的军事行动基地。这促使伊丽莎白女王为尼德兰北方提供军事援助。1585 年,女王的宠臣莱斯特伯爵罗伯特·达德利带兵抵达尼德兰北方。但是,他企图成为尼德兰的绝对主宰,只是为了英格兰的政治利益利用它。1587 年,他被迫在一系列军事失利后回到英格兰。这已经不是共和国当局首次邀请知名外国人作为统治者,期望借助他们的国家反抗西班牙。还在莱斯特伯爵到来之前曾两次尝试邀请安茹伯爵来到尼德兰,从而从法国方面促进反西班牙的斗争。确信觊觎政权的外国人无能为力之后,联省议会开始作为共和国最高权力机关行动,把保卫国家的领导权交给自己的统帅——奥兰治亲王威廉的儿子、拿骚亲王莫里斯。1585~1625 年,莫里斯担任尼德兰总督。

　　莫里斯是个天才军事统帅,他进行了一系列军事改革,其中包括定期训练、重新武装共和国军队。这就容许他转向进攻,从西属尼德兰以及佛兰德尔和布拉邦特北部地区收复了一些失地。共和国的新领土由所在省份统一管理。西班牙人在海上也遭遇失败,"无敌舰队"覆灭后,荷兰舰队的优势越来越明显。一系列胜利使共和国有可能在 1609 年与西班牙签订为期 12 年的停战协定。根据协定,西班牙承认联省共和国实际独立。荷兰坚持把"为了对外贸易封闭斯凯尔特河口"的条款纳入协定。这给予作为阿姆斯特丹竞争对手的安特卫普以极其沉重的打击,现在它已不在竞争者之列。

1621年战争的重新开始并未实质性改变两国的地位。根据1648年《威斯特伐利亚和约》，联省共和国得到国际社会承认，核准了关闭斯凯尔特河口条款。禁止西班牙船只涉足荷兰东印度公司与荷兰西印度公司的海外地区。

同西班牙持续了80年的解放战争只以尼德兰北方的胜利告终，南方仍处在西班牙的统治下。西班牙统治下的尼德兰南方，没有像北方那样出现君主制被共和制取代的情况。

**17世纪上半期联省共和国国内的政治斗争**　在当局的所有机构中，上层商人和都会贵族的代表权势很大，这也是共和国政治生活的典型特点。中央和地方的制度由寡头集团决定。从120万居民中依法选出的各省代表只有几千人。共和国实行联邦制，派代表进入最高国家权力机关——联省议会的省份拥有广泛的自治权。每个省的代表团有一票表决权；联省议会依据一致通过原则通过决议。荷兰省的大议长负责议会的组织、决策的前期准备、公务信件往来工作。与荷兰省和泽兰省执政当局首脑总督、军队和舰队指挥官一样，大议长是共和国最重要的官员。1617年，担任过这个职位的扬·奥尔登巴内费尔特和总督拿骚亲王莫里斯发生冲突，他们之间的冲突不仅反映了共和国领导者之间的政治矛盾，而且反映了这一时期的宗教矛盾。

在国家的政治生活中，加尔文宗作为官方宗教发挥特殊作用。信奉加尔文宗和天主教的居民各占1/3，其余为路德宗教徒和犹太教徒。1610年，主张信仰宽容、限制教会插手政治、限制中央政府插手各省事务的莱顿神学教授阿米尼乌斯的信徒发表了陈述自己观点的抗辩书。以传教士高马勒斯为首的加尔文正统派反对他们。正统派认为，信仰自由和抗辩者的其他思想是异端邪说，坚持认为教会有权干涉政治，要求中央政权加强对各省的监督，尤其是在加尔文宗的地位没有像在联省共和国那么稳固的地方。加尔文宗两个分支的争论非常激烈。为了加强自己的总督地位，拿骚亲王莫里斯支持高马勒斯的信徒。蛊惑性地判奥尔登巴内费尔特的阿米尼乌斯主义追随者和著名法学家格劳秀斯策划哗变罪。被判终身监禁的格劳秀斯从国内逃脱，而大议长在1619年被处死。总督集权的趋势加强，但当权的寡头政治集团——摄政王们长期禁止这么做。他们竭力在政权内建立平衡体系，平衡教会和国家的影响力并达到了目的。因此,摄政的寡头政治集团在北尼德兰社会长期稳定的影响力得以保证。

**17世纪上半期联省共和国和西班牙治下尼德兰经济的发展** 脱离西班牙专制统治获得自由的联省共和国在16世纪的最后十年进入了经济上升期(只有17世纪60~70年代被新的长期衰退取代)。在中间贸易、工业生产、捕鱼业、河海船运以及金融发展中都能发现经济增长的动力。

阿姆斯特丹取代了安特卫普作为海上贸易和信贷中心的地位。17世纪初,城市人口已经增加到10万人,而在整个荷兰省,人口增长了1.5倍,达到67万人。阿姆斯特丹对联省共和国对外贸易的贡献是独一无二的,占46.5%。与被截断通往港湾道路之前的安特卫普相似,阿姆斯特丹在17世纪上半期成为最重要的国际贸易港,来自各大洲和国家的庞大物流汇聚于此。货物在当地交易所获得新价,并重新发往不同的方向。整个过程给阿姆斯特丹带来不菲的收入。和从前一样,联省共和国的货物主要出口波罗的海沿岸国家,但也出口地中海沿岸国家、法兰西、英格兰和其他国家。

出现了一系列贸易公司:东印度公司、西印度公司、波罗的海公司、黎凡特公司、莫斯科公司以及其他公司。到1650年,尼德兰的年货物流通价值在7500万至1亿荷兰盾之间。

1609年建立的阿姆斯特丹银行在信贷贸易中发挥着重要作用。到17世纪中期,它的固定资本达3亿金盾,银行为市政厅、东印度公司、大商人提供资金,欧洲各国最显赫的金融家都是它的客户。

在荷兰出现了巨额财产所有人。他们把部分资本投入地方生产,但是和投入给他们带来极大收益的中间贸易相比,这只是九牛一毛。荷兰船队成为海上最大的承运人。荷兰商人的财富允许他们把钱贷给德意志皇帝和英格兰、丹麦帝国的王公贵族。在欧洲任何地方对利润的追逐都没有像在尼德兰这样具有公开的反爱国主义特征:即使在同西班牙战争时期,当地商人也不羞于发国难财,为敌方提供所需商品。

在工业生产中,早期资本主义经济成分在经济上升浪潮中壮大起来。因受宗教迫害从尼德兰南方、法兰西、德意志逃难的成千上万的移民对经济发展做出了重要贡献。首先，由于他们的经验，几乎凋敝的莱顿制呢业出现了新增长。到 1619 年，新品种毛纺织物的年产量达到 10 万块。在阿姆斯特丹和其他城市出现了集中式手工工场，它们在糖、啤酒、亚麻布、丝绸和玻璃生产制造中开展活动。光学玻璃的打磨、钻石的琢磨与传统生产部门一样发展起来。早在 16 世纪即已令荷兰闻名遐迩的造船业和捕鱼业也取得了新发展。为了中转贸易和殖民扩张，国家都需要强大的舰队，舰队也因此组建起来。联省共和国有 4300 多艘大中型船只。在这样一个小国竟有 20 万名水手。每年有 500 艘船从阿姆斯特丹、鹿特丹以及快速发展的赞丹的船台下水出口。捕鲸船增多。捕鱼业的记录也与众不同：1640 年，鲱鱼的捕获量超过 4 万吨。捕鱼的作业范围不仅限于北海，还扩展到大西洋以及从挪威海岸到美洲的纽芬兰近岸海滩。捕鲸集中在格陵兰岛，向北靠近斯匹茨卑尔根岛，用鲸鱼的脂肪制作肥皂生产所需的油脂。对鲸鱼的猎捕极其残忍。

在联省共和国，任何生产行业经济成绩的取得都不是建立在企业经营完全自由的基础上。即使新经济组织的经营活动也与传统的行会配置和行会规则交织在一起。不断变化的社会后果，包括大多数城市贫困化的加剧，都是重要因素。共和国物价上涨至欧洲最高水平，以城市居民为主的联省共和国粮食匮乏，每年需求量的近 1/4 都需要进口。

农业也在发生变化。16 世纪末至 17 世纪上半期，通过风磨的动力排干大量低地的积水，约 7 万公顷。重新分配了充公的教会、修道院的土地以及被没收的充当西班牙人帮凶的贵族土地的所有权。大部分土地所有权逐渐被市民收购，但租赁关系的性质实际上没变。在一些地方，没收或充公的地块被之前耕种的人占有。与 16 世纪一样，存在农场，但数量不多。农村财产两极分化严重。早就出现的农业商品化、作物种植地区专业化、租赁关系得到发展，17 世纪下半期经济开始下滑的趋势没有得到扭转。

**荷兰的殖民扩张**　17 世纪是荷兰决定向海外贸易转折时期，它不仅补充而且在利润规模上超越了欧洲传统路线的进出口贸易。17 世纪初期，为了寻找新领地和获得新收入，荷兰快速大规模地进行殖民扩张。荷兰人迅速在通往印度、大洋洲、美洲的海路上占据了有利位置。

早在 1590~1593 年，早期的荷兰人探险队就到达了西非和南美。他们借鉴其他国家经验，在短期内就制定了殖民策略。刚开始，荷兰人没有想方设法占领大片领地，因为他们既没有军队也没有资金，他们瞄准了更重要的战略据点和贸易据点，在那里设立商行并加固炮台，以保护自己对贸易的垄断权，确保荷兰舰队在海上的优势。

伴随日益扩大的对殖民地的疯狂掠夺，与对手的竞争也日益残酷。1596 年，与葡萄牙人的竞争获胜后，荷兰人到达爪哇岛。在马六甲半岛和马鲁古群岛——胡椒、丁香、肉豆蔻等香料出口的最富裕地区建立了商行。1602 年成立的荷兰东印度公司开始挑战西班牙人和葡萄牙人的霸权地位。1619 年，它在爪哇岛建立巴达维亚城（现在的雅加达），这里成为荷兰在东南亚殖民地的中心。到 1641 年，通过阴谋或贿赂，竞争者几乎被排挤出马鲁古群岛。17 世纪中期，荷兰人已经在通往半岛的路上，在西非的绿角地区、塞拉利昂设防固守，在好望角的要津建立了开普殖民地（开普斯塔德，即未来的开普敦），在南印度洋的东西海岸设立了洋行，晚些时候占领了锡兰。17 世纪中期，荷兰人统治中国台湾 20 年，但被中国人驱逐。但在日本，统治者为了削弱西班牙人和葡萄牙人的影响力，从 16 世纪末起即开始庇护荷兰人，但从 17 世纪中期起，仅向欧洲的荷兰人开放长崎港。

在南美及南美的大西洋沿岸，荷兰人在 17 世纪初占领了现在的圭亚那、苏里南、法属圭亚那、加勒比海中的一系列岛屿，后来又占领了巴西部分海岸。1621 年成立荷兰西印度公司的目的是在美洲与西班牙人和葡萄牙人抗衡，但荷兰西印度公司并不像荷兰东印度公司那么成功。经协商，像 15 世纪末的西班牙和葡萄牙那样，两个公司以好望角为轴把整个世界分成两个势力范围区。在北美洲殖民化进程开始后，荷兰东印度公司占领了哈德逊河口的土地，于 1626 年建立了新阿姆斯特丹村（今天的纽约）作为居民点。

伴随着殖民化和寻找海上新通道，完成了一系列重要的地理发现。1642 年，亚伯·塔斯曼从巴达维亚出发前往大洋洲考察，希望在解决悬而未决的谜题——大洋洲是否存在上做出自己的贡献，因为古希腊罗马和中世界宇宙志都确定，存在一个覆盖大半个南半球的"南部大陆"，其面积与北半球陆地相当。塔斯曼不知道，西班牙人发现了澳洲北岸附近的一些岛屿，尽管隐藏了这些信息，但他清楚，从17世纪初起，荷兰人在这个设想的南部大陆北部、西部凸出部分发现了大片荒无人烟的海岸。塔斯曼从南部绕过这个"凸出部分"，从而证明这是一个大陆，这块陆地后来被称为澳大利亚。他还发现了新西兰和另一个大岛，后来为了纪念他，这个大岛被称为塔斯马尼亚岛，他还发现了斐济和汤加群岛。19世纪初改名前，这块大陆被称作"新荷兰"。

另一位荷兰航海家威廉·巴伦支在1594～1596年完成了三次考察，他想找到经北冰洋到达中国和其他东方国家的海上通道。他到过斯匹茨卑尔根附近，从新地岛北部绕过，但在最后一次考察时，他的船被冰封住。这是西欧航海家第一次被迫在海上越冬。在返回的路上巴伦支死于坏血病。巴伦支海就是以他的名字命名的。

到1650年，荷兰殖民地的面积大约是本土面积的60倍。荷兰人积极参与贩奴，其中包括把奴隶从非洲贩卖到巴西。17世纪下半期，荷兰人贩卖的奴隶人数快速增加。

**16世纪初之前尼德兰人的文化**　在新时代早期尼德兰文化的发展中，被称为"中世纪之秋"的15世纪的传统发挥了重要作用。勃艮第公爵的宫廷是欧洲最重要的贵族高雅文化中心之一，这时的文化以骑士理想为基础。它以长期影响宫廷生活方式的精神旨趣和可尊敬的行为为贵族做出榜样。当时彰显"当代虔诚"的宗教神秘主义运动在尼德兰城市具有极大的影响力。运动的参与者——"共命运兄弟会"建立起以早期基督教理想和"虔诚信仰"为目标，而非从形式上履行教会礼仪的信徒志愿者公社。他们非常注重人的精神完善、宗教启蒙和学校教育。"共命运兄弟会"的活动为人文主义教育和宗教改革思想奠定了基础。

15世纪，尼德兰最大的文化成就与音乐和绘画有关。从15世纪中期起，尼德兰学派复调音乐在欧洲音乐艺术中起主导作用，并一直保持到16世纪前期。这个学派的大师在欧洲的近70个城市工作，宣传学派的经验。在尼德兰的绘画方面，仅以写生为主，没有发展古希腊罗马的造型艺术，开始接触哥特式传统，明显表现出早期文艺复兴趋向。恢宏的"根特祭坛"的创作者、系列新体裁绘画——肖像画杰作的作者扬·范·艾克（约1390~1441）是尼德兰文艺复兴的奠基人之一。整整一代绘画大师，从罗吉尔·范·德·维登到汉斯·麦姆林，发展了他开创的事业。希罗尼穆斯·博斯（1450~1516）是15、16世纪之交介于哥特式艺术和早期文艺复兴之间最具特色的画家。这位大师的处世之道极其矛盾，他随处可以找到美与不可思议的结合，把对自然的深刻领悟和奔放的想象力、怪诞与中世纪讽喻法结合在一起。

**16世纪尼德兰的文化** 直到15世纪末，人文主义才在尼德兰得到认可。出生于荷兰鹿特丹的伊拉斯谟（1469~1536）是尼德兰最著名的人文主义学者。他在代芬特尔的"共命运兄弟会"的拉丁语学校接受了初等教育，之后有几年在修道院度过，他在那里潜心钻研各科学问，为自己打开了意大利人文主义成就的大门。伊拉斯谟在巴黎大学继续接受教育，在英格兰、瑞士和德意志均生活过。1514~1521年，他又断断续续地待在尼德兰。他对这里的人文主义发展，其中包括1517年在鲁汶建立的三语学院——古典拉丁语、古希腊语和古希伯来语学习中心的巩固发挥了重要作用。随着宗教改革的爆发，伊拉斯谟遭到当时尼德兰唯一的大学勒芬大学神学家们的攻击，鲁汶大学成为狂热的反路德宣传的中心。为了保持独立和科学研究必要的安静，伊拉斯谟被迫迁居巴塞尔。他停留于尼德兰的宗教改革前夕，正好是伊拉斯谟创作和国际声誉最繁盛时期。他正是在这一时期发表了《论基督君主的教育》——关于受教育的君主政治道德的论文，他还发表了反战讲稿《和平的控诉》以及有关人文主义培养的主要著作《对话集》。在批判性学习《圣经》文本时，从修正了疏漏的拉丁文本翻译过来的《新约》希腊文本的出版开创了一个时代，他的翻译工作得到了教会的正式批准。

这样一个事实，即国内没有统一的语言对尼德兰文学的发展影响很大：在一些地方依传统讲法语，在另外一些地方讲各种尼德兰方言。16世纪文学的典型特点是沿两条轨迹发展：使用拉丁语，在拉丁语诗歌、散文创作中人文主义者起主导作用；使用本国通用的民族书面语。这主要是在作为国内最大省份之一的布拉邦特省方言的基础上形成的，直到今天仍是讲荷兰语的低地国家的标准语，比利时的部分居民使用弗拉芒语。

荷兰语的大部分文学作品是由"文学爱好者"——演说家、演说术大师创作的。早在中世纪，在组织大规模庆祝活动和上演宗教神秘剧时协会就已经出现。协会举行诗歌比赛和指定主题的辩论会。诗歌比赛在城市内部、城市之间和各省之间举行。16世纪，有上千个爱好者协会。在阿尔瓦公爵统治时期，为了避免反西班牙演讲，诗歌比赛被禁。爱好者协会成员非常重视宗教、爱情和供消遣娱乐的各种诗歌的创作，但在16世纪，戏剧的成就最高。在描写人的情感和日常生活环境时开始把中世纪的讽喻手法和劝谕性与生活观察相结合。

在16世纪下半期的文学中，与反抗西班牙压迫斗争和不同教派之间激烈辩论有关的政论作品占据重要地位。加尔文主义卫士、奥兰治亲王的战友菲利普·马尔尼克斯（1538～1598）是辩论的积极参与者。他的反天主教小品文《神圣罗马教会的蜂房》（1569）尤其著名。有可能，正是因为马尔尼克斯是贵族、外交家、斗士和文学家，他才能创作出广为流传的《威廉颂》，现在这首歌是荷兰王国的国歌。

不同于把加尔文宗同所有其他派别对立的马尔尼克斯，基尔克·柯伦赫尔特（1522～1590）坚决拥护信仰宽容。他担任联省议会秘书一职，坚持认为必须维护宗教自由，就像对天主教徒来说，必须坚持政治道德准则一样。由于自己的见解，他遭到顽固的天主教徒的迫害，但他始终没有改变自己的立场。柯伦赫尔特把古希腊罗马时期的经典和伊拉斯谟的文章翻译成荷兰语。他的人文主义思想与伊拉斯谟的观点相呼应，1586年出版的《关于高尚生活的艺术》（亦译作《处世之道》——译者注）一书充分体现了他的这种思想。人们常称这本书是柯伦赫尔特的"伦理学"。

语文学家、哲学家、历史学家、政治思想家尤斯图斯·利普修斯（1547～1606）是16世纪下半期尼德兰人文学科最著名的学者。当代人称他为文化"明灯和中流砥柱"。他是继伊拉斯谟之后尼德兰第一位科学大家，在欧洲享有很高的荣誉。他在奥兰治亲王威廉于1575年创立的莱顿新教大学担任历史学教授多年。搬到鲁汶后,他在那里的天主教堡垒——大学里任教。为了能够安静地进行科研工作,利普修斯多次改变自己的宗教信仰,尽管不可能完全避免神学辩论,但他竭力远离。他是一位人文主义者、研究古希腊罗马时期文化的大家,他出版和注释的塞涅卡和塔西佗的著作堪称典范。他自己还撰写了一些文章,发展了新斯多噶派思想。

以"论永恒"(1584)和"政治"(1589)为主题的系列著作是利普修斯的主要哲学著作。他依据古希腊罗马时期作者的观点,在第一个主题的系列著作中,对如何保持美德、在外部危机和灾难的情况下如何保持内部独立给出建议;在第二个主题的系列著作中,他提出了各种政治伦理学、国家管理、军事问题的指导原则。利普修斯认为,统治者的智慧和节制、臣民的美德、随时准备妥协是稳定的世俗生活的基础。这位人文主义学者的文章不带有当时典型的单一宗派的宣传痕迹,因为他在著作中主要用世俗原理解决哲学问题,因而在信仰两极分化的社会中得到普遍认可,大获成功。

16世纪下半期,尼德兰最著名的图书出版商克里斯托弗·普兰金赞同利普修斯为尽量回避各派狂热斗争所做的努力。他的公司在安特卫普获得了国王腓力二世授予的在西属尼德兰印刷教会出版物——《圣经》、祈祷书、圣礼书、日课经的垄断权。普兰金刊印了上千本上述读物。后来,他迁到信奉新教的莱顿,成为联省议会的主要印刷商。他创立了新型出版物——"大学"系列书籍,即莱顿大学的著作和答辩的学术论文集。16世纪末,普兰金的徒弟路易·埃利泽维尔创立了另一家著名的印刷公司,这家公司一直经营到18世纪初。该公司的特色是出版大量廉价但精致的小开本读物,字体小巧清晰,带有漂亮的"银"印章。他们的印刷厂出版科学和教学文献、古希腊罗马时期的经典著作、描述各国地理的丛书,其中包括描述莫斯科公国即"鞑靼国"地理的书籍。

航海发展和国际贸易增长时代的现实需要促成了对地理学的极大兴趣,进而促进了地图学的发展。杰拉杜斯·麦卡托(1512~1594)为地图学的发展做出了重要贡献。与16世纪尼德兰其他著名学者一样,麦卡托在国外工作多年。他在鲁汶大学时期就利用最新的天文和地理发现制作了独一无二

第九章　16世纪至17世纪上半期的尼德兰

的地图和天体仪。移居德意志后，他用新方法完成了经纬网绘制，这对海洋地图尤其重要。他出版了革新的欧洲地图和世界地图，后来他还出版了由相互协调的地图汇编而成的地图册，这也是最早的地图册之一。

另一位著名的尼德兰学者，帕多瓦大学教授、医生安德烈·维萨里（1514～1564）也在海外工作。他在自己的著作《人体构造》（1543）中补充了解剖学的知识体系，修正了被尊为圣者的古罗马时期学者盖伦的错误。他的著作中有大量插图，这些插图展示了这位学者的医学实验结果。它给予空洞的中世纪医学以沉重打击。

在艺术领域，16世纪各类艺术的发展仍不平衡。在16世纪的尼德兰建筑中，晚期哥特式传统长期占主导地位，富于装饰的市政厅、为增加城市的威严顶部冠以塔楼的教堂、行会和商会的五层楼房都属于这种风格。市民的房屋仍按老式风格修建，又高又窄，正面呈三角形。按哥特式风格建造了教堂的塔楼。到16世纪中期，在建筑的规划、分段、比例和装饰上，早期文艺复兴与哥特传统进一步结合。本土工匠跟随受邀前来修建贵族宫殿、新型城防工事的意大利和法国建筑师一起活跃起来。科尔涅里斯·弗洛里斯德·弗利安特于1560年设计修建的安特卫普市政厅是尼德兰最著名的文艺复兴遗迹。

尼德兰的绘画深受意大利文艺复兴的影响。16世纪，在尼德兰形成了一个重要的欧洲浪漫主义中心，它是艺术的一个国际分支，通过古希腊罗马时期的主题、构图、透视、解剖和技巧上的新知识丰富了绘画，其成就可与意大利比肩，但失去了自己的特色。宫廷贵族所推崇的浪漫主义也影响到驰名的尼德兰壁毯艺术。

16世纪尼德兰最著名的色彩画画家彼得·勃鲁盖尔（约1525～1569）的创作走的是另外一条路线——依靠民族传统和民间创作。他认为世界充满苦痛，不相信人文主义理想是万能的。他在自己的绘画和版画素描中经常描绘民间生活场景和小人物。这是关于当代和由来已久人的恶习的独特寓言。在《农民的舞蹈》中，勃鲁盖尔把形象扩大，他欣赏充满自然力量的民间欢乐，但不隐藏它粗糙粗鲁的一面。《盲人》描绘了一队盲人从悬崖坠落，寓意过于自信的人的希望会落空。勃鲁盖尔几乎是空间风景画和全景风景画大师，在组画《四季》中他展现了大自然无限辽阔的诗一般的意境。

**17世纪上半期荷兰和佛兰德尔的文化** 西属尼德兰的用法经常是不准确的，但可简要地按其面积最大的省份称呼联省共和国为荷兰和佛兰德尔。17世纪，荷兰和佛兰德尔文化尽管有共同特点，但按不同的路线发展。这一时期荷兰和佛兰德尔文化在绘画领域取得的成就最大。

美术创作成为大众职业、画家的作品主要依靠市场而非订购、激烈的竞争使创作水平提高以及由此促使画家专业化是荷兰艺术发展的特点。例如，出现了专门画冬景或只画海景、夜景的大师。买画的人群范围明显扩大，几乎所有社会阶层——从城市贵族到手艺人、富裕农民，都用画来装点日常生活。神话题材的绘画受到写实或怪诞的日常生活场景绘画、肖像画、风景画、静物画的排挤。各美术中心、流派、个人的绘画都表现出鲜明的特色。一些没有被专业化的狭窄框架限制的天才画家与整整一代"地位卑微"的大师一起工作。荷兰绘画的繁荣一直延续到17世纪最后30年。

弗兰斯·哈尔斯（1581/1585~1666）是弗拉芒人，他用自己富有激情的绘画复兴了荷兰肖像画，其中包括群像。他似乎能很快捕捉到自己的模特——军官、游荡汉、穿着考究的贵人的从容姿态及其瞬间变化的面部表情，而在晚期作品中，他则通过老人的形象无情、痛苦、深刻地揭示人的衰老。

伦勃朗（1606~1669）的创新创作是荷兰艺术的顶峰。他是色彩画、素描和铜版画大师，他创作了大量肖像、圣经故事、神话、历史题材画以及风景和静物画。他通过色彩、精确考究的明暗色调传达在充满戏剧冲突的心理活动下人的精神世界；他及时、真实、诗意盎然地描绘人周围的环境。在巨制《浪子回头》中，经历了艰苦考验和孤独岁月的画家本人确信人性、怜悯、爱是伟大的。

彼得·保罗·鲁本斯（1577~1640）天赋异禀，受过良好人文主义教育，在佛兰德尔的艺术中占有重要地位。作为欧洲最大画室的领军人物，鲁本斯为修道院、各国贵族、天主教会和耶稣会完成了系列巨幅精美定制画，为关系亲密的人，首先是亲人创作了多幅肖像画。鲁本斯的风格自由宽泛，他的创作题材包括神话、历史、民间庆祝活动、大自然的壮丽景观。他是巴洛克画派的代表人物，喜欢表达炽烈的情感，描绘人体在搏斗、捕猎、强烈用力时的瞬间变化之美。鲁本斯的作品充满蓬勃的力量，色调丰富，色彩明丽，与威尼斯文艺复兴时期大色彩画画家的创作相近。鲁本斯确定了以华丽和雍容著称的弗拉芒画派的主要发展道路。在他的学生和继承者中，安东尼·范·艾克（1599～1641）是新型华丽装饰肖像画的创始人，曾在意大利和英格兰工作；雅各布·约丹斯（1593～1678）主要创作大型风俗画，在他的画作中古希腊罗马神话中的人物随处可见；弗兰斯·斯奈德斯（1579～1657）是关注狩猎场景和大自然各种恩赐的静物画大师。

在佛兰德尔的实用装饰艺术方面，为宫廷定制的大型豪华壁毯色彩鲜艳，装饰着以植物为主题的花边；布鲁塞尔花边纤薄、精致；家具镶嵌着贵重木材和象骨：这些都是装饰艺术珍品。与17世纪中期即显示出危机特征的绘画不同，佛兰德尔的实用装饰艺术在整个17世纪都保持着较高水平。

约斯特·范·德·冯德尔（1587～1679）是17世纪最著名的作家、诗人。他以将当前大家关注的事件与古希腊罗马文化对比为题，把讽喻形象写进自己的诗歌。此外，他还是翻译家，翻译了索福克勒斯、欧里庇得斯、维吉尔的作品。他作为剧作家的知名度最高，是尼德兰"巴洛克"式戏剧的创始人。冯德尔关注神话和历史题材，用高雅和庄重的文笔讲述笔下人物——撒旦、诺亚、亚当、阿姆斯特丹的守护者格斯勃列赫特、被俘的天主教徒、女王玛丽·斯图亚特的悲剧。像在古希腊罗马时期的戏剧中一样，庄严的合唱对诗歌中角色的命运做了注解。

新国际法的奠基人胡果·格劳秀斯（1583～1645）是17世纪上半期荷兰最著名的学者。他熟知古希腊罗马文化遗产，流传于世的著作涵摄古迹、历史、尼德兰的政治法律结构等方面，但其中最核心的作品是《论战争与和平》。格劳秀斯在这部著作中发展了国际法准则并使其系统化，其中包括他个人早期的公海思想——所有国家的船只有权在全球公海无障碍航行。格劳秀斯主张用和平方法、相互协商的途径解决各国之间的冲突。他认为，即使在战争中，其参与者也必须遵守一定的法律规范。

第十章
# 16世纪至17世纪上半期的意大利

到16世纪初,意大利仍是一个明显的多中心国家:在15世纪即已出现的意大利主要国家领土扩张进程并未带来它们政治上的联合,反而使分裂加剧。在亚平宁半岛上有几十个独立的国家,其中最大的是米兰公国、威尼斯共和国、占托斯卡纳大部分的佛罗伦萨共和国、教皇国和那不勒斯王国。

**1494~1559年的意大利战争** 早在百年战争结束前,政治上分裂但经济发达、富有的意大利开始吸引法兰西贵族的目光。法国国王查理七世和查理八世支持尚武的骑士阶层提出的远征掠夺亚平宁半岛的计划,因为远征不仅能使贵族发财,还能极大削弱法国商人在东地中海的商业竞争对手。所谓的"安茹遗产"是这些计划的"法律基础":从13世纪下半期起,那不勒斯王国属于安茹王朝,直到1442年才转归阿拉贡家族,这也是通过几十年的战争才得来的。

1494年夏天,查理八世的军队打着"归还法国国王安茹遗产"的旗号入侵意大利领土(1494年那不勒斯国王阿拉贡的斐迪南一世去世后,王位空缺),这次入侵开启了长期战争,亚平宁半岛成为主战场。可以把意大利战争分成两大阶段:第一阶段为1494~1513年,即查理八世和路易七世远征时期;第二阶段为1515~1559年,即弗朗索瓦一世和亨利二世与哈布斯堡王朝皇帝查理五世交战时期。

1494/1495年秋、冬,法兰西军队向南往那不勒斯王国推进,军队所到之处烧杀抢劫,没有遇到意大利国家的积极抵抗。按法兰西大使菲利普·

## 第十章 16世纪至17世纪上半期的意大利

德·克敏的话说,"我们不把意大利人当人"。1495年2月,那不勒斯被查理八世的军队占领。当地民众欢迎法国人,视他们为帮助摆脱西班牙枷锁的解放者。但是,几个月后,查理八世把意大利的土地分配给法兰西贵族、破坏城市、肆无忌惮的掠夺政策引起民愤。

意大利各国传统上的政治敌视是查理八世成功入侵意大利的主要原因之一,这些国家不想为抵抗法国人而联合。这种致命的"中立"立场的后果不言而喻:1495年春天,米兰公国、威尼斯共和国和教皇国等主要国家坚决地拒绝了那不勒斯王国后,与德意志皇帝马克西米利安一世和西班牙联合建立了"神圣同盟"。这个同盟的主要宗旨是把法兰西武装干涉者赶出亚平宁半岛。同年秋天,与"神圣同盟"的军队血战后,查理八世被迫留下一些驻防军队后离开意大利。到1496年夏天,法兰西人被彻底赶出了那不勒斯。

法国人离开后,亚平宁半岛上的政治力量重组:内部冲突的尖锐化导致部分意大利国家的对外政策定位发生变化。比如,与米兰敌对的威尼斯开始寻求与法国结盟,佛罗伦萨也倾向于法国,希望借助它反抗教皇对托斯卡纳的觊觎,制服起义反抗佛罗伦萨统治的比萨。在这种对法国有利的形势下,路易七世于1499年秋出征意大利。法国人大获全胜:占领了米兰,之后整个伦巴第都落入法国人手里;宣布伦巴第为国王领地的一部分。法国人的暴行和掠夺激起了当地广大民众的仇恨。米兰大公洛多维科·莫洛利用了这一点,借助瑞士雇佣兵从法国人手里收复了米兰,并维持了几个月。但是瑞士人的背叛助路易七世收复米兰,洛多维科·莫洛在被俘后去世。

在与米兰战争时,威尼斯和教皇亚历山大六世罗德里哥·迪波吉亚支持法国,他打算借助法国军队为自己的儿子——工于心计、奸诈、几乎占领了整个罗马涅的切萨雷建国。在这种情况下,路易七世迈出了扩大自己在意大利统治权的新步伐:1500年,他与西班牙签订瓜分那不勒斯王国的协议。和从前一样,孤立无援的那不勒斯王国在1502年春天被西班牙军队和法国军队占领,尽管当地民众积极反抗侵略者。很快,西班牙人把法国人排挤出意大利南部省份,1504年初,与法国签订了三年停战协定。其结果是米兰

181

公国、那不勒斯王国溃败，西班牙加入战争。

法国和西班牙统治亚平宁半岛时，在竭力保持相互平衡的同时，意大利各国也在不断应变，在不同的阵营之间"跳来跳去"，结成各种同盟。1504~1513年，威尼斯共和国和教皇国开始在意大利政治中发挥越来越积极的作用。威尼斯扩大了自己在伦巴第的领地，夺取了普利亚区的布林迪西、特拉尼、奥特朗托等一些大城市。切萨雷·迪波亚的政权在那里倾覆后，威尼斯在罗马涅站稳了脚。威尼斯的成功引起了许多意大利国家的强烈不满，希望将罗马涅纳入教皇领地的教皇尤里乌斯二世利用了这种不满。

1504年，尤里乌斯二世创建了反威尼斯同盟；1508年，康布雷同盟形成。对威尼斯不满的法兰西、西班牙、神圣罗马帝国都是同盟成员。1509年5月，在安雅杰罗战役中，尽管主要由民兵组成的军队英勇作战，但威尼斯还是大败于人数占优势的康布雷同盟。其中一些城市，尤其是帕多瓦顽强抵抗疯狂劫掠民众的外国侵略者，但威尼斯共和国还是丧失了意大利北部许多城市的政权。不再谋求罗马涅和意大利南部领土后，威尼斯被迫与教皇和西班牙协商。

很快，事件出现新的转折：为了与支持伦巴第的法国军队和帝国军队斗争，教皇尤里乌斯二世与威尼斯结盟。1511年，教皇提出"驱逐蛮夷"的口号，并推动一些意大利北方城市和西班牙建立"神圣同盟"。1512年4月，在意大利战争时期规模最大的一次战役——残酷的拉韦纳战役中，主要由西班牙人组成的"神圣同盟"军队被法国人击溃。但是，路易七世没能巩固胜利，他的盟友、德意志皇帝马克西米利安一世倒向神圣同盟后被迫放弃米兰和伦巴第的一些城堡。作为奖赏，教皇准许西班牙和瑞士军队占领保持中立的佛罗伦萨，并要求佛罗伦萨赔款。为了免遭洗劫，佛罗伦萨同意在1513年3月缴纳赔款，恢复美第奇政权，出身美第奇家族的新教皇利奥十世尤其坚持这一点。威尼斯看到教皇与西班牙联盟日益壮大，于1513年与法兰西签订了协议。在自己的侵略政策失败后，法国谋划了一个进军意大利的新计划。法国失利后，西班牙在半岛的影响力快速提升，这是意大利战争第一阶段的结果。意大利半岛各国没能建立起稳固的联盟来抵御外族侵略者。

## 第十章　16世纪至17世纪上半期的意大利

1515 年，法国新国王弗朗索瓦一世恢复了积极的军事行动：这年 9 月，他领导的法国和威尼斯军队在马里尼亚诺战役中大获全胜，这也是意大利战争中的一次著名战役。法国重新在米兰站稳脚跟，威尼斯则恢复了在与康布雷同盟战争中失去的意大利北部领地。四股势力割据亚平宁半岛：在意大利北方，威尼斯和法国居于统治地位；教皇国统治意大利中部；南方是西班牙的势力范围。1519 年，力量的相对平衡被打破，西班牙国王查理一世变成了德意志皇帝查理五世，西班牙和德意志结成了统一战线。法国和神圣罗马帝国之间由来已久的竞争加剧：对于弗朗索瓦一世来说，重要的是占领米兰，从这个意大利北方最重要的战略中心开辟通往半岛中心地区的道路；而德意志皇帝的目的是把法国人赶出意大利，在那里建立自己的政权。

1521 年春天，弗朗索瓦一世先发制人，采取了反查理五世军队的军事行动。直到 1525 年 2 月，战局才出现转机，在意大利战争最后一场大战——帕维亚战役中，法国人惨败，弗朗索瓦一世本人被俘。被战争拖得筋疲力尽的双方中止了战争，但西班牙的势力明显增强。

在新形势下，威尼斯赞成联合因连年战争和外国侵略者横行而积贫积弱的意大利半岛各国，把西班牙人赶出意大利。为此，于 1526 年建立科涅克同盟后，威尼斯、教皇国、热那亚、佛罗伦萨、米兰与法国结成同盟。但是，同盟成员间的不和、在伦巴第军事行动中的犹豫不决导致米兰在 1527 年失陷。这使查理五世统领的西班牙-德意志军队向罗马进军。没领到军饷的查理五世的军队变成强盗，一路抢劫。1527 年 5 月 6 日，罗马被占领，四个教堂和古罗马时期的遗迹遭到破坏。参与洗劫罗马的雇佣兵当中有不少新教徒，他们带着宗教狂热猛烈攻击天主教的堡垒。教皇克雷芒七世躲藏在圣天使城堡。罗马城内粮食奇缺。永恒之城的悲剧命运震撼了整个意大利，激起法国采取军事行动反抗查理五世。到 1528 年夏，法国成功地收复了那不勒斯王国大部分地区。但是，还没有巩固战果，在法国军队中就爆发了鼠疫。法国被迫于 1529 年 8 月在康布雷签订和约。根据和约，查理五世取得意大利国王的封号（他在 1530 年由教皇克雷芒七世加冕）和那不勒斯王国的领地。结果,哈布斯堡王朝在意大利取得了无可争议的优势。

在接下来的30年到1559年在卡托-康布雷齐签订和约前,意大利一直是德意志和法兰西的角斗场,而当地的统治者只是他们角逐与斗争中被动的棋子。《卡托-康布雷齐和约》巩固了西班牙对几乎整个亚平宁半岛的统治权。半个多世纪的战争使意大利各国的土地荒芜,遭受了巨大的物质损失,民众饱受苦难。

意大利战争结束后,意大利一半以上的领土都处在西班牙的统治下,这也成为亚平宁半岛各国联合的障碍。米兰公国、包括西西里岛和撒丁岛在内的那不勒斯王国、托斯卡纳的一块领地(主要是第勒尼安海岸边的城堡)都属于西班牙。在大国中,萨伏依公国(包括萨伏依、皮埃蒙特和尼斯)、占有利古里亚海北部海岸和科西嘉岛的热那亚共和国、在亚得里亚海东海岸和伦巴第拥有领土的威尼斯共和国、包括佛罗伦萨中心地区的托斯卡纳公国以及教皇国保持独立。许多小国,像帕尔马、皮亚琴察、摩德纳、曼托瓦、费拉拉、乌尔比诺公国、蒙菲拉托边区领地、卢卡和圣马力诺共和国,在形式上保持独立。

**16世纪至17世纪上半期意大利经济的发展** 14~15世纪,尽管在新时代早期出现了商业、金融和工业活动中心从一个地区向另一个地区转移的积极进程,但亚平宁半岛各国和整个地区的经济发展速度和水平不平衡。16世纪下半期至17世纪上半期,意大利经济的内部联系扩大。同时,建立了统一的商品市场,但仍和从前一样,政治分裂的加剧、外族统治、工商业主要针对国外市场、大国在岛上的竞争阻碍了经济发展。尽管开辟了连通欧洲、亚洲、非洲和美洲的新贸易通道,地中海贸易的重要性降低,但意大利仍在其中发挥着重要作用。此外,由于意大利战争,西班牙和葡萄牙的商业联系得到巩固,意大利获得了通往新世界贸易市场的通行证。

由于与法国、德意志和英格兰制呢中心的竞争不断加剧,意大利的主要经济部门,主要是纺织生产遇到了不少困难。佛罗伦萨生产的产品甚至在当地市场遭到进口羊毛织物的排挤。这说明,高品质的佛罗伦萨精细呢绒生产受到16世纪上半期已经明显减少的原料进口的制约。伦巴第和皮埃蒙特的绒布业遭遇到德意志南部城市的激烈竞争。在意大利战争时期，资本流向农业和信贷业务的情况不断加剧也影响到意大利的经济发展。确实，尽管16世纪意大利商业金融公司的海外业务大规模发展，但资本并未完全退出商业领域。如最大的热那亚圣乔治银行不仅在意大利，而且在法国、西班牙、黎凡特国家拥有大量业务。

在意大利战争时期，国家经济被迫适应新条件：尽管存在传统贸易关系崩坍和破坏带来的困境，但没有丧失进一步发展的机会，16世纪下半期一些生产部门出现增长。1559年和约签订后意大利境内的和平和一些存在竞争关系国家情况的变化——法兰西开始了国内战争，尼德兰与西班牙之间爆发了战争，都促进了生产的增长。16世纪下半期，皮埃蒙特、伦巴第的一些城市，包括贝加莫的呢绒生产明显扩大。威尼斯共和国的制呢业快速发展：1521年，年生产呢绒3500块，而1602年则约为29000块。传统制呢中心佛罗伦萨的生产规模有所扩大，尽管廉价的粗羊毛织物取代了昂贵的细羊毛织物。在意大利，许多城市——拥有比较良好的丝织生产传统的热那亚、威尼斯、米兰、帕维亚、科莫、曼托瓦、博洛尼亚、威尼斯的丝织品生产快速增长。时兴的丝绸产品出口到英格兰、法兰西、德意志、波兰、匈牙利。丝织业主要依靠当地原料生产，这也是这一行业繁荣的主要原因之一。那不勒斯王国，尤其是西西里岛是主要的生丝供应地。到16世纪末，意大利南部丝线的生产显著增长。在很大程度上，技术发明、工艺和染色技术的改进促进了丝织业的繁荣。与意大利传统的呢绒制品相比，海外市场对贵重的锦缎（带金属线）、带花纹的天鹅绒以及其他时尚丝织品的需求要大得多。绢纺技术的改进在丝织业增长中发挥了重要作用。曾在1581年考察佛罗伦萨绢纺工作的米歇尔·蒙田证实，借助水力设施，一个妇女可以搞定500个纺锤。

但是，纺织生产取得的成绩并未给意大利这一主导经济部门带来全新的实质性的进步。早在14~15世纪这里就产生的早期资本主义关系没有更进一步，得到结构性发展。通常，在制呢工、丝织工和其他手艺人行会框架下进行活动的公司，仍和从前一样是生产的组织者，它们保留了规则体系，坚持遵循传统工艺，为自由企业经营设置障碍。和前一时期一样，受行会和公司约束的小范围的专业手艺人是直接生产者，他们绝不是一直拥有作坊和必需生产工具的产权，他们从公司拿着极低的报酬。而且，尽管纺织生产工艺允许，但仍未出现从分散式和混合式手工工场向集中式手工工场的转变。意大利经济中形成的早期资本主义成分缺乏稳固的基础。生产组织和形式的传统性、市场结构尤其是对外贸易结构的变化造成意大利经济上升期相对较短。到17世纪上半期，在意大利主要工业部门，停滞、稍后的衰退取代了上升。

米兰、威尼斯、佛罗伦萨制呢业生产下降尤其明显。如17世纪的前三十年，米兰呢绒生产缩减为之前的1/5，而制呢作坊的数量从70个减少到15个（到1682年，米兰只剩下5个制呢作坊）。17世纪上半期，威尼斯羊毛织物的生产急剧缩减，仅为原来的1/3。17世纪前几十年，佛罗伦萨的呢绒加工量减少了一半。这一时期丝织品生产也有所下降：17世纪上半期，在威尼斯这个重要的传统生产中心，丝织物的生产急剧下降，仅为原来的1/5。在一些工业部门，如绒布生产和金属加工业，下降趋势在16世纪末即已显现。

从16世纪下半期的活跃到17世纪中期的逐渐衰落和停滞，这种变化不仅出现在意大利工业中，也出现在贸易和银行业务中。16世纪，威尼斯、热那亚、佛罗伦萨是最大的国际贸易和金融中心。意大利的主要国家在与西班牙、英格兰和法兰西的贸易中保持顺差。尽管面临奥斯曼土耳其人的进攻，但威尼斯在地中海贸易中仍保持着自己的地位。与它竞争的葡萄牙也不能打破它从近东国家进口香料在欧洲销售的垄断地位。

如果说威尼斯致力于维护与东方的传统关系的话，那么热那亚则把目光锁定于西方，积极参与与西班牙和葡萄牙的贸易。16世纪中期，热那亚一半以上的进口来自西班牙。热那亚与英格兰、尼德兰、德意志的贸易扩大。热那亚银行家的大宗金融业务都与西方国家有关，他们联合建立实力雄厚的圣乔治银行，在国际金融市场上赢得主导地位。"我们是金融市场的主人，迫使他们接受这样的规则。"热那亚共和国的议员证实。16世纪尤其是16世纪下半期，热那亚开始在国际基金交易中分配从美洲运到西班牙然后转运到热那亚的金银。热那亚人的影响力不仅局限在欧洲，他们在黎凡特国家、非洲、美洲也都有一定的影响力。

和以前一样，佛罗伦萨实业的作用是积极的。它既与西方也与东方发展贸易。佛罗伦萨商人到达南美洲海岸，从但泽和莫斯科公国进口粮食。到16世纪末，属于它的滨海港口利沃诺发展为国际大港。

但是，在17世纪上半期，意大利贸易形势发生变化：进口仍以半成品、原料、农产品为主，而非成品。在海上贸易通道方面，之前占主导地位的热那亚和威尼斯的船只遭到英格兰和尼德兰船只的排挤。意大利的工业越来越瞄准国内和地方市场，市场相对狭小不允许它保持之前的高生产水平。在出口商品（也提供给地方市场）中，主要是广大购买者不需要的奢侈品和贵重的织物。

17世纪中期，意大利经济逐渐衰退既有内部原因，也有外部原因。首先，工业没有能力转向更发达的早期资本主义企业形式，表现为保留了行会体系、资本逐渐进入劳动力更廉价的农村、政治分散，从而影响形成国内统一市场的。意大利各国保护关税政策薄弱、资本流向农业、包税和信贷系统等其他因素也产生了消极影响。16世纪末西班牙财政破产和减少进口生产精细呢绒的西班牙羊毛给意大利工业和银行业务带来沉重打击。17世纪上半期销售难度的不断增加也阻碍了意大利纺织业的增长，因为与更便宜的英格兰、尼德兰呢绒和法兰西丝织品的竞争加剧，在这些国家纺织生产得到关税政策的保持。

意大利经济衰退的一个重要内部原因在于农业组织和发展的特点，这与农村首先是意大利中心和南部地区封建反动势力的进逼有关。意大利北方和南方经济发展水平的差距越来越大也影响到国家工业发展速度。半岛的南部地区成为意大利中心地区和北方地区纺织业和其他工业行业的原料基地。排挤掉当地商业上层人物的佛罗伦萨、热那亚、威尼斯商人渗透进那不勒斯王国。比如，在南方经济中居于引领地位的热那亚人贷款给那不勒斯国库、当地贵族，在这里收购土地，取得税收的包税权。

**意大利的农业**　16世纪，尤其是16世纪下半期意大利战争结束后，意大利农业取得了显著成绩。由于开垦荒地，耕地的数量增加。在托斯卡纳、伦巴第，土壤改良和灌溉工作普遍展开。普遍引进新的粮食作物和饲料作物。在这一时期出现的玉米迅速占领了主要阵地。大麻、水稻、柑橘和甘蔗的种植面积扩大。重视桑树栽培。在威尼斯共和国内的伦巴第积极引进先进的耕作方法,出现了农场型农业。畜牧业也得到显著发展:实行圈养牲畜,在意大利南部,由于当地对羊毛的需求增加(用于生产粗呢),养羊业发展迅速。15世纪,典型的农业和市场的关系得到巩固。在意大利中心地区,包括教皇国,传统上种植粮食作物,但不能满足当地居民的需求,越来越多地从那不勒斯王国进口小麦。16世纪,博洛尼亚周边地区成为大麻种植中心,但到17世纪初,大麻收入明显减少。近一个半世纪玉米种植面积都保持稳定,艾米利亚州成为玉米种植的主要中心。

与工业领域一样,早在17世纪前几十年,农业生产的增长被初露端倪的停滞和后来的衰退取代。到17世纪中期,很多已开发的土地荒芜,耕地常常变成牧场,轮作情况恶化,禁猎区扩大。意大利南部的广大地区陷于经济停滞。

对于伦巴第以外的许多州来说,农业衰退的原因在于农村的生产关系。这里仍和从前一样,封建的土地所有制和土地使用形式占主导。早期资本主义的经营方法对农业经济的影响极其微弱,农场式经营才刚刚在伦巴第的乳畜业中出现。城市土地所有制广为流行,16世纪至17世纪上半期市民投资土地的不断增长并未给农业关系带来根本改变,也没有引进新的、更加先进的土地使用方式。在托斯卡纳、艾米利亚和其他一些地方,占主导地位的对分制——半资本主义和半封建主义租赁关系没有进化成资本主义租赁关系,相反,封建特征占上风。

通常,一些经济综合体实行对分租,承租人一家在经济综合体内种地,经营葡萄园、栽培蔬菜,饲养牲畜,有时还从事其他农业工作。土地所有人越来越回避租赁合同规定的经营业务,将其转嫁给对分制佃户。承租人被迫自己购买农具、种子、牲口,因此他们不可避免地长期受到土地所有人的财政制约,收支勉强相抵。在还清所有债务前,他们无权离开租赁地段,地位与失去土地的依附农民无异。此外,他们还负担着额外的封建税费和对土地所有者的义务:逢年过节的实物礼、磨粉税、劳役地租(土地所有者的农产品加工、土壤改良、道路和建筑工程等）。到 17 世纪中期，对分制变成了农民最难以忍受的封建依附形式。

流行于意大利北部和中心地区的另一种租赁关系——单一类型小地块短期分成制租赁（或种地，或种植葡萄，或种植橄榄等）为农业向前发展提供了某种可能。但是，这里的封建反动现象阻碍了进步。之前归城市和农村公社所有的许多土地在 16 世纪至 17 世纪上半期被意大利各国统治者作为封地赏赐给大地主，这种情况也起了一定作用。领主利用取得的行政司法权力使复苏的封建农民赋役合法化，其中包括与人身依附有关的赋役。对提高劳动生产率失去兴趣的农民压迫的加重导致农业人口的贫困化和农村经济衰退。破产、流浪是封建反作用的必然结果，也是 17 世纪上半期在意大利随处可见的现象。

**意大利各国的社会政治结构** 意大利战争的结束、和平时期工农业的复苏促进了意大利人口的增长：如果说 16 世纪初人口为 1000 万人的话，那么到世纪末人口则增加到 1300 万人。伴随 17 世纪上半期初现端倪的经济衰退，人口也相应缩减，到 17 世纪末不超过 1100 万人。16 世纪，农村人口仍和从前一样占意大利人口的绝大多数，占比超过 80%。同时，城市人口呈稳定增长态势：百年中城市人口占人口总数的比例从 11% 上升到 16%，而在人口密度大的北方地区城市人口比例超过 20%。在新时代早期，农村居民包括农民，而且贵族移民城市的现象日益普遍，成为国内人口状况的特征之一。到 16 世纪末，意大利的大城市人口增长速度特别快，人口达到 20 万人的那不勒斯、人口 15 万人的威尼斯跻身欧洲十大城市之列。罗马、巴勒莫、墨西拿的人口超过 10 万人。中等人口数量的城市也在增加，这类城市（到 16 世纪末这些城市中居住着 2.5 万～3 万人）有曼托瓦、帕维亚、帕尔马、利沃诺。城市里主要充斥着大量城市贫民，贵族虽然不愿放弃城堡和别墅，但大部分时间生活在城里。16 世纪末至 17 世纪前几十年是贵族城市官邸积极建设时期，文艺复兴晚期风格和刚刚形成的巴洛克风格的建筑大量出现。

与欧洲其他多数国家不同，意大利的社会结构没有法律上清晰成型的阶层，尽管封建阶级——贵族和神职人员的特权地位在部分国家得到法律上的巩固。在导致意大利社会没有形成固定阶层的一系列原因中，政治分裂和没有与之相关的代表机构体系是重要原因，而在其他国家，这种代表机构促进了社会阶层在法律上的定型。意大利各社会阶层间的界限是模糊的。贵族不仅包含了古老的封建姓氏的代表，还包括了"新贵族"；贵族人数不断增加，尤其是在 16 世纪最后几十年至 17 世纪上半期。贵族队伍包括都会贵族、工商阶层上层、新生资产阶级，他们购买土地、爵位和称号。意大利各国的统治者、米兰公国和那不勒斯王国的西班牙总督广泛出售爵位和称号。16 世纪下半期，在那不勒斯，大公、侯爵、公爵、伯爵、男爵等爵位按一定的价格自由售卖。依靠购得在国内没落的西班牙贵族的土地和称号，意大利贵族的队伍得以扩大。神职人员，首先依靠扩大领地获得晋升的高、中级神职人员的比重上升：17 世纪，在不同的地区、国家，土地的 1/3～2/3 属于教会。至于低级神职人员，情况正好相反，出现了贫困化的典型趋势。社会的开放性和流动性影响到统治阶级的构成。社会阶层的提升主要取决于财富水平，"新贵族"的世系与他们尊贵的爵位远远不对等，而他们的家族延伸到各个社会阶层，甚至是农民阶层。

在意大利的君主制国家中，封爵的贵族和高级神职人员取得土地的管理权，同样得到了地方的司法和行政权力，任职外交部门，为统治者组阁。这一阶层越来越以各方面的奢华著称：大量官邸和郊外别墅内部装饰华丽；服装用昂贵的丝绸制成，装饰着花边、金银线和宝石；老爷们出行有仆人前呼后拥；慷慨资助科学、文艺事业。所有这一切无不显示出他们的奢华。如果说在 16 世纪显赫的贵族从事贸易和银行业务，甚至把钱财投入工业公司（对于佛罗伦萨贵族尤其典型）还算体面的话，那么到世纪末对显贵和崇高的认识有了明显变化。随着贵族经济地位的提升，土地所有制的作用使传统的"骑士义务"——军事技能、骑士比武、狩猎等具有了首要意义。除为国家服兵役和脑力劳动外，现在所有其他活动都被视为有损王公贵族尊严的"低级"活动。极力要和有爵位的贵族打成一片的城市上层人物也怀着这样的心理。都会贵族以及在工商业和银行活动中积累资本发财致富的工商阶层在国家管理中占据重要地位，拥有大量土地，他们也极力想取得爵位。同时，对"贵族"的向往也不能动摇城市上层与工商业和金融业务的传统联系，尤其是在佛罗伦萨、威尼斯、热那亚这样的大经济中心。由于没有法律阻碍工商阶层的代表得以跻身封建贵族集团，但意大利统治阶级各阶层的社会经济地位是有差异的，这也反映在他们的心理特点上。即使已经贵族化的工商界上层人物也不拒绝在某种程度上参与各种形式的经营活动，不认为它是"不体面"的。即使到17世纪，意大利的经商传统仍十分稳固。

在新时代早期，社会地位各异、职业多样的大量市民构成中等工商阶层，其中包括私商、金融家、手工工场所有者、手工业工匠。主要的知识分子——律师、医生、大中小学教师、文学家、出版商、画家、建筑师等也属于工商阶层。除了自己的主业，他们常常放高利贷，进行金融投机，竭力取得包税权，在国家机关中获得有利的职位。通往上流社会的大门没有为中等工商阶层关闭，一切取决于财富、关系和统治者的垂青。17世纪上半期，由于经济开始衰退，工商阶层主要依靠获得非生产性收入致富的趋势加强。这个成员形形色色的社会阶层经历了财产分化不断加剧的过程，被"自上而下"和"自下而上"的历史洪流冲垮——最富裕的可能上升为都会贵族和封建贵族（贵族化也触及了这个群体），陷入贫困的则充实了平民队伍。

平民即"卑微的小人物"包括行会外的手艺人、手艺人的帮手、雇佣工人、无业游民，他们构成意大利城市居民的主体。平民没有可观的财产和政治权利。"卑微的小人物"受到双重压迫：雇主的压迫，在雇主那里，没有反映平民利益的劳动立法保护他们；国家的压迫，不断增加的间接税压迫着他们。这个社会阶层容易爆发不满，有时使自己卷入社会上层的政治斗争。

16世纪至17世纪上半期，意大利绝大多数人口是社会地位和财产状况复杂的农民。在意大利的一些地区保留了层级制，一方是人身自由的土地所有者阶层，另一方是处于依附地位的雇农和农奴阶层。自由的承租人——对分制佃户、将收成的 $1/5 \sim 1/3$ 交给土地所有人的实物分成制的农民、地租固定交钦什代役租的佃户是农村劳动者的典型代表。雇佣工人——雇工和日工越来越多，尤其是在17世纪上半期。新时代早期典型的农民赤贫化趋势加剧并蔓延至意大利;行乞和流浪成为普遍现象。在西属米兰公国和那不勒斯王国,农民的处境尤其艰难:除了高租金、大量间接税、封建苛捐杂税外,异族官员和本地贵族在这里横行霸道。意大利富有的社会上层和贫穷的底层之间的巨大差距在16世纪末清晰地显现出来,并在17世纪上半期继续扩大。这一差距在意大利南部尤其惊人。

**意大利各国的政治发展**　在整个新时代早期,意大利各国的政治体制仍然驳杂,只有为数不多的国家保持共和制;在威尼斯、热那亚、卢卡、锡耶纳,贵族社会精英掌管国家。教皇国是以教皇为首的神权国家。亚平宁半岛的大部分国家是倾向于专制君主制的国家,在这些国家行政和军事权力掌握在依靠宫廷贵族和官僚集团的公爵或侯爵手里。在那不勒斯王国和米兰公国,意大利战争结束后,政府的实际职能转交给西班牙官员(在那不勒斯以总督为首),但最高权力属于在马德里召开的意大利事务高级委员会。

在独立的大国中,佛罗伦萨共和国分离出来,到16世纪中期完成了向专制君主制的过渡。1512年回到佛罗伦萨的美第奇家族,公开追求自己不受限制的权力,结果,按出身都会贵族的历史学家弗朗西斯科·圭恰尔迪尼的话说,"开始令所有人痛恨"。劳动者的处境特别艰难。广大群众、部分被弃用都会贵族的不满导致美第奇家族于1527年被逐出佛罗伦萨。恢复了共和制,国家管理机关中工商阶层上层代表的人数增加。"正义旗手"(现在这一职务是终身制)成为共和国的首脑。在新条件下,中等工商阶层——渴望进行根本改革的买卖人和手艺人活跃起来(开始向贵族强制借款,一些都会贵族甚至被处死)。得到教皇克雷芒七世、家族代表和查理五世皇帝支持的美第奇家族开始围困佛罗伦萨,佛罗伦萨人民英勇抗击长达11个月的围困。不断加剧的饥饿迫使工商界上层向贵族的要求让步,美第奇家族重新执掌政权。存在了三年(1527~1530)的共和国的领导人被处死。按照1532年新宪法,教皇的侄子亚历山得罗·美第奇公爵成为国家元首。共和制权力机关被废除。佛罗伦萨共和国的政体变为元首政体——意大利特有的君主制。在科西莫·美第奇时期(1537~1574),公爵的专制统治在佛罗伦萨站得以巩固。由于与锡耶纳共和国实现了联合,他成功地扩大了国家疆界，国家更名为托斯卡纳大公国。

贵族，不仅包括封建贵族，还包括取得爵位的都会贵族和富裕的工商阶层，是科西莫一世政权的支柱。传统的共和国审判官被逐渐取消，完全听命于具有法律效力的公爵意志的官僚机构快速增加。16世纪下半期经济开始复苏，这是在托斯卡纳建立君主专制的积极结果。科西莫一世实行的重商主义和工业（对制呢业和丝织业）保护政策以及更加紧密的经济关系在意大利中心发达地区形成促进了经济复苏。极力模仿马德里和巴黎富丽堂皇的宫廷、快速扩充军队和官僚机构都需要大量资金。税收，主要是间接税——盐、粮食、橄榄油和其他食品的销售税以及债券、货币损坏（在保持币面价值不变的情况下当局非正式地降低货币的重量或成色）使国库得以充实。

托斯卡纳公爵和意大利元首制政体的其他统治者来都追求中央集权，与封建自由逃民频发的斗争，提高进口关税、降低出口关税、支持稳定的货币方针等重商主义政策都促进了权力集中。到16世纪末，无论是意大利的重要国家还是中小国家，其得到巩固的进程清晰地显现出来。17世纪上半期，在经济开始衰退的情况下，巩固的进程受阻。这在很大程度上是由国家政策的新趋势——提高税率、扩大包税、实行政府垄断决定的。这些消极现象对萨伏伊公国触动较小，到17世纪初，萨伏伊公国成为意大利最发达的君主制国家之一。

传统共和制在威尼斯最稳固，大议会负责共和国高级国家机关的选举，所有都会贵族家族代表都是大议会成员（25岁以上男子）。元首是象征性的，实权归参议院（约300名成员）和主要行使司法职能的众议院。

元首实行终身制。他领导小议会，小议会反过来监督他的活动。大议会成员也是终身制。大议会在自己的圈子内选出小议会成员、元首和所有国家机关以及威尼斯下辖的城市和领土执政当局的领导人（最高行政官和校官）。在意大利战争时期，威尼斯共和国竭力扩大自己在亚平宁半岛的领地，但胜负参半。总的来说，与奥斯曼土耳其帝国的战争是失败的——它逐渐失去自己的沿海领地[摩里亚半岛（即伯罗奔尼撒半岛——译者注）、达尔马提亚城堡、亚得里亚、伊奥尼亚和地中海中的岛屿]。尽管在1571年的勒班陀海战中威尼斯及盟军（西班牙和教皇）的舰队获胜，但威尼斯不得不放弃它与东方贸易联系中最大的中心之一——塞浦路斯岛。到17世纪中期，威尼斯又丧失了克里特岛。它在海上失利的原因之一是由便于运输货物但缺少军事装备的传统大帆船组成的舰队比较落后，尚未进行现代化。通常，国家造船厂的官员对船长和工程师的创新思想不感兴趣。与意大利半岛的其他国家不同，直到18世纪末，威尼斯共和国一直保持自己的独立地位。威尼斯共和国政权的稳定性令当代人惊讶：16世纪的许多思想家视其为政治结构的典范，认为它是"意大利自由"的重要堡垒。

共和国组织的寡头原则——列入《城市簿册》的最富有的贵族和金融家家族（"老"贵族阶层）的垄断政权在1528年以宪法的形式在热那亚固定下来。不允许没有列入这个名单的市民管理共和国。后来，"新"贵族阶层不断尝试扩大政治权利并进行密谋（1536年是弗列格佐，1547年是费耶斯基，等等）。他们利用了1575年爆发的城市各阶层起义。根据1576年宪法，高官中"新"贵族阶层代表的人数明显增加，但他们没能彻底把"老"贵族从国家管理机关中排挤出去。新宪法巩固了热那亚共和国的寡头政体。

**社会斗争**　异族统治、税负加重、许多土地荒芜、经济困难、封建反动势力、外国人横行霸道，16世纪至17世纪上半期意大利的这一切现象导致亚平宁半岛多数国家长期社会紧张。从城里逃离的破产手艺人、商人、穷人，有时是小封建主集合而成的所谓"强盗"队，手里持有武器的"强盗"队与收税人对抗，抢劫富有的西班牙人和当地贵族。16世纪下半期，在歉收和饥荒年份，"强盗"队在教皇国和那不勒斯王国的活动范围最广。他们经常联合因饥饿发动暴动的市民，与意大利南部政权支柱——西班牙军队作战。在"强盗"控制的地区，税负被取消，反抗封建主的斗争活跃。在发生罕见饥荒的16世纪80~90年代，"强盗"队数量迅速增加。

16世纪至17世纪上半期许多城市起义都是自发形式的反抗，食品价格上涨、间接税提高、异族官员的肆意妄为是起义的直接原因。最大规模的城市起义以严格的组织纪律性、精心准备、提出纲领性要求而著称。热那亚人民掀起起义浪潮就是一个例子。1506年，在法国人占领城市时期，这里爆发了因饥饿和赤贫而绝望的城市贫民起义。郊区农村的农民支持了热那亚底层同贵族和法国人的斗争。起义者选举自己的领袖——染色工保罗·达·诺威为元首。但1507年起义遭到了与当地贵族结盟的国王路易七世领导的法国军队的镇压。

1528年，不满"老"贵族阶层政策的城市底层又发动起义。广大市民的不满在1575年集中爆发。此次人民斗争更有组织性：中等市民阶层提出了自己的社会经济纲领。为了领导起义，他们选出了"六人委员会"。起义于1575年5月7日开始，但很快因领袖的被捕而遭到破坏。起义结果显示出起义者的社会成分复杂，被大规模运动吓坏、渴望扩大自己权力的部分城市上层支持政府。

在弗留利、威尼斯共和国领地也发生了大规模的反封建农民运动。这里的农民战争持续了三年（1509~1511），封建主的很多庄园被毁。威尼斯共和国统治者费了很大气力才抑制住农民起义风潮，但1524~1525年，在德意志农民战争的影响下，农民起义又卷土重来。对起义农民的镇压极其残酷。

意大利战争时期，外国军队的掠夺、法兰西和德意志积极插手意大利事务严重地影响到各阶层民众的地位，人民运动席卷了许多城市和乡村。在佛罗伦萨，被税负和无权地位逼到绝望的人民于1527年春天发动起义，推翻了美第奇家族的政权。虽然恢复了共和制，但政府没有立即满足人民的要求：贵族开始寻求教皇和皇帝的支持。1529年春，在民众的压力下，选举中等工商阶层出身的弗朗西斯科·卡尔杜齐为正义旗手。他撤换掉政权中的贵族，协助选出小手工业者和商人充实国家机关。1530年春天，帝国军队围攻佛罗伦萨，打算恢复美第奇家族的政权。以军人和商人弗朗西斯科·菲鲁奇为首的爱国情绪高涨的市民领导城市防卫工作。团结在民主政府周围的佛罗伦萨人，忍饥挨饿英勇保卫城市。菲鲁奇制订了解除围困的大胆计划，打算从两个方面攻击敌人。但是，由于指挥佛罗伦萨军队的雇佣兵队长巴里欧尼的出卖，菲鲁奇的部队在佛罗伦萨的要冲被击溃，1530年8月12日，城市被迫投降。恢复了美第奇家族政权，取消了共和制。

在那不勒斯王国，人民运动反抗的是西班牙的统治和当地贵族的横行霸道。那不勒斯的起义风潮在 1585 年达到高潮，在歉收和饥荒交替不断的情况下，被投机和粮食出口激怒的市民揭竿而起。郊区农村的农民也加入了起义队伍。这是城乡贫民团结战斗的罕见情况。尽管起义者成功地夺取了城市政权，但以平民为主要力量的起义遭到失败。那不勒斯总督被迫限制粮食从王国向外出口。

17 世纪上半期，意大利南部地区由饥饿、货币损坏、实行新税制引起的人民运动并未停止。西班牙人的压迫令经济状况更加艰难，人民群众的不满常年积累，1647 年，终于在那不勒斯和巴勒莫爆发了大规模起义。巴勒莫的城市底层推翻了西班牙总督，宣告成立共和国。起义席卷了西西里岛大部分地区，农民开始摧毁封建主的庄园；与市民一样，他们要求取消税负，废黜"愚蠢的统治者"。总督保证做出让步。被大规模起义吓坏的城市上层与封建主合流，镇压了人民运动。

1647 年夏，在那不勒斯爆发了渔民马萨涅罗领导的起义。起义者惩治了收税人，销毁了税务文件，从监狱中放出被监禁者，围攻总督和贵族藏匿的城堡。运动蔓延到农村地区，农民的反封建斗争达到空前规模（销毁税务登记册、地契，摧毁庄园）。由总督组织的对马萨涅罗的暗杀导致起义的领导权落入只关心扩大自己政治权利的富裕的城市上层分子手里。但人民群众继续斗争。10 月 22 日，恢复了共和国，新政府宣布取消税负，罢免了政权中的西班牙官员。西班牙保证取消所有销售税，它利用了当权的上层人物的摇摆不定，转入进攻并恢复了自己的政权。1648 年 4 月，起义遭到血腥镇压。

运动的自发性和缺乏组织是意大利人民运动失败的主要原因。在新时代早期，人民斗争脱离中世纪传统的迹象越来越明显，农民与平民的反对势力形成。尽管城市底层和农村贫民的斗争不是全面和持续不断的，但是他们并肩战斗。

**意大利的宗教改革和反宗教改革**　意大利的宗教改革运动始于 15 世纪最后几十年，它与吉罗拉莫·萨瓦纳罗拉的名字有关（见第一卷）。16 世纪前几十年，净化社会道德、宗教革新和教会改革思想成为各阶层的典型思潮。它们反映了普通民众的渴望、对教会政策的不满（尤其是对教皇为了一己私利不断插手意大利各国事务的不满），这种不满情绪在贵族、宫廷乃至部分神职人员中不断滋长。16世纪前几十年，再洗礼派和反三一论派的思想也开始在意大利传播。意大利南部的宗教改革行动规模最大，那里的行动具有明显的反教皇和反西班牙的特征。那不勒斯成为宗教改革的重要中心之一。16世纪30年代，胡安·德·瓦尔德斯小组的活动在这里展开。他从人文主义立场审视了基督教信仰的基础，与其他宗教改革家相似，发展了必须取消教会等级制的论点。赞成梅兰希顿的许多反天主教思想的著名传教士贝尔南迪诺·奥吉诺在民间大力传播瓦尔德斯的思想。

在卢加、佛罗伦萨、威尼斯、费拉拉以及其他一些城市也爆发了宗教改革运动。一方面，意大利社会受过良好教育的群体，包括人文主义知识分子的代表对新教学说——路德宗、茨温利主义、加尔文主义和梅兰希顿的立场以及在意大利形成的"哲学异端"感兴趣。从这里可以看出意大利宗教改革的一个特点，即宗教和哲学思想紧紧交织在一起，宗教改革理论深受人文主义影响。另一方面，宗教改革思想在小手工业者、买卖人和城市贫民中有众多信徒。这里有自己的传教士，建立了宗派，而宗教思想经常得到社会的阐释。包括贵族、神职人员、知识分子的代表在内的宗教改革派对宗教改革理论的认识各不相同。意大利宗教改革力量的分散使天主教会轻易获胜，特伦托会议后，它开始积极反攻。

16世纪下半期展开的反宗教改革对宗教改革和世俗的文艺复兴都是沉重打击。1559年开始生效的《禁书索引》对许多优秀的文艺复兴时期的文学作品（薄伽丘的《十日谈》、瓦拉、马基雅维利、阿列基诺等的作品）进行封杀。耶稣会成为反宗教改革最强大的武器。1542年按西班牙模式引进的宗教裁判所以残酷著称。不仅民间异教传教士、新教支持者，还有为世俗思想自由奋斗的战士，其中包括新时代早期最著名的思想家乔尔丹诺·布鲁诺、朱利奥·塞萨尔·瓦尼尼，都死于宗教裁判所的火刑。许多人文主义者和宗教改革家被迫移民瑞士和欧洲其他国家。

16世纪末至17世纪前几十年，天主教反动派积蓄力量，自由思想的任何表现都受到迫害，监视和向宗教裁判所告密成了日常生活的准则。笃信天主教被视为崇高的美德。但在这种对文化和科学发展极其不利的情况下，意大利还是涌现了布鲁诺、伽利略、康帕内拉这样卓越勇敢的思想家。

**16世纪至17世纪上半期意大利的文化**　与前一时期一样，民间、城市、贵族、文艺复兴和教权主义文化成分在意大利文化中并存。文艺复兴经历了16世纪第一个四分之一世纪最繁荣的阶段（即文艺复兴高潮）和世纪末逐渐消退的阶段，不过17世纪上半期文艺复兴传统仍显而易见。16世纪30~40年代，在文学、艺术中形成了宫廷贵族的矫饰主义路线，其特征为追求文艺复兴大师成功的形式、巧妙、优美和高超的技巧。16世纪下半期，在天主教反动势力猖獗的环境下，正统宗教文化与文艺复兴和矫饰主义一起对社会产生积极影响。17世纪上半期，以新巴洛克风格为背景，宫廷贵族文化和教权主义文化互相靠拢。

对于文艺复兴式文化来说，16世纪不仅是从高度的创作向世纪末衰减转化的最重要阶段，还是广泛发展时期。文化革新的领域不断扩大，不仅包括人文科学、文学和艺术，还涵盖自然哲学、自然科学、音乐、戏剧。早在16世纪初，文艺复兴就已经在意大利的多数国家扎根，尽管佛罗伦萨、威尼斯、米兰、罗马、那不勒斯、费拉拉、乌尔比诺、曼托瓦才是它主要的中心。在文艺复兴的世俗主义与唯理主义传统下，16世纪至17世纪前几十年自然哲学和自然科学——数学、机械学、天文学、医学、生理学、植物学——快速发展。意大利语和拉丁语一起成为科学语言。意大利语在文学——诗歌、散文和戏剧中的地位尤其稳固。它形成于14世纪用托斯卡纳（佛罗伦萨）方言写作的但丁、彼特拉克、薄伽丘之前，16世纪，托斯卡纳方言在众多的意大利方言中独领风骚，成为全民族的文化语言。1582年在佛罗伦萨成立的德拉·克鲁斯卡艺术学院（即秕糠学会——译者注）的一项重要活动就是编撰第一部意大利语大辞典（1612年面世）。文艺复兴式文化的发展促进了图书出版；图书出版在意大利始于15世纪70~80年代，在16世纪上半期快速发展。威尼斯以出版业规模大而著称。16世纪前几十年，出版古希腊罗马时期作品和人文主义文学作品的马努采夫印刷厂闻名欧洲。17世纪，尽管与佛罗伦萨、曼托瓦、罗马、帕维亚、那不勒斯因出版业规模大而著称，但威尼斯是意大利最大的图书出版中心。诚然，在反宗教改革时期实行严格的书刊检查制度，对在其中发现"异端"思想或批评教会制度的哲学、科学以及其他文献的出版加以禁止。16世纪最后几十年至17世纪初，《禁书索引》不断扩充。天主教正统思想的主导地位、教会的思想强制氛围极大促成了世俗的文艺复兴式文化的式微。其自身内部——人文思想、艺术、文学中的危机迹象损害了它的地位，这种危机现象在16世纪最后几十年变得越来越明显。17世纪初，巴洛克文化取代了文艺复兴式文化，建筑、雕塑、绘画、装饰艺术、音乐、戏剧在巴洛克文化中以统一的风格共存。

**人文主义　社会政治思想**　关于人、人在世间的使命、人在自然和社会中地位的人文主义学说在16世纪经历了充满矛盾的新发展阶段。非宗教的人文主义对政治和社会乌托邦思想以及历史编纂学都产生了显著影响。同时，基于自然科学成果的新世界图景开始形成，人是宇宙中心、人在上帝面前平等思想、夸大人的认知和创造能力的人文主义思想步入末路并受到质疑。在15世纪失去部分阵地的人学，在文艺复兴晚期为自然哲学和自然科学领域的新思想所丰富。

文艺复兴高潮时期的政治思想与两位杰出作家——马基雅维利和圭恰尔迪尼的名字联系在一起。佛罗伦萨人尼可罗·马基雅维利（1469~1527）年轻时担任僭主制国家（即佛罗伦萨共和国）一个办公厅的秘书。在佛罗伦萨恢复了美第奇家族的政权后，他被解除了参与国务活动的权力，在1513~1520年过着流放生活。他最著名的作品《君主论》《论蒂托·李维〈罗马史〉的前十书》《佛罗伦萨史》都创作于这个时期，这些作品为他赢得了欧洲声誉。马基雅维利提出了有助于解决在意大利建立统一的中央集权国家问题的"强有力君主"思想。为达此目的，他认为任何有利于国家的手段都是可行的。马基雅维利只认可从整个国家利益出发这一种道德；包含爱国主义和社会义务原则的非宗教人文主义思想对他的伦理学产生了影响。

马基雅维利奠定了以合理理解事实、不带任何理想化色彩的具体国家经验为基础的政治理论的基础。他的主要贡献是创立了世俗的国家学说。作为历史学家，他为人文主义者于 15 世纪开启的历史思想世俗化进程注入了新动力。马基雅维利在《佛罗伦萨史》中把公民自由同人民的积极性联系在一起，认为共和国的许多灾难是贵族追逐个人利益的后果。他在总结人民在历史进程中的作用时强调强力人物的作用。他确信，既与欧洲现有的专制君主制国家不同，也与意大利的地区君主制不同，只有真正的英雄和智慧与意志兼备、能够冷静地判断现实、做出正确决定的杰出人物才可能是"新元首制国家"的缔造者。他认为，为了与命运进行抗争，无论是"新君主"还是每个个人都需要培养这些品质。

连续不断的反教权主义运动是马基雅维利世界观的一个重要方面。意大利的主要不幸是几百年来丧失国家统一，他看到了天主教会首脑对世俗政权的野心。他认为，教会受到批评还因为它支持民间的迷信和偏见。在依据薄伽丘传统精神创作的辛辣讽刺喜剧《曼陀罗》（«Мандрагора»）中，马基雅维利把修士描绘成无处不在的愚蠢行为、虚情假意和恶的载体。

意大利的分裂、它在意大利战争时期的灾难令弗朗西斯科·圭恰尔迪尼（1483～1540）饱受煎熬，他也是佛罗伦萨人，同时还政治思想家和历史学家。圭恰尔迪尼在第一部历史编纂学著作《意大利史》、《佛罗伦萨史》、在他任职外交部门时写给意大利君主的信函中，坚定不移地发展了为抵御外敌必须团结国家所有力量的思想。与马基雅维利一样，他认为意大利的许多灾难与罗马教廷的分权政治密切相关。他在政治形势分析中表现出准确的洞察力，为意大利君主提出了明智的建议。在《政治和民事事务札记》（亦译作《政治和社会杂感》——译者注）中，圭恰尔迪尼发展了人文主义伦理学思想，赋予它实际方向，常常根据自己所处时代重新定义政治和民事生活中的行为道德准则。他认为，知识、头脑清醒、能够在任何事务中受益是一个人最宝贵的东西。区别于之前的人文主义传统，现实主义、纯理性主义、个人主义是圭恰尔迪尼伦理学的要点。

文艺复兴高潮期不仅是社会政治思想发展，还是文学发展的新阶段。仍和从前一样主要从事人文学科工作的人文主义者的创作获得了更加完善的艺术形式，而这一时期和晚期的文艺复兴文学是人文主义思想的主要传播载体。巴尔德萨·卡斯蒂利奥内（1478～1529）的《侍臣论》就是一个鲜明的例子。卡斯蒂利奥内出身于古老的封建家族，在曼托瓦和乌尔比诺公爵的宫廷中服务多年。在《侍臣论》中卡斯蒂利奥内不仅描绘了乌尔比诺公爵宫廷的风尚，更重要的是归纳了人文主义思想，尤其是伦理美学领域的成就。卡斯蒂利奥内刻画了一个忠诚于自己的王公同时保持人格尊严和独立的廷臣的理想形象。廷臣应拥有美丽的容颜、高贵的灵魂和精致的品位，思路、作风和外貌完美和谐。卡斯蒂利奥内把廷臣身上体现的人的理想特征统称为"优雅"，赋予伦理学概念以美学特征。卡斯蒂利奥内的理想是乌托邦式的，他自己也意识到了这一点，指出在宫廷中充斥着"妒忌、罪恶的预谋、卑俗的风气和形形色色的放荡淫逸"。但卡斯蒂利奥内还是相信，秉持善良、公正和自我完善的原则，以文艺复兴伦理学为基础，可以重新塑造一个人。

在安东·弗朗西斯科·多尼及其他作家的作品中得到清晰表述的社会乌托邦思想是文艺复兴思想发展的一个重要方向。它们的突出特点是对现有的社会制度持批评态度，渴望理解意大利社会弊端和军事政治失利的原因。多尼质疑建立在财产私有制基础上的社会制度的公平性，提出了建立理想社会的计划，在理想社会里财产集体所有，人人负有劳动义务。16世纪的空想家为合理安排人的生活而奋斗，这种组织安排体现了人文主义原则，其中最重要的是教育和道德完善。

因谋反和异端邪说罪在监狱中度过33年的托马斯·康帕内拉（1568～1639）在《太阳城》中提炼出人人平等和财产共有思想。在与共和制城邦有相似之处的太阳城里，没有私人财产，公民的所有财产都是公有的，所有人都必须劳动。对青年一代的教育培养是为彰显每个人的能力，并将其安排在更能显示其才能、对社会有益的活动领域。太阳城公民的生活按合理原则组织，更睿智和更高明者引导公民的生活。所有公民都有达到精神和身体和谐的可能。但是他们没有家庭，失去了个人生活和展现个性的自由，因为他们的生活方式是严格确定、整齐划一的。

**文学** 文艺复兴高潮时期是意大利文艺复兴文学的繁荣时代，萨那扎罗、卡斯蒂利奥内、阿里奥斯托、本博这些伟大的名字被载入史册。路德维卡·阿里奥斯托（1474～1533）是叙事长诗《疯狂的奥兰多》的作者，他在埃斯特公爵宫廷中任职时还创作了系列喜剧。在长诗《疯狂的奥兰多》中，阿里奥斯托通过主人公离奇曲折的故事大力歌颂文艺复兴时代的精神自由和高尚的人。为公平忘我战斗的骑士奥兰多（罗兰）是人文主义理想的化身。主人公高尚的情操和道德品质在长诗充满戏剧性的爱情主线中得到更加清晰的彰显。阿里奥斯托的长诗具有世俗特征，赞美人间生活的乐趣，充满情感和喜悦，以讽刺性的手法对死后进入天堂思想进行了描摹。

萨那扎罗1502年创作的长诗《快乐之邦》确立了田园风格在文艺复兴时期文学中的地位。在长诗中对人与自然和谐共生进行了理想主义表征。在彼得罗·本博的文学遗产中，《阿索拉尼》最著名。这是一部用意大利语以诗歌和散文形式呈现的对话体作品，在16世纪多次再版（1505年第一版）。在这部著作中，本博发展了以爱与美为核心的新柏拉图主义哲学思想，强调美的宗教起源以及从肉体之爱向精神之爱的逐渐转化。本博是当时意大利重要的语言理论家之一，他主要捍卫托斯卡纳方言，号召向彼特拉克和薄伽丘的语言学习。本博的许多抒情诗就是以彼特拉克的风格创作的。本博奠定了彼特拉克主义诗歌的基础，彼特拉克主义诗歌模仿这位伟大的诗人，创造了新柏拉图主义精神的理想化的情感模式。

在文艺复兴晚期的文学中，马提奥·班杰罗是一位杰出的散文大师，他延续了薄伽丘的现实主义短篇小说传统。人类炙热的爱情光芒吸引了他，比如罗密欧与朱丽叶的爱情悲剧故事，后来被莎士比亚借用。他的短篇小说里既有各种富于表现力的封建领主和仆人形象，也有富有讽刺意味的教士的肖像素描，他的短篇小说不仅在意大利享有广泛的知名度，还被翻译成欧洲其他国家的语言广为流传。

在16世纪下半期的诗歌中，托尔科瓦托·塔索（1544～1595）最为著名，他是费拉拉的宫廷诗人，是叙事长诗《被解放的耶路撒冷》（1580）的作者。长诗反映了天主教反动势力猖獗的情况下人文主义世界观遭遇的危机，在诗中善与恶的斗争被拟人化为基督徒与萨拉森人（中世纪欧洲对所有阿拉伯人和近东某些民族的称谓——译者注）的战争；基督教天职思想得以彰显；而且，人是不自由的，没有能力创造自己的人间功绩，他完全听从天意的安排。塔索已经偏离了文艺复兴时期对人的理解，但他仍信奉文艺复兴时期的传统，展示了长诗主人公骑士里纳尔多、坦克雷德在与萨拉森姑娘的爱情中显示的丰富的人类情感。基督徒军队中的禁欲主义精神与这些主人公感性的爱情形成鲜明的对比。

本韦努托·切利尼撰写于16世纪60年代的《自传》是16世纪优秀的回忆录文学作品之一。切利尼的这本书讲述了他波澜壮阔、充满戏剧性、为自由创作不断奋斗的一生。他从一个手艺人变为著名的珠宝商和雕塑家，切利尼十分动情地描绘了自己创作的痛苦与成功的喜悦，创作雕像《玻耳修斯》的故事也极富表现力。在《自传》中，切利尼生动刻画了体现人类文艺复兴理想的强大个性。

**哲学** 16世纪意大利哲学思想的典型特点是流派众多，这些流派既延续了15世纪的传统，又开辟了新的路径。文艺复兴时期的新柏拉图主义对哲学学说的巨大影响一直延续到15世纪末，并以论文、对话、诗歌的形式得到广泛传播。爱与美的学说落地生根，它强调人的情感的作用，详细分析了各种爱情关系。由于图书出版业的发展，人人都可读到《爱的哲学》。和从前一样，大学里亚里士多德学派独占鳌头，但文艺复兴自由思想开始在经院哲学的堡垒中萌芽。

这在佩德罗·彭波那齐（1462～1525）的创作中尤为明显。他在帕多瓦大学和博洛尼亚大学中教授亚里士多德哲学。他与昔日的传统背道而驰，排斥亚里士多德的绝对权威，认为真理是理性科学的结果，坚持认为哲学独立于宗教。在《论灵魂不朽》（发表于1516年）中，彭波那齐得出了人类灵魂死亡的结论，按他自己的话说，这个结论"与智慧和经验更相符"。他对必须用宗教来证明人的道德行为持怀疑态度：不是对来世报应的恐惧，而是美德本身就是奖赏，而罪恶就是惩罚。彭波那齐的文章在威尼斯被公开焚毁，因得到教皇利奥十世的垂青，他才免于宗教裁判所的判罚。

在文艺复兴晚期，自然哲学异军突起。吉罗拉莫·卡尔达诺、贝尔纳吉诺·杰列乔、弗朗西斯科·帕特里奇、乔尔丹诺·布鲁诺对自然哲学研究颇深。泛神论思想和探究新的认知方法是这个哲学思想流派的主要特点。自然以自己的法则存在,不受上帝干涉,应不受神学和亚里士多德权威的影响对自然进行研究。在杰列乔的著作《客观世界遵循自己的定律》(1565)中,这些思想得到了更加鲜明的论证。在杰列乔的自然哲学中,上帝被置于物质世界之外,尽管他仍是自然的缔造者,创造了自然,并为自然的进一步自我发展提供了可能。

帕特里奇是《新宇宙哲学》(1591)的作者,他不顾把托马斯对亚里士多德学说的注释确定为官方权威注释的特伦托会议的决定,反对哲学中亚里士多德学派的排他性。帕特里奇发展了泛神论思想,把宇宙想象成上帝和世界的结合体:"宇宙就是上帝自己"。杰列乔和帕特里奇的著作被列入《禁书目录》。坚定拥护正统思想者下令攻击乔尔丹诺·布鲁诺的哲学。

在那不勒斯,在多明我会修道院接受教育的年轻哲学家布鲁诺(1548~1600)大胆批评经院哲学的主要公设和天主教教会制度,触怒了修会领导层。1576年,布鲁诺离开了修道院,开始长期在意大利各城市和欧洲各国游历。他在索邦大学和牛津大学以及德意志的大学里讲学。他在国外发表了很多作品——《灰堆上的盛宴》《论原因、本原与太一》《论无限、宇宙和世界》《驱逐趾高气扬的野兽》等。布鲁诺赢得了天才哲学家、推翻传统经院哲学知识体系基础者的美誉。1591年,他回到意大利,但很快因有人告密而被捕。布鲁诺在狱中度过了八年时光,先是在威尼斯,后来是在罗马,接受没完没了的审问和刑讯。1600年,宗教裁判法院判处他这个不知悔改的异端分子火刑。

乔尔丹诺·布鲁诺的哲学与天主教神学和把亚里士多德奉为绝对权威的经院哲学教条分道扬镳。他提出了宇宙统一和无限思想和与太阳系相似的世界多重性思想,发展了被教会斥责的哥白尼的日心说理论。布鲁诺把积极本原、在时间和空间内无限运动的能力和生成各种新形式物质的能力都视为物质。他把这种动力称为"世界的灵魂"(它与新柏拉图主义思想相近,对文艺复兴晚期的整个哲学产生重大影响)。布鲁诺把上帝和自然以及不可分割的最小自然单位(原子、点)——"单子"混为一谈。布鲁诺认为认知和哲学的宗旨是了解自然规律，而非在自然之上的上帝。布鲁诺把自然泛神论归结为无神论。

1619年，由于无神论思想，布鲁诺被烧死在图卢兹。朱利奥·塞萨尔·瓦尼尼是加尔默罗会修士、法学和神学博士、神父。与布鲁诺的经历类似，瓦尼尼也在欧洲的大学里讲学，参加辩论。1615年和1616年，他在法国发表了主要著作《天道竞技场》《论自然、上帝和死神的神奇秘密》。在这些作品中，他质疑从一无所有创造世界、耶稣的神性、人的灵魂不朽等基督教的主要教条。在文艺复兴时期的自然哲学精神上，他与彭波那齐、杰列乔和布鲁诺的思想非常接近，瓦尼尼把自然和上帝等同，强调世界的统一和永恒。他认为宗教是统治者和神职人员使人民处于恐惧和服从状态的便利手段。1617年，索邦谴责瓦尼尼的著作，决定将其付之一炬。这位自由思想者和哲学家从巴黎逃到图卢兹，但在那里被捕，并被宗教裁判所判刑。

**科学** 一些重要的科学思想成就和对迥异于经院哲学典型的纯思辨的新认知方法的积极追求都与文艺复兴有关。在这方面，列奥纳多·达·芬奇（1452~1519）迈出了重要一步。他是文艺复兴时期最耀眼的天才之一，也是画家，对解剖学、植物学、物理学、数学、水利学和工程学有着浓厚的兴趣。达·芬奇认为必须借助经验，依靠启迪认知的感受来了解自然规律。他奠定了分析法的基础，其方法的本质在于将自然现象分解成实验过程和揭示它们之间相互关联的一般元素。这样得到的观察结果属于理论上的理解，而理论和实践的联系是认识自然规律的唯一可靠方法。他认为，人的悟性非常强，能领悟自然界中的"合理性规则"。这些规则反映了现实固有的数字关系，因此认识它们的关键是数学。达·芬奇确信"没有数学就没有科学"，尝试利用数学研究人体。达·芬奇与当代数学家卢卡·帕乔利的友谊家喻户晓。他还为帕乔利的著作《论神奇的比例》绘制插图。帕乔利也把数学视为研究所有现实现象的方法，在自己的著作中尽力回答工程和艺术实践中的复杂问题。他以欧几里得和博埃奇的著作为基础，深入研究了比例和正确构建多边形和多面体的规则学说，极大地丰富了当代人在几何和三角学方面的知识。

数学和机械学成为16世纪意大利自然科学中的主要学科，在水力学、工程、筑城学方面取得的成就都与它们有关。紧随其后的是医学和天文学。吉罗拉莫·卡尔达诺是16世纪中期最著名的医学家和数学家。《解说希波克拉底》为他赢得了极大的知名度，而他的应用医学新方法遭到了正统派的反对。卡尔达诺与深入研究弹道学问题的尼科洛·塔尔塔利亚并驾齐驱，因代数学的新思想而声名远扬，二人发明了解三次方程和四次方程的方法。卡尔达诺在机械学领域也做了一系列有价值的研究。吉罗拉莫·弗拉卡斯托罗的传染学说（他引入了这个术语）——天花、鼠疫和疟疾病原体学说丰富了医学。

16世纪末至17世纪前几十年，科学领域的主要成就都与天文学，首先是伽利略·伽利雷（1564～1642）的发现有关，他曾在比萨大学和帕多瓦大学里教授数学。伽利略用自己发明的望远镜观察天体。金星和木星的卫星相位、土星光环、月球上的山脉、太阳黑子的发现意味着建立在亚里士多德和托勒密的世界图景上固定不变的宇宙概念的转折。伽利略发展了自己以日心说为基础的天体学说，丰富并推动了哥白尼学说的发展。他在发表于《星报》上的文章（1610）和《世界两个最重要的学说体系——托勒密和哥白尼体系的对话》（1632）中阐述了自己的天文学发现。由于倾心于1616年被教会禁止的哥白尼思想，1633年伽利略被宗教裁判法院传唤。为了避免火刑，伽利略被迫承认自己的论点是错误的。但是，在他后来的创作中仍有不少证据证明他坚持之前的观点。伽利略把生命的最后几年献给了机械规律和材料强度理论基础研究。伽利略创立了新的科学方法论，强调实验的作用。

**戏剧　音乐**　16世纪，意大利戏剧中诞生了新体裁悲剧和喜剧。乔万尼·鲁切拉伊的《洛扎蒙达》和吉安·乔吉奥·特里西诺创作于1515年的《索福尼斯巴》是早期的悲剧作品之一。第一部戏的情节建立在助祭保罗讲述的朗奥巴德国王阿里伯因与女王洛扎蒙达的爱情神话故事的基础上。这部悲剧有很多令人惊骇的情节。《索福尼斯巴》更平和一些，在很大程度上模仿了希腊悲剧。与早期悲剧不同，16世纪40年代上演的吉拉尔迪·钦吉奥的《奥尔比凯》和彼得罗·阿列基诺的《贺拉斯》结构更加完整，更符合真实心理。

罗马喜剧作家普拉福特和特伦修斯对文艺复兴时期喜剧的发展影响重大。早期的喜剧之一——由枢机主教比比恩纳创作、1513年上演的《卡兰德罗》取得了巨大成功。借用普拉福特的故事，在故事中加入了对现实的观察，公开讴歌感人的爱情。农民生活是安杰洛·贝奥利科创作的喜剧《彼罗拉》的情节基础。《彼罗拉》和其他"农民"喜剧充满民间幽默，有时在作品中能听到社会反抗的声音。16世纪下半期，乔万尼·马利·杰基和詹巴蒂斯塔·德拉·波塔创作了几十部戏剧作品。在后者的喜剧中，现实主义与矫饰主义并行不悖。这一时期，乔尔丹诺·布鲁诺的《烛台》继承了由马基雅维利的《曼陀罗》开启的讽刺喜剧路线。

在16世纪下半期的戏剧中，与宫廷剧有关的田园诗剧和音乐剧以及民间即兴喜剧更受青睐。在田园诗剧中托尔科瓦托·塔索创作的《阿明达》（1573）以及乔万·巴蒂斯塔·格瓦里尼创作的《忠诚的牧人》（1590）最为有名。新型戏剧艺术——即兴喜剧出现于16世纪中期，迅速积蓄力量，在17世纪上半期得到普及。在即兴喜剧中，即兴演员取代了作者，他们上演传统的，起源于中世纪讽刺喜剧的假面喜剧：小丑、科隆比娜（意大利即兴喜剧中的传统角色：参与情节发展的女仆——译者注）、浦尔契涅拉（意大利民间假面喜剧中的人物）、潘塔龙、布里盖拉。说俏皮话、民间幽默、对社会各阶层代表精确的描述是即兴喜剧的突出特点。

17世纪初，意大利出现了最早的歌剧——配乐的奥塔维欧·鲁切拉伊的喜剧《欧律狄刻》（作曲家别里）和著名的克劳迪奥·蒙特威尔第创作的《阿里阿德涅》。蒙特威尔第的杰出作品是鲁切拉伊作词、1607年上演的歌剧《俄耳甫斯》。他是17世纪初期意大利音乐界的核心人物，主要功绩在于确立了新的实验性风格，强化了音乐的戏剧性。歌剧的诞生是音乐文化发展的重要一步，表现方式的转变，为文艺复兴时期音乐的发展做了准备。帕列斯特里纳——罗马圣彼得教堂的乐队指挥是16世纪下半期最著名的作曲家。他是复调音乐、节庆合唱歌曲《阿卡贝拉》大师，他革新了牧歌，赋予教会歌曲新形式。他流传下来的作品包括100多首弥撒曲、几百首经文歌和牧歌。

这一时期世俗声乐题材的发展有两个方向：一个接近民间歌曲，另一个与复调传统、牧歌有关。在文艺复兴时期的牧歌创作中，彼得罗·本博发挥了重要作用。卡洛·热祖阿尔多使牧歌戏剧化，把牧歌变成了乐器伴奏的声乐剧。

意大利音乐文化对所有欧洲国家音乐的发展都产生了重要影响。

**美术　建筑**　在列奥纳多·达·芬奇、拉斐尔、米开朗琪罗的创作中达到顶峰的文艺复兴高潮时期的艺术明显具有概括性、和谐、形象富有坚毅力量的新特点。列奥纳多·达·芬奇是文艺复兴高潮时期艺术的奠基人之人，他在很多知识领域，包括在绘画理论方面，都是真正的创新者。他在人文主义传统精神中发展了"知识不仅是人的伟大能力，还是决定他对周围世界态度的生活需要"的思想。达·芬奇认为人的创造力没有止境，它使人高于自然本身。他认为，创造力的最高表现存在于美术家的活动中。因而，他总是强调绘画与科学的紧密联系。达·芬奇的绘画理论、透视、人体比例和结构学说在很大程度上建基于他的科学观察和实验。他在绘画中体现了人文主义理想，描绘精神和肉体完美结合、充满旺盛生命力的人的形象。在庄严、深邃的艺术形象中融合了清晰的思想和创作想象力。他创作的恢宏的祭坛画《岩间圣母》，构图、造型稳健，手势富有思想表现力，光影变幻。著名的壁画《最后的晚餐》以丰富的精神世界、紧张的心理活动、精确的人物和表现紧张形势的场景布局而著称。《蒙娜丽莎》是达·芬奇的巅峰之作之一，描绘了高雅、优美、安静祥和、美丽与内涵兼具的女性形象。

拉斐尔（1483~1520）的创作是对文艺复兴艺术之前发展的独特总结。他致力于艺术概括和总结。在他的油画、壁画、线条画中表现出高贵的平凡与和谐、现实与理想的结合，表达人间日常生活的美感与快感。他的构图、整体与局部的匀称布局达到完美的程度。

米开朗琪罗·博纳罗蒂（1475~1564）无论是在文艺复兴高潮时期文化中，还是在文艺复兴晚期文化中，其地位都是独一无二的，为绘画、雕塑和建筑的发展做出了巨大贡献。人的文艺复兴理想在他的艺术中具有了高贵的英雄主义和不同凡响的特点。米开朗琪罗的作品人物形象感情充沛，表现了精神和肉体强健的人与敌对力量斗争的张力。难分难解的对抗为米开朗琪罗的许多作品，尤其是晚期作品增添了悲剧意味。

他的早期作品（圣母像、梵蒂冈西斯廷教堂穹顶壁画）表现出刚健的特征，充满了精神力量和情感张力。壁画的人物造型具有清晰的表现力和感染力。在较晚期的作品（《摩西》、奴隶雕像、佛罗伦萨的美第奇家族小教堂的群雕）中，悲伤的格调更浓一些，人内在的和谐被打破，人的力量受到束缚。在西斯廷教堂祭坛墙上描绘即将到来的世界灾难的壁画《最后的审判》中，悲剧性得到体现。米开朗琪罗晚期的创作也反映出文艺复兴理想的危机。

16世纪，威尼斯、佛罗伦萨和罗马并列成为意大利主要的艺术中心。威尼斯画派的创作在杰出画家乔尔乔内和提香手里达到顶峰。乔尔乔内（约1477~1510）确定了人与自然统一的理想，创造了和谐、充满诗意和内省的系列形象（《暴风雨》、《三个哲学家》、《乡村音乐会》、《沉睡的维纳斯》及其他画作）。提香（1476/1477或1480~1576）丰富了许多架上绘画体裁——肖像画、风景画和风俗画。他是绘画艺术的改革家，赋予色彩造型以重要意义，是无与伦比的色彩大师。提香的创作之路体现了对人文主义理想的忠诚。他早期的作品（《苍神》《神圣与世俗之爱》《戴手套的青年》）色彩华丽，刻画的形象端庄优雅。16世纪40年代，提香充分展现了他作为肖像画画家的才华（佩特罗·阿列提诺像、教皇保罗三世及其继承人像、皇帝查理五世像及许多其他肖像画）。他的肖像画写实、传神，能揭示人物深刻的内心世界。代表色彩画大师提香创作顶峰的晚期作品（《达那厄》《照镜子的维纳斯》），充分表达了他对美的特殊感受。

威尼斯画派在文艺复兴时期晚期杰出画家韦罗内塞和丁托列托的创作中得到进一步发展。韦罗内塞倾心于节庆、丰盛的宴会、庆祝等题材的风俗画，展现都会贵族的生活方式。在丁托列托许多带有戏剧场景的风俗画中可以发现正在受苦和抗争的人民的形象（组画《将圣人遗体运回威尼斯》）。

与文艺复兴同期，在艺术上，16世纪的意大利还出现了仿古主义流派（16世纪20~40年代形成于宫廷贵族圈），其特点是形象逼真、精致考究、造型优雅、比例与色彩多变。蓬托尔莫、吉罗拉莫·弗朗西斯科、布隆奇诺是三位最杰出的画家代表，而本韦努托·切利尼是雕塑家的杰出代表。

16、17世纪之交，形成了新的美术流派——巴洛克，在这个框架下17

世纪上半期出现了两个具有代表性的流派。一个流派（卡拉奇兄弟、Г. 列尼）倾心于刻画理想化的形象和达到美的效果，而卡拉瓦乔及其追随者所代表的另一个流派则倾向于塑造民间人物的英勇形象，凸显日常生活的博大精深。在巴洛克雕塑中，贝尼尼的大型装饰艺术作品颇具代表性，充满了想象力，给人留下深刻印象。

16世纪文艺复兴时期的建筑形成了意大利风格，其特点是宏伟、造型统一、形象和谐。列奥纳多·达·芬奇、布拉蒙特、拉斐尔、朱利奥·罗马诺、米开朗琪罗、帕拉迪奥为这一风格的发展做出了各自的贡献。以文艺复兴风格建成了很多私人官邸、别墅、小教堂（通常是中央拱顶的建筑）、公共建筑。柱式风格结构的特点是使用凸起的墙垛、半柱。在帕拉迪奥的创作中，柱子的使用成为主要的建筑规则，在许多与周围自然景观有机融为一体的别墅中，柱子的使用堪称经典。

巴洛克风格给建筑带来了宏伟、华丽的外观和精致奇巧的造型，柱式结构只是强调韵律和造型的手段。

# 第十一章
# 16世纪至17世纪上半期的英格兰

**经济发展** 在整个16世纪,英格兰的人口稳定增长。如果说16世纪初人口在250万~300万人的话,那么到16世纪末已达410万人。城市人口增长速度尤其快。中世纪时期英格兰的城市化水平就很高,但在16世纪出现了许多规模较小的新城市(主要是制呢中心)。伦敦成为当时欧洲的国际性都市之一,人口从1500年的5万人增加到17世纪中期的50万人。继伦敦之后,伯明翰、曼彻斯特、利物浦、约克、格洛斯特、布里斯托尔、纽卡斯尔成为大型手工业和商业中心。市场化的小城和专业供应大城市食品和生活必需品的乡村为它们服务。比如,8个伯爵领地为伦敦供应食品。

由于国家领土狭小,四通八达的交通网在大城市、市场化地区和乡村之间铺开,促进了稳定贸易关系的形成。国内市场的存在是16世纪上半期英格兰经济上升的重要因素之一。

制呢业是英格兰的主要工业部门。占全国出口82%的羊毛呢被称为"王国的生命之源和工商业基石"。英格兰呢绒的纺织技术和工艺并没有进一步发展,但由于饲养了羊毛又细又长的新品种绵羊,使用了专门的黏土、特殊的水和染色剂——明矾和菘蓝,呢绒的质量提高。能满足各类市场(国内国外市场)需求的织物——粗呢和薄呢、单色呢和精梳呢(带细绒毛),以及与棉织物相仿的羊毛织物等——品种增加。16世纪的议会条例中提到了14种主要呢绒。16世纪末17世纪初,英格兰的曼彻斯特地区出现了私有棉布生产企业,其生产材料是从黎凡特国家进口的原棉。法兰西和尼德兰的工匠在伦敦和科尔切斯特建立了丝织品生产工场。

纺织生产的快速提升不仅仅因为英格兰各地区的纺织技术和专业化积累，还因为生产组织的重要进步——手工工场的出现。早在15世纪末，就出现了集中式大型手工工场，如在著名的呢绒商"纽伯里的杰克"的作坊里，负责各道工序的专业化人员有940人。这类企业从进城务工的农民、穷人家的儿童、妇女和破产的城市手艺人中招募劳动力。尽管行会全力支持后者，但破产城市手艺人的数量仍在增加。大量城市手艺人破产的原因之一是由于"价格革命"，原料和粮食价格不断上涨，许多工匠失去了经营自主权，而工匠帮手和学徒失去了成为工匠的希望。

但是，城市行会规则限制了大型集中生产的发展，使一些制呢企业从行业传统中心"逃"到小型市场化地区，一些发了财的手艺人、工匠、商人和从事绵羊饲养业的地主成为生产的组织者。他们向纺纱工和在家里做企业订活的工人提供原料，从工人手里收集成品，制呢商与企业主在修建作坊、购买机床、非熟练工人的工资方面节省了资金，因此利润增加。分散式手工工场使大量城乡居民变成了雇佣劳动力，对于他们当中的许多人来说，工资成了主要收入来源。

制呢企业主和商人构成英格兰新兴资产阶级的最富裕阶层。丰厚的利润允许他们购买土地和贵族封号，送子女去大学学习。在17世纪初的抨击性小品中常提到这样的企业主："他的荣誉和财富在增加，他的房子像王宫，他经常举行盛宴……他的家庭已经不从事呢绒生产。"但是对于许多企业主来说，进入贵族之列并不意味着创业积极性的消退：制呢商把资金投入土地，开始从事绵羊饲养业，为自己的手工工场提供便宜的原料。

从16世纪中期起，吸收了商人、富裕市民、王公贵族资金的新型股份公司将资金投入矿业和冶金加工业，英格兰的这些行业开始上升。在矿业技术改造中，从德意志和尼德兰移居的工匠的经验非常有益。到16世纪末，德文郡、康沃尔郡和威尔士银、锡、铅、铜、汞矿的开采量显著增加。英格兰变成了欧洲最大的锡、铅出口国。钢铁铸造的质量提高，数量增加；如果说之前英格兰还进口金属的话，那么到16世纪末它已经成为这些金属及其制品——约克郡和格洛斯特生产的冷兵器、欧洲需求量极大的火器和火炮的出口国。

日益增长的冶金需求致使英格兰的大高炉开始广泛使用煤炭取代木炭。但最终向煤炭和焦炭过渡不早于 17 世纪。

英格兰的造船业取得了巨大成就。高度机动灵活、载重量大、装备了精良火炮的高质量军事、商业用船只使英格兰跻身海上大国领袖之列。

所谓的"新生产"成为早期资本主义成分快速发展的领域。最早出现在英格兰、以新工艺为基础的新生产不受行业调整限制。火药、玻璃、镜子、纸张、肥皂、糖、硝石的生产就属于此列。利用股东的资金购买这些行业所需的复杂、昂贵的设备，股东按投入资金的比例分配利润。

**商业结构和组织**　由于地理大发现和欧洲贸易通道的变动，拥有众多良港的岛国英格兰处于极其有利的位置。到 16 世纪末，英格兰的贸易真正具有了世界性，用舰船武装起来的英格兰贸易，避开了作为中介的威尼斯商人和汉萨同盟商人，拓展到世界所有已知地区的新市场。

英格兰生产的结构性进步也体现在贸易性质上。如果说 15 世纪末英格兰人出口羊毛和粗呢，在佛兰德尔或法兰西染色的话，那么 16 世纪高级成品呢绒已进入出口商品之列。仅最古老的呢绒出口公司"商人冒险家"的供货量在 16 世纪就增长了两倍，达到每年 10 万块。英格兰呢绒的购买者遍布德意志、尼德兰、西班牙、葡萄牙、意大利、波罗的海地区和俄国、法兰西。最纤薄的高质量织物被销往奥斯曼土耳其帝国。亚麻织物和呢子被销售到巴西和西属东印度。法兰西、地中海国家是英格兰金属——铜、锡和铅的主要购买者，而西班牙及其在新大陆的殖民地、北非和黎凡特是冷兵器和火器的主要买家。同时，英格兰还是食品出口国，向德意志和尼德兰供应啤酒，向波罗的海国家供应盐，向法兰西、葡萄牙供应小麦，为欧洲许多国家和美洲殖民地提供油脂、乳酪、葡萄酒和糖。英格兰商人进口的商品中，需求最大的是西班牙、法兰西和德意志的葡萄酒、香料、丝绸和葡萄干。

英格兰的公司分为有限公司和股份公司：在有限公司中，每个成员以自己的资本为基础进行贸易，仅受共同规则的限制；股份公司是一种新型合伙公司，股东把资金合在一起，用它采购商品、装备船只，然后按预付资金的比例分配利润或摊派亏损。英格兰商业上的成就使商人成为最富裕的社会阶层。

商人的资金投入高利贷和银行业务。16世纪，英格兰的企业家实际上已经完全不需要伦巴第、德意志、安特卫普银行家的服务。大型金融业务中心已经转移到伦敦，那里设有很多商行和金融事务所。

为了从事高利润的养羊业或具有早期资本主义特征、以农场式租赁为主的农业，土地成为商人投资的另一个领域。

由于英格兰的生产和贸易迅速发展，16世纪英格兰形成了早期资本主义企业家阶层，按当代人的说法，他们"每迈出一步都是钱，每说一句话都是交易"。在这个圈子内，个人尊严和尊重自己所从事行业的情感得到肯定。

**农业发展和农村的社会进步**　早期资本主义关系在城、乡同时出现是英格兰经济的突出特点。16世纪末至17世纪上半期，英格兰形成了有利于农业发展的局面，这种局面是由城市对食品的强劲需求、工业对原料的大量需求以及这些产品价格不断上涨决定的。在这种条件下，集中种植粮食，从事肉乳畜牧业和养羊业尤其有利可图。

英格兰的"新贵族"是与市场有着密切联系的中小绅士阶层，他们渴望利用经济形势，但他们的大部分土地被分给按旧时法律拥有土地和付给大地主较低固定货币地租的农民（自由农、助校员），由于"价格革命"，货币地租的实际价值降低，这妨碍了他们对局势的利用。新贵族设法把农民逐渐排挤出土地，农民只有在之前的合同到期交纳极高的费用才能得到份地，地租增长为原来的10倍。没有能力交纳这笔钱的农民离开自己的份地，充实少地农民和农业雇佣工人阶层。他们把空出的土地用来短期租赁，确定了极高的地租。当代人看穿了这一趋势："通常打仗的绅士摇身一变成了地道的地主，与农场主和农民一样，他们很清楚如何从自己的土地中获得最高回报，把农场弄到自己手里，或租给那些付给他们最多租金的人"。

转向高利润的养羊业、组建农村呢绒生产手工工场、加工矿石是新贵族积极创业的其他形式。精明强干的绅士常常成为贸易公司的股东，这样从绵羊饲养、呢绒在当地生产到境外销售的整个过程都在他们的监督之下，这给新贵族带来高额利润。

同时，大部分贵族还是老样子，依靠传统的农民地租生活。因为地租的收入不断减少，"旧贵族"阶层遇到了严峻的物质困境，被迫通过在宫廷、管理机关或在军界服务寻找新的收入来源。

在货币商品关系的影响下，英格兰农村的社会结构解体：农村公社的解体变为现实：一方面，无地和少地、为挣工资受雇当日工，有时为糊口打短工的农民数量增加；另一方面，人数不多但实力强大的富裕农民阶层形成，得益于成功的经商和市场投机，他们积累了财富。村社生活习俗——耕地交错、开放的田地体系、对所有人一视同仁的放牧规则束缚了他们。在这种情况下，富裕农民想方设法通过与邻居交换、收购、租赁等办法把自己的份地连成一片，把它从公社土地中划分出去，圈为个人财产。这个进程被称为"圈地运动"。因此，正是富裕农民最先发现了圈地的好处。如果仍和从前一样在土地上种粮食，收入平均增长 0.5~1 倍；而如果养羊的话，收入则增长数倍。

由于"圈地运动"和脱离公社有难度，富裕农民通常变成大地主贵族土地上的农场主，宁愿租用大片土地，雇佣农村日工耕种。农场主是生产活动的组织者，而土地的所有者变成食利者。得到的租金已经不是农民地租，而是早期资本主义企业家和农场主利润的一部分。建立在雇佣劳动基础上的全新经营体系隐藏在表面上传统的地主和土地租户关系之下。

**农业转折的开端**　由于在英格兰开始的大规模圈地运动，在市场条件下由小商品生产自然引发的早期资本主义生产方式，在 15 世纪末至 16 世纪上半期获得了巨大动力。对于当代人来说，养羊和羊毛贸易的经济效益显而易见，但可放牧的自由场地不足。在这种情况下英格兰贵族公开践踏农民的权利，先占领公社的经营用地，后占领耕地，用篱笆或壕沟隔开，进行所谓的"转换"：种上草之后，耕地就变成了养殖绵羊的牧场。原来上千农民生活和耕作的地方，现在涌入由 1~2 个牧人照管的庞大羊群，因此亨利八世的首相、人文主义作家托马斯·莫尔说，在英格兰"羊吃人"。

都铎王朝的君主们试图同圈地运动做斗争，长期禁止圈地，并颁布了

"维护农业"和恢复耕地的法律，但英格兰的贵族对此置若罔闻。耕地向牧场转换的规模非常大，以至于原来出口粮食的英格兰遭遇了粮食不足的困境，需要从国外购买。土地市场对此做出敏感反应，部分地主回归，在所圈土地内发展现在带来高收入的集约化农业和肉乳畜牧业。

**不利于被剥夺者的立法和对圈地运动的反抗** 被从自己的份地上赶走的农民流离失所，找不到工作，因为城乡手工工场的发展还不足以消化掉如此大规模的被剥夺者。他们变得一贫如洗，沿途乞讨或沦为强盗。成群的流浪汉和乞丐对英格兰的和平与社会秩序构成威胁。都铎王朝没有能力制止圈地，转而惩罚圈地运动的受害者。开始用强制手段把有劳动能力的乞丐、妇女、儿童驱赶入专门成立的劳动之家，任何人只要愿意，就能以极低的工资雇佣贫民，把他们当奴隶使唤。如果他们拒绝，就会受到体罚，被抓进监狱。对流浪汉施以鞭刑，给他们打上烙印，割掉耳朵、撕开鼻孔，再次被捕时则处以死刑。

圈地运动遭到农民有组织的反抗。它打破了农村宗法制世界象征私有财产的栅栏成为仇恨的对象：农民拔除和烧毁栅栏，闯进圈起来的牧场，示威性地翻耕牧场的土地，要求回归之前的秩序。

16世纪30年代，农民起义的浪潮波及林肯郡和约克郡，1549年，很快出现了两个起义发源地——英格兰西部的德文郡和康沃尔郡、东部的诺福克郡和萨福克郡，罗伯特·科特是起义军首领。这次起义是16世纪规模最大的农民起义，但起义者的要求极其简单：他们只要求严格遵守反圈地的法律，准备容许以种植番红花为目的圈地，因为萨福克郡和埃塞克斯郡的许多富裕农民都从事番红花种植。如果地主不满足他们的条件，他们就威胁"拔除栅栏，填平水沟，给每个人使用公共牧场的机会"。尽管起义者在初期取得成功，占领了大城市诺里奇，但罗伯特·科特的军队在决战时被击溃，科特被处死。

**英格兰专制政体的形成** 英格兰君主专制制度的形成及其繁荣与红白玫瑰战争结束后开始统治的都铎王朝（1485~1603）有关。在博斯沃思战役中大胜理查三世后，里士满伯爵、新王朝的创始人亨利七世（1485~1509）

登上王位。他是兰开斯特家族的后裔,与约克家族的伊丽莎白联姻后,结束了多年的贵族氏族纷争。亨利七世具有较高的文化修养,既是文学和艺术鉴赏家,还是宫廷聘请的意大利画家和雕塑家的赞助人。同时,亨利七世还是一位精明的政治家,对反对派专横残酷,在财政上擅长开源节流。

在内讧和无政府状态时期,王权的地位被削弱:大封建主依靠封建领主卫队,享有广泛的政治自由和司法权。亨利七世遣散了领主卫队、服役的贵族,消灭了那些可能挑战他权力的氏族。由于被没收的叛乱者的土地和财产充实了国库,亨利七世成为欧洲最富有的君主之一:他的财产高达200万英镑。他还取消了有爵位贵族的司法权,扩大了王室法院的司法管辖权。

由于得到了厌倦战争的英格兰社会各阶层和议会的支持,这些措施才得以实施。15世纪末16世纪初,英格兰王权与贵族之间的新关系体系形成。得以幸免的贵族代表被迫表示忠诚,但为了巩固王位,亨利七世开始培植"都铎贵族",赐予从中上阶层招募的追随者爵位、土地。亨利七世及其儿子亨利八世的宫廷成为中小贵族向往的中心,为他们在宫廷、军队和官场升迁提供了机会,这在"旧贵族"家道没落的条件下尤其重要。都铎王朝选拔受过大学教育的贵族青年任职,这样在国家管理机构中世俗人士第一次排挤了神职人员。

亨利八世(1509～1547)继承了亨利七世的集权政策,征服了之前保持独立的北方伯爵领地和威尔士,为了管理这些地方,成立了北方会议和威尔士会议。亨利八世天赋异禀,爱读书,喜欢资助学术和文艺事业,他的登基唤起了英格兰人文主义者对开明治理时代到来的希望。给英格兰的君主制和宫廷增光添彩的亨利八世有资格被称为英格兰首位"文艺复兴"君主。但是,他的铁腕作风和不能容忍任何桀骜不驯致使专制加剧,专制制度确立。

在国家治理上不容违抗,相信自己的政权神通广大,这是都铎王朝所有国王的特点。但是,14～15世纪英格兰的政治理论中形成了视这个国家为"联合君主制"的传统,国王与各阶层协商治理国家,根据国家法律与议会结成同盟。尽管普遍认为国王具有无限权力的专制主义流派开始形成,但在16世纪多数英格兰人的意识中,他们的国家不是专制国家,而是"联合"

君主制国家。实际上都铎王朝实行极权政治，但显示出政治灵活性，强调已经做好尊重法律传统和与议会合作的准备。

在亨利八世统治时期，在首相 T. 克伦威尔的积极参与下，进行了重要的国家机构改革，其结果是出现了更加完善、分支众多、专业化的官僚机关。从所有贵族参加的皇家委员会中划分出来的枢密院成为主要的行政管理机关。实际上，枢密院的活动范围不受限制：它决定对内、对外政治路线，领导财政和国防。在枢密院中居于支配地位的不是宫廷的大臣，而是上议院议长兼大法官、司库、国务秘书、海军上将、皇家元帅等高级官员，上议院主要解决全国性问题。在整个 16 世纪，国务秘书的地位越来越重要：他从掌管国王私人印鉴的仆人变成了枢密院和首相工作的协调人，还协理侦查和外交部门。

司法体系的发展在都铎王朝君主专制的巩固中发挥了重要作用。地方大封建主的个人司法权终于被取消，多数案件由王室法院审理。星室法庭在司法程序体系中占有特殊地位，它是为了同封建贵族反动派斗争、审理叛国案件由亨利七世建立的。

都铎王朝的整个中央管理机关人员不超过 1500 人，只有一小部分人从国库领取薪水。由官方确定向求职者收取的酬金是多数官员的收入来源，这样，国家就把供养官员的负担转嫁给了民众。

地方管理体系也独具特色：它由两个功能往往相互重叠的"最高权力集团"构成。一方是国王任命到伯爵领地掌管国家土地的郡长，另一方是每年在地方贵族会议上从"最受尊重的绅士"中选出的治安法官。后者的工作没有薪水，被认为是光荣的义务。

治安法官体系分支众多，运行卓有成效（因此认为都铎王朝的行政管理薄弱是不确切的），英格兰官员的特点是他们没有变成依靠薪水度日的封闭集团，而是与应征的地方贵族保持着密切联系，拥有共同的经济利益。

英格兰专制制度的另一个特点是没有常备军。在和平时期，国王的个人卫队约有 200 人。在战争时期，国主征召自己的海外封臣入伍，利用职业雇佣军。

防止外国入侵的国防体系以地方警察部队为基础,其构成人员为所有独立自主、受过军事训练、拥有相应武器的男性(自耕农、市民)。

英格兰的岛国处境决定了都铎王朝相对于军队,更关注舰队,因为危险只能来自海上。被尊称为"英格兰木墙"的皇家舰队是亨利七世和亨利八世下令建立的。它们的航行记录是对造船业最大的褒奖。皇家海军的主力是40~50艘战船,但战争时期是国王依法根据需要征用商人和渔民的所有私人船只。

**都铎王朝时期的议会** 议会与新行政管理机关一样保持了自己的地位,这是英格兰专制制度的特点之一,它不仅对纳税投了赞成票,还积极参与立法。此外,议会立法的范围不断扩大。16世纪,经济和社会调节、宗教和教会制度问题、确定王位继承制度都在议会立法活动的范围内。深厚的政治传统以及16世纪初社会成分的特点是议会屹立不倒的前提条件,一方面,在下议院开会的骑士和市民之间没有激烈的对抗性矛盾,这使王室操控各阶层的难度加大;另一方面,都铎王朝本身与议会的保留利害相关。议会支持都铎王朝取得政权,核准了许多重要的君主制政治措施。

议会由上议院和下议院组成。国王以亲笔信的形式邀请上议院议员(有勋爵爵位的贵族)参加会议。下议院的成员由城市和伯爵领地选举的代表组成,允许代表提出申请,他们代表整个王国的利益。都铎王朝的议会不是独立的政治机构:君主和高级官员有可能对选举程序施加影响,操纵那些被他们选进下议院的地方贵族。议会中保留了特有的封建官员庇护制:许多代表聚集在主要的国务活动家周围,支持保护人提出的法律草案。议会的可通融性是它成功融入新权力体系的原因之一。但是16到世纪末,下议院开始显示出更大的独立性,这反映了社会中上阶层和工商分子经济和政治地位的巩固,他们希望实际参与决定对内、对外经济方针。

16世纪,英格兰议会中最终形成了立法规范和程序,包括向议长提交法案、对法案进行三次听证、审订法律时调解委员会介入工作的规则。在议会中形成了特有的纪律和本着对国家事务和代表的威信负责的思想建立起来的团体思想体系。16世纪,议会也得到了都铎王朝认可并获得了被称为

"议会自由"的一些特权。每次会议开始,议长都请求国王给予他们自由发言的权利,不用担心因议会内的活动受到监视和被逮捕。第一个向亨利八世请求"言论自由"的议长是托马斯·莫尔。实际上国王并非一直都议会的特权,但它成为表征英格兰个人政治权利的基础。

**宗教改革** 亨利八世提出的宗教改革成为英格兰专制制度巩固的重要一步。

受法兰西和德意志宗教改革家的影响,福音派思想在16世纪20年代开始广为传播。它们在各个社会阶层得到回应,当地有同罗马教廷进行辩论的深厚传统——Д·威克里夫的早期宗教改革学说和14~15世纪罗拉德派的传教是前提条件。路德派思想主要在市民中传播,由于与德意志和尼德兰城市的贸易活跃,新教书籍从那里被秘密运到英格兰的港口。但是,这一时期教会改革的要求还没有在英格兰引发广泛的社会运动。

英格兰人文主义者对路德言论的反应不一:牛津大学对路德的言论持批评态度,同一时期,在剑桥出现了Y.廷德尔、M.科威德尔、T.克兰默、X.拉提梅尔等支持者,他们都是未来的宗教改革活动家。威廉·廷德尔在1524年把《新约圣经》翻译成英语,但在英格兰这部著作被禁,其早期版本在德意志出版。

官方对路德派思想持反对立场:亨利八世个人反对"德意志异端",为七圣礼进行辩护,为此他还获得了教皇授予的"信仰卫士"的荣誉称号。亨利八世与第一任妻子阿拉贡的伊丽莎白的离婚诉讼引起他与罗马教廷的冲突,导致其对宗教改革的态度发生了巨大变化。

与西班牙公主的多年婚姻没为国王带来男性继承人,王位和都铎王朝的前途受到质疑。亨利八世请求教皇宣布他的婚姻无效,允许他娶英格兰女子安妮·博林,但他遭到了不敢向西班牙王室发起挑战的克莱门特七世的拒绝。出于政治、王朝和个人的考虑,亨利八世迈出了史无前例的一步:解除与伊丽莎白的婚姻后,他娶了已经怀孕的安妮·博林,这个孩子应成为王位的法定继承人。这造成了他与罗马教廷的公开冲突,即所谓的"宗教改革"。根据亨利八世的坚决要求,1529~1536年召开的"宗教改革最高立法代表大会"通过了一系列针对在英格兰建立独立于罗马教廷、由国王管辖的本国教会的法律。这是限制向教皇缴纳年税和"圣彼得便士"——教会什一税、禁止向罗马教廷上诉和取消教廷对英格兰神职人员司法权的法律。这场改革的结果是《至尊法案》(1534) 的出台。法案宣布亨利八世为英格兰教会的最高首脑,今后,教会称为英国国教会;宣称国教会的权力归帝国所有,不受其他君主包括教皇的管辖。

"自上而下"推行的宗教改革没有引起社会各阶层的热情,但得到了以首相 T. 克伦威尔和以王后安妮·博林的亲信为首的"宫廷党"的积极支持,王后曾庇护剑桥的神学家 X. 拉提梅尔和 T. 克兰默。任命克兰默为坎特伯雷大主教,他是继国王之后英国国教会的头号人物。狡猾、不择手段的政客克伦威尔为了确保"宗教改革最高立法代表大会"成功,精心组织了代表成员,不惜重金贿赂和公开收买。在他的压力下,议员同意教会财产国有化。1536~1540 年,为了皇家利益,修道院、市政厅、教堂、小教堂的土地被充公。在国有化的同时,教堂、珍贵的修道院藏书遭到洗劫,造像和雕塑被毁,天主教圣徒的陵墓遭到破坏。解散了修会的僧侣,关闭了修会学校和医院。教会的巨额土地财产充归国库。一部分领地被国王赏赐给自己的亲信,宫廷显贵和贵族得到了一部分,另一部分出租。国有化成为农业领域资本积累的来源之一。它掀起了新财产所有人圈地的热潮。大量农民——曾经的修道院土地租户成为贫民大军中的一员。古修道院成为牧羊场地,完好无损的建筑被制呢商租作手工工场。

宗教改革的方法及理论根据遭到坚定的天主教徒的抵制,其中一些人移民到欧洲大陆。亨利八世坚决镇压任何异己思想:因拒绝向作为教会领袖的他宣誓,前首相、哲学家和人文主义作家托马斯·莫尔和罗切斯特主教 Дж. 费舍尔被处死。

教会服从君主、将教会纳入国家制度体系是宗教改革的政治成果。宗教改革丰富了专制制度的思想储备:宣称君权神授,而君主本身是耶稣在人间的全权代理人,任何反抗他的人都会被无条件地判罪。

亨利八世不太关心教条问题和教会的组织形式。一方面,国教会的第一个信仰标志《十条款》包含了很多内部矛盾的内容，其中宣布了路德宗的因信称义原则，但同时附有善行效益的补充说明；另一方面，允许圣人崇拜，但"不能过分崇拜和错误迷信"。与路德宗不同，英国国教会保留了三项天主教圣礼——洗礼、圣餐礼和忏悔礼。还保留了神职人员的职位等级制度、神职人员华丽堂皇的圣衣、教堂内部富丽堂皇的陈设、队列行进和礼拜音乐。因此，英国国教会处于天主教和路德宗的中间位置。英格兰宗教改革的保守性还体现在对英语《圣经》传播的态度上。尽管亨利八世批准出版，但禁止平民——手艺人、工匠帮手和庄稼人阅读和评论。

在亨利八世的儿子爱德华六世统治时期（1547～1553），确定了新教信仰，英国国教会实行了更加激进的改革。年轻的国王和在他年幼时担任英格兰摄政的两个保护人萨默塞特公爵和诺森伯兰公爵是笃定的新教徒。在他们统治时期，接受了使国教会接近路德宗模式的论点：圣礼只是象征性行为，信徒必须遵守两种礼拜仪式，允许神职人员结婚。圣像崇拜受到谴责，取消了阅读和评论英语《圣经》的限制，M. 科威德尔翻译的新版英语《圣经》出版。尽管宗教改革在爱德华六世统治时期取得了成功，但并非整个英格兰都接受了新教，北部和西部郡的居民仍保留了之前的宗教信仰。后来发生的事件证明，英格兰宗教改革是可逆的。

**玛丽·都铎的反宗教改革**　根据亨利八世的遗嘱，爱德华六世死后，亨利七世同阿拉贡的凯瑟琳的婚生长女玛丽·都铎（1553～1558）继承王位。玛丽是虔诚的天主教徒，她不顾父亲的威胁，没有割舍自己的信仰。但是英国人承认公主的合法性。玛丽登基后，立即恢复了天主教、修会以及与罗马教廷的关系。她的支持者从海外回到英格兰，而新教徒开始离开英格兰。女王没有要求完全返还被没收的教会土地，因为这可能触动多数新财产所有人的利益，但是返还了受国家支配的土地。

接近西班牙和哈布斯堡家族是女王对外政策的目标。她的亲戚、英国女王的主要谋士查理五世建议通过与其子腓力（未来的西班牙国王腓力二世）联姻以巩固英西联盟。这在国际舞台上把英格兰拖入了哈布斯堡家族的利益轨道和英法战争，在战争中英格兰失去了在欧洲大陆上的最后一块领地——

加来。英格兰面临失去独立的威胁、担心西班牙人在国家机关和皇室中占据要职，导致以凯尔特骑士 T. 怀亚特为首的爱国的新教徒在 1554 年发动起义，但起义遭到镇压，起义军领袖被处死。

恢复北部和西部地区居民乐于接受的天主教已经不符合多数居民的利益。玛丽·都铎开始迫害新教徒，判处异端分子火刑。她因此得到"血腥玛丽"的称号。玛丽·都铎不受人民爱戴，生前没有留下子嗣，她的死反倒令人民额首称庆。

**伊丽莎白一世对宗教的调整** 教会制度的性质成为伊丽莎白一世（1558～1603）登基后激烈争论的对象。亨利八世与安妮·博林的婚姻没有得到教皇的承认，伊丽莎白一世是这桩婚姻的产物。在天主教徒眼里，她是非婚生子，无权继承王位。在上议院中占多数的天主教主教主张保留玛丽·都铎恢复的天主教会，而从日内瓦回到英格兰的侨民不仅要求恢复国教会，还要求按加尔文宗精神进行更加激进的改革。为了避免社会进一步分裂，伊丽莎白选择了中间道路，把国教会适度恢复到爱德华六世时期的样子。它的等级结构和宗教仪式与天主教接近，但在 1571 年通过的新信条《三十九条信纲》中，包含了因信称义理论，只承认两种圣礼——洗礼和圣餐礼。

在伊丽莎白一世统治的前几十年，女王宣称不想窥视她的臣民心灵深处出现的东西，她的温和政策保证了宗教和平，但从 70 年代末起，当局与天主教徒和激进改革拥护者的矛盾尖锐化。一方面，伊丽莎白一世针对所有不承认国教会者采取了更加严厉的措施：要求天主教徒正式签字，承认女王为教会首脑，没有教会同意，他们不能担任国家层级职务，不能获得大学学位。另一方面，加强了对倾向于加尔文派的激进神职人员的监督，如果试图偏离国教会的礼拜规范，他们将失去教职。

**专制制度和激进改革** 支持深化宗教改革、净化"天主教残余"者被称为清教徒。清教徒的神学和政治学说与英国侨民接受的加尔文主义相近。从 16 世纪 40 年代开始并逐渐扩展的清教徒运动在 16 世纪下半期得到了社会各阶层的广泛支持，但支持者主要是富裕的市民阶层，加尔文宗的虔诚信仰、勤劳和禁欲主义深深地吸引着他们。

16世纪60~70年代，清教徒寄希望于伊丽莎白女王领导进一步的宗教改革，废除主教团和神职人员的等级制度。但女王从清教徒建立世俗政权的要求中得出自己的国教会领袖威信受到威胁的结论，声称："一开始他们想废除主教，之后就想废除我。"

当局支持的希望落空后，16世纪70~90年代，清教徒在议会中展开对现教会的批评，召集清教徒神职人员举行教会事务会议，制定隐蔽培植"真正教会"的策略，根据此策略，神职人员表面上服从官方的教会，而实际上按加尔文宗的模式进行礼拜。为了揭露他们的活动，坎特伯雷大主教于1583年成立了特别委员会，每个神职人员向委员会发誓忠于国教会。委员会的活动引起了清教徒的愤怒，在议会中开始了臣民信仰权问题的辩论。

在政治方面，到16世纪末，英国清教徒中分裂出温和的长老派和更加激进的独立派。长老派要求教会服从神职人员全国教会事务会议；独立派拒绝教会统一，支持信众完全独立于世俗政权和教会。

**伊丽莎白一世的经济政策** 伊丽莎白统治时期常被称为"黄金时代"和英格兰专制制度鼎盛期。这与16世纪70~80年代建立在关税保护制度——保护民族生产和贸易基础上的经济政策的成功有关。伊丽莎白一世积极鼓励矿山开采和冶金业的发展，在她的保护和直接参与下，建立了这些行业中最早的股份公司。她还支持"新生产"，向发明和引进新工艺的人颁发许可证和专利证。

与此同时，伊丽莎白一世保护传统生产领域的行会组织，极力防止原来的团体结构瓦解，对最强的行会即所谓的伦敦城"仆役制服公司"予以奖励。

对外贸易的关税保护制度体现在促进英格兰商品出口的海关政策和积极鼓励取得女王的经商特许状和垄断权的商业公司上。在伊丽莎白一世统治时期，在之前的商人冒险家、西班牙和莫斯科公司之外，又增加了波罗的海公司、柏柏尔公司（几内亚）、黎凡特公司和东印度公司。公司数量的增加同样也促进了英格兰造船业和纺织业的发展。女王积极把自己的资金投入商业公司业务。这一系列保护措施包括把多年用自己的船出口英格兰呢绒的汉萨同盟商人排挤出英国。王国政府用外交手段支持本国商人，帮助他们在海外市场站稳脚跟。这些公司的贸易代表处经常在莫斯科公国、奥斯曼土耳其帝国、黎凡特国家、印度完成官方的外交使命。

但是，关税保护制度和生产、贸易领域的国家调节也有消极作用。国家从中获利不少，专利证书和许可证给国库带来大量收入。女王经常将自己的官员或宫廷显贵安插进公司董事会，给他们发财致富的机会。把商业专营权发放给个人引起了企业家和商人的不满，当把进出口某种商品的特权交给宫廷中的某个人时，商人不得不从他手中赎回自己的贸易权。16世纪70~80年代，工商阶层还能容忍王室将部分利润据为己有，但是到了90年代，他们壮大起来，开始打着"贸易自由"的旗号反对垄断特权。

**英格兰的贸易和殖民扩张** 尽管英格兰是海运便利的岛国，但在地理大发现初期它并不在领军者之列。确实，早在1496年意大利人乔万尼和塞巴斯蒂亚诺·卡柏特就向亨利七世建议，为了英格兰王国的利益，在"西部、东部和北部海域"勘察未知陆地，目的是寻找通往印度的西北或东北通道。1496/1497年，他们考察了北美洲沿岸和纽芬兰地区，为英格兰开辟了极其富饶的渔场。

1553年，在Ф. 威洛比和P. 谢克莱的率领下，对东北方向的探险启动。他们和提供船只的股东希望沿海路和北冰洋到达印度和中国，因而准备致信"中国的大汗"和其他神秘的东方统治者。但是绕过斯堪的纳维亚半岛后，英国船只在距离北德维纳河口不远处的霍尔莫戈雷地区的海面上为冰所困。谢克莱从这里勉强到达莫斯科，受到伊凡四世的接见，从此英格兰和莫斯科之间确立了积极的外交和商贸关系。从伊凡雷帝那里得到俄国市场的特权后，莫斯科公司在霍尔莫戈雷、雅罗斯拉夫尔、沃洛格达、乌斯秋格、普斯科夫和诺夫哥罗德建立了自己的商行。

英国人没有放弃寻找通往印度的道路：凭着自己对东方的向往，他们到达了鄂毕河口，到过西伯利亚，但认为继续向前推进前途无望。他们在莫斯科公国发现了沿伏尔加河和里海到达波斯的更加有利的贸易通道。莫斯科公司运入呢绒和武器，运出大麻、造船用材、蜂蜜和蜂蜡。英国人不仅绕过斯堪的纳维亚半岛与俄国进行贸易，还通过波罗的海进行。经过松德海峡，船只到达纳尔瓦。1579 年，为了与波罗的海地区和斯堪的纳维亚半岛国家通商，建立了东方公司。

英格兰商人对近东国家的渗透，无论从莫斯科方向还是经过地中海，都促使英国与土耳其建立了长期外交和贸易关系。从苏丹那里得到特权后，英国人于 1581 年建立黎凡特公司，进口东方的商品，如丝绸、香料和原棉。

1599 年女王参股的英国东印度公司的建立成为向东方推进的下一步。在与此前排挤葡萄牙人的荷兰商人的激烈竞争中，英国东印度公司在印度站住了脚。由于船坚炮利，英国人成功地在印度设防。17 世纪初，他们在苏拉特、马德拉斯建立了洋行。印度成为进入中国和日本的跳板，1613～1623 年，那里出现了英国洋行。

新大陆是英格兰人贸易扩张的另一个方向。16 世纪 40～60 年代，多塞特郡、德文郡、康沃尔郡商人与西班牙殖民地居民进行互利贸易，向他们提供英国商品和非洲奴隶。但从 60 年代中期起，西印度事务院在保留西班牙对美洲贸易垄断权的同时，采取更加严厉的措施反对移民同"走私贩"和"异教徒"往来，英国人就在此列。他们的船和商品被没收，船员被吊死。作为报复，1572 年英国船长 Ф. 德雷克在加勒比海展开攻击，夺取了多艘装满战利品的西班牙船只，因此从西班牙人那里得了"恶龙"的诨号。英国人和西班牙人在海上不宣而战。英国人的目的是猎取往欧洲运送贵重金属的"金银船"、掠夺西印度的沿海城市。他们的攻击具有半海盗和半商业性质，是有利可图的。沿海各郡的贵族、商人甚至枢密院成员和女王本人都乐于以此积累财富，尽管伦敦从未承认自己参与此事。

1577 年 12 月，Ф. 德雷克开始执行女王和枢密院批准的大胆计划：他打算绕过南美洲，经麦哲伦海峡进入太平洋，进攻西班牙人的宝库——智利和秘鲁的银矿，然后完成环球航行。他成为历史上成功实现这个想法、在没有地图的情况下通过火地岛附近复杂航道的第二人。德雷克的船队横渡大西洋，洗劫了南美洲海岸，绕过南美洲进入秘鲁。他们在那里抢劫了多艘装满黄金的西班牙大帆船，黄金数量多到不得不将部分送给西班牙水手。后来，德雷克北上到达现在的加利福尼亚海岸，首次考察了那里并命名为"新英格兰"。他横渡太平洋，为了与当地苏丹签订香料贸易合同，在马鲁古群岛停靠。他经过印度洋，绕过非洲大陆，于1580年9月回到普利茅斯。他们截获了大量战利品，给国家带来巨额收入。伊丽莎白一世登上"金鹿"号——德雷克的旗舰，亲自册封自己的海军将军为骑士。

伊丽莎白的"海狼"不仅是海盗，还是首先发现者。1576~1578年，M.弗罗比舍和X.吉尔伯特考察了格陵兰岛。y.莱利在1595年勘察了南美洲的奥里诺科河流域，将这片土地命名为"圭亚那"。

16世纪70~80年代，英国人开始尝试在北美洲建立自己的殖民地。经过吉尔伯特和莱利的努力，在罗阿诺克岛和弗吉尼亚（1585）出现了最早的居民。弗吉尼亚是为了对童贞女王伊丽莎白一世表示尊敬而取的名称。但它们存在的时间不长。新英格兰的佐治亚（1607）成为英国人的第一个长期殖民地。17世纪初，清教徒到达这里，他们在这里建立了大型农场。继续开发弗吉尼亚。稍晚些时候，英国人利用非洲奴隶，开始在那里的种植园种植棉花。

**爱尔兰的殖民地化** 如果说贸易扩张与英格兰的经济成功和国内早期资本主义经济成分的形成有关，那么邻国爱尔兰的殖民地化则是另一种性质的问题。英格兰从12世纪起就企图占领爱尔兰。到16世纪初，城防坚固的东南陆地——都柏林成为英格兰人的堡垒，城外，不知最高权力花落谁家、相互竞争的爱尔兰各氏族与英格兰人对抗。1541年，亨利八世依据罗马教皇在12世纪就承认了英格兰君主的权利，宣布自己为爱尔兰国王。

在爱尔兰扶植新教失败：多数居民仍是天主教徒，在整个16世纪，支持西班牙、罗马和耶稣会士的所有反英格兰的战争。在被征服的爱尔兰地区，强迫当地氏族首领为了英格兰国王的利益放弃他们古老的土地权，英格兰国王后来重新把土地赏赐给自己的盟友，但已经是作为宗主国赏赐给属国。16世纪下半期，随着英格兰人向爱尔兰北方推进，氏族的大量土地被没收，随后被转赠给殖民者。他们的领地和城堡变成心怀敌意的当地居民围攻的目标。大量土地转归在爱尔兰建立的英格兰行政部门的官员和军人。从英格兰移民是土地开发的必要条件，禁止移民同当地居民通婚。

失去土地的爱尔兰人变成了无权的小租户或日工。许多人迁居英格兰或新大陆谋生。1594 年，在爱尔兰厄尔斯特爆发了蒂龙伯爵和狄科奈尔伯爵领导的反抗英格兰人的起义。"暴动者"的主要要求是自由信奉天主教和选举自己的行政当局。伊丽莎白一世派重兵镇压起义，但军队面对游击战术和难以通行的沼泽地无能为力。但在爱尔兰总督蒙特乔伊勋爵的例行讨伐中，运用了对起义者有效的战术，烧毁了他们的村子和庄稼，厄尔斯特于 1603 年被征服。继伊丽莎白一世之后登上王位的詹姆斯一世没收了厄尔斯特的土地，将其分配给英格兰和苏格兰移民。17 世纪初，英格兰城市参与了被征服土地的开发：允许城市行会在这里获取不动产，建立新的居民点。对爱尔兰的劫掠促进了英格兰自身的资本积累，同时在爱尔兰开始推行过时的封建土地制度。

**英格兰与苏格兰的关系**　在巩固英格兰在不列颠群岛地位的过程中，都铎王朝遇到由来已久的难题——桀骜不驯的北方邻居苏格兰在整个中世纪都坚持不受英格兰国王吞并企图的制约。两个国家间的贸易关系由来已久，但边境冲突、英格兰和苏格兰大封建主之间的私人战争、掠夺式袭击和驱赶牲畜同样是悠久的传统。由于忌惮自己的南方邻居，因此苏格兰的对外政策瞄准了法兰西。都铎王朝的前几位统治者曾试图破坏传统的法苏同盟，提出建立新同盟：亨利七世把自己的女儿嫁给苏格兰国王斯图亚特王朝的詹姆斯四世，但这不能确保想要的"永久和平"，在亨利八世统治时期，英格兰和苏格兰之间的战争持续不断。

1542 年，斯图亚特王朝的詹姆斯四世去世后，亨利七世的曾外孙女、年幼的玛丽·斯图亚特继位。童年时女王被送往法兰西，后来在那里嫁给了法王弗朗索瓦二世，同时，她的母亲——摄政王洛林的玛丽、法兰西贵族吉斯家族的代表统治苏格兰。她以常驻苏格兰的法兰西军队为依靠，法国人在宫廷中占据要职，这引起了当地大封建主和贵族的不满。国内亲英党势力开始壮大，由于在苏格兰开始的宗教改革，亲英党的影响力提高。

16 世纪 40 ~ 50 年代，加尔文宗思想广为传播，在市民和贵族中风行。

前国教会神父、在玛丽·都铎统治时期侨居日内瓦的乔治·霍克斯发动了宗教改革。在他的倡议下建立了加尔文宗信徒联盟，联盟支持推翻信奉天主教的女王，把法国人赶出苏格兰，与英格兰结盟。加尔文宗信徒与信奉天主教、支持法国人的贵族之间的战争愈发激烈。由于后者占优势，伊丽莎白一世开始帮助苏格兰新教徒，为其提供武器和资金，后来公开参战，这使她与妄想得到英格兰王位的玛丽·斯图亚特的关系更加复杂。罗马教皇和认为伊丽莎白一世非法篡位的天主教国家的国君支持玛丽·斯图亚特成为王位候选人。1559年，玛丽及其丈夫弗朗索瓦二世正式接受英格兰王位，但这只会督促英格兰人出兵帮助苏格兰新教徒，通过签订《爱丁堡协议》获得胜胜。根据协议，法兰西军队撤离苏格兰，国家的治理权交给由12名王国高级议员组成的议会。加尔文宗信徒获得信仰自由后，立即着手推动议会核准的教会财产世俗化。

但是玛丽·斯图亚特不承认《爱丁堡协议》，不放弃自己继承英格兰王位的权利。丈夫死后，玛丽回到苏格兰，她不得不巴结加尔文宗信徒和伊丽莎白一世。玛丽在使伊丽莎白一世相信自己忠诚的同时，寄希望于没有子嗣的伊丽莎白一世会宣布她为王位继承人。她与英格兰勋爵、都铎家族的亲戚丹利的婚姻应对此有所促进，增加了这对夫妇获得英格兰王位的机会。苏格兰国内天主教徒和新教徒间的政治斗争极其尖锐，以至于丹利被玛丽·斯图亚特的新宠打死时，她因凶手被判有罪。1567年，加尔文宗信徒发动起义，迫使苏格兰女王为了年幼的儿子詹姆斯四世放弃英格兰王位出走。她抵达英格兰后很快被逮捕。即使成为阶下囚，她对英格兰女王也构成威胁。北方郡信奉天主教的贵族准备用武力助玛丽登上王位。法兰西、西班牙和罗马教廷答应予以支持。天主教国家秘密讨论登陆爱尔兰和武装干涉英格兰的计划。

1569年，在英格兰北部地区爆发了打着恢复"真正信仰"旗号的起义。但起义的政治领袖诺森伯兰和威斯特摩兰伯爵打算释放玛丽·斯图亚特，把她扶上王位，取代"异端分子"伊丽莎白女王。信奉新教的居民支持女王，政府军击溃了起义军，许多起义者被处死。伊丽莎白一世维持了20年的宗教和平被打破。

教皇庇护五世发表废黜英格兰女王的训谕，号召她的臣民起来反抗，耶稣会士组织了几次对她的暗杀。法兰西、西班牙的外交官加紧与尚被监押的玛丽·斯图亚特的密谋。苏格兰女王同意武装干涉英格兰和推翻伊丽莎白的信函被截获后，玛丽·斯图亚特被交给法院，于 1587 年被处死。这个决定令广大新教徒欢欣鼓舞，在他们看来，伊丽莎白一世是真正信仰的捍卫者，是英格兰民族独立的象征。

**英西矛盾的激化**　从 16 世纪 70 年代末起，英格兰和西班牙的关系不断恶化：海盗袭击、夺取西班牙的黄金、暗中帮助起义的尼德兰加尔文宗教徒都导致两个国家在海上和陆地上的对抗。腓力二世的近臣鼓动他"捣毁异端分子的巢穴"。处死玛丽·斯图亚特成为武装干涉的借口。准备入侵的西班牙军队在 1587 年集结完毕，但英格兰舰队突如其来的反攻中断了腓力二世的计划。Φ. 德雷克率领的舰队逼近加的斯港，进攻停靠在锚地的西班牙舰队，击沉西班牙船只，占领了加的斯城。

西班牙人需要一年时间装备新舰队——由 130 艘战舰、18000 名士兵组成的大舰队。从驻扎在尼德兰的西班牙军队调拨的兵力应在敦刻尔克增援舰队。与西班牙"无敌舰队"对抗的英格兰舰队，虽由规模不大的皇家核心舰队和私人海盗船、商船组成，但以机动灵活著称，装备了最好的远射炮，这些远射炮在击溃西班牙人的战斗中发挥了重要作用。西班牙人不希望海战，而是希望登陆作战，但英格兰人的战术是不断袭击在英吉利海峡游弋的"无敌舰队"。德雷克率领一小股力量在一个月内连续袭击西班牙人，同时，英格兰的主力舰队在海军司令查理·霍华德的指挥下阻止了"无敌舰队"通向计划登陆地点多佛尔。不能在敦刻尔克补充力量、受到重创的"无敌舰队"停靠在法国海岸加来港，德雷克率领装满炸药的纵火船袭击了西班牙舰队，逼迫幸免于难的船只起锚。大风把船引到西兰地区的浅滩，许多船只在那里触礁沉没；剩下的缺少给养的船只，绕过不列颠群岛，历尽艰辛回到西班牙：士兵和船只损失了 2/3。战胜"无敌舰队"（1588）标志着英格兰海上大国地位的确立。

80 年代，英格兰成为欧洲信奉新教国家的领袖。伊丽莎白一世支持与信奉新教的德意志王公进行了外交接触，派遣远征军帮助起义的尼德兰人民和法国胡格诺教徒，赢得了"新教教皇"的赞誉。

**政治宣传和治理之道** 英格兰女王使文艺复兴时期的管理艺术达到尽善尽美的程度。她的政治策略建立在诸如"人民福利"和"民族利益"这样的概念上。在伊丽莎白一世众多的宣传手段包括：在国内微服旅行；在旅行途中会见城市代表、外省贵族；在伦敦城举行盛大的化装游行；在创立日举行公开庆祝活动；在议会开会期间进行命题发言，她发言的主题思想是"你们可能会有更好的君主，但永远不会有更有爱心的君主"。16世纪80年代，在爱国情绪高涨和面对外部威胁团结一致的声浪中，在英格兰形成了对女王的个人崇拜，开始称她为"第二圣母"，这是国家受上帝垂爱和她信仰的宗教即真理的象征。在文学和艺术作品中，把伊丽莎白作为美丽和永葆青春的古希腊罗马女神来歌颂。

与欧洲其他地方一样，伊丽莎白一世的宫廷中也是亲信当道，为了管理国家的利益，女王大胆地利用这一点：让沽名钓誉的大臣和显贵失和，她从中得到忠实于自己和国家的臣属，这样任何党派都不能独大。

**16世纪末的社会经济和政治危机** 16世纪80年代末至90年代，英格兰经济上升的高峰已经过去，受一系列外部因素——连年歉收、耕地转手造成的粮食短缺的影响，货币贬值加剧，引起食品价格高启，经济开始衰落。城市贫民和手艺人帮手发动的饥民暴动和市场抢劫频繁发生。

英格兰和西班牙之间的持续冲突、海上战争也对经济产生了消极影响：税负增加了很多倍，议会补贴国家的进款都用在了军需上，国库空虚，而这一时期的海盗探险并没有带来预期的利润。连年战争，入不敷出。贸易通道不稳定，失去了英格兰呢绒在西班牙、葡萄牙、意大利、德意志信奉天主教地区的传统销售市场（另一方面，与政治盟友尼德兰存在激烈的贸易竞争），这都造成生产过剩。英格兰呢绒堆放在仓库，而东方和莫斯科公国的新市场容量不足，难以消纳库存。这引起失去利润的制呢商和失去工作、口粮的纺织工的不满。工商界代表认为，摆脱危机的出路在于取消国家调节，实行自由贸易，但是政府在这方面缩手缩脚的尝试没有取得明显效果。

在国内贸易方面，为了增加财政收入，国家扩大了多数大众消费品的私人专营权，这也造成价格上涨。为了满足国家和宫廷显贵的野心，政府牺牲了民族经济利益。

同样，宫廷显贵也对政府的政策不满。在财政入不敷出的情况下，女王缩减了宫廷显贵和职业军人的俸禄，使"主和派"与"主战派"之间的政治斗争加剧，一些国务活动家主张停止与西班牙损失巨大的冲突，他们构成主和派，主战派以女王的宠臣、元帅埃塞克斯伯爵为首，得到军官的支持。为了清除政权中的政敌，迫使女王继续与西班牙的战争，埃塞克斯伯爵在1601年发动军事叛乱。叛乱被镇压下去，主谋被处死，但女王的廷臣和亲信的集体行动是严重政治危机的征兆。

英格兰专制制度的危机也体现在议会中反对情绪的增长上。16、17世纪之交，伊丽莎白一世的宗教政策遭到下议院的尖锐批评，而政府的财政和经济政策（增加税负、增加贸易中私人专营权数量）遭到了议员的一致抵制。由于政府试图阻止在这些问题上的争论，议会中要求言论自由的呼声日益高涨。与此同时，代表们强调自己对国家忠诚，希望为了国家利益与女王合作，即视自己为"女王陛下的反对派"。

在议会的压力下，伊丽莎白一世不得不取消了一些私人专营权，承诺将来废除专营权。这是反对派首次获得政治上的胜利，尽管女王没有兑现承诺。1603年伊丽莎白女王去世后，斯图亚特王朝的詹姆斯一世继位，议会中反对垄断和国家贸易调节的斗争一直持续到这一时期。

**斯图亚特王朝早期统治下的英格兰**　斯图亚特王朝的创始人詹姆斯·斯图亚特（1603~1625）把英格兰、苏格兰和爱尔兰统一到自己的政权之下，建立了"三位一体"的大不列颠王国。但出身苏格兰的詹姆斯一世与他的英格兰廷臣之间的矛盾很快就显现出来。詹姆斯一世对英格兰的政治传统缺乏应有的尊重，没有都铎王朝特有的随机应变能力。他是专制制度的坚定支持者，以最极端的方式捍卫这一主张，在自己的政论和公开演讲中明确表示，王国从一开始就不是约定的，而是神授的。国王是至高无上的统治者，地位比议会和法律都要高得多。他认为，国王可以支配国家的所有土地、财产，甚至主宰臣民的性命，擅自支配司法权。詹姆斯一世的独裁野心遭到了

以著名法学家 Э. 科克为首的英格兰法学界以及对"古老的英格兰自由"情有独钟的议员的反对，在议会中产生了反对扩大国王特权和篡夺议会权力的正式要求。从詹姆斯一世的第一届议会（1604）开始，直到查理一世于1629 年解散议会和 1642 年国内战争爆发，这种争论一直都没有停止。

与伊丽莎白一世统治时期相比，詹姆斯一世统治时期王室支出几乎增长了一倍。供养王室的资金巨大（与伊丽莎白一世不同，詹姆斯一世被迫为王后和子女供养大量廷臣）。王室的奢侈和浪费成为大家议论的话柄。

斯图亚特王朝统治时期，国家官员的营私舞弊——国家管理机关内贿赂、盗窃国家财产、卖官鬻爵史无前例地猖獗。

为了充实国库，斯图亚特王朝大肆贩卖贵族头衔和爵位，这引起了出身世袭名门的贵族和特权阶层的愤怒，但没得到中小绅士的回应：强迫年收入40 英镑的绅士购买骑士称号，如若拒绝，则施以重罚。

在整个 17 世纪上半期，斯图亚特王朝加强了对纳税人的压迫，要求额外向王室纳税，购买债券。但引起民众和议员不满的主要原因不是税收，而是詹姆斯一世和查理一世关于进一步巩固专制制度，有权不经议会同意就向居民征税的声明。议会中的反对派坚决抵制国王的贪求，明确指出："英格兰是仅存的保持原始权利和宪法的基督教君主制国家"。

**斯图亚特王朝早期的对外政策** 詹姆斯一世登基后，英国的对外政策发生了巨大变化。1604 年，与西班牙签订了和约，保证了英格兰在之后 10 年经济上升和出口增加。但是信奉新教的居民对和约不以为然。詹姆斯一世真诚希望欧洲的新教徒和天主教徒全面和解。他把自己的女儿嫁给加尔文宗教徒——身为信奉新教的主要德意志公爵之一的普法尔茨公爵腓特烈五世；同时，他还就儿子查理与西班牙公主的婚姻进行谈判。英格兰人不赞成国王不切实际的追求，欢迎"西班牙国王求婚"失败和公爵回家；指责詹姆斯一世姑息纵容国内的天主教徒。在新教徒看来，天主教的威胁无处不在，尤其在 1605 年的"火药密谋"之后，当时贵族中的天主教信徒企图炸毁议会大厦，炸死国王。

随着三十年战争在 1618 年开始，民众对王室的"懦弱和背叛"更加愤怒，当时詹姆斯一世仍对与西班牙结盟抱有希望，不敢公开加入冲突，支持自己的女婿——被天主教徒赶出自己领地的腓特烈五世，只能给予德意志新教徒财政资助。

在詹姆斯一世生前的最后几年，查理太子和国王的宠臣、有无限权势的白金汉公爵持反西班牙立场，英格兰加入了同西班牙的战争（1625～1630），但这并未使他们赢得声望：查理太子娶了法国公主、天主教徒吉尼里特·玛丽，但英格兰人认为，这个可疑的同盟不能阻止已经开始的英法战争（1627～1629），战争中，白金汉公爵企图支持法国的胡格诺派，但其行动惨遭失败。

军事失败对国内的政治局势产生了消极影响：查理一世（1625～1649）要求除额外税和债券外把税收增长12倍。议员不顾新教徒的感情，拒绝批准这些费用。1624～1629年，所有会议都在这个问题上争论不休。反对派制定《权利请愿书》（1628）成为事件的高潮，请愿书否决了不经议会同意国王擅自向居民征税的权利，谴责对拒绝交税者非法拘禁的行为。

查理一世解散议会（1629）和长期独裁统治（1629～1637）是国王与反对派冲突的结果，在此期间，国王继续征收关税、船税，实行新的垄断，以任何理由或毫无理由地处罚社会中上阶层甚至显贵的代表。这种短视政策导致的结果是，不仅国王与近臣，而且国王与议会反对派——捍卫其利益的贵族阶层、伦敦城的商人阶层、大部分纳税人的关系几乎彻底破裂。

**斯图亚特王朝的宗教政策** 由于王朝的宗教政策，社会上初露端倪的分裂加深。詹姆斯一世对天主教徒的宽容令新教徒精神紧张，但谁也不能怀疑他对加尔文宗坚定真诚的信仰。在他登基时，温和的清教徒神职人员向国王提交了《千人请愿书》（以1000名神职人员的名义写的），请求对英格兰教会进行改革。詹姆斯一世向他们承诺进行一系列革新，但没有做进一步承诺。自遭到伊丽莎白一世镇压后，清教徒运动明显复苏。它广泛开展反"英格兰天主教徒"——保留和灌输清教徒认为不必要的天主教礼仪、华丽的祷礼的高级教士——的宣传。国教会中的神职人员进行了反击：禁止清教徒传教、辩论，加强了对祈祷和教会纪律单一性的监督，负责报刊检查、监督神职人员的高级委员会法庭活跃起来。

清教徒把新对手——阿米念主义（即阿米尼乌斯主义——译者注）信徒的影响视为对他们的打压（阿米念主义是欧洲的新教流派，它反对加尔文主义"宿命论"以及加尔文主义宗教团体成员自古以来就优秀的观点。阿米念主义信徒允许世俗政权插手教会团体的内部事务）。阿米念主义在国教会神职人员中颇为流行，查理一世本人、他的多数主教和坎特伯雷大主教у. 洛德都赞成这种学说。洛德在17世纪30年代成为国王的主要谋士，主教在世俗行政机关和调解委员会积极工作，包括迫害不信国教者，这是教会与国家合作思想的具体体现。

由于对英格兰天主教徒和占领宫廷和教会的阿米念宗信徒的恐慌，英格兰加尔文宗信徒——无论是长老派信徒还是独立派信徒流落到新大陆的情况加剧，他们在那里得到期望已久的信教自由。

因此，17世纪30~40年代，所有社会阶层，无论是显贵、中上阶层还是普通城乡纳税人，都不满斯图亚特王朝的内政外交。议会中反对派同王室的专制主义诉求的辩论以及臣民和国家官方教会在伦理宗教上的对立成为斯图亚特王朝陷入深度危机的证据。政治危机的进一步加深导致英格兰爆发了社会革命和国内战争（1642）。

**16世纪至17世纪初英格兰的文化**　统一的标准英语和民族文化形成的过程与国家团结进程同步。民族文化的形成是整个欧洲的潮流，英格兰也不例外。

在新民族文化形成的过程中，大学首先是成为英格兰人文主义摇篮的牛津大学发挥了重要作用。在牛津大学形成了受过高等教育、深受意大利人文主义和新柏拉图主义思想影响的知识分子圈。у. 利纳克尔、у. 格罗欣、у. 黎里等拉丁语、希腊语大家——热切支持在中学和大学开展经典教育，著名神学家、教育理论家约翰·科列特都在这个圈子里。科列特被认为是英格兰宗教改革的先驱和早期的人文主义者之一。他站在道德的立场批评当代教会，拥护神职人员和信徒通过道德自我完善进行教会改革，其重点在于对《圣经》精神的领悟，而非形式上遵守教会纪律。同时，科列特非常重视人的能力，人的自由意志应将他引向崇高的精神理想，能领悟宗教的真谛。他号召进行教育改革，认为教育不应建立在学习中世纪经院哲学权威的基础上，而应以研究柏拉图和亚里士多德哲学、古希腊罗马著作、古典语言、自然科学和应用知识为主。

鹿特丹的伊拉斯谟被科列特认定为"学者共和国"——牛津知识分子圈的全权代表，他曾亲自参加科列特的讲座，认为英格兰的"耶稣哲学"开始形成。英格兰著名的人文主义学者托马斯·莫尔是科列特的学生。这一阶段英格兰人文主义的特点是它与相信人的优点和天赋的人类中心论并存，非常关注神学问题，深受传统基督教伦理的影响，因而它与所谓的"北派"或"耶稣派"人文主义比较接近。

托马斯·莫尔（1478~1535）是16世纪上半期最著名的英格兰思想家。在老一辈的牛津人中，他的伦理学学说建立在"基督耶稣的美德"概念基础上，但充满了人文主义新内涵。莫尔认为，美德和爱需要积极站在民众的立场上为社会服务，而不是袖手旁观和不作为。他的升迁是这一伦理学理想的体现：莫尔受了法学教育，成为积极的政治家，被选举进议会，成为亨利七世的议长，他在所有岗位上都尝试减轻几乎没有或只有很少财产的人和不受保护者的生活负担。同时，他的世界观倡导享乐主义，颂扬人间欢乐。

《乌托邦》（1516）是托马斯·莫尔的主要著作，它开创了文艺复兴社会思想的一个完整流派，确立了"乌托邦"文学体裁。在这本书中他借旅行家拉斐尔·吉特洛奇之口激烈抨击当代英格兰的社会制度和不法行为，描绘了理想的社会制度图景。他认为，建立在私有制基础上的国家是"富人的密谋"，只为他们的利益服务。私有制滋生不平等，使人不再爱基督耶稣。因此，在他的理想国中，私有制被废除，大家共同拥有"所有财物"，每个人都应劳动，但劳动不是负担，理想国的人有足够时间从事科学、艺术和娱乐。他们适度消费，但不实行平均主义，按照社会贡献进行分配。乌托邦的政治制度以选举制为基础，只有道德完美无缺和拥有管理能力的人才能担任高级职务。总之，他主张在信仰自由的基础上解决了宗教信仰问题。

托马斯·莫尔的《乌托邦》是文艺复兴社会思想的高度体现，这种思想尝试综合了古希腊罗马政治理论和当代经验，认识到了国家、国家制度、宗教功能的自然属性，树立了理想社会制度的典范。

赞助文学艺术的都铎王朝早期宫廷对文艺复兴在英格兰的传播起了促进作用。在亨利七世和亨利八世统治时期，意大利画家、雕塑家和建筑家受邀来到英格兰，其中最著名的是彼得罗·托利多诺，他在威斯敏斯特修道院完成了亨利七世的墓碑。在亨利八世时期，展开了规模宏大的建筑工作，欧洲最大的宫殿建筑群白厅、里士满、汉普顿－科特、温莎官邸等55座建筑就在此列。尽管16世纪上半期英格兰的建筑中出现了文艺复兴特征，但与当地垂直高耸的哥特式建筑的传统风格保持着持久的联系。这一风格最好的样板即为亨利八世时期完成的剑桥大学国王学院小教堂以及温莎的圣乔治小教堂。

英格兰的绘画仍保持着许多中世纪特征，但对世俗题材和肖像画的兴趣增强，尤其是在宗教改革后，教会不再是美术作品的主要订购人。汉斯·小荷尔拜因对英格兰肖像画流派的形成产生了巨大影响，他在1536年获得亨利八世宫廷画师一职，留下了一系列优秀的国王、英格兰宫廷和国务活动家的画像。

在鹿特丹的伊拉斯谟称为"缪斯殿堂"的亨利八世的宫廷，文学艺术大放异彩。受彼特拉克的影响，T. 怀亚特、Г. 霍华德、萨里伯爵根据英语韵律改写的十四行诗开始流行。

音乐家 Дж. 特维纳和 T. 塔利斯是当时的主要作曲家。亨利八世这位音乐鉴赏大家，可能也是几首流行叙事曲和短诗的作者，也被纳入音乐家之列。戏剧表演是宫廷钟爱的消遣：爱好者演出"假面"剧、讽喻或道德醒世剧以及起源于民间戏剧传统——有关罗宾汉的表演、换装假面剧等。戏剧化的骑士比武、围攻道具城堡、为消遣举行骑士比武都是宫廷文化不可分割的一部分，体现了贵族骑士效忠自己的君主和君主政权下英格兰繁荣昌盛的思想。

16世纪下半期，英格兰的文学艺术达到真正的繁荣，人们经常把这一时期称为"伊丽莎白黄金时代"，无论是英格兰的经济成就还是与英格兰海上大国、新教领袖地位确立有关的爱国主义情绪的高涨，对此都有促进作用。

以十四行诗扬名的 Ф. 锡德尼是这一时期的著名诗人和文学理论家。他也创作田园诗，锡德尼的长诗《五月女郎》使这一流派风行英格兰。在论文《为诗辩护》中，锡德尼一面与攻击文学"轻浮"是使人腐化的艺术的清教徒进行辩论，一面论证诗歌的神圣使命以及它在和谐、完美的人的培养中的作用。他确信，诗歌比说教的哲学和历史更有意义。

对于伊丽莎白时代另一位杰出诗人埃德蒙·斯宾塞的创作来说，诗歌要为伦理任务服务，要颂扬公民的价值观。他写十四行诗，是长诗《牧人月历》和《仙后》的作者。在后一首诗中，斯宾塞创造了理想国度的鲜明形象（对英格兰的讽喻），贵族骑士以公正和美德的名义在那里建功立业。从"仙后"的形象上可以想见，长诗是献给伊丽莎白一世的。当时的许多优秀诗人——Y. 黎里、K. 马洛、Y. 莎士比亚及其他人都创作了十四行诗和田园诗，他们的韵脚、韵律结构试验和造词极大地丰富了标准英语。

16 世纪下半期的散文以旅行和地理发现文学的形式呈现。在民族自我意识形成过程中，P. 哈克卢特的著作《英格兰民族的主要航行、旅行和发现》发挥了最重要的作用，他在这部著作中收集了大量航海家和旅行家的报告。在短篇小说中，T. 德罗尼针对官场，弘扬获得物质幸福的英格兰自由民、手艺人和制呢工的诚实劳动、优良品德的现实主义题材作品大受欢迎。另外，讽刺短篇小说和描写骗子活动的长篇小说（包括 T. 纳什的《不幸的漂泊者》）嘲笑了清教徒的伪善和令人沮丧的循规蹈矩。

一些历史著作——P. 霍林斯赫德的《英格兰、苏格兰和爱尔兰编年史》、伊丽莎白一世时期最优秀的历史编纂学家、"古董商"、古代文物收集人研究小组的创始人 Y. 肯登的著作、乔治·斯托献给伦敦的史学著作《伦敦和威斯敏斯特编年史》也非常受欢迎。

无疑，戏剧是文学体裁中的奇葩。在伊丽莎白一世时期，专业公共剧院已经出现，演员们购置了自己的场地，如在伦敦有"剧院"和"花坛""环球""天鹅"等剧场。一代天才戏剧家，如 P. 格林、T. 基德、K. 马洛、Y. 莎士比亚、Б. 琼森为它们创作。

克里斯托弗·马洛是 16 世纪最著名的戏剧家之一，他在自己的悲剧作品《帖木儿大帝》《浮士德博士的悲剧》《马耳他岛的犹太人》中探讨了现实的伦理道德问题。他塑造了一系列非凡人物的形象,他们在不可遏止地追求权力、荣誉和财富时摆脱了基督教的束缚,最终走向灭亡。这些人物形象既让人赞叹,又令人恐惧。

人性和个人自由限度问题一直令英格兰天才戏剧家威廉·莎士比亚(1564~1616)激动不已,他的创作极其多样。抒情喜剧(《错误的喜剧》《仲夏夜之梦》《无事生非》《温莎的风流娘们儿》)、历史剧(《亨利六世》《亨利五世》《理查二世》《理查三世》)都出自他的笔下,在这些作品中他是强大但合法、公正的王权与自私自利、沽名钓誉的大封建主相抗衡的民族利益代言人的喉舌;哲学剧(《哈姆雷特》《奥赛罗》《李尔王》等)也是他创作的主要类型之一。他的剧作是对人性本质、世间善恶本质的思考。莎士比亚对人失去了早期人文主义的乐观看法,他的处世之道染上了更多悲观色彩:他与哈姆雷特苦苦思索人是否为"自然的精华"、"宇宙的精华"或"尘世的精华",这些疑虑反映了对文艺复兴认知的危机。莎士比亚认为,作品人物悲剧的根源不在于外部环境,而在于人物内心的矛盾和脆弱,这些使激情战胜了理智。控制情感是内心平和与幸福的保障。他在自己晚期的作品——《冬天的故事》《暴风雨》重新回归主宰自然、被赋予渊博知识和无限能力的强大的人类理想,但他也难过地承认,这种形象是乌托邦式的,因而赋予这些作品魔幻的童话形式。

本·琼森在当代的知名度不逊色于莎士比亚。他创作了一系列现实生活题材喜剧(《炼金术士》《瓦尔弗洛梅耶夫集市》《每个人都有自己的性格》)。他在这些作品中描绘了鲜活的当代风尚,一般认为琼森是英国劝善文学的鼻祖。

16世纪下半期至17世纪初,英格兰自然科学成绩斐然。医生у. 哈维发现了血液大循环,у. 吉尔伯特研究了磁电现象,天文学家、数学家Т. 托马斯·哈里奥特发现了太阳黑子,Д. 耐普尔深入研究了对数。

实验科学的进步和自然、人类社会发展所遵循的统一规律、概念也体现在哲学理论中,单独的个体不再是兴趣的主要对象,只是宇宙这个"总链条"中的一环。这一趋势在著名科普作家、哲学家、作家弗朗西斯·培根的创作中有鲜明的表现。培根是一名职业律师，在詹姆斯一世时期，他的仕途非常成功，官至英国上议院议长兼大法官。《经验与道德、政治训诫》（1597）是培根以哲学随笔形式呈现的他对社会、道德、政治、宗教的思考。他的伦理学观点以人文主义的个人主义传统思想为基础，相信人和人的能力是"自己命运的主宰"。但与伦理学相比，培根对社会政治问题——国家的功能、各个阶层在国家中的作用、宗教等更感兴趣。这位英国思想家的社会观点与他对科学在社会生活中的地位有着密切联系。科学应促进社会改造，使人服从政权。在培根的乌托邦小说《新大西岛》中，普遍和谐与共同福祉不是建立在社会改革上，而是建立在科学技术进步的成就上。"所罗门之家"——新发现的实验室和知识殿堂主导着他的理想社会。培根在描绘神奇画面的同时，预言了遥远未来的许多事情，如使用太阳能、育种、为医治病人保存器官、飞行器等。

培根深入研究了认知科学的新理论：不同于古希腊罗马、中世纪时期哲学所依赖的演绎法，他提出了经验归纳法，这是一种从个人到社会、从观察到实验然后再到合理分析和科学概括的方法。培根的经验归纳学说对启蒙时期的欧洲哲学产生了巨大影响。

伊丽莎白一世时代实用装饰艺术繁荣发展。肖像画仍在绘画中独领风骚。插图画家 И. 希里欧特是最杰出的肖像画画家，他的插画充满了讽喻和象征意义。他塑造了伊丽莎白女王的理想形象。其他画家多次以他塑造的女王形象为蓝本。

16、17 世纪之交，希里欧特的学生伊萨克·奥利弗接过了他手中的接力棒。与希里欧特相比，奥利弗擅长利用光影，以风景为背景，其肖像画以现实主义著称。17 世纪初，在受到斯图亚特王朝邀请的画家鲁本斯和安东尼·范·艾克的努力下，表现性肖像画和神话题材的绘画与小型绘画艺术并驾齐驱。

在 17 世纪上半期的建筑中，古典主义的地位得以确立。伊尼哥·琼斯是这一风格的杰出代表。

# 第十二章
# 16世纪至17世纪上半期的法兰西

进入16世纪后，法国完成了领土统一。随着勃艮第和布列塔尼公国以及普罗旺斯伯爵领地并入王国，在整个16世纪和17世纪上半期，法国的国家轮廓基本定形。按领土面积和人口数量（2000万人），法国位列西欧之首。国家统一为后续的经济发展和政治团结创造了有利条件。

**农业结构** 法国由三个互不相同的地区组成，这也决定了各地区的农业结构各不相同。在北方（巴黎盆地），自古以来农业中就是禾谷种植、蔬菜栽培、家禽、家畜饲养相结合；南方（阿基坦盆地、地中海各省）继承了古希腊罗马时期的粮食、葡萄、橄榄和果树栽培；山地地区以牧业为主，农业的作用不大。

土地是封建主的私有财产，他们在自己的领地内向农民收税，收取货币地租，享有其他封建特权（占有磨坊、面包炉、葡萄压榨机等并强迫农奴交款使用这些东西的特权）。同时，与封建主清账后，农民可自由支配自己的土地，向封建主缴纳销售税后，甚至可以将土地出售。在这种条件下，农民土地所有制——契约份地在16世纪实际上已经具有私有财产的特点。在出售契约份地时，新土地所有者今后要交纳这块土地所有应缴的封建赋税。在北方，在各种形式的封建地租均不能赎买；在南方一些省份则允许赎买。由封建关系状况决定的封建赋税的比例各不相同。在北方，在一些拥有富裕城市、发达的商业金融体系及以货币地租为主的省份，教会收取的粮食、牲畜和葡萄酒的什一税负担很重。有关粮食的其他封建赋税不多，价格不高，封建主的特权较少。在封建制度解体较慢的一些省份（中心、东部、西北），封建赋税较高，数额较大。

与 15 世纪相比，16 世纪形成了较为均质化的农民群体——契约份地佃农，他们是人身自由的世袭契约份地持有者，是法国的主体。人身依附农民（农奴）只存在于东部和中心省份，但数量不多。16 世纪至 17 世纪初，法国农村还保留着公社。在地方景观各异、气候条件有别的情况下，公社承担主要的经济功能，这也是忠实于传统的主要原因。法国北方的公社拥有比较发达的集体组织农业生产系统：有开阔的田野，耕地交错，实行强制轮作；有牧场；有使用公社公共用地的严格规定，在统一的日期轮作、割草、收割庄稼和采摘葡萄。法国南方的公社则是另外一种类型：禾谷作物需要另外一种经营方式，那里没有耕地交错现象和强制实行轮作，但存在使用公共用地、收割庄稼和采摘葡萄日期的规定。在法国山地地区的公社，规定首先体现为建立了使用山上牧场的制度。

16 世纪至 17 世纪初，农村公社明显扩大了自己的行政功能，加强了与周边地区交往的自主性。到 17 世纪末，农村公社实际上已经实现了地方自治：通过检察官在王国法院维护自己使用森林、空地（荒地）的权利，审议并确定费用支出和自己分摊的国税比例，检查对公社制度的遵守情况。

**租赁关系** 16 世纪初，在离城市较近的地方，开始流行短期租赁。它有两种主要形式，由租金的缴纳方式来决定，分别是货币租金或农场租金——金额固定，单纯为货币或货币与实物相结合的租金，以及对分制或对分租金——按实际收成比例构成的实物租金。在土地比较肥沃、靠近大城市的地方，农场租金得到发展；在自然条件各异、靠近中小城市的地区，对分制占主导，主要流行于法国南部地区。

在较大的领地上，地租向早期资本主义性质的地租过渡，小农租赁常常是由少地和无地引起的，没有形成早期资本主义农场。

**手工工场和行会** 法国工业发展的典型特点是既出现了新的又保留了传统的生产组织形式。手工工场是一种新现象，在手工工场出现的同时，路易六世时期即已强制建立的行会得以保留。农村为手工工场提供雇佣工人。在自己的地块上务农与订单式手工业活动相结合，催生了法国最普及的早期资本主义生产形式——分散式手工工场。商人是手工工场的组织者。

很多法国城市以自己生产的呢绒著称，在国外市场上法国呢绒可以与英格兰、佛兰德尔和意大利的呢绒相媲美。呢绒生产集中在普瓦图、奥弗涅、卢埃格、朗格多克、多菲内。法国的麻布和亚麻布生产位列欧洲之首。这些织物产自香槟省、法兰西岛、皮卡第地区、诺曼底、布列塔尼、博热、多菲内和奥弗涅农村。

分散式手工工场的普及弥补了集中式手工工场发展薄弱的缺陷。在王国政府的支持下，集中式手工工场才出现在巴黎和其他大城市，直到17世纪初还没有广泛流行。这些手工工场主要生产可以与外国产品首先是意大利产品相媲美的奢侈品。从17世纪起，开始集中生产大众消费品。在15世纪末16世纪初出现的新行业——印刷业和纺丝业常常按服务广大市场的手工工场类型组织起来。巴黎和里昂的印刷厂和受王室保护的纺织手工工场，不仅向法国供应产品，还成功地参与了国外市场的竞争。

16世纪至17世纪上半期是行会制度恢复时期。这一进程是在中央政府的压力下完成的。国家从自己的财政和政治利益出发采取行动，设法靠出售"梅特里察"（行会工匠的称号）以及在城市建立有能力控制城市底层的组织来充实国库。小手工业者的不满引发了起义和混乱。重新建立的行会受到王权的制约。但是，行会手工业的复兴没有以中世纪的经典形式再现。16世纪的行会章程巩固了因行会体系解体而形成的制度，确立了工匠——实际上是手艺人的全权主人的主导地位。工作时间、雇佣工匠帮手、工匠帮手的工资都以工匠的利益为准进行调整。王权为自己在城市里建立了稳固的社会根基。它没有彻底破坏封建的生产组织形式，但使之适应了新条件。与其说行会组织是独立的小生产者——手艺人停业的证据，不如说是由于行会的存在手艺人慢慢失去生产独立性的标志。行会的封建本质并不妨碍在行会框架下形成新的生产关系。

**贸易** 法国的制呢工把自己的产品出口到黎凡特和西班牙，以满足国内市场。法国呢绒从西班牙运到美洲，把麻布和亚麻布运往英格兰、意大利、黎凡特和西班牙，再从那里运往美洲。到 16 世纪中期，法国对美洲的出口迅速增加，成为法国对外贸易的重要组成部分。这导致西班牙资金流向法国，因而从 16 世纪 40 年代起，法国的物价急剧上涨。

从 15 世纪下半期开始，得益于意大利银行家和商人，法国进入意大利的贸易体系。16 世纪，意大利人把自己的办事处迁往里昂，使之成为阿尔卑斯山另一侧的意大利贸易中心。里昂交易会主要向当地市场供应奢侈品。

在国内市场的形成中，16 世纪至 17 世纪上半期的成绩卓著：遏制了国家各地区的经济分化，各地区之间以及与中心地区之间的联系得到巩固。工业上的进步对此有促进作用。集中在原料资源附近的分散式手工工场促进了法国部分省份工业专业化的发展。农业专业化水平提高，对葡萄、亚麻、大麻、染料种植和畜牧省份进行了区分。

**原始积累的特点** 在殖民体系薄弱的条件下，法国进入了早期资本主义形成时代。这意味着国家需要付出不同于殖民化的努力来实现手工工场生产所必需的巨额资本积累。

法国的经济政策以国债、财政体系和保护关税政策为主。国债有三种不同的来源：无期有息公债（必须支付利息的国库有价证券）、国债和银行家的债券。无期有息公债是国债的早期形式。在无期有息公债销售中，君主获得了从领地取得固定收入和收取间接税的权利。1522 年，国王开始谋求发行公债：弗朗索瓦一世对销售或转让国债的交易收取特别税，这样就赋予已有的实践以法律地位。大资金持有者的债券通过给予债权人间接税和各种杂税的包收权来支付。税收政策是资本原始积累的重要杠杆。16 世纪是中央财政体系形成时期，与此同时，直接税——塔耶人头税和间接税持续增长。

法国君主的保护关税政策表现为向外国人首先是西班牙人、殖民地供应自己的手工工场产品和农产品。

**社会制度　封建贵族政体** 显贵居于法国社会等级结构的上层。他们是贵族中最富有的一部分人。在显贵序列中居于首位的是公爵，即统治王朝的旁系血亲后裔。新贵属于达官，他们的地位归功于国王的宠信。为了削弱过于强大的旧贵族，国王提拔非贵族出身的宠臣，赐予他们土地和比较重要的职位。

封建贵族的势力建立在他们的财富和各省政权的基础上。与其说是领地的收入，不如说是赏赐、退休金、省长、宫廷和军队的肥缺保证了他们的财力。显贵在贵族中的领导地位保证了他们的政治影响力。15世纪，国王领地和封建领地尚未划定时，贵族就分裂成独立的集团——以国王或大封建主为首的受保护人集团。每个贵族都有国王或达官贵人做自己的保护人。此外，各等级封建主之间的关系因经济地位相似而得以巩固。大、小封建主之间的土地所有制没有差异，显贵和其他贵族的领地只有大小之分。但是，受保护人集团的存在延缓了封建关系被破坏的进程，使各等级封建主变成国王臣民的难度增加。

**贵族阶层** 两个独立的社会阶层——旧贵族和军事贵族构成法律上拥有统一特权的贵族阶层。从15世纪中期起，花钱购买贵族头衔、在国家机关中拥有高级职位或采邑的市民（商人、行会工匠）开始跻身出身古老的骑士家族、拥有采邑和必须服军役的世袭贵族之列。到17世纪中期，法国几乎没有未与新贵族结亲的旧贵族家族。但这种相互接近并未消除两个贵族阶层之间的差异。15世纪下半期，出现了"世袭贵族"这一术语。"出身贵族家族的贵族"（佩剑贵族）和贵族进入法律实践。旧贵族和新贵族的差异在于特权不平等。新贵族不需要在军中服役，只有世袭贵族才享有这一特权。贵族骑兵是法国的主要军事力量。中世纪的职业军人——法国骑士变成了贵族，他们没有丧失贵族的典型特征：仍和从前一样，服兵役是他们的权利、义务、特权、光荣的事业和贵族的骄傲。兵役免除了世袭贵族的纳税义务，它是最重要的贵族特权——纳税豁免权的条件。如果新贵族放弃之前的贸易和金融活动，那么贵族地位可保证他们免于纳税。

从16世纪中期起，市民阶层的代表加入贵族阶层的进程尤为引人注目。这与价格革命有关，其致命后果正是在那一时期明显显现。封地——农民的契约份地是世袭贵族的经济基础，他们从封地获得佃租和其他封建税款。他们的私有领地面积不大。世袭贵族的主要收入在货币表现上是不变的，但实际上持续减少。贵族陷入无法偿清债务的绝境，不得不卖地还债。从农民手里收购的土地构成新贵族的领地。

通过在国家机关和城市自治机关任职进入贵族阶层是最流行的途径。早在 15 世纪，就开始授予在中央和各省管理机关中任要职者贵族称号。到 17 世纪初，形成了规模庞大的官僚贵族或"长袍贵族"。凭依在国家机关和城市自治机关的工作与贵族土地所有制，官僚贵族大肆收购土地。高级官员包括议会成员和国务秘书，他们把越来越多的精力投入贵族土地所有制，成为显贵、有爵位的贵族。

总的来说，新贵族、官僚贵族和非官僚贵族复兴了统治阶级。他们改变了贵族领地的经营方式（通过雇员自己管理和短期租赁），使经营适应了法国农村中形成的新关系，尽管封建土地私有制的本质没有发生根本变化。

**市民阶层**　在法国社会面貌各异的人群中，市民阶层占据着显著位置。它的意义与新时代早期金融资本不断增强的作用成正比。从形成的那一刻起，这个非特权阶层就承担了各种沉重的税赋。16 世纪，享有充分权利、主要履行纳税义务的市民、商人、行会工匠、房主、高利贷者、手工工场主以及知识分子（大学和中小学教师、律师、医生）构成市民阶层。新时代早期的城市是传统与创新的共生体：国家积极培植的行会与王国的手工工场并存。

在北方，市民阶层与正处于发展中的国内市场和手工工场有着密切联系。而在南方正好相反，它与国内市场的联系较弱，黎凡特、意大利、西班牙等海外国家和传统产品贸易对它更有吸引力。但南北方市民阶层的共同点是他们都失去了中世纪特权以及保护自己免受王权蓄意侵害的能力。王室财库吞噬了他们的大部分积蓄。捐税压榨迫使他们反抗并寻求保护，提出恢复城市自治的要求。市民阶层本身就是一股强大的力量，当局不得不有所顾忌。

在社会层面，商人、金融家、手工工场主沉迷于贵族的名望和官阶的光环。他们意识到自己的无权地位，借着社会上随波逐流的风气，竭力掩饰自己的出身：伪造贵族姓氏，在服饰上和日常生活中模仿"贵族阶层"。

**平民阶层**　城市平民由原来独立的手艺人、破产的小行会工匠、工匠帮手、降到雇佣工人地位的学徒以及仆人、乞丐和流浪汉构成。为了寻找工作，他们不断在国内流浪。在 16 世纪前夕手工业行会遭遇变故的情况下，王室的行会政策导致手艺人地位恶化，出现了工资降低、劳动时间延长等现象。工匠帮手无权放弃工作，哪怕是一天，合同期满后他们必须马上受雇并工作，否则就会被视为流浪汉，受到处罚。国王颁布的惩治流浪汉的法令证明，脱离常规就业渠道的市民越来越多。依法令，严禁行乞，违反者被罚到战船上做苦役或被处以其他刑罚。

**农民阶层**　与市民阶层一样，农民阶层属于纳税阶层。由于在数量上占优势，法国的农民阶层贡献了国库的大部分收入。16世纪，农民身上的负担不仅有封建佃租和直接人头税，还有租金。虽然由于价格革命地租减少，但是短期租赁的租金与价格同步增长，因此农民不可能享受农产品需求增加带来的利润。由于法国农村的变化，农民无地化的进程加快。在北方经济发达地区，这一进程的规模更大。农民因对自己地位的不满发动了起义，但起义都未超出个别省份。

**神职人员**　神职人员的等级结构是整个法国社会结构的独特投射。由于独身制度，神职人员阶层本身不能再生，因而神职人员来自各个社会阶层。高级教士——枢机主教、主教、最富有的修道院院长均出身于封建显贵和高级官僚。首都和外省的官僚贵族掌握着富有的城市教区，增补大教堂神父、主教会议顾问之职。大量城乡神职人员出身于不富裕的市民和农民阶层。神职人员阶层出身的独特性证明高级教士和城乡低级教士在财产地位方面存在差异。

因此，法国的社会面貌带有16世纪至17世纪上半期法国经历的变革的印记。贵族阶层的变化，新贵族的出现，市民、农民阶层地位的变化，阶层内部、阶层间的矛盾以及爆发人民运动的危险都为政治制度变革——君主专制的形成创造了条件。

**君主专制　弗朗索瓦一世**　16世纪至17世纪上半期是法国君主专制确立时期。立法权和执法权以及对权力的法律规定都集中在君主手中。在法兰西的土地上形成了统一的权力空间，排除了领地的地方权力。它打破了已经形成的封建关系体系（我的附庸的附庸不是我的附庸），促成了服从君主的中央集权制度的建立（我的附庸的附庸是我的附庸）。

这一时期，旧的权力机关的作用降低，甚至形同虚设。16 世纪下半期至 17 世纪初是三级会议活动的最后时期：共召开了四次三级会议，分别是在 1560 年、1576 年、1588 年和 1614 年。国王拒绝召开三级会议。此外，巴黎议会（高级法院）还失去了对国王法令的登记否决权。

同时，成立了新政府机关，大皇家会议、皇家事务会议和皇家私人会议以及国王任命的少数地方缙绅会议。与此同时，王室的作用和政治势力同步增长。官僚机构扩大并得到巩固，建立了以省长为代表的常设省级行政机构，省长是国王意志在地方的执行者。采取措施组建了集权式的财政税收体系。巩固了军队。雇佣军是主要的军队组织类型。

国家治理改革和君主制政策遭到了特权阶层的抵制。这使专制制度的进程复杂化并搁浅。

专制制度的形成与弗朗索瓦一世（1515~1547）的统治相关联。弗朗索瓦一世是一位军事首长和开明的君主，符合法国人对国君的认知。他的同胞把他的英勇、渴望军功视为法兰西民族性格的体现。在弗朗索瓦一世统治时期，出现了新的政府会议——大皇家会议、皇家事务会议和皇家私人会议，分别管理国家的某个领域。在他当政期间，从未召开过三级会议，巴黎议会的活动受到他的严密监视。经他同意后，议会事务开始交由大皇家会议处理。在弗朗索瓦一世统治时期，在国王的法令中最先出现了专制政权的定义，即"因为我们就是那样惠允的"。

弗朗索瓦一世对朗格多克和奥弗涅具有分离主义倾向的城市发动了一系列进攻。国王通过 1536 年法令赐予王国的地方政权机关各种行政权力。他竭力扩大国家机关，官员人数增加了 100 多人。在他统治时期，建立了所谓的秘库，用来保管出售官职的收入。出售官职具有了法律效力。国王特别关心国库的充实：1517~1543 年，不算间接税和其他捐税，仅直接税——塔耶人头税一项就增长了一倍。巨额支出用在了在意大利的军事行动上，这位查理八世和路易七世的继承人既不放弃军功，也不拒绝丰厚的战利品。他一边吸引大部分贵族出征海外，一边为实现自己的国内政治改革创造有利条件。

从弗朗索瓦一世起，法国开始进行海外探险。1534 年颁给圣马洛的航海家雅克·卡蒂亚的诏书奠定了法国人参与新大陆探险的基础。诏书指示奔赴新大陆，发现"据说储藏大量黄金"的岛屿和国家。1534年7月24日，卡蒂亚的两艘小船出现在后来称为圣劳伦琴湾的岸边。一般认为这一天是加拿大的发现日。在接下来的探险中，发现了今天的蒙特利尔、魁北克、夏洛特堡。面积是法国领土18倍、比整个西欧小不了多少的加拿大，在200年间都属于法国人，直到1763年才转归英国。但在这200年间，法国人无暇顾及、了解和开发这片土地。向加拿大移民的速度缓慢，从17世纪起，这个进程才得以加快。

宗教问题是君主面临的重要的内政问题之一。根据1438年国事诏书，国王本人充当脱离罗马教廷、实行自治的高卢教会（主张教皇权力限制主义）的保护人。为了使法国神职人员免受罗马教廷野心的影响，国王有权干涉教士事务。1516年，在意大利战争过程中，为了与教皇利奥十世进行军事合作，做出了取消国事诏书的决定，签订了划分叙任权的博洛尼亚政教协定。根据政教协定，弗朗索瓦一世取得任命高级教士担任空缺的高级教职的权力，但被任命者随后要得到罗马方面的批准。教皇恢复了无需与法国神职人员协商获得（罗马教廷向从教皇处获得神职的人员征收的）年税的权力。因此，高级教职的任命变成了国王的赏赐。博洛尼亚政教协定最终使国王干涉教会事务合法化。

国王建立了新的政治体制——君主专制并取得了卓越成效，尽管如此，但庆祝君主专制取得胜利为时尚早。13年后，即弗朗索瓦一世去世后，在奥尔良三级会议上（1560）贵族代表声明，国王与贵族在本质上是平等的，如果国王像太阳，那么贵族可以自命为月亮。只有战争时贵族才无条件承认国王的充分权力，不承认君主有权剥夺他们的特权。

贵族的被保护人是长期不稳定的源头。贵族的新政治组织既不能保护君主制国家免于暴动和叛乱，也不能避免国内战争。高级阶层反抗自己的特权受到侵犯，包括失去参与三级会议的权利，不放过利用君主制政权暂时衰弱的机会宣示自己的权利。在弗朗索瓦一世的孙子弗朗索瓦二世（1559~1560）和查理四世（1560~1574）统治时期，政权的衰弱与王位继承人年幼有关，贵族和城市反抗国王专制政策的活动异常活跃。

**宗教改革** 法国的宗教改革始于 16 世纪中期，晚于其他国家。这说明在弗朗索瓦一世统治时期法国政治稳定，高卢主义教会已经具有国教会地位。在天主教框架下进行的宗教改革运动拉开了宗教改革的序幕。宗教改革的支持者把宗教改革与宗教启蒙联系在一起。人文主义启蒙促进了这场运动，学校网络和书籍出版在其中发挥了重要作用。手艺人、商人、印刷厂主、法学家、大学教师以及显贵的代表都在改革支持者之列。

16 世纪，宗教改革运动与勒费弗尔·德·埃塔普尔（约 1455～1536）的名字联系在一起。这位数学家、宇宙志学家、自由艺术大师，因为自己的《圣诗注释》（1508）、《圣徒保罗行传注释》（1512）以及带原文引文出处的《圣诗选集》的拉丁文出版物开始小有名气，他在这些出版物中证明了某些拉丁文版本与原文不一致。在《圣徒保罗行传注释》中，他对天主教有关拯救和罪孽的主要教条重新进行了阐释。埃塔普尔把与人的内心状态——相信耶稣为牺牲品相关联的拯救观点和用行善拯救的教义进行了对照。埃塔普尔的启蒙活动是他对教会命运和改善社会风气认识的体现。

16 世纪前期，路德的思想开始传播。在天主教框架下进行的宗教改革运动与新世界观、非传统的教会组织观念相碰撞，但是路德的新教在法国的根基并不稳固。

加尔文宗的传播成为法国宗教生活的新转折。让·加尔文（1509～1564）在 1536 年出版的《基督教要义》中声称自己是埃塔普尔和路德的继承者。他在第一本附有前言的拉丁语出版物中表示，这是献给弗朗索瓦一世的，他希望有权干涉高卢主义教会事务的君主运用自己的权力进行自上而下的教会改革。但是弗朗索瓦一世没有听从加尔文的召唤。出版的《基督教要义》在巴黎圣母院门前的台阶上被烧毁，意味着它的作者将被驱逐出法国。但与君主的意志背道而驰，加尔文主义在法国广为传播。此外，在法国南部和西南部的佩里格、凯尔西和朗格多克，也出现了加尔文宗信徒。但宗教改革思想在法国农村不甚流行（主要在法国西南部）。

早期的新教教会，即加尔文支持者的教会组织于 16 世纪 40 年代初相继出现在阿尔萨斯、都灵、皮卡第，1557 年出现在巴黎。对新教徒的迫害加速了教会的形成。1559 年，新教教会的宗教事务会议在巴黎召开，会上通过了统一信仰的象征，制定了总的组织纪律。新教教会没有取得正式地位。遵循宗教人士选举原则、在家人有权加入教会组织等规定在新教教会的发展中起了消极作用。这使远离新教信仰、主要关心自己政治利益的人可以轻易加入教会。因此，在物质上受自愿捐助制约的新教教会很容易陷入政治斗争。

**宗教战争**　16 世纪下半期，法国进入政治危机时期，长达 32 年（1562～1594）、仅中间短暂停止的宗教战争（国内战争）即是体现。天主教和加尔文宗教会战争的大旗掩盖了战争的社会政治本质。由于专制制度形成，政治制度和传统的社会关系发生变化成为宗教战争的原因。意大利战争结束后法国国内的紧张局势是战争的借口。战争开始前，与专制制度巩固有关的紧张局势、反对派的情绪并没有激烈地显现出来。在很大程度上贵族以战争为主要生活方式，社会上的"不安分"分子多数加入了雇佣军，市民和农民希望在胜利后改善状况。《卡托－康布雷齐和约》（1559）是对对法国徒劳无益的意大利战争的总结，它暴露了法国国内经济和政治局势的复杂性。

到 16 世纪中期，"价格革命"的后果和税负的加重更加明显。同时，专制制度的反作用开始影响到统治阶级。意大利战争的终止迫使法国贵族必须寻找新的活跃领域、新赏赐、退休金和职位。外省显贵和贵族对此也非常不满，他们还未放弃恢复自己不受国王限制特权的梦想。这种情绪在宫廷贵族中也有所反映，他们不满官僚权力的增长和"长袍贵族"中暴发户的增加。

1559 年，政权发生更迭。在骑士比武时亨利二世被刺伤。他的长子、15 岁的弗朗索瓦二世即位。王权暂时式微，这有利于反对派发起攻势。在弗朗索瓦二世（1559～1560）统治的短暂时期，王后玛丽·斯图亚特的亲戚、洛林的吉斯公爵在宫中的影响力上升。吉斯公爵弗朗索瓦·德·洛林是国王的卫队长，他的兄弟查理是枢机主教，他们是对专制政策心存不满的封建贵族的领袖。他们在国王的旧领地——东北和中心省份根基比较牢固。吉斯公爵进入王室会议，在任命教职上享有优先权，认为自己是御座和天主教的守护人，但苦于国王有监护人，妒忌新贵族在宫廷中的权势，极力阻挠国王的集权政策。

旁系亲王安托万·波旁和孔代亲王是胡格诺贵族的带头人［他们称自己为胡格诺派（源自西瑞士的 eidguanots，意即同伙）］。胡格诺贵族主要集中在法国的西南和南部省份。他们很少受到政权的关注，视倒卖教会土地为改善自己经济地位的手段，因而乐于接受加尔文宗。而且，新教促进了被专制制度破坏的有爵位贵族同外省贵族依附关系的巩固。依靠损害相互利益，两个集团竭力将国王置于自己的影响之下，而在斗争的过程中转向反宫廷的斗争，各自推出了自己的王位候选人。

城市也加入了封建贵族集团。在北部、西部和中心省份，国王的税收政策成为城市加入的理由。在南部和西南省份，城市则因丧失之前的自治权而起来反抗。

安布瓦斯阴谋——以孔代亲王为首的胡格诺贵族在 1560 年企图诱发的宫廷政变是政局严峻的标志。这一阴谋旨在推翻吉斯家族，召开三级会议，保障亲王安托万·波旁和胡格诺派的利益。为此南方贵族向国王的安布瓦斯城堡进军。阴谋失败，参加叛乱的贵族被处死，孔代亲王被捕。不过弗朗索瓦二世的意外死亡使孔代亲王免于一死。

弗朗索瓦二世的弟弟查理九世即位。国王年幼，还需要任命摄政王。国王的母后凯瑟琳·美第奇成为摄政王。她试图调解反抗集团之间的关系，但她的折中企图遭到天主教徒和胡格诺派的反对。

安布瓦斯阴谋之后，天主教徒在香槟对胡格诺派的迫害成为诱发宗教战争的另一原因。1562 年，吉斯公爵的队伍镇压了在瓦西镇集会准备举行祭仪的少数胡格诺教徒。瓦西大屠杀成为宗教战争的导火索。

根据政治事件的发展和军事行动的性质，可以把宗教战争分成三个阶段。

**宗教战争第一阶段：1562～1570 年**　这一时期的斗争尚不十分残酷。两个封建集团极力控制国王，以他的名义进行统治。天主教方面在法国北方找到支持，以巴黎为根据地，提出了"一个国王，一部法律，一个信仰"的纲领。南方团结在波旁家族和打着新教旗号的封建家族周围。孔代亲王和海军将军科利尼是胡格诺派的领袖。战争的第一阶段以圣日耳曼的和解赦令

(1570）结束。胡格诺派获得在法国每个省的两个城市郊外举行祈祷仪式以及担任公职的权利。此外，还给予他们蒙托邦、香槟、拉罗谢尔、拉沙里泰城堡。胡格诺派首领、海军将军科利尼被召进宫廷。

**宗教战争第二阶段：1572~1576 年**　这一阶段的特点是军事行动规模扩大，此外，胡格诺派和天主教徒开始反抗统治王朝。在巴黎对胡格诺派的迫害是第二阶段的重要事件。1572 年 8 月 24 日是圣巴托洛缪节，贵族天主教徒和一群巴黎人打死了几百名胡格诺派教徒，其中包括巴黎人和来巴黎庆祝查理九世的妹妹玛格丽特·瓦卢瓦与胡格诺派领袖纳瓦拉国王亨利婚礼的外省贵族。死者中包括胡格诺派代表、海军将军加斯帕·科利尼。军事行动从巴黎转向外省，一直持续到 1572 年 10 月，尽管下令停止镇压，但随之而来的是第五天的屠杀。

发生在巴黎的悲剧不仅标志着战争进入第二阶段，还是政局变化的证明。1572 年之前，王室无力防止战争，试图使军事行动保持在可控范围内，竭力促成敌对双方的和解。在圣巴托洛缪之夜，当局没有阻止冲突的发生。这使天主教徒在巴黎迫害胡格诺派教徒，促成全国性手足相残战争的爆发。

伴随圣巴托洛缪之夜后的军事行动，尖锐的思想斗争如影随形，在一些胡格诺派教徒包括杜普莱西斯-莫内和 Ф. 奥特芒的一些政论作品中都有反映。在政论文章《控诉暴君》《法兰克-高卢》中，奥特芒阐述了胡格诺派关于国家和政治制度的观点。他认为不满的原因在于贵族丧失了自治权和地方自主权、中央集权和管理官僚化。他们认为，和解的途径是回归旧制度等级君主制，包括恢复三级会议的活动。

胡格诺派的思想体现在在法国南方建立了具有分离主义倾向的胡格诺共和国。包括从多菲内、朗格多克到圣通日在内的胡格诺联盟是宗教战争最消极的结果。宗教政治分裂导致法国领土完整性遭到破坏。自治的胡格诺联盟拥有自己的军队和税收体系。三级会议是联盟的最高机关，在三级会议上聚集了联盟城市以及贵族的代表。在专制制度形成后仍未间断召开的各省代表会议在联盟的建立和巩固中发挥了巨大作用。这些地方代表机关是法国南方的团结机关，贵族在其中具有较大的影响力。在宗教战争期间变成政治会议的各省代表会议保持对新教教会的监督，向它们提出自己的要求，因此使它们也卷入了政治斗争。除了教会组织，为了自己的利益，胡格诺贵族利用了加尔文宗的有关教义，即有权反抗蔑视上帝意志、阻挠人民参加代表议会的拥有古老特权的僭主。1575年，在尼姆举行的胡格诺教徒代表大会上，胡格诺联盟最终形成。

  第二阶段的宗教战争以满足胡格诺派的要求告终：给予他们在巴黎、王室领地以外的地方举行教仪的自由，在各省法院（议会）内有权成立自己的法庭。此外，允许胡格诺派占有除之前取得以外的8个城堡。国王还同意承认圣巴托洛缪之夜的屠杀是犯罪，归还胡格诺教会的财产，宽恕圣巴托洛缪之夜后形成的胡格诺派政治组织。

  在1576年宗教战争第二阶段结束时，天主教同盟成立。16世纪60年代，在天主教同盟之前，涌现出大量"旨在保护天主教会"的同盟。同盟成员中有市民和贵族的代表，如果说市民对专制制度持反对立场，那么贵族的要求则有别于幻想回归封建自由民时代的胡格诺派。亨利·吉斯是天主教徒的代表，1575年登上王位的国王亨利三世也参与了同盟的建立。天主教同盟在自己的宣言中建议全面恢复天主教并在今后保持天主教信仰，确保亨利三世政权的权威，服务、臣服于国王，因而建议国王放弃可能有损于三级会议决议的一切决定。此外，还要求恢复各省的权利、由来已久的自治。所有天主教徒必须加入同盟。在1576年的布卢瓦三级会议上，宣言获得了法律效力。

  **宗教战争第三阶段：1580~1594年** 宗教战争最后一个阶段的特点是亨利三世寻求摆脱危机的出路，采取了不得人心的措施，使本就复杂的局势更加严峻：纳瓦拉国王亨利作为胡格诺派领袖登上政治舞台，天主教同盟更加活跃，成立了巴黎同盟，最终国王遇刺。亨利三世利用1577年秋的例行停战解散了所有新教和天主教组织。但是这些行动没有带给亨利三世预期的成功。因通货膨胀和税负增加，国内政治局势更加复杂。臣民把所有灾难都归罪于国王。对法国王位前途的恐惧加重了对亨利三世经济政策的不满。瓦卢瓦王朝最后一位男性代表——无子嗣的亨利三世的弟弟阿朗松公爵的早夭导致波旁家族第一亲王、胡格诺教徒纳瓦拉国王亨利成为王位继承人。胡格诺教徒登上御座的前景迫使天主教同盟的领袖,首先是吉斯家族推出自己的王位候选人——枢机主教查理·波旁。前盟友的立场推动亨利三世与纳瓦拉国王亨利接近。这时,为了有权登上王位,亨利三世给胡格诺派领袖的第一个建议是投入天主教的怀抱。

业已形成的局面促成天主教同盟的恢复。吉斯公爵的儿子——亨利·吉斯,曼恩公爵、枢机主教查理,兰斯大主教路易领导着同盟。天主教同盟于1584年与西班牙国王腓力二世签订了旨在维护天主教、在法国和尼德兰消灭异教的秘密协议。根据协议,纳瓦拉国王亨利失去登上王位的权利,宣布枢机主教波旁——纳瓦拉国王亨利的叔叔为王位继承人。

几乎在天主教同盟恢复的同时,在巴黎形成了巴黎同盟(1585)。同盟成员包括商人、手艺人、城市贫民和部分市民以及法官、索邦大学学生、天主教底层神职人员。在巴黎同盟中,权力集中在十六人会议手中(按城市街区的数量)。同盟与其他城市建立了联系,建议它们也建立类似的同盟。

形势的复杂化迫使亨利三世在1585年取消了所有有利于胡格诺派的命令。同一年,教皇西斯科特五世发布训谕,褫夺了异端分子纳瓦拉国王亨利的王位继承权。天主教同盟向胡格诺派和亨利三世发起进攻。英格兰和西班牙插手法国内政。天主教同盟成员及其领袖、妄想得到国王行动领导权的亨利·吉斯的放肆行为,天主教徒与西班牙国王腓力二世的接近,提醒亨利三世在1588年4月加入纳瓦拉国王亨利的联盟。国王的立场引起了巴黎的骚动。1588年5月12日,市民开始在城市的街道上堆筑街垒。

亨利·吉斯成功地把手艺人、小店铺老板、水手、日工吸引到自己这一边。受亨利三世支配的只剩下临时雇工。局势迫使国王放弃巴黎,躲藏在沙特尔。巴黎暂时落入亨利·吉斯手中,但他与巴黎人的协议不稳固。巴黎市民希望恢复城市公社,担心城市贫民采取果断行动。此外,他们希望和解,亨利三世同意休战,回到巴黎。亨利三世于1588年10月在鲁昂召开三级会议,这是他试图重新稳定国内局势的证明。亨利三世做了让步,但亨利·吉斯和同盟成员却气势汹汹。三级会议决定继续进行战争。绝望的亨利三世下令处死亨利·吉斯。1588年12月,受邀前往卢浮宫的亨利·吉斯被刺身死。亨利·吉斯支持的持反专制立场的三级会议被解散。但是，对亨利·吉斯集团的镇压并没有给亨利三世带来预想的胜利。同盟领袖遇刺破坏了准备好的进攻巴黎的行动。亨利·吉斯的葬礼变成了示威游行。其他城市也纷纷效仿巴黎。国王的卫队被同盟成员消灭。同盟重新成为反保皇运动的中心，运动导致城市共和国建立，分离主义趋势进一步巩固。

15世纪下半期至16世纪上半期，诸位国王极力巩固统一的法国遭到分裂。在这种极端形势下，根据1588年4月与纳瓦拉亨利签订的协议，亨利三世带着自己的军队加入胡格诺派。巴黎成为计划行动的目标。但是瓦卢瓦王朝最后一位国王没能实现自己的计划。1589年8月，亨利三世被潜入军营的多明我会修士让·克里曼刺杀。

**纳瓦拉国王亨利的胜利**　　与前几年相比，无政府状态初期的形势同样严峻。贵族军队和国外雇佣军把法国变成废墟。西班牙国王腓力二世于1592年把自己的卫队从尼德兰调到巴黎。许多城市爆发起义。农民也加入了起义队伍。国家处于民族灾难的边缘。在这种情况下，纳瓦拉国王亨利的军队展开决战。凭借卓越的军事才能，这位王位的法定继承人在1598年逼近并围困巴黎。由于不希望巴黎遭到毁灭，亨利截断了城市的供给源：烧掉了郊外的所有磨坊，拆除了所有桥梁。巴黎抵抗了大约三个月，因为城市的军力超过纳瓦拉国王亨利的军力。在被围困的巴黎，天主教同盟拥护者代表的议会大会继续工作，讨论王位继承问题。天主教同盟承担了破坏传统的责任。这种情形促使亨利做出接受天主教的决定：巴黎和天主教的弥撒曲很相配。王位的法定继承人尽管是法国人，但在自己同胞的眼里，他首先是胡格诺教徒。国王放弃加尔文宗的盛大仪式于1593年7月在圣丹尼斯大教堂举行，随后于1594年2月在沙特尔举行了加冕礼。

亨利·波旁——纳瓦拉王国的国王成为法国国王，称为亨利四世（1594～1610）。从此，波旁王朝稳坐法国王位。一个月之后，即1594年3月，亨利四世进入巴黎。巴黎市民在恐惧和疑虑中等到了新国王的第一道命令。多年内战之后，战争的惯性不可能立即消失。亨利四世采取了不迫害自己敌对势力的明智决定，没有没收他们的财产。

六年的无政府状态之后，王位牢牢掌握在这位精明、经验老到的统治者手中。长期战争的阴影挥之不去，亨利四世需要从中吸取教训。宗教战争暴露了国家政策的前后不一、打着天主教和新教旗号的贵族行动的反专制性质以及对中世纪的城市自治还很陌生的市民阶层的软弱。亨利四世非常清楚宗教战争的内情，首先设法夺取反专制势力手中的宗教大旗，解决宗教冲突。

**南特赦令** 亨利四世在1598年颁布的南特赦令成为战后法国和平的保障。赦令宣布高卢主义教会为官方教会。同时，赦令致力于解决宗教政治问题，这是法国内政的反映。这是法兰西王国的臣民第一次尝试不受教会派别的限制宣示自己的权利。赦令规定了地位、财产、教育、诉讼、医疗救助的权利。但是，对于天主教徒和新教徒来说，权利的实现不尽相同。赦令在地域上限制新教徒举行宗教仪式的权利：可以在严格指定的地点进行祈祷，但巴黎、所有大城市和主教官邸除外。新教徒的子女只能在允许举行教仪的地方建立的中小学、中等学校和大学接受教育，但是他们不能使用医院，因为医院受天主教会的保护。只有在各省议会建立的专门法庭才允许新教徒行使诉讼权。此外，新教徒作为王室子民有义务向高卢主义教会缴纳什一税。

从政治角度看，南特赦令促进了政权在地方的巩固。王室极力利用由天主教徒和新教徒受托人组成的法庭。此外，从1598年开始普遍生效的南特赦令剥夺了显贵在自己的领地内自主解决教会问题的权利。亨利四世在使封建主首先是拥有大量土地的封建主转化为国王的臣民方面迈出了重要一步。同时，亨利四世向新教徒做出了重要让步。亨利四世有利于和平的政治方针，其灵活性在于赋予新教徒保留和巩固自胡格诺联盟建立以来所占领的城市城堡的权利。作为"国王的恩赐"，这项权利的期限为8年，到期后应延期或取消。

**亨利四世的改革** 为了巩固自己的权力和贵族的经济基础，亨利四世开始进行一系列改革。他的第一位首相苏利公爵马克西米利安·德·贝休恩是君主政策的领路人。贝休恩认为，小农经济的巩固是主要依靠实物和货币地租生存的贵族安全的保证，他采取了一系列支持农民的措施：禁止随意向农民征税，取消通过出售农具抵债的规定，允许农村公社收购出售的公社土地，通过吸引蓄意积欠款项的人纳税，更公平地分配直接税——塔耶人头税。为了贵族的利益，他冲销了他们在宗教战争期间产生的大部分债务。此外，他还试图让他们按英国中上阶层的方式了解经营知识。为此，经国王核准，开始宣传农艺知识，出现了早期的农业论文［如 O. 德·塞拉的《农作区》（1600）等］。为了农民和贵族的利益，采取了扩大粮食贸易的措施，政府下调了关税，废除了国内关税。

贝休恩的贸易政策具有重商主义特征，保护工业品出口，禁止原料出口，据此与英格兰和意大利签订了贸易协定。

贝休恩在北美和西印度的殖民主义政策也相当成功。手工工场数量的增加是经济调整的成果。其中，生产丝绸、麻布、金线和瓷器的王室手工工场具有特殊地位。新企业享有贸易特权，支配着大量货币资本。

在亨利四世的努力下，法国进入政治演变的新时代，建立起全方位统一的国家。解除贵族参加王室会议和主导对外政策的权力，给他们带来明显打击。君主拒绝召开三级会议，更倾向于听取指定人士——一小部分名流的建议。亨利四世极力限制外省贵族最后的屏障——省长的权力，他从忠诚者中选派总督到各省执行财政和司法事务，授予贵族指挥当地军队的权力。此外，出售官职的活动也发生变化。不仅鼓励早在弗朗索瓦一世时期就合法化的广泛出售官职的活动，而且获得的职位可以世袭。为此，每年有可观的官职税进入国库。因此，王室找到了新收入项目。作为法国君主专制的特点，官僚机关的特殊作用越来越明显。"长袍贵族"的代表在中央和各省机关中身居要职，进入外交使团，收入丰厚的教会和宫廷职位也都归他们所有。高级官员与贵族的关系更加密切。

**17 世纪上半期法国的君主制**　开启的改革保证了国家经济在 17 世纪前四分之一世纪有所上升。国王准备进行大规模军事远征，这是他早在宗教战争时期就打算好的。他打算领导德意志信奉新教王公的福音派合并教会，与英格兰结盟，展开反抗哈布斯堡家族的决战。莱茵河沿岸商业城市和西属尼德兰是这次斗争的主要对象。1610 年，亨利四世集结了大军，准备向西班牙、意大利北部和莱茵河进军。在准备过程中，死亡突然降临，他被修士弗朗索瓦·拉瓦利亚克刺杀。

亨利四世擅长通过自己的政策控制心怀敌意的贵族，他的死亡暴露了已经开始的改革的不完善；反对势力抬头。亨利四世不能彻底控制离心力量：在自己的城堡里有装备精良的胡格诺联盟，没有摧毁部分信奉天主教贵族的对抗力量。随着亨利四世的幼子路易十三继承王位，新国王的母后玛丽·美第奇以摄政王身份登上政治舞台，由此局势更加复杂。这迫使国王在1614年召开三级会议。在法国各阶层代表机关的历史上，这是最后的大会（直到1789年革命前）。在三个阶层代表看来，1614年的三级会议就是彻底地展示分歧。社会力量的分段划界迫使政府停止召开三级会议。三级会议解散后，在贝阿恩爆发了宗教战争。战争以恢复那里的天主教会、从胡格诺派手里强行收回土地为借口。政府须再次重申南特赦令。

**路易十三的首相、枢机主教黎塞留**　1624年，在君主权力被削弱、各阶层矛盾凸显、与胡格诺联盟休战的情况下，枢机主教阿尔芒·让·迪普莱西·黎塞留成为路易十三的首相。这位前吕松主教实际上担任了18年的专制统治者。成为首相后，黎塞留形成了自己的纲领，在纲领中确定了三个主要方向：与胡格诺派做斗争；与抱有反动情绪的贵族做斗争；巩固君主政权，恢复法国欧洲第一大国的地位。这是一个在国内谋求专制制度、在国际上谋求欧洲霸权的纲领。1628～1629年，黎塞留的军队围攻拉罗谢尔。被封锁的胡格诺要塞陷落。《朗格多克和平协定》是更"仁慈的法令"，它剥夺了胡格诺派的军事要塞，保留了他们举行教仪的权利和南特赦令的其他条款。

17世纪上半期是新教教会事务会议活动的最后时期。1659年，路易十四禁止举行这样的会议。随后，剥夺了新教徒的其他权利。至于与大贵族中敌对势力的斗争，黎塞留则颁布命令，消灭滋生不服从和叛乱温床的封建城堡。禁止把决斗作为贵族表达政治独立诉求的方式，成功地揭穿了企图罢黜权势无边的首相的宫廷阴谋。黎塞留是君主专制国家机关的创始人之一。他赋予地方的权力执行者——亨利四世任命的地方行政长官以重要地位。地方行政长官是国王政令的主要传达者。他全权负责省内行政管理，包括制定经济、税收和社会政策。只有军队在他的管理权限之外。与地方行政长官一样，省长主要保留了名誉。与作为大贵族代表的省长不同，地方行政长官从非贵族出身的人中任命。他们没有爵位和土地，忠诚效劳于国王。此外，黎塞留极力减少国务顾问的人数，进一步明确各部御前大臣的称号和职位。

国王的首辅与巴黎议会进行了坚决斗争。随着三级会议的衰落，法国高等法院的政治野心日益膨胀。国王的命令需要在议会登记。从16世纪起，议会开始把讨论交付登记文件和提出异议的权利据为己有。为了迫使议会服从，国王须亲自现身议会。向议会权利发起进攻时，黎塞留取消了议会驳回国王法令登记的权力，甚至使用强制手段赎回不合其心意的议会成员的世袭职务。

黎塞留继续前辈开创的事业，插手高卢教会事务，要求高级教士参与充实王室财库事务。1641年，黎塞留逮捕了几名拒绝交付一定数额税费的主教，迫使神职人员同意他的要求。

在经济政策上，黎塞留支持重商主义。1629年，法国人开始在马提尼克岛和瓜德罗普岛进行殖民活动。法国在南美洲和圭亚那获得了殖民地。这一时期，黎塞留推动法国与汉萨同盟和英格兰签订了贸易协议。在对外政策上，黎塞留不遗余力地捍卫法国的民族利益。从1635年起，在他的领导下，以削弱哈布斯堡王朝实力和占领莱茵河沿岸城市为目标，法国积极参与三十年战争。1648年的《威斯特伐利亚和约》使法国成为最大的赢家之一，与在国际关系中起主导作用的瑞典比肩。

黎塞留实现了自己的纲领：国王拥有了至高无上的权力，国家变得强大。他在《政治遗嘱》中论述了国家的福祉和义务，强调了国家利益相对于个人利益的优势，论证了自己政策的合理性，不同于具有超凡生活前景的个人，国家只是一种世俗性的存在。

但是，这位专制制度的一贯维护者，首先捍卫的是中小贵族的利益，视他们为国家的中枢神经。他采取坚决行动，反对动摇国家基础的大贵族反动势力。黎塞留认为，建设中的法国更需要手艺人和农民的劳动，号召他们不遗余力地参加劳动。为了保全坚定的农民，他禁止强占农民的公社土地。他认为金融投机人、包税人是虽有害但又是国家所必需的特殊阶层。然而，这种口头评价一点也不妨碍他保护精明强干的市民阶层。但黎塞留应该向金融家和包税人做出让步，因为没有包税人就无法保证税收。

巩固专制制度的斗争要求黎塞留付出极大努力，对于法国社会的非特权阶层来说，积极结果是以高昂代价换来的。起义贯穿黎塞留的整个统治时期。1624~1642 年，不算长期地方暴动和城市贫民行动，爆发了三次大规模农民运动。1624 年，克尔西爆发农民起义；1636~1637 年，西南一些省份爆发起义；1639 年，诺曼底爆发"赤足者"起义。起义的原因是税负增加。在三十年战争时期，为赋役所累的法国城乡民众因供养常驻军和参与军事供应，苦不堪言。

国家改革和积极对外政策的倡导者黎塞留于 1642 年去世。紧随其后，路易十三在 1643 年离世。由于王位继承人路易十四年幼，在其母奥地利的安娜摄政时期，法国重新陷入纷争；黎塞留试图巩固并倾注心血的君主专制将经受新的考验。

**16 世纪的法国文化** 在法国文化中，16 世纪是文艺复兴时期：思想和艺术生活发生变化，法语复兴，出现了新的艺术风格，形成了新思维和新面向的民族性格。同时，16 世纪下半期的文化进程深受宗教改革和反宗教改革运动的影响。这种影响体现为试图对世界和人类的文艺复兴进行宗教理解、具有反文艺复兴的倾向。

法国的文艺复兴具有自己的民族根基，首先体现在对法语的关注上。意大利对法国文化的复兴产生了重大影响。法国的人文主义者不仅视意大利人为同行，还视其为导师。意大利的影响促使法国人在文化中寻找自己的民族特色。

法国文艺复兴早期的特点是对传统极度忠实，是 15 世纪开始的文化进程的延续。这是传统与创新共存时期。在 16 世纪前几十年，又建立了一些新学校。与传统大学并存，出现了使用新教学大纲的学院。1530 年，在巴黎建立了人文主义学校——法兰西公学院。为与索邦大学相抗衡建立的法兰西公学院是一所新学校，它拥有古代语言、哲学、数学、医学教研室，成为传播人文主义知识的学者的联合会。与意大利人一样，法国人——拉丁语语言专家巴尔泰雷米·勒马松、古希腊语文学家让·图欣、希伯来语专家弗朗索瓦·瓦塔贝尔和数学家奥兰·费内都是学院教师。16世纪30年代，乔佛雷·托利（1480~1533）实现了印刷业的变革：他拒绝使用哥特体铅字，将新元素纳入装帧，创立了法国文艺复兴图书类型；后来，西蒙·德·科林和埃迪安·多尔完善了这类图书。这一时期以对古代语言的兴趣和法语日臻完善而著称。16世纪20~30年代，与生硬的中世纪拉丁语相对立的古典拉丁语复兴。古典拉丁语成为法国早期人文主义者——吉耶·布德（亦译作"纪尧姆·比代"——译者注）和埃迪安·多尔的创作语言。领导学院工作的吉耶·布德（1468~1540）把古希腊文著作翻译成古拉丁文。他在人文主义精神下审视语言学，不仅视其为通往古希腊罗马文化的途径，还视其为完善个性的途径。他认为，可以借助语言学改造社会。埃迪安·多尔（1509~1546）是古典拉丁语和法语诗歌创作大师，是《拉丁语注释》一书的作者。他作为出版社负责人和里昂出版业组织人的声名更加显赫。吉耶·布德和埃迪安·多尔为法国文艺复兴贡献了法兰西公学院和里昂印刷厂——两个文化繁荣的象征。

极端思想家蒂尔·博纳旺·德佩里耶（1510~1544）是埃迪安·多尔的亲戚和里昂印刷厂的合伙人，也是《世界的铙钹》《新消遣》的作者。他模仿古希腊讽刺作家卢西安于宗教改革时期创作的《世界的铙钹》对所发生事件和轻信可以找到接近上帝的途径的人们进行了辛辣的讽刺。这位人文主义者的笔触在嘲笑天主教会的恶习上毫不留情，在《新消遣》中，他把天主教会神职人员作为嘲笑的对象。这位"法国的卢西安"提出了一个迫切的问题——教会改革，维护宗教启蒙思想。

在法兰西，各省大学、学院、印刷厂以及修士住的单间居室里出现的文艺复兴发源地都得到以国王弗朗索瓦一世及其近臣为代表的保护人的保护。弗朗索瓦一世——骑士和艺术的行家里手，享有学术和文艺庇护人的美誉。

意大利在他的艺术品位形成中发挥了重要作用：在那里他曾两次被打败，一次是作为统帅，另一次是作为一个被神秘的艺术世界俘虏的人。弗朗索瓦一世把意大利大师的画作作为战利品带回巴黎装饰自己的王宫，邀请意大利建筑师和画家到宫廷，其中包括普利马蒂乔、罗西、切利尼。在意大利人的帮助下，他重建了枫丹白露宫。宫殿建设成为法国政策的一个方向：它的目的就是建立对国王的崇拜。枫丹白露宫不仅是新艺术的风尚标，而且是新文化的标志：新礼仪规范、宫廷节庆与骑士比武、假面舞会和戏剧表演的新传统诞生。弗朗索瓦一世的政策促进了以法国北方语言为基础的统一法语的形成。统一法语被确定为全国立法和司法的法定语言。1539年，弗朗索瓦一世下令确定巴黎方言为国家统一的语言。

弗朗索瓦一世的姐姐纳瓦拉的玛格丽特是缪斯的保护人，也是宫廷庆祝活动的长期参与者。玛格丽特拥有出众的诗歌和文艺散文创作才华，《罪罪灵魂之镜》和一些诗歌作品都出自她的笔下。当代人更偏爱她的《七日谈》——72个小故事，她在这些故事里像个敏锐的心理学家，创造了一系列有趣的形象。纳瓦拉的玛格丽特的创作手法的突出特点是忠实于中世纪传统。

弗朗索瓦一世的宫廷和纳瓦拉的玛格丽特在巴黎和内拉克的沙龙会集了法国最著名的人文主义者——Б. 德佩里耶、让·克雷芒·马洛、让·勒梅尔·德·贝里日和弗朗索瓦·拉伯雷。宫廷诗人马洛和让·勒梅尔·德·贝里日父子创作的《即兴诗》，赞颂了帝王生活中值得关注的事件。他们的创作继承了15世纪的演说家传统，明确了文艺复兴趋势，从他们开始，开启了法国诗歌的文艺复兴。让·克雷芒·马洛（1496~1544）特别受欢迎，他使诗歌成为文艺复兴时期处世之道的代言人。他在诗歌中找到了自己的风格和主题。他用拉丁语和法语写短诗和十四行诗。他在晚年开始翻译大卫的圣歌，经法国音乐家谱曲后，这些圣歌在人文主义者当中广为流传，在法国音乐发展史上中占有重要地位。

弗朗索瓦·拉伯雷（1483~1553）是国王身边最耀眼的人物之一。这位被免去教职的修士、天才医生、卓越的法学家被弗朗索瓦一世任命为国王的呈文报告人。拉伯雷的人文主义之路从修道院的单间居室开始，这位未来的小说家学习古代语言，以及教会神父和经院哲学家的著作，批判分析他们的著作，研究人文主义学问。1534年，他在里昂完成和出版了自己的著作《高康大和庞大固埃》（《巨人传》）。Φ.拉伯雷在这部作品中呈现了法兰西生活的宏大画面和全景，令志同道合者兴奋不已，也引起索邦和巴黎议会的愤怒。这位人文主义者的创作深深扎根于民族传统。他没有脱离中世纪的文艺思想体系。他以法国传奇之王阿图尔的亲信快乐巨人的童话精神为基础，开始了自己的《巨人传》故事。究其本质，拉伯雷的这部作品是模仿中世纪题材——骑士小说、编年史、国王传略和圣徒言行录的讽刺作品。通过对旧世界特点的嘲笑和否定实现了对新世界的肯定。他倡导思想自由，号召不断进行自我完善，赞美科学。在拉伯雷的笔下，新时代散文——小说的文学体裁诞生。

16世纪40年代至60年代中期是人文主义诗人团体"七星诗社"活跃时期。"七星诗社"的主要贡献在于支持法国标准语，使其与古典拉丁语相抗衡。从此，16世纪20~30年代占领科学界的古典拉丁语在法国作家的作品中销声匿迹。以卓阿金·杜贝莱（1522~1560）和皮埃尔·龙沙（1524~1585）为首的"七星诗社"确定了统一的民族诗歌流派。1549年，"七星诗社"发表了《宣言》和反映法国文艺复兴民族追求的《保护和弘扬法语》。杜贝莱号召创立文学价值不逊色于古希腊罗马诗歌的本民族诗歌艺术。

在弗朗索瓦一世及其继承人的宫廷诗人龙沙的诗歌中，表现出对生命和自然特有的时代热情。在龙沙看来，自然具有美学和哲学意义，它不仅是灵感的源泉，还是生活导师、衡量美的标准。在诗人眼中，自然与人密不可分。"七星诗社"诗人的创作孕育了法国文学中的风景抒情诗。但在宗教战争的艰苦年代，抒情诗人创作开始转向政治和哲学主题。龙沙成为充满爱国主义精神的政治诗歌创作的继承人。他"议论"的特点是意识到自己是民族的一部分。

16世纪60年代末至80年代是法国文化的特殊时期。宗教战争的复杂局势决定了这一时期的多样性。这一时期的典型特点是力求进行总结和概括，因此出现了历史著作和回忆录。1560 年，艾蒂安·帕基耶（1529～1615）发表了自己的《法兰西研究》——历史纲要和重大事件论。1568 年，弗朗西斯·德·贝尔弗莱斯特（1530～1585）的《九个查理王的历史》问世。1576 年，贝尔纳德·吉拉尔（俄语为 Бернар де Жирар，法语为 Berhad Girard du Hailan）的《从弗拉芒到查理七世的法兰西国王通史》出版。这些著作不仅因对历史事件的评价而趣味横生，还因是专制制度维护者的政纲而引人注目。让·奥古斯特·德·图（1553～1585）的《我们时代的历史》是史学著作的巅峰。在这部著作中，这位人文主义者展开的广阔的历史画卷，几乎涵盖了整个欧洲。他试图证明宗教战争和采用强制措施强加某种信念是徒劳无益的，主张政治妥协。

米歇尔·蒙田（1533～1592）的创作为文艺复兴晚期加冕。著名的《尝试集》是蒙田多年探索的结果，是对文艺复兴晚期哲学和伦理学思想主要趋势的独特总结。蒙田在《尝试集》中展示了一个心理分析大师的天分，揭示了精神生活的隐秘之处。他研究蓬勃发展、动摇和矛盾中的人的个性。这位人文主义者的理想是展示人的美德和使人战胜痛苦、克服死亡的恐惧的本性。蒙田的斯多噶主义充满乐观，他使人坚定对自己和未来的信念。在《尝试集》中"我知道什么？"这句著名的表述被贴上怀疑论的标签。他的怀疑论主要是反对经院哲学，反对屈从权威，反对任何无知的表现，维护自由思想。蒙田认为，人的最高标准是理智。他深刻体会到人对自然的信赖。他视自然为人类智慧和善良的导师，认为人不应压迫自然，而应顾及自然的提醒，对其加以冷静观察。造福有精神追求、有善和公平概念的部分人是蒙田的伦理学理想。蒙田的教育思想与人文主义思想传统密切相关。他拥护培养全面发展的人，为造就身心健康、具有高度精神需求，同时谦虚和品行端正的人而奋斗。在社会问题上，蒙田捍卫生而平等的思想。他证明，只应根据个人优点和对社会的贡献来评价人。

让·博丹（1530～1585）和皮埃尔·沙朗（1541～1603）是蒙田的同时代人。让·博丹是著名的法学家、哲学家和历史学家，他在自己的作品

《国家六论》《历史研究妙决》中对政治领域的文艺复兴思想进行了概括。他引入了"国家主权"概念,认为国家是指拥有独立政权,不屈从于任何国外政权的国家政治联合组织。博丹剖析了法国君主制的民族传统,维护合法的世袭君主制。尤其值得注意的是,博丹试图论证民族的起源。这位人文主义者的民族自发产生学说是法国人文主义思想的成果。博丹提出了地理环境、气候对人的性格及其能力形成的特殊影响。

大教堂神父皮埃尔·沙朗在哲学思想上留下了清晰的印记。《论智慧》是他和蒙田友谊之花开出的硕果。同时,沙朗以个人经验写就的《论智慧》反映了新思潮:唯理论和系统化倾向。他的主要论纲是事事遵循自然。但他所诠释的自然是某种抽象的世界智能。

宗教改革对法国文化的影响也体现在胡格诺派的诗歌创作中。胡格诺派诗人没有团结成"七星诗社"那样的文学流派,但实际上他们在风格、形象上是统一的。胡格诺派在其诗歌创作中对人有自己独特的认识:人在上帝面前是罪人,但同时也是皈依真正信仰的遵守教规者,他单独与上帝联系,参与同异端思想的斗争;人是被动的,因为命运早已注定,这和在俗世活动中获得成功一样,受苦受难是卓尔不凡的标志。胡格诺派教徒这种内心世界的不协调与文艺复兴的总体精神是相对立的。在加尔文主义中不存在对理性和信仰范围的折中划分。人的追求与上帝意志间的矛盾是胡格诺派诗歌创作的典型动机。《圣经》滋养了胡格诺派诗歌,为胡格诺派诗歌的题材、风格、精神提供养分。他们惯用的题目是圣歌翻译。因而相比于天主教徒,胡格诺派教徒的翻译更自由,不在乎遗漏某个字句。加尔文在日内瓦的后继者——特奥多尔·德·贝兹(1519~1605)在胡格诺派的诗歌创作中具有重要地位。碑铭和悼念文集《少年时代的作品》使特奥多尔·德·贝兹声名鹊起。同时,他也深受"七星诗社"诗人的影响。

特奥多尔·阿格里帕·多比涅(1552~1630)是胡格诺派文学史上最著名的人物之一。《悲歌》《菲涅斯特男爵历险记》《阿格里帕·多比涅自传:写给我的子女》《世界史》都出自他的笔下。宗教战争是他创作的主要题材。多比涅的创作吸收了胡格诺派文学的特点,即毫无出路和悲剧成分。

他以自己悲愤的激情，使揭露达到极致，对王室、贵族风气进行严厉的批评或嘲笑，为法国贵族的道德纯洁而奋斗。

在政治文学方面，胡格诺派达也到很高的艺术成就：他们的政治和司法演讲、布道和辩论成为政治和宗教思想体系形成的重要元素。Ф.奥特芒（1524~1590）的论文《法兰克-高卢》就是典范，他在文中试图用历史去证明胡格诺贵族的政治野心。

16世纪下半期是耶稣会在法国确立时期。耶稣会士在全法国都开设了自己的学院，在反文艺复兴思想体系、排斥文艺复兴思想的过程中起了非决定性作用。同时，耶稣会士引进了人文主义者的教学方法和教学大纲，教学艺术达到较高的水平。

在法国的建筑和美术中，文艺复兴思想的早期体现与弗朗索瓦一世时期大兴土木有关。这是指枫丹白露宫、卢瓦尔省的布卢瓦宫以及尚博尔城堡。与文学创作一样，在这一领域的创作中，哥特式传统与文艺复兴中的创新相结合。弗朗索瓦一世及其子孙——瓦卢瓦王朝的最后成员关心权力崇拜，留下了许多宫廷建筑遗迹，在凯瑟琳·美第奇的努力下，在弗朗索瓦一世留下的卢浮宫中开始复建工程，添建了枫丹白露宫。新建的小型建筑为万塞纳城堡增色不少，使圣恩索城堡更加完备。在塞纳河右岸城墙外的维勒鲁阿（丘伊黎里）开辟了一个带有精致雕塑的公园，向园林建筑迈出了第一步。所有工程都是在意大利和法国工匠 Д.罗索、Ф.普利马蒂乔、Ф.杰罗姆、П.莱斯科和 Ж.古戎的领导下进行的。在美术方面，色彩肖像画和铅笔画留下了清晰的印记，它们出自科鲁埃父子——他们绘制了很多王位继承人和廷臣（其中包括弗朗索瓦一世和玛格丽特·瓦卢瓦）的色彩肖像画、铅笔画，以及菲利普·德·尚帕涅、勒南兄弟之手。小型雕塑大师 Ж.古戎和 Ж.皮隆则通过石雕（巴黎的贞女喷泉、狄安娜·普瓦捷雕像、司法女神像以及瓦伦丁·巴尔比安尼的墓上雕像）称颂女性的美与精致。

**17世纪上半期的法国文化**　在法国文化史上，17世纪上半期是科学大发现、唯理主义哲学繁荣和新文学流派古典主义形成时期。两位著名的法国人——勒内·笛卡尔（1596~1650）和皮埃尔·伽森狄（1592~1655）

在数学、物理、天文学、生理学方面发生了精密科学和自然科学革命。笛卡尔（拉丁名字为"卡提修斯"）出身贵族，毕业于图兰的拉弗莱什耶稣会学校，担任过雇佣军军官，参加过三十年战争，他用严谨的科学论证来应对法国人文主义者向经院科学发起的挑战。作为《指挥理智之原则》《论光》《方法论》《关于第一哲学的形而上学思考》等著作的作者，他第一个在数学中引入了变量和函数的概念。因为有了这些概念，后来牛顿和莱布尼茨发现微分和积分才成为可能。笛卡尔是几何学的创始人。他的主要成就是直线坐标方法。在物理学中笛卡尔捍卫机械唯物主义，认为自主创造力和机械运动都属于物质范畴。鉴于与自己的机械唯物主义理论密不可分的联系，他阐释了宇宙结构学说。和布鲁诺一样，笛卡尔认为存在很多天体，确立了与中世纪的"天上""天下"物质概念相对立的宇宙物质同一性思想。笛卡尔用涡流性质和粒子运动解释包括地球在内的星球的构成。机械唯物主义原则被笛卡尔用来解释生物界的现象。生理学也进入他的唯物主义物理学范畴。他独立进行实验，研究各种器官的结构。笛卡尔的生理学著作是建立在他给予极高评价的哈维的血液循环学说基础上的。他是科学史上第一个尝试洞察人的"下意识"动作和"随意"动作的本质的人，论述了反射反应流程。

笛卡尔的科学研究与他的哲学发现有着密切联系。怀疑以及克服怀疑学说是哲学入门。对于笛卡尔来说，怀疑论是帮助确立不引起怀疑的人类认知基础的方法论。笛卡尔认为，怀疑是人的思维所特有的，这一事实本身是唯一不受质疑的事实。由此产生了笛卡尔著名的理论：我思故我在。与把非理性信仰作为人类认知基础的神学和经院哲学相对立，笛卡尔视理性为决定人的认知原则的出发点。他确定了理性的权威，据此理性作为评价科研成果的决定性标准在科学研究中发挥着主要作用。笛卡尔没有赋予经验决定性作用，强调它相对于理性结论的从属地位。他提出数学是所有其他学科的理想和典范。他制订了用数学演绎法研究自然科学所有问题的整体计划。同时，在解决主要哲学问题——思考与存在的关系时，他是二元论者，认为有两个相互独立的原理，即物质和精神。在笛卡尔看来，上帝决定身体和精神的存在。

笛卡尔的同时代人皮埃尔·伽森狄是《逆亚里士多德主义者的反常训练》《对笛卡尔形而上学思考的反驳》《伊壁鸠鲁哲学大全》等著作的作者，他与笛卡尔就世界空间结构进行争论，描绘了世界的唯物主义图景，确信只存在内部趋向运动的物质原子和空洞。伽森狄恢复了伊壁鸠鲁的原子学说。伽森狄对开普勒预测的水星凌日的天文学观测以及史学著作《H. 哥白尼和第谷·布拉赫传》为科学做出了巨大贡献。在同经院哲学家的教条主义的斗争中，伽森狄与蒙田一样，采用了古希腊的怀疑论，肯定了在许多学科已经固定下来的可以达到的相对真理。伽森狄认为，经验归纳法是领悟真理的最有效途径，唯有如此，才能使理性服从自然，而非使自然适应理性。和伊壁鸠鲁一样，伽森狄证明，情感是判定我们的思想是真理还是谬误的标准，因为情感比理性更接近自然。伽森狄站在情感经验主义的立场反对笛卡尔的理性先验论。

伽森狄的伦理学吸收了不少多神教成分。这位农民的儿子、普罗旺斯的埃克斯大学毕业生、大教堂神父投入伊壁鸠鲁伦理学研究，致力于面对基督教恢复伊壁鸠鲁伦理学。他认为，基督教思想家对伊壁鸠鲁伦理学的否定是欠缺这一学说知识和对它的主要概念——快乐或满足——错误阐释的结果。伽森狄把这一概念阐释为对幸福的追求。他在《伊壁鸠鲁哲学大全》中写道："幸福哲学不是别的东西，它是健康哲学。"因而他认为人应理智地追求幸福，"它提醒人要满足于微小的幸福，因为对于不满足于微小幸福的人，一切永远都不够"。

伽森狄的世俗化道德观和科学唯物主义发现与他作为大教堂神父的宗教观点并存，他认为渎神者不是那些排斥公认的神的人，而是利用对神的公认看法的人。他对两个真理持这样的看法，即哲学和宗教互不干涉。

笛卡尔和伽森狄的哲学观点反映出17世纪上半期法国哲学思想的特点：世俗追求——赞美使人战胜软弱和对抗命运打击的理性力量，与意志力、宗教动机和听天由命相结合。

古典主义成为世纪之交时期文学中的核心现象。宫廷诗人弗朗索瓦·马莱伯（1555~1628）是这一文学流派最耀眼的人物。他继承了"七星诗社"诗人的风格，但认为诗歌创作的特点不在于灵感，而在于掌握诗歌创作技巧的秘诀。歌颂专制制度（《为伟大的国王亨利的健康祈祷》、颂歌《路易十三远征》）是马莱伯诗歌创作的主题。马莱伯捍卫法语，为标准法语的法典编撰不懈努力，抵制方言和古词语的影响。

在高乃依（1606~1684）的创作中古典主义达到顶峰。高乃依的《熙德》（1634）开创了法国古典主义戏剧的历史。他也是古典主义戏剧理论家，著有论文《论三一律——事件、时间、地点的统一》。

贵族沙龙（朗布依埃侯爵夫人的沙龙）是标新立异的文学中心：崇尚上流世俗社会的文雅风尚和彬彬有礼，在法国文学语言和考究的修辞发展中发挥了积极作用。

在黎塞留的倡导下，法国科学院建立，这是法国文化生活中的一件大事。科学院的多数成员是马勒尔的支持者和贵族沙龙的代表。科学院主要从事法语词典和语法的编撰工作。在会议上讨论院士的作品，锤炼节庆散文的范本。在古典主义诗学理论基础的完善中科学院发挥了积极作用。同时，建立科学院的目的是监督创作知识分子的活动。黎塞留认为，必须在国家监督下支持科学和文化。他毫不留情地迫害那些不想受约束的人。赞成布鲁诺和瓦尼尼观点的特奥菲尔·德·维奥因犯有无神论罪被判处火刑。院士们谴责高乃依的剧本《熙德》。笛卡尔离开法国迁居尼德兰。法国第一份报纸《法兰西公报》（*Gaaette de France*）成为黎塞留内政外交的喉舌。黎塞留本人也撰写文章，挑选发表的资料。

17世纪前几十年是法国反宗教改革强化时期。耶稣会士企图扼杀自由思想。复兴天主教的斗士文森·德·波尔（1581~1600）神父为了监视宗教仪式，建立了"圣餐协会"。反改革思想在文学中也有所反映。拉·赛巴特的十四行诗集《定理》（1613）就是一个例子。他在诗中讲述了受耶稣受难影响头脑中出现的一连串幻象。

17世纪上半期建筑和美术的特点是古典主义规范形成。在尼古拉斯·普桑（1594~1615）的创作中古典主义达到极盛。1648年，绘画和雕塑学院的建立成为古典主义繁盛在组织形式上的表现。Ф. 曼萨尔的城堡和其他建筑以及卢浮宫、卢森堡宫等新建筑群是古典主义建筑的典范。

在美术方面,绘制大贵族订购画的美术家的华丽风格与版画大师雅克·卡洛(1593~1635)、风景画画家克劳德·洛兰(1600~1682)以及风俗画画家 Ж. 德·拉图尔、勒南兄弟的现实主义并存。

## 第十三章
# 16世纪至17世纪上半期的北欧国家

16世纪和17世纪,斯堪的纳维亚半岛诸国不在较发达国家之列,但那里的商业发展较快,出现了早期资本主义成分。新兴资产阶级和无产阶级形成,封建农民阶级的解体加剧。在北欧国家的政治生活中发生了巨大进步:卡尔马联盟破裂(见第一卷第14章),在瑞典和丹麦爆发了为确立专制制度而进行的斗争,王室进行改革,因争夺地区主导地位竞争激烈,地区领袖逐渐由丹麦变为瑞典。

## 第一节 16世纪至17世纪上半期北欧的发展特点

**卡尔马联盟破裂和瑞典恢复国家独立** 16世纪初,围绕卡尔马联盟的斗争进入尾声。丹麦君主成为合并国家的国王。除了日德兰半岛、丹麦群岛外,斯科讷、布莱金厄、哈兰省及海峡、石勒苏益格、荷尔斯泰因公国都属于合并国。它控制着在农业、战略和贸易上非常重要的大片领土,海关进款丰厚。不仅汉萨同盟重视丹麦,而且神圣罗马帝国对它也有所忌惮。尤其是14~15世纪遭遇了严重农业危机的挪威无力摆脱丹麦的统治。比"国土零碎"的丹麦更团结的瑞典,越来越积极地进行反抗合并的斗争。瑞典的统治者、斯图雷家族的摄政王(1471~1520),依靠强大的自由农和汉萨同盟城市的支持,使瑞典成为实际独立的国家。

1518年,丹麦国王克里斯蒂安二世统领操各种语言的雇佣军进攻瑞典,意在恢复真正的联合。占领了斯德哥尔摩、戴上了瑞典的王冠后，受瑞典教会首脑、大主教古斯塔夫·特洛尔的挑唆，克里斯蒂安二世杀死了150名显贵公民（贵族、神职人员、上层市民）。人民把此次事件称为"斯德哥尔摩血腥屠杀"。后来，屠杀遍及各省。丹麦雇佣军在城堡内横行霸道，横征暴敛。瑞典人奋起反抗，爆发了反对合并的全民起义（1520～1523）。起义的领导人贵族古斯塔夫·瓦萨依靠汉萨同盟舰队的帮助，在1523年取得瑞典王位，使瑞典脱离卡尔马联盟。

由于卡尔马联盟的破裂，在北欧形成并开始了两个大国——丹麦及其统治下的挪威和冰岛与瑞典及其统治下的芬兰的竞争。

**16世纪至17世纪上半期北欧的经济发展**　价格革命、手工工场、航海、欧洲市场的发展、军队和舰队数量的增加提高了对北欧商品——金属及金属制品、活畜、油脂、建筑用木材、鱼的需求。北欧地区对传统商品如盐、麻布、薄呢、啤酒花、麦芽（做啤酒用）、香料、葡萄酒和奢侈品的需求增加。斯堪的纳维亚人既彼此买卖，也与德意志、波兰、波罗的海地区、俄国进行贸易，从16世纪末起，先是同尼德兰、法国，后来同英格兰开展贸易。在整个16世纪，吕贝克、丹齐克（格但斯克）、汉堡、列维尔（塔林）、纳尔瓦都是中间港。通往大西洋商路的转移促进了斯堪的纳维亚半岛的航运业和造船业。所有这一切又促进了斯堪的纳维亚主要国家经济的上升。当地的商人、企业主、商船船长、船主的实力增强，民族资本增加。组建了海外贸易公司，扩充了舰队。但是，斯堪的纳维亚国家的出口主要依靠原料和半成品。采矿、冶金、兵器、铸币、帆布等生产部门手工工场的数量（尤其是瑞典的）持续增加。首先是供应军队制服、武器、船只等的官资企业。这些手工工场规模不大（其中最大的手工工场也只有几十名雇佣工人），比较常见的是分散式手工工场，以人身依附农民的劳动为基础。受进口商品的竞争，纺织手工工场的发展受阻。国内市场的规模还很有限。以自然经济为主的农民购买的商品主要是盐、铁制品、鞋靴和少量织物，销售的主要是食品。

新的市场行情、西欧国家同斯堪的纳维亚、俄国、波兰、波罗的海沿岸国家联系的加强提高了波罗的海贸易区的地位，也加剧了争夺该地区主导权的斗争。至此，波罗的海地区力量的对比发生变化。利沃尼亚骑士团发展起来，俄国、波兰同斯堪的纳维亚人展开了争夺其土地的斗争。但到 16 世纪末，两个国家的势力明显减弱。从 15 世纪末起，以吕贝克和但泽克为首的文德－汉萨同盟势力也开始减弱。荷兰人逐渐成为波罗的海地区的主要商业经纪人和商业伙伴，瓦隆人、法兰西人和英格兰人资本的作用越来越明显。神圣罗马帝国对这一地区尤其是对石勒苏益格、荷尔斯泰因的兴趣加强。在相互竞争的邻国地位被削弱的情况下，拥有重要的原料、资源和在东西大陆间贸易通道中的关键位置提升了丹麦和瑞典在欧洲的地位，允许它们加入争夺波罗的海地区霸权的斗争，掌握地区内的军事政治主动权，插手整个欧洲的冲突。同时，丹麦与瑞典的斗争加剧。

在很大程度上，波罗的海地区几乎连绵不断的战争都是贸易战。争斗均是由市场、通路、边境土地、重要的战略和商业岛屿或港口引起的，因而获得波罗的海沿岸和极圈地区的领土、俄国贸易通道（瑞典主要经过特维尔，丹麦主要经过纳尔瓦进行贸易）具有特别重要的意义。在三十年战争中，丹麦尤其是瑞典发挥了极其重要的作用，哈布斯堡王朝的胜利、入侵北欧的威胁、天主教反宗教改革的危险以及获得新领土的企图都提醒它们加入战争。至 17 世纪中期，在三十年战争、与波兰－立陶宛公国的战争、反抗俄国的战争（插手利沃尼亚战争）中的巨大胜利以及对丹麦的军事胜利都使瑞典极大地扩大了自己在斯堪的纳维亚和波罗的海地区的领土。瑞典的领土、资源显著增加，经济和政治实力显著提高，在斯堪的纳维亚地区一枝独秀，在欧洲大国中也占有一席之地。

**北欧的社会进步**　新时代斯堪的纳维亚国家内部的问题尖锐化。他们继承了上个时期份地制度相对于封建领地制度、税收制相对于劳役制的优势，以及在畜牧业和手工业极大发展的情况下当地自然条件造成的农业弱势（除丹麦外）。在 90% 以上的农村，居住着保享有人身自由、拥有继承的土地、需要向国家纳税和承担一些义务（车马、借宿）的自由农民。村社有权处置农业用地，举行地方司法会议。城市都不大，斯德哥尔摩和哥本哈根的人口均只有 1 万人。受王国官员监督的商人贵族寡头统治这些城市。市民遭到来自农村的手艺人和商人的竞争。城市中富有的外国人——汉萨人，从17世纪起，尼德兰人的地位日趋显赫。

中世纪晚期，有利的对外贸易市场行情对斯堪的纳维亚地区尚不富裕的宗法制国家的影响利弊参半。在工业和农业中，在早期资本主义成分和新社会集团出现的同时，一些封建形式得到巩固甚至加强。手工工场的数量增加，同时手工业行会继续形成。农业（尤其是手工业）逐渐商品化，但与市场的联系在很大程度上是通过土地所有者实现的。封建领地有所扩大，实物地租和劳役有所增加，即使在丹麦，封建领地也不超过农奴主土地的8%，但混合代役租仍居于主导地位。在国家的各种苛捐杂税中，实物地租占据重要地位。市场和实业对农奴主越来越有吸引力，他们创办了自己的手工工场，建造了自己的商船。这拉近了贵族和市民，而在瑞典则拉近了贵族同中上层农民的距离，为政府进行集权活动和组织贸易战提供了可靠的支撑。但新兴资产阶级得到巩固，逐渐致富（首先依靠贸易），这阻碍了资本主义成分和专制制度的发展。尽管北欧贵族掌握着国家1/4的可耕地，但与英国和法国的贵族相比，他们仍实力较弱，相对贫困，人数较少。

中世纪晚期，斯堪的纳维亚国家才出现了伯爵和男爵。有爵位的贵族形成了一个封闭的团体，他们有进入最高权力机关、获得土地赏赐的优先权。小贵族在生活方式上与税农和市民的差别不大。富裕的自由农民，尤其是履行骑士职责的商人可以成为贵族。

但是，斯堪的纳维亚地区自由农民的总体生活条件还是恶化了，他们的独立越来越受到限制。享有特权的纳税农民在瑞典占50%，在挪威占30%，在丹麦占20%。纳税农民的突出特点是积极参与社会工作，纳税农民的上层主导村社大会，能参与四级议会。爱好自由、有文化、武装的纳税农民是人民运动的主要推动力。在16世纪，尤其是在17世纪，由于连年战争、税民兵役制和分发土地给贵族，纳税农民人数减少，他们的土地也相应减少。王室对土地和水源的最高权力的形成实际上使他们变成了国家的农民，土地和村社成为王室占有和分封的对象。

采邑制农民——王室土地和某些封地持有者的类型在这一时期增加。自古以来北方地区以土地中期持有制为主（6~8年）。持有者——兰布（瑞典、丹麦）和莱莱丁（挪威）保有人身自由，但他们对所耕种土地的权利得不到保障。只有在丹麦的个别省份土地持有者才依附于土地。把一些农民赶出土地，让他们干杂活，尤其是饲养牲畜。仅拥有带菜园的茅屋并为此服劳役（放牧、建筑和维修工作）的农民属于无地农民的最底层。手工工场工人（常常是在家里做企业订活的工人）、装卸工人、水手、仆人、工匠帮手、破产的手艺人和农民是常见的雇佣工人类型。在瑞典，晚些时候在挪威还有矿业工人。雇佣劳动保留了半封建性质，其中超经济强制因素居于主导地位。

**斯堪的纳维亚国家的宗教改革** 到16世纪初，北欧1/3已开发的土地属于教会。主教参加国务会议，充任大臣。天主教高级神职人员反对强化国王权力。同样，国王不仅极力摧毁教会的政治地位，还依靠教会充实日渐空虚的国库，满足贵族的愿望。许多农民和市民以及部分进步神职人员明白，必须"净化"和"削弱"教会。从16世纪20年代起，在维腾贝格大学接受教育，后来成为本国新教启蒙者的路德派教徒——丹麦的汉斯·陶肯，瑞典的"大师奥洛夫"（奥劳斯）比特里，芬兰的彼得·肖尔基拉赫金及渔夫之子、忘我的米哈伊尔·阿格里科拉，成功地皈依了新教。在社会各界的广泛支持下，斯堪的纳维亚各国君主纷纷效仿德意志宗教改革，开始在瑞典和芬兰（从1527年开始），后来在瑞典、挪威和冰岛（自1536年起）进行了自上而下的宗教改革。尽管在北欧国家由王权主导的宗教改革，在瑞典、芬兰和丹麦进展较快，也比较成功，但不是没有遇到困难。天主教神职人员多次组织对国家专制制度不满的农民起义，以维护"古老的信仰"。但是，挪威和冰岛的反抗势力特别强大。这些国家的人民把国王的宗教改革看作外国君主政策的工具不无根据，何况那里路德宗的祈祷仪式还是用宗主国的语言进行的。

到16世纪中期，教会的封建土地所有制被废除，天主教在北欧的政治影响消失。君主制的巩固成为该地区宗教改革的主要成果。因而，尤其是在17世纪，许多赏赐给教会、修道院的土地，部分由国家卖给贵族，部分卖给中上层平民。

**从等级君主制向专制君主制过渡** 到16世纪，斯堪的纳维亚国家实行的是等级君主制，具有很强的地区分离主义成分。没有彻底形成王位继承制：新国王通过选举产生，王位直接继承没有得到确认。大贵族国务会议的影响力巨大。领地不能继承，但大领主可以利用领地发财并巩固自己的影响力。长期以来，国库的固定收入来自王室领地、向税民收取人头税、收取贸易和手工业税。

国王总是千方百计地扩大王室领地，增加纳税农民的数量和税收收入。最初，正是宗教改革才使瑞典和丹麦政府的财政危机得以化解。后来，在整个16世纪和17世纪，国王对贸易尤其是对外贸易、出口、军工生产部门进行保护，确定了行会总章程和手工工场、价格、劳动报酬等方面的规定。当地市民的贸易优先权和限制外国人的法令是关税保护和重商主义政策的重要组成部分。宗教改革巩固了国王以军功贵族和官员为支撑的统治基础，把他们安排在神职岗位上。这样，从等级君主制向专制君主制早期形式过渡的条件成熟。

早在16世纪上半期，在丹麦和瑞典就显示出国家政权的专制主义趋势。在瑞典国王古斯塔夫·瓦萨一世和丹麦国王克里斯蒂安二世的政策和专制统治方式中有所体现。这一时期，已经调整了王位继承制度，封地体系变成了对国家有义务的行政组织，常常由平民担任官员。

到17世纪中期，向专制君主制的过渡基本完成。由于君主制加强、对外政策活跃，税民兵役制产生，苛捐杂税增多，广大人民的负担加重。在整个中世纪晚期，民间暴动、武装暴乱此起彼伏。这些运动皆是因卡尔马联盟、宗教改革结束、统治者更迭、对外战争、增加较多的新税种和进行某些改革而起。首先是税民，尤其是纳税农民参与了反抗国家的行动。领地农民、小贵族和低级神职人员也参加了反抗运动。为了削弱大贵族的影响力，国王利用了纳税阶层，同时借助大贵族和新教教会无情地镇压民众风潮。

## 第二节　丹麦

**16世纪社会发展的特点**　在丹麦这个最富裕、人口最多的斯堪的纳维亚国家，在中世纪晚期之初，资本主义关系初露端倪。在工业中，行会制度占主导地位。尽管从16世纪中期起手工工场布局开始扩展，但得益于贸易，丹麦的早期资本主义取得了重大成绩。在城市和一些地方出现了新的造船厂、仓库、事务所、股份公司和集市。工业主的实力看上去要比大商人弱得多。但总的来说，丹麦的市民还是有影响力的，他们多次奋起反抗贵族，随时准备成为君主制的中流砥柱。

对外贸易行情为丹麦的黑麦、大麦、肉、奶油、活畜（包括猪）、动物油脂、毛皮和鱼的出口创造了空前有利的条件，尤其是在16世纪中期。航海的领域有所扩展。由北向南控制波罗的海海峡对丹麦越来越有利：只要从松德海峡经过，商人就要向丹麦国王交纳相当于船上货物价值1/30的税（货币或实物），给予国王优先购买他们货物的权利。贵族和王室最先利用了农业商品化。大规模的国家和私人土地所有制进一步发展。如果说16世纪初不到1/3的耕地属于贵族的话，那么一百多年后，几乎一半的土地都属于他们。16世纪初，每星期一天的劳役，在几十年之后增加为每星期2~3天，在西兰、菲英、拉格兰岛和斯科讷省尤甚，那里出现了规模较大的封建田庄。到17世纪中期，1/5的领地农民承担每周七天的劳役。

与其他斯堪的纳维亚国家相比，与德意志帝国接壤促使丹麦保留和发展了更强大的农民人身依附和剥削形式。国家的大部分税收来自纳税农民，而他们仅拥有15%~20%的耕地，到16世纪末，纳税农民仅拥有5%~7%的耕地。而且，从17世纪初起他们还承担兵役。定期土地持有者的状况更糟糕。他们无权持有自己的土地，同时，在一些地区，他们对土地所有者有人身依附关系，土地所有者不仅可以把他们赶出土地，还能判他们的罪，甚至卖掉他们。

丹麦贵族是斯堪的纳维亚地区最有实力和最富有的，他们与纳税阶层强烈对抗，加大了对农民的压迫，竭力占有新土地和财富。同阶层贵族代表大会是大贵族国家会议的基础。四级会议影响力弱，当局酌情不定期召开。基本上不再邀请纳税农民参加会议。

丹麦的国内史就是国王和具有分离主义倾向的贵族的斗争史。这一局面的形成源于丹麦辖下的国家和领土尤其是石勒苏益格和荷尔斯泰因公国的反抗。这些联盟中的公国因复杂的领地和世系关系既与丹麦王室有关联，也与德意志皇帝有关系。公爵本人要么寄希望于得到丹麦王位，要么加入敌对阵营。公国和南日德兰半岛领地的命运取决于同德意志帝国的关系，这也使关系复杂化。在北欧内部，丹麦竭力巩固自己的领导地位，加入了争夺波罗的海霸权的斗争，把强大起来的俄国视为对抗汉萨同盟和瑞典的盟友。丹麦积极、进攻性的对外政策使贵族和商人大受鼓舞。但不断增加的税务负担、政治不稳定逐渐削弱了国家实力，最终导致军事失败。

**克里斯蒂安二世改革** 在渴望把国家提升到欧洲主要大国地位的克里斯蒂安二世（1513～1522）统治时期，这些复杂的矛盾就已显现出来。出身富裕市民家庭的克里斯蒂安二世爱好狩猎、击剑和骑马，勤奋、聪明，虚荣心强。他采取依靠市民、限制贵族和排挤德国人的方针，确立了专制统治。克里斯蒂安二世把官方的公文处理语言从德语转换成丹麦语，使出身非名门显贵的贵族和商人成为亲信，为自己出谋划策，对神职人员的任命进行监督。新城市和贸易法（1521）应巩固地方城市和商人的地位。土地法禁止"像买卖牲口一样"买卖处于人身依附中的农民，巩固了农民的土地持有权。国王还关心废除学校的体罚，规范城市间的邮政通信，邀请尼德兰人教授丹麦人园艺。

克里斯蒂安二世的法律引起了他和贵族的不和，贵族称他为"暴君"。货币损坏和新税种使他丧失了在民众中的威望。对外政策的失败、瑞典人脱离卡尔马联盟促成了反对克里斯蒂安二世的暴动。国务会议罢黜了克里斯蒂安二世，选举他的叔叔、荷尔斯泰因－葛托普的弗雷德里克（根据他靠近石勒苏益格的葛托普的官邸得名）为国王。

丹麦国王弗雷德里克一世（1523～1533）承认瑞典独立，废除了克里斯蒂安二世的许多改革举措，其中包括归还贵族对农民的司法权和对领地的垄断权。

**1534～1536年的"伯爵内讧"** 弗雷德里克一世的死坚定了被罢黜的克里斯蒂安二世重登王位的决心。哥本哈根市民支持他。打算重新得到特权的吕贝克出兵丹麦，占领了西兰、菲英和斯科讷。同时，日德兰半岛农民起义。被称为"伯爵内讧"（源于奥尔登堡伯爵克里斯托弗领导了吕贝克雇佣军）的国内战争席卷丹麦。日德兰半岛的显贵紧急选举弗雷德里克的儿子克里斯蒂安三世（1534～1559）为国王。借助荷尔斯泰因的雇佣军和瑞典的力量，他残酷地镇压了农民起义，夺去了许多农民的土地，经过长期被围和严重断粮后，哥本哈根投降。

"伯爵内讧"性质复杂：王朝的角逐与支持进步改革者、市民、农民反抗贵族野心的广泛社会斗争兼而有之。"贵族国王"的胜利为贵族带来了新特权。只有王室法庭才能审理他们的案件。禁止纳税阶层的代表购买贵族的土地。国内几乎没剩下有财产的农民。通过了判处对收税人隐瞒收入的农民死刑的法律。土地所有人对租户司法权的法律得到巩固。

**丹麦的宗教改革** 新教开始在丹麦的城市传播。国王和国务会议支持丹麦教会脱离罗马教廷。教皇的什一税和其他税收应进入丹麦国库。1530年，哥本哈根市民破坏了城市教堂的所有天主教圣像。这成为"自上而下"和"自下而上"的联合力量进行宗教改革的开端。后来，在"伯爵内讧"时新教思想广为传播，路德宗教徒克里斯蒂安三世获胜后，逮捕了天主教主教。1536年，在哥本哈根旧广场举行了由19名大贵族、1200名贵族、市民和自由农民参加的盛大的露天议会。议会决议没收主教、教会和修道院的田庄，关闭修道院；引入温和的路德宗。拥有几乎国家一半土地的国王亲自任命七名新主教，从国库拨款给他们发放俸禄，但剥夺了他们参加国务会议的权利。

丹麦语成为礼拜（K. 彼得森将《圣经》翻译成丹麦语）、学校教育语言，最终被确定为国家语言。16世纪下半期，A. 赫尼特费尔德用丹麦语编撰了《丹麦史》，萨克索·格拉马提库斯的拉丁语《丹麦史》（亦译作《丹麦人的伟绩》——译者注）被翻译成丹麦语（A. C. 维德尔）。

克里斯蒂安三世在石勒苏益格和挪威也进行了宗教改革。

在对外政策上，克里斯蒂安三世很走运。他在莫斯科获得商业特权，与莫斯科结成反瑞典联盟，加入瓜分利沃尼亚骑士团继承权的行列，1559年将萨列马岛和波罗的海沿岸的部分地区并入丹麦。

国库的充实允许弗雷德里克二世（1559～1588）与俄国签订协议（1562），恢复对瑞典王位的诉求。但由于北方战争（1563～1570），丹麦仅保留了自己在波罗的海的有利地位。

**17 世纪上半期的丹麦** 新国王克里斯蒂安四世（1588～1648）是个非常有能力的国务活动家、沽名钓誉的改革家和节俭的当家人，但是一位不走运的军事统帅。

依靠贵族和贵族官僚化成为他政权的推动力。克里斯蒂安四世借助各位显贵的首相和皇室侍从长的力量治理国家，高级官职几乎清一色由贵族担任，他千方百计地支持高级阶层保持独立。贵族是国内唯一的免税阶层。禁止他们与非贵族阶层通婚。

16 世纪末 17 世纪初，丹麦达到了强大和辉煌的顶峰。为了国家的利益和威望，克里斯蒂安四世采取重商主义政策。他鼓励开办首先为军队服务的官办手工工场，后又鼓励设立私营手工工场，建立交易市场，促成建立商业舰队。扩展了对外贸易，尤其是牲畜贸易和航运。组建了与尼德兰进行贸易的垄断公司（1619），出现了大量内贸公司。由于对印度的探险，丹麦人在特兰奎巴建立了贸易洋行。先后建立了丹麦东印度公司（1616）、丹麦西印度公司（1625）和非洲公司（1636）。多次探险到达格陵兰岛。曾提出围绕北美开辟通往中国和印度海路的设想。出现了新的城市和城堡，如斯科讷的克里斯蒂安斯塔特，西西兰岛上富丽堂皇的腓特烈堡（1600～1620）。在哥本哈根建设了许多住宅和公用建筑，一些街区有了定期规划。出现了一些有意思的荷兰风格的建筑——港湾交易所（1619～1625）、罗森博格城堡（1606～1634），还修建了带有天文观测塔楼的圣三一教堂。

**克里斯蒂安四世战争和丹麦的衰落** 克里斯蒂安四世统治的后半期是在战争中度过的。在与瑞典不时发生的战争（1611～1613）中获胜后，趁瑞典军队深陷俄军的包围，丹麦人夺取了卡尔马城堡和瑞典在北海的唯一港口埃尔夫斯堡，获得了巨额赔款，保卫了芬马克和北方商路。很快，在英格兰和法国的资助下，丹麦卷入三十年战争，加入德意志信奉新教公爵一方反抗奥地利的哈布斯堡王朝。丹德军队的失败使华伦斯坦占领了石勒苏益格、荷尔斯泰因和整个日德兰半岛。哈布斯堡王朝轻而易举地取得胜利皆因 17 世纪初由于一些王朝的重新划分和更迭，与丹麦敌对的强大的荷尔斯泰因－葛托普公国形成。由于担心哈布斯堡王朝向北欧推进,瑞典和法国驰援丹麦,华伦斯坦不得不提出了相对温和的要求,签订《吕贝克和约》(1626):今后,丹麦人不得插手德意志事务。三十年战争中的"丹麦阶段"(1625~1629)以及后来的《威斯特伐利亚和约》都令丹麦严重受挫。

喘息稍定,在新一轮丹瑞战争(1643~1645)中,瑞典与结盟的荷尔斯泰因-葛托普公国一起占领了日德兰半岛,入侵西兰岛,围攻哥本哈根。丹麦被迫让出削弱丹麦在波罗的海地位的厄塞尔岛和哥得兰岛以及挪威的耶姆特兰和海里耶达伦。下一场失败的战争,即与瑞典的"三年战争"(1657~1660)迫使丹麦签订了其历史上不堪其苦的《罗斯基勒和约》(1660)。

斯堪的纳维亚半岛的整个南半部都归瑞典所有,这剥夺了丹麦在东欧和大西洋之间交通以及松德海峡关税上的垄断地位。荷尔斯泰因-葛托普公国取得了对石勒苏益格的最高权力。

税民兵役制和苛捐杂税彻底摧毁了已经为数不多的纳税农户:仅仅50年(1610~1660)里,丹麦就参与了五次战争。农民骚动不安。军事失败、领土丧失和财政困境也引起农民和市民的不满。从1629年起,新兴资产阶级开始向政府请愿,要求限制封建贵族的特权。

政治团结、军事改革、击退外部威胁成为丹麦从以大贵族会议为基础的等级君主制向专制君主制过渡的原因。

## 第三节 瑞典

卡尔马联盟的破裂和瑞典恢复独立为瑞典集权国家以及后来的民族专制国家的形成奠定了基础。瑞典国王古斯塔夫一世(1523~1560)是一位杰出的改革家、政治领袖和军事组织者。

**瑞典的宗教改革** 古斯塔夫一世从教会改革开启了自己强硬的对内政策。第一步是在斯德哥尔摩的教堂中实行瑞典语祈祷仪式,后来"大师奥洛夫"将《福音书》翻译成瑞典语。作为回应,天主教神职人员组织了反政府叛乱。1527年,古斯塔夫一世在韦斯特罗斯召集贵族、市民和自由农民的代表。议会决定改革教会，没收教会财产。教会和修道院的土地、主教的城堡和收入的"结余"，包括 2/3 的教会什一税，都在国王的管辖范围内。归还从 15 世纪中期起转归教会的贵族的土地。由国王的官员——教区长管理教会（路德本人推荐了第一位教区长）。国王开始任命包括高级祭司在内的担任祭祀职务的教士。宣布正统的路德宗为瑞典人的正式信仰（1544 年议会）。到古斯塔夫一世统治末期，消灭了教会土地所有制。王室的地产占已开发土地的比例从 5.6% 上升到 28.5%。

**古斯塔夫一世的改革** 宗教改革巩固了中央政权的基础。这允许国王改革国家管理体系。旧的政府行政管理部门非常薄弱。在首相和不大的首相办公厅的协助下国王本人主持所有事务，国王和大臣逐个城市巡视。直到 15 世纪末才建立政府档案。古斯塔夫一世邀请拥护专制制度的一些帝国大臣任职。他们得到瑞典当时建立的国家机关中责任最重大的岗位（因此，政府改革时期——1538～1543 年后来被称为"德意志时代"）。在他们的领导下，改革了国王办公厅和省税务局，国务会议变为王室下辖的执行机关。国王的官员取代大封建主成为各郡的行政长官。

宣布国王和瓦萨王朝的权力实行继承制。地权——国王对国家所有土地、地下资源和水源的最高财产权得到巩固。这把纳税农民置于世袭"土地使用者"的地位。

由于军事改革，骑士和农民后备军得到了几个团的雇佣军的补充。军队、舰队达到了很大的规模，同时也是古斯塔夫一世亲自关照的对象。

16 世纪 30～40 年代的改革对瑞典的发展具有非常重要的意义。改革帮助瑞典走出政治隔绝状态，与许多欧洲国家建立联系。但古斯塔夫一世的改革在国内缺乏充分的社会基础，引起社会各阶层的严重不满。这位国王改革家统治时期，苛捐杂税增加，战争频仍，充斥着与显贵和暴动农民的流血冲突。在一些郡多次爆发起义（尤其是在 40 年代初，在尼尔斯·达克领导下的起义）。所有起义均被镇压。在人民运动连绵不断的情况下，主要对政府中外国人的强霸势力持反对立场的贵族反对势力令国王惶恐不安。在统治末期古斯塔夫一世严厉打击背叛他的德国助手，取消了在郡内进行的一系列集权改革措施。

**16 世纪至 17 世纪初瑞典的对外政策** 从 16 世纪中期起，国家的财政、军队和舰队巩固后，瑞典恢复了在波罗的海和北方对俄国的侵略。早在 1555 年瑞典就曾试图占领奥列舍克（彼得要塞），但以失败告终。在古斯塔夫一世的长子埃里克十四世（1560~1568）统治时期，在俄国军队的重创下，利沃尼亚骑士团国分裂（1561），根据当地的德意志地主的决定，北爱沙尼亚并入瑞典。在瓦萨·古斯塔夫的次子约翰三世（1568~1592）统治时期，制订了征服东方计划：占领整个利沃尼亚沿岸地区，包括城市和芬兰湾、科拉半岛俄国一侧沿岸以及俄国西部出口处的领土。依靠与波罗的海的德意志贵族以及与波兰－立陶宛公国的关系，瑞典开始了争夺利沃尼亚骑士团继承权的斗争（1570~1595）。事情在于，约翰三世与妻子——波兰公主（她是无子嗣的兄长、西吉斯蒙德·奥古斯特国王的唯一继承人）的儿子瓦萨·西吉斯蒙德继承了亚盖洛王朝的王位，他接受天主教，于 1587 年成为幅员辽阔的波兰－立陶宛公国的国王，称为西吉斯蒙德三世，并统治了 45 年。后来，瓦萨·西吉斯蒙德继承了瑞典王位，成为瑞典国王西吉斯蒙德一世。瑞典与波兰的联盟（1592~1599）并不稳固，领土分散和文化、语言、历史命运的差异很快因利沃尼亚演变为激烈的矛盾。在瑞典内部，在信奉天主教的国王统治下，反宗教改革的现实威胁加剧了中等贵族、市民和农民对他的反抗。很快，在联盟破裂后，两国陷入了长期战争之中。1595 年，瑞典与俄国签订《佳夫津和约》，协定确定芬兰北部、卡累利阿地峡东部和重要港口纳尔瓦为瑞典所有。由于外国对俄国的干涉，瑞典在 1610~1611 年占领卡累利阿和诺夫哥罗德地区。

**中世纪晚期瑞典经济社会的发展** 国家获得独立、国库得到充实、行政管理得到加强、宗教改革、建立起强大的军队和舰队是瑞典对外政策成功的前提条件。这在很大程度上反映了国内资本主义成分的发展，尽管发展缓慢。16 世纪，瑞典的人口达到 100 万人，通常这是很少见的，尤其是在北方地区。瑞典是农业国，90% 的人口是农民。以小农生产为主。早在 16 世纪 70 年代，一半的耕地掌握在纳税农民手里，1/5 掌握在贵族手中，其余的归王室所有。在国内，国家的剥削主要针对纳税农民和部分地主农民。

而且，瓦萨王朝的各位国王开始像统治自己的王室农民一样统治纳税农民：为他们规定了额外的赋役，限制他们的经营活动。到 17 世纪末，纳税农民占有的耕地不到 1/3。地主农民的状况更加恶化。在一些大的田庄，有时强迫土地持有者服劳役，为了便于老爷经营，把一些土地持有者从便于耕种的土地上赶走。土地持有者对所耕种土地的权利不稳定。

相反，贵族的地位得以巩固。在埃里克十四世统治时期，瑞典出现了有爵位的贵族，他们取得了一系列特权：在自己的领地范围内征收赋税，任命官员，审判和惩罚农民。

一系列封建规范的复兴、显贵权力的强化是瑞典社会对货币商品关系发展的一种反抗。有利的外贸行情扩大了对瑞典产传统商品，主要是原料和半成品——铁、铜、金属制品、动物油脂、皮革、毛皮、原木、木板、鱼、树脂、焦油的需求。外贸物流主要通过斯德哥尔摩，这在很大程度上阻碍了其他城市和各省资产阶级的发展。

在瑞典，贸易和战争需求的扩大促进了工业增长。大部分工业保持着手工业行会的性质。手工工场规模小。一些手工业、大部分矿山冶金业和不少交易会都设在城市以外。国内引进了一些手艺精湛的外国专家。一些尼德兰人、德意志人和法国人促进了工业中资本主义成分的发展。作为侨民的瓦隆人将扩容的砖高炉即提高和改善钢铁冶炼的法国高炉、德国的锻铁方法被引入冶金生产，还引进了布鲁克大型手工工场。瑞典已有能力完全向自己的军队供应武器，还出口了一部分火炮。来自尼德兰南部的移民、富有的大贵族和企业主路易·德·吉尔成为瑞典武器的专营商。布鲁克手工工场频繁易主，工场的主人想方设法成为大地主。到 17 世纪中期，对西方大国而言，瑞典是高级铁的主要出口商。多次扩大铜的出口，建立了开采出口铜的垄断公司（1619～1638）。出现了黄铜和纺织手工工场（从 17 世纪 20 年代起），瞄准造船业的木材加工企业增多。

北海的新港口哥德堡（1621 年建立）成为外贸西部路线上的重要前哨，富有的侨民乐于移居于此。

瑞典出口的扩大不仅使市民和上层农民致富，也令许多贵族发家。从贸易和关税中获利的瑞典社会各阶层支持政府的对外扩张政策。但多数农民——国家的多数居民是受苦的一方，这引起了他们的全面反抗，尤其是在三十年战争接近尾声时。农民发起反对统治者的法律诉讼，向议会递交请愿书，快速赶往郊区惩治令人憎恨的地主。

**专制制度的确立** 古斯塔夫二世（1611～1632）是一位受过良好教育、能力超群的国务活动家、著名的军事改革家、统帅，他在17岁时继承王位，在自己统治期间在国内和国外占领地采取了一系列刚健的改革政策。

遵循重商主义原则，古斯塔夫二世促进了民族贸易、货币流通和城市工业——无论是手工工场工业还是传统的行会工业——的发展。

在古斯塔夫二世和他的继承人——摄政王（1632～1644）统治时期，在首相、天才的阿克塞尔·乌克森谢纳的协助下，瑞典成为君主制国家，实现了中央集权。17世纪20年代，设立了5个部：财政部（度支院）、军事部、海军部、外交和重要内务部以及司法部。政府视贵族为军队指挥官的来源，极力吸引贵族为国家和军队效力。同时，广泛起用市民阶层出身的官员，其中部分人被封爵。在很大程度上，正是对有文化的军人的需求才促使古斯塔夫二世在国内组建中学，扩大乌普萨拉大学的规模。

古斯塔夫二世的军事改革不仅对瑞典是创新，这些改革还成为全欧洲军事变革的重要部分。实行全体农民兵役制：1/10的成年农民应征入伍。责成军队驻扎地方的居民提供实物和宿营地来供养军队。把国家划分为军事区，在每个军事区组建民兵团。对军队进行了严格的训练。还制定了当时堪称典范的军纪条令。兵器制造方面的技术进步使个人装备简化。古斯塔夫二世的战术创新——线性战术、火枪齐射、成为独立兵种的移动野战炮兵具有重要意义；他还规范了步兵、骑兵和炮兵等诸兵种之间的相互配合。

**战争与瑞典的崛起** 在16世纪和古斯塔夫二世统治时期，手工工场和贸易的发展、国家财政的巩固、军事创新、行政管理的完善以及中央集权是瑞典崛起成为欧洲大国的内部因素。但对于这种人口少、在许多方面发展缓慢的国家来说，它的崛起还有赖于外部环境——既有赖于出口扩大的经济环境，还有赖于在16、17世纪之交与其有竞争关系的邻国衰退的政治环境。俄国和波兰-立陶宛公国处于严重危机中。奥地利、西班牙哈布斯堡王朝与德意志信奉新教王公之间的斗争令丹麦分神。尼德兰、英格兰、法兰西视瑞典为反哈布斯堡王朝的潜在盟友,因而支持它。在这样的条件下,古斯塔夫二世设定了三个传统的外政目标:确立瑞典通过松德海峡和耶特河口与西方进行自由贸易的权利以及对北方滨海拉普兰省的权利;巩固瑞典在爱斯特兰(爱沙尼亚)的政权,消除波兰瓦萨家族对瑞典王位的觊觎;使瑞典在挪威、普斯科夫、伊佐拉的统治得到承认,尽可能使一位瑞典亲王成为俄国沙皇。这就是针对丹麦、俄国和波兰-立陶宛公国的侵略计划。

由于与丹麦的卡尔马战争(1611~1615)(战火蔓延到瑞典),瑞典被迫支付巨额赔款,但仍获得了自己的船只免关税通过松德海峡的权利。俄国民族解放运动的高涨使赶走波兰和瑞典武装干涉者成为可能。根据《斯托尔博沃和约》(1617),俄国的芬兰湾沿岸和卡累利阿部分地区以及拉多加湖沿岸转归瑞典,但瑞典国王未能成功将俄国王位据为己有。同时,瑞典在利弗兰加紧了对抗陷入波俄战争的波兰的行动。改革后的瑞典军队取得了一系列胜利。根据《阿尔特马克停战协定》(1629),波兰的瓦萨家族不再谋求瑞典王位。瑞典在利沃尼亚、东普鲁士的一些港口、库尔兰和丹齐克的统治得到巩固,瑞典成为波罗的海的支配性大国。

而此前参加三十年战争的丹麦惨遭失败。帝国的军队向波罗的海南岸和北海进发。渴望拥有这些领土、摆脱宗教改革对多数斯堪的纳维亚国家的威胁的古斯塔夫二世在议会的支持下,在奥得河口陈兵1.3万人,开启了三十年战争的"瑞典阶段"(1630~1635),战争以瑞典获得德意志北部的许多领土告终(见第十五章第三节)。根据《威斯特伐利亚和约》(1648),瑞典取得德意志北部的重要领土、可航行河流的河口和较大的港口。瑞典的德意志领地与荷尔斯泰因接壤。成为德意志皇帝的封臣后,瑞典国王获得了参与德意志事务的权力。此前,瑞典在第一次北方战争(1643~1645)和50年代末的战争中大胜丹麦。根据《布勒姆瑟布鲁和约》(1645)和《罗斯基勒和约》(1658),瑞典取得斯堪的纳维亚半岛南部、在松德海峡自由航行的权利以及挪威东部省份（耶姆特兰、海里耶达伦、博赫斯兰）、哥特兰岛、厄塞尔岛和博恩霍尔姆。

瑞典成为波罗的海、斯堪的纳维亚地区最强大的国家和欧洲的大国之一。

## 第四节 挪威

挪威落后于强大的邻国。到 16 世纪初，挪威还是一个贫穷的国家，人口稀少，贵族阶层孱弱，市民阶层尚未形成。卡尔马联盟破裂后，挪威处于丹麦王权的统治下，尽管它在形式上是一个王国。挪威的最高行政机关是国务会议，会议成员由地方贵族和高级神职人员组成。

耕地面积少、多山地形不利于农业发展。粮食一直不足，需要进口，包括从丹麦进口。居民以村民为主，他们从事的主要行业是畜牧业和手工业：捕鱼和捕猎海兽。自由农民、世袭土地——奥达尔的所有人是重要阶层。地主（世袭土地所有人）受大家庭风俗（其中保留了族人优先购买奥达尔的权利）、村社对公用土地权利的约束。他们承担国家的赋税徭役。中上层地主充实了低级贵族、神职人员和官员队伍，而在工商业中与市民竞争。土地依附农民人身是自由的。多数土地依附农民是贵族、教会和皇室土地的定期租户，他们主要交付食品地租。与他们不同，胡斯曼（无地农民）在租赁期间得到一间简陋的茅屋和一小块土地后，要承担劳役。富裕的庄户可使用胡斯曼和雇佣工人。为数不多且不富裕的贵族，包括不少丹麦人和德意志人，还保留着自己的同阶层会议。

挪威的财富是木材和鱼，自古以来汉萨同盟就垄断了这些物资的出口。在为数不多的城市里，德意志人构成商人、手艺人、船主和房东的主体，把持着市政。汉萨同盟的存货地——大型港口卑尔根也完全在他们的掌握之中。到 17 世纪，汉萨人被丹麦人和荷兰人排挤出挪威的商业生活。

**宗教改革　丹麦国王统治的巩固**　有利于丹麦国王的各种国家赋役、国王官员们的任意妄为导致农民风潮不断，其他阶层也纷纷参加农民运动。

1502 年和 1508 年起义具有民族解放运动的性质，丹麦封建主参加了对农民的镇压。16 世纪 30 年代，在"伯爵内讧"时期，以枢机主教奥洛夫为首的挪威显贵接受了克里斯蒂安二世。剥夺挪威残存的政治独立是克里斯蒂安三世继任后的举动之一，这都归结为他效仿丹麦国王进行宗教改革。

挪威人坚决抵制宗教改革，认为它必然使丹麦的国王政权进一步巩固。直到 16 世纪末，得到壮大起来的地方市民阶层的支持后，路德宗在丹麦的地位才得以稳固。教会修道院的土地与许多农民田庄落入丹麦君主之手。丹麦贵族得到部分土地。丹麦语作为国语和标准语用于祈祷仪式。丹麦人担任新教教会首脑，当地的路德宗神职人员由丹麦人和德意志人组成。直到 17 世纪，挪威还没有自己的图书出版业。挪威的主要居民——农民和特权阶层的底层保留了民族语言和丰富的民间文化。

**丹麦挪威联合王国中的挪威** 挪威的宗教改革加深了它对丹麦的政治依附。1536 年，丹麦宣布挪威为它的一个"永久"省份。废除了议会，仅保留了贵族代表大会。国家由丹麦官员管理，从 1572 年起，由总督管理，高级行政管理人员由丹麦人组成。丹麦政权是挪威人的沉重负担。不仅民族文化，而且尚不富足的经济也受到损害，挪威的纳税阶层承担丹麦的军费开支。农户的税负增长了一倍。而且，由于丹麦的军事失败，挪威还遭受了领土损失。此外，在与汉萨同盟商人竞争时，丹麦国王把在丹麦经商的特权分发给荷兰人和英格兰人，这也给当地商人造成新的伤害。

从 16 世纪末起，在战争、与瑞典和汉萨同盟竞争、与石勒苏益格和荷尔斯泰因关系复杂的情况下，丹麦不得不重视与挪威的关系。国家治理手段开始变得温和，尤其是在克里斯蒂安四世统治时期。实行土地终身租赁制，但推行土地所有人对租户的警察权。租户数量的稳定性以及租户对劳动的兴趣和对田庄的投入均有所提高，但同时地主政权也得到加强。经常召开阶层代表会议，有财产的农民偶尔参会。开始允许地方贵族担任挪威的高级官员。取消了汉萨人把持的城市政权。奥斯陆成为国家首都，1624 年毁灭性的火灾过后，对奥斯陆进行了重建并更名为克里斯蒂安尼亚。建立了克里斯蒂安斯塔德和孔斯贝格两个新城市。建立了由当地农民新兵组成、由挪威军官指挥的正规军。在 17 世纪 40~50 年代的丹瑞战争时期，挪威人愤怒反抗占领了东部省份海里耶达伦和耶姆特兰的瑞典人。

**挪威经济的上升**　16 世纪至 17 世纪上半期，挪威的人口几乎增长了两倍，城市人口增长了一倍。在政府的鼓励下，恢复并扩大了国内边疆开拓。恢复了许多在危机时丢弃的庄园。自 16 世纪 20 年代起，开始开采当地的铁、铜，建起了矿井、冶炼厂和铁匠铺。商品进口增加。

新的商业行情为挪威产的鱼尤其是鲱鱼、桅杆用和建筑用木材、锯材开辟了广阔的市场。木材手工业快速发展，到 16 世纪末，挪威森林的砍伐量可观。人口的增加提高了粮食需求，这促进了对俄贸易。来自卑尔根和特隆赫姆的商人与俄国进行粮食贸易。从 70 年代起，俄国的科拉城成为贸易中心，在那里出现了挪威商人的商行。60 年代，城市里出现了最早的手工业行会。

自 17 世纪初起，挪威新兴资产阶级首先是商业资产阶级形成。商业舰队也在形成。富裕农民加入用个人船只出口商品的行列。出现了手工工场。城市商人收购渔场和森林地段，按企业原则建立锯木厂、水磨坊、鲱鱼场。出现了捕鲸公司和贸易公司。当地的银矿开始得到开采。之前掌握在丹麦国王手中的手工工场和手工业企业现在转归当地的股份公司和个人所有。土地租赁范围扩大，它把斯堪的纳维亚相互交叉的各社会阶层联系在一起。

17 世纪中期，1/3 的耕地属于世袭土地保有权人，但他们的财产分化加剧。各种国家赋役、战争、税民兵役制使农民沦为赤贫。由于贵族和富裕农庄主参与经商，实物代役租增加，某些劳役甚至得到推广。

## 第五节　芬兰

16 世纪，芬兰是瑞典的一个省，晚些时候，宣布它为公国（1556），后来成为总督辖区（1623），国家被分成几个领地。瑞典显贵被任命为芬兰总督，后来总督取得了芬兰大公的爵位（1581~1721）。瑞典语是主要语言。芬兰的各阶层派代表参加瑞典议会，与瑞典相应的阶层共同承担义务、赋税，享有相应的特权。此外，还召开地方贵族会议。

芬兰的经济、社会发展与瑞典相似，但更缓慢和脆弱。16世纪初，芬兰居民主要居住在沿海地区，但从这一时期起，对内陆地区的开发也在加快。居民从事农业、捕鱼以及狩猎、蒸馏树脂、伐木、加工沼铁等地方手工业。家庭手工业非常发达，整村的村民都从事这些行业，他们用自己的产品向瑞典王室纳税。贵族拥有适于耕种的大部分土地，以向农民收取地租为营生，参与战争。与瑞典农民相比，芬兰农民的日子更不好过。一星期的大部分时间都在服劳役的托尔巴里阶层相对富裕一些。在人口稀少和规模很小的城市中，奥布（现在的图尔库）是主要的城市，有居民约5000人，俨然是很大的城市。1550年出现的赫尔辛福斯（现在的赫尔辛基）成为对俄贸易重要的转运中心。瑞典人构成贵族和市民的主体，此外还有许多德意志人。

作为为争夺波罗的海霸权连年战争的瑞典的组成部分，芬兰的日子不好过。在贸易通道上具有枢纽地位、对瑞典王室非常重要的芬兰也成为争斗的对象，多次被作为瑞典对外往来、斯堪的纳维亚国家间内讧时的一张王牌使用。尽管瑞典国王极力规范芬兰的行政和司法，重视当地传统，但他们派遣的官员和封建主滥用自己的权力。芬兰领土饱受俄瑞战争的蹂躏。贸易强制政策令芬兰的商业不堪重负，如根据这一政策，斯德哥尔摩垄断了对外贸易的权利。自古以来与列维尔、里加、但泽有贸易往来的奥布深受其害。减少汉萨人的特权也对芬兰不利。

受多神教影响，芬兰的反天主教宣传很成功，宗教改革进行得较为顺利。没收教会和修道院的土地增强了瑞典王室的实力。尽管保留了瑞典语和对芬兰文化生活的影响，但芬兰还是拥有了自己的文字，出现了芬兰语的福音书和识字课本，这奠定了芬兰文学的基础。成为芬兰路德宗教会首脑的米哈伊尔·阿格里科拉（1510~1557）是民族文化的创始人。

瑞典的亲王、显贵取得对芬兰的管理权后，常要弄自己的政治把戏，令当地居民苦不堪言。16世纪末，此类事件引发了芬兰史上最大规模的人民运动——"棍棒战争"（1596~1597）。一切源于K.弗莱明总督试图发起天主教反宗教改革运动，以孤立芬兰。总督军队的肆意妄为引起支持路德宗的芬兰西部地区农民暴动。运动具有反封建性质，起事者烧毁老爷的庄园。农民军最终被击溃和镇压，许多农民被处死。芬兰再次被瑞典占领。

## 第六节　冰岛

多山、寒冷的冰岛完全依靠进口粮食和其他重要食品，在卡尔马联盟时期受到严重的鼠疫、海盗和汉萨同盟债约的侵害。封建主义在这里几乎没有发展。没有形成城市，没有贵族。以渔猎为生的自由农户构成人民的主体。由人民组成的议会与司法机构管理着国家。从12世纪起，冰岛受制于挪威，与挪威一起为丹麦的组成部分，丹麦国王享有冰岛的实际权力。自由人被划分为无权的租户（丹麦国王的短期承租人）和为数不多的富裕农户。丹麦国王强制进行的宗教改革引起了冰岛人起义，他们杀死了岛上的所有丹麦人。克里斯蒂安三世派来的军队残酷地镇压了起义。1567年，剥夺了冰岛人携带武器的权利。冰岛的贸易逐渐从汉萨人手中转到丹麦商人手中，他们在这里取得了垄断特权（1660），迫使当地渔民和牧民接受他们的价格。16～17世纪，粮食歉收、瘟疫、火山喷发猛烈冲击着冰岛。大部分居民处于极度贫困状态。17世纪，冰岛是北欧最落后和最贫穷的国家。

## 第七节　北欧精神生活的复兴

16世纪给北欧的精神生活注入许多新东西。宗教改革后，许多教会和修道院学校关闭，与天主教有关的中世纪手稿、绘画和雕塑作品被毁，出现了明显的教育和艺术衰退。但状况很快得到改善。用本民族语言祈祷加快了民族语言首先是瑞典语、丹麦语、芬兰语的发展。扩大了图书出版，出现了《圣经》的斯堪的纳维亚语译本和早期识字课本。流行世俗题材的文学和绘画作品。在建筑中文艺复兴传统被北欧的哥特式风格取代，17世纪这种风格又让位给早期巴洛克风格。早期的民间文学作品集、中世纪文学作品出版物、编年史以及官方的民族史问世。学校教育范围扩大，乌普萨拉大学

（1477）和哥本哈根大学（1479）成为教育中心，但越来越多的斯堪的纳维亚人进入其他国家或地区——德意志、巴黎和博洛尼亚的著名大学学习。丹麦人第谷·布拉赫的天文学作品、他在赫芬岛上的"观天堡"（天文台）和学校闻名欧洲。17世纪，实行了保护文物的法律，其中包括保护出土文物的法律（瑞典）。

对国外先进典范的创造性掌握仍在地区的文化发展中发挥着重要作用。因此，北欧人民了解了火药、印刷机、指南针、期票、更加完善的矿山设备、冶金过程和建筑方法。与汉萨同盟几百年的密切往来、成千上万的德意志人入籍斯堪的纳维亚国家，给北欧当地语言、物质文化生活打下了特别明显的印记。从16世纪中期尤其是17世纪起，新兴资产阶级民族——法兰西人、英格兰人，但首先是荷兰人、瓦隆人、弗拉芒人影响世界的时代来临。来自尼德兰（主要是南部省份）的侨民学识渊博，家底丰厚。企业主、金融家、商人、建筑家、冶金家、工程师和航海家把大量资金、交易所、军事和国外贸易公司实践中的新发明带到丹麦和瑞典。

国王和达官显贵修建了富丽的宫殿、城堡。在大贵族和市民住宅的陈设、服装、生活方式等方面，新时代精神的影响越来越明显。但斯堪的纳维亚文化仍保留着独特的习俗和艺术。

# 第十四章
# 16世纪至17世纪上半期的奥地利

16～17世纪，奥地利加入神圣罗马帝国，但在其中的地位特殊。奥地利的统治者——哈布斯堡家族从1438年起长期占据皇位，这提高了其领地的地位。1526年，奥地利的哈布斯堡家族的权力扩展到捷克和匈牙利王国及新加入的王国。在多瑙河－喀尔巴阡山盆地，实际上形成了一个部分边界超出帝国疆界的新国家，在1918年之前，这个国家有多个名称。

**16世纪前的奥地利** 在我们所研究时期之前的很长时间内，奥地利就在神圣罗马帝国的其他公国中脱颖而出，并成为帝国最具实力的组成部分。奥地利是一个世袭公国，它的统治者既可以自己任命男性继承人，也可在男性继承人缺失的情况下任命女性继承人。在奥地利的封地不能归帝国所有。奥地利公爵实际上可以不参加帝国不涉及奥地利的军事行动。在奥地利公国，司法权绝对属于公国，公国中的任何臣民都不能诉诸帝国法院，公爵本人也不受帝国法院的管辖。15世纪，奥地利不向帝国机关缴纳任何税收，公国内也不征收帝国税。从15世纪起，奥地利哈布斯堡王朝的所有成员开始称大公，需要强调的是，这是帝国的公国中的最高爵位。

其实，奥地利最初只是当代城邦国家——下奥地利和上奥地利（过去的东马克）东北部的一块领地。到15世纪末，除这些公爵领地外，哈布斯堡王朝的领地还包括施蒂利亚、卡林西亚、克赖因、蒂罗尔、上奥地利以及意大利东北部的弗留利和的里雅斯特港。

奥地利的每个地区都拥有极大的自治权，有自己的层级机构、财政、军队和货币体系。

**16~17世纪奥地利社会经济结构的特点** 山地公国奥地利矿产资源丰富。15世纪，奥地利盐的开采量在欧洲居第一位，也是白银的出口大国。16世纪末，由于廉价的美洲银流入欧洲，奥地利的白银产量缩减，但开始集中力量开采铁、铜、铅矿，加工金属。大公们竭力将这些高收入的经济部门置于自己的管辖之下。比如，他把自己人安置在与盐的开采和销售有关的职位上。开采的金银只能卖给王室。

从15世纪末起，以福格尔、威利泽尔、贝海姆、霍赫斯特等人为代表的商业-高利贷资本开始积极进入奥地利的工商业。大公们支持外国人，给予部分人和全部公司开采地下资源的垄断权，以矿井做抵押为其提供贷款。所有这一切破坏了城市的特权，引起了当地商人和企业主的不满。

16~17世纪，奥地利经济发展的特点之一是冶金业首先是与战争有关联的行业（铁板、火炮和其他火器的生产）成为公国的主导行业。国家军事订单是手工工场生产受制于王室的原因，同样，这也影响了奥地利资产阶级的形成。

16~17世纪，与德意志农民相比，奥地利农民所处的条件更加有利。他们享有人身自由、宽泛的土地占有权以及个人辩护、控诉老爷、出走的权利；交纳固定的赋税，拥有自己的公社法庭，享有自治权；等等。在奥地利还保留了不少自主地农民。在一些省份农民可以持有武器，而在蒂罗尔，农民可以参加地方自治代表会议。

16~17世纪，爆发了多次农民运动。其中，席卷整个奥地利的1524~1525年农民战争、1594~1597年发生在上、下奥地利和1626年发生在蒂罗尔的农民起义的规模最大。这些打着恢复旧风俗旗号的运动与宗教改革尤其是与宗教改革中的各民族宗教流派有直接关系。相比于德意志农民，奥地利农民更加成功：他们迫使当局退让，采纳了他们的一些要求。

**政治发展的特点** 16~17世纪，大公的集权政策和奥地利专制制度的形成是奥地利公国内政治发展的主要内容。这是在奥地利哈布斯堡王朝多民族国家（史称"多瑙河君主制公国联合体"）形成和与奥斯曼土耳其战争持续不断的条件下产生的。如果说战争促进了中央集权，因为只有集权国家才能对抗像奥斯曼土耳其帝国那样强大的对手，那么使发展水平和传统各异的国家服从于一个政权的必要性则令一体化更加复杂。此外，奥地利的统治王朝同时还统领德意志帝国也令矛盾加剧，这使哈布斯堡王朝无暇顾及世袭领地。奥地利专制制度的特点之一是，不是王公而是在奥地利和联合王国都很强大的贵族与大公相抗衡。

15、16世纪之交，马克西米利安一世（1508～1519）①迈出了把属于哈布斯堡王朝的形形色色的奥地利土地联合体变成统一国家的第一步。他为奥地利各省建立了中央管理机关，同样也令这些省份臣服于自己。1502年召开的上奥地利、下奥地利、施蒂利亚、卡林西亚、克赖因第一次地方自治代表联合会议成为开启政治一体化的标志。

**斐迪南一世的改革** 斐迪南一世统治时期是中央集权新阶段，1521年他从兄长查理五世手里继承了奥地利及其他领地。

斐迪南一世继续进行马克西米利安一世开启的中央集权管理改革。1527年，他恢复了最高司法和行政机关——御前会议的活动。涉及朝廷和对外政策问题的重大事务由大公——皇帝最亲信的文官组成的枢密院决定。还设立了军事委员会，委员会不仅管理奥地利的军务，还统领联合王国的军务。御前办公厅恢复工作，组建了管理上奥地利、下奥地利财政的国库。御前大臣成为负责中央行政管理的主要人物，他不仅领导御前办公厅，还协调各部的活动。斐迪南一世设置的中央管理机关在他的后继者统治时期继续发挥作用。

斐迪南一世是哈布斯堡家族中第一个认清扩张王朝东部领地、形成以多瑙河中游为中心的联合王国前景的人；同时，和查理五世一样，他也热衷于建立全世界独一无二的哈布斯堡王朝。自1526年捷克和匈牙利各阶层选举斐迪南一世为捷克和匈牙利国王后，他开始在那里建立类似于奥地利的但受奥地利的哈布斯堡王朝管辖的中央管理机关。

---

① 这里和接下来对作为神圣罗马帝国皇帝的大公的名字和统治日期进行编号。

尽管斐迪南一世的中央集权努力取得了丰硕的成果，但他还是没能最终战胜各阶层的抵抗。17世纪初，他们加入王朝统治者内部的斗争，支持马蒂亚斯大公对政权的诉求，反对有精神疾患的鲁道夫二世。1606年，上奥地利、下奥地利、施蒂利亚、摩拉维亚、匈牙利，以及后来的西里西亚、卢日支的各阶层组成联盟。依靠联盟的武装力量，马蒂亚斯大公成功得到了匈牙利王位和对奥地利和摩拉维亚的统治权。

**奥地利的宗教改革和反宗教改革**　宗教改革成为奥地利各阶层手中不可轻视的武器。到16世纪70~80年代，绝大多数奥地利贵族和市民皈依了新教（主要是路德宗）。以对新教抱有好感著称的马克西米利安二世（1564~1576）对新教徒做出了很大让步。在自己的奥地利领地内，他本着1555年《奥格斯堡宗教和约》的精神，解决了贵族的信仰自由问题。他的兄弟、施蒂利亚的查理在自己的南奥地利领地内给予所有居民点的居民信仰自由的平等权利。当时奥地利的新教中心格拉茨大学，还为公国行政管理部门培养官员。在西部省份（蒂罗尔和萨尔茨堡），天主教依靠德意志南部信奉天主教王公的支持，才保住了自己的地位。

但从16世纪末起，尤其是在斐迪南二世统治时期，奥地利的反宗教改革者开始反扑。新教徒被排挤出所有政权机关，维也纳大学和格拉茨大学受到天主教会的严格监督，耶稣会士的地位加强，他们在各地开办自己的学校，想方设法限制信仰自由。再洗礼派教徒遭到大规模屠杀。

三十年战争期间，被农民运动吓坏的奥地利贵族开始对天主教会及它所代表的君主表现出更大的忠诚，帮助当局镇压农民运动。1627~1628年，斐迪南二世坚决打击新教，下令信奉新教的贵族在三个月内皈依天主教或离开奥地利。得不到像以德意志新教王公为代表的德意志新教徒那样的支持，奥地利贵族被迫承认自己的失败，低头臣服。一般认为，奥地利早期专制制度的形成与斐迪南二世有关。

# 第十五章
# 16世纪至17世纪上半期的匈牙利、特兰西瓦尼亚、摩尔达维亚和瓦拉几亚

## 第一节 匈牙利和特兰西瓦尼亚公国

截至16世纪初,匈牙利王国是欧洲最大的国家之一。多瑙河中游沿岸地区、斯洛伐克、外喀尔巴阡乌克兰、特兰西瓦尼亚以及克罗地亚、斯洛文尼亚、塞尔维亚和波斯尼亚的一些省份都是王国的组成部分。匈牙利人、切基人①、斯洛伐克人、塞尔维亚人、克罗地亚人、弗拉赫人和罗辛人居住在这片土地上。自15世纪中期起,在奥斯曼土耳其人的进逼下,来自巴尔干的斯拉夫人和其他民族的移民增加。到16世纪初,匈牙利王国的350万~400万居民中约1/3是匈牙利人。在之后的两个世纪,匈牙利人以外民族的人口有了更大增长。

**政权与阶层** 16世纪,封建贵族在国家中的地位明显加强。马加什·科尔文(即马加什一世——译者注)死后,匈牙利的王位落入雅盖隆王朝的捷克国王弗拉迪斯拉斯二世(1490~1516)手里,为了大封建主的利益,他被迫放弃马加什巩固王权的所有新措施。因为封建主免缴各种税费,国库空虚。王国的许多矿井、集镇都位于他们的熟荒地上。长期雇佣军不复存

---

① 切基人是居住在特兰西瓦利亚的一个匈牙利人族群,承担戍边任务,因此享有特权。

## 第十五章 16世纪至17世纪上半期的匈牙利、特兰西瓦尼亚、摩尔达维亚和瓦拉几亚

在。在大封建主的压力下，乌拉斯洛放弃了前任内政治理的一个主要原则，即获得和保持贵族的支持，贵族曾是马加什同任性妄为的男爵们进行斗争时的可靠力量。给予大封建主特权、使贵族屈从于大封建主的法律接连出台。大封建主在王室委员会中享有绝对权力，国王亲自邀请他们参加国务会议，他们有权供养自己的军队。国家最重要的职位、各州的权力（行政区）都集中在大贵族手中。某个大封建主被任命为伊什潘①后，他的物质地位也随之得到巩固，因为州内最大庄园的收入将作为赏赐留给伊什潘。

贵族曾尝试反抗大封建主。15 世纪末，他们争取到按人数参加国务会议的权利，得到了国家机关中的一些监督性职位，扩大了自己在州务管理中的存在和影响。贵族的经济地位加强。贵族要求与大封建主权利平等。16 世纪初，国家大法官、贵族领袖韦尔伯齐·伊施特万编撰的《三一法典》——匈牙利封建主常规权利汇编问世。在这部著作中特别强调的不是新的，而是一如既往针对无论是大封建主还是一般贵族都同样自由的现实原则。实际上，这些特权阶层间的矛盾越来越深。贵族与大封建主的联系紧密：贵族在领主的行政部门任职，在封建主的私人军队中服役。禁止在领主私人军队中服役的贵族离开自己的老爷，如果违反这项法律，他们会受到惩罚（被拘捕、失去作为贵族的权利）。听命于国王、依附于大封建主的贵族不能作为独立的政治力量出现，而是依附于某个封建主集团，无论他们是站在支持国王的立场还是站在反对国王的立场上。

由于国内缺乏稳固的支持，雅盖隆家族——弗拉迪斯拉斯二世及其子拉约什二世（1516～1526）举债与哈布斯堡王朝建立联系。1463 年，马加什·科尔文与腓特烈三世签订的王位继承协议（见第一卷），在 16 世纪初的协定中得到确认，并通过弗拉迪斯拉斯的子女与马克西米利安一世的孙辈之间的联姻得以巩固。16 世纪初，在国内的政治生活中，两大敌对的封建集团——"宫廷党"和"民族党"凸显。"宫廷党"的拥护者支持与奥地利接近，而"民族党"则支持在政权更迭时从匈牙利人中选出国王。

---

① 伊什潘是在各州中代表国王或大公的高级官员。

匈牙利王国政治生活中的负面变化与社会经济领域的矛盾交织在一起。

**社会经济发展** 16世纪，在西欧市场上形成了对匈牙利农业——首先是畜牧业和酒业极其有利的条件。国内适于农业的土地有三分之二用于繁育牲畜。16世纪下半期，在土耳其入侵的情况下，其面积仍在持续增加，这是因为许多村落周围的土地撂荒，变成牧场。意大利、奥地利和德意志市场对匈牙利牛的需求量很大。活畜和动物性食品的出口是匈牙利外贸的主要项目。葡萄种植业也在繁荣和赚钱的匈牙利经济部门之列。奥斯曼土耳其人入侵以出产葡萄酒著称的南部州之后，托考伊、肖普龙、巴拉顿等葡萄酒酿造地区崛起。多瑙河以西实行粮食连作制的州是最著名的产粮区。与德意志易北河以外和中欧其他地区不同，在国内商品流通中发挥重要作用的非产粮区居民点、城市、军队所必需的粮食，几乎没有出口国外。

在市场行情有利的条件下，封建主积极加入农产品贸易，把农民甚至市民排挤出市场。为此，他们要求农民缴纳实物税费，根据1498年颁布的新法律，实物税费开始在租赁封建主土地的城市和集镇（即所谓的农业城市）居民中普及。高额的关税增加了农民做买卖的难度。同时，部分封建主获得贸易免关税的权利。农民的法律地位恶化，他们已难以在村落间流动。集镇转归王室私人，丧失了自治权和不纳税的特权。

匈牙利王国的城市仍落后于西欧城市。由于16～17世纪与奥斯曼土耳其人的战争，城市更加落后。总的来说，无论城市还是大量集镇都无力保障国内对手工业品的需求。手工业品主要从国外进口。在16世纪的前四分之一世纪，落入德意志南部企业主首先是福格尔家族之手的斯洛伐克矿井在全欧洲享有知名度，这些矿井的经营活动具有早期资本主义性质。但从16世纪下半期起，福格尔家族和其他外国人中止参与匈牙利王国的矿山开采，在缺少大资金投入的情况下，生产趋于衰退。

在多数西欧国家，城市和城市各阶层对王权的支持至关重要，而在匈牙利恰恰缺少这种强大的支持。同样，雅盖隆王朝也不具备保护城市和农民免于封建主经济和社会压迫的应有能力。在雅盖隆家族统治时期，支配整个匈牙利王国的封建君主制使农民更无力抵抗地主老爷的专横霸道。在这种情况

第十五章　16世纪至17世纪上半期的匈牙利、特兰西瓦尼亚、摩尔达维亚和瓦拉几亚

下，在匈牙利爆发了中世纪欧洲规模最大的农民起义。

**1514年农民战争**　1514年春，匈牙利教会的主教长、枢机主教塔马什·巴科茨公布了教皇开始反对奥斯曼土耳其的十字军远征的训谕。最开始，国家的统治集团不想把广大民众卷入战争。但是成千上万的武装农民响应教会的号召，抱着碰运气和免受地狱之苦的心理来到全国各地指定的十字军招募点。海杜克、城市贫民、小贵族、低级神职人员也加入了农民的队伍。十字军的领导权交给了职业军人、小贵族多热·哲吉尔，他在奥斯曼土耳其边境服役时赢得了声誉。数量众多的十字军军营成为饱受共同苦难的人们交流思想的场所。当局蓄意拖延远征开始的时间，贵族老爷们用残酷的手段阻碍自己的农民加入"极幸福的耶稣的军队"，因此不满的情绪到处蔓延。所有这一切都促使教会暗定的活动变成了反封建行动。5月底，国王和主教长终于禁止继续征兵，但为时已晚。农民十字军从国内向边境推进，同竭力阻止他们的封建主的队伍作战。

战争席卷国内大部分地区。王国中心畜牧和葡萄种植区的村庄和集镇在运动中发挥了特别积极的作用。这些地区与商品生产有关联的居民特别敏锐地感受到封建主的进逼。风潮也波及斯洛伐克和特兰西瓦尼亚矿井的矿工。与此同时，多数出身德意志的市民对起义持敌对态度。约10万人参加起义，但他们的行动分散。有八支规模较大的队伍，其中一支主要的队伍在哲吉尔的领导下从佩斯州向特兰西瓦尼亚推进，在一次战役中消灭了封建主联军。

当局轻率地将远征的宣传工作交给方济各会修士，他们成为运动的思想领袖。匈牙利的方济各会修士以极端激进的社会观点著称，15世纪末16世纪初，王国内的方济各会修道院多次对持不同观点者进行调查。为了有利于十字军远征，修士的宣传鼓动结合了对社会不公的批评和对有产者政权的攻击。优秀的农民战争领袖从方济各会修士中脱颖而出。起义军首领号召推翻贵族政权，实现全面平等，拒绝向教会缴纳什一税，要求把教会土地分给"十字军参加者"，提议在国内只保留一位主教。他们不承认除国王政权以外的任何政权。匈牙利暴动者的思想深受胡斯主义的影响。

贵族快速做出反应，先后镇压了涣散的起义队伍。7月中旬，特兰西瓦

尼亚的军政长官雅诺什·扎波利亚在蒂米什瓦拉附近击溃哲吉尔的队伍。哲吉尔被俘，胜利者将他置于烧红的铁宝座上，给他戴上烧红的铁王冠，将他折磨致死。1514年10月底，最后的抵抗力量被镇压。

在匈牙利事件的影响下，奥地利、捷克、摩拉维亚和德意志的农民运动相继展开。担心"匈牙利的农民叛乱"蔓延至自己的领地，马克西米利安一世以及捷克的封建主向匈牙利国王派遣抵抗起义者的援军。

镇压农民后，匈牙利的封建主在1514年11月颁布剥夺农民自由、将农民禁锢在土地上的法令。

**莫哈奇会战和匈牙利王国的瓦解**　1521年奥斯曼土耳其苏丹苏莱曼一世占领了贝尔格莱德——通往匈牙利王国的军事要地。匈牙利面临奥斯曼土耳其侵略的直接威胁。在这种复杂的局势下，进行权力斗争的社会精英没有对奥斯曼土耳其的威胁给予应有的关注。

1526年8月29日，在距离边境200公里的莫哈奇战役中惨剧发生。两万五千名仓促招募、没有统一指挥的匈牙利封建主的民军遭遇八万名装备精良、纪律严明的土耳其士兵。匈牙利人惨败。匈牙利贵族精英、世俗和教会高级官员全部战死。战役的幸存者或在溃逃时被砍死，或在匈牙利阵地后方的沼泽地溺死。20岁的国王拉约什二世也惨遭同样的命运。恐慌席卷全国。没有遇到抵抗的苏莱曼一世直逼布达，使匈牙利陷入可怕的毁灭中。逼近的严冬迫使他撤离匈牙利。

尽管奥斯曼土耳其人在1526年没有令匈牙利屈服，但莫哈奇战役的失败成为其历史的转折点。拉约什二世死后，两个敌对的封建集团马上扶持了两位国王——最大的封建主雅诺什·扎波利亚（1526~1540）和查理五世皇帝的弟弟、不久前当选捷克国王的斐迪南一世（1526~1564）登上匈牙利王位。第一位国王的支持者认为只有"本民族的国王"才能拯救国家，而第二位国王的追随者则视与哈布斯堡王朝结盟为拯救国家的良方。

寄希望于哈布斯堡王朝不无根据。哈布斯堡王朝与欧洲的很多统治王朝都有关联和影响力，而奥斯曼土耳其人已经威胁到它们与匈牙利相邻的领地。得到匈牙利王位后，哈布斯堡家族不仅承担了保卫自己的世袭领地的责

第十五章　16世纪至17世纪上半期的匈牙利、特兰西瓦尼亚、摩尔达维亚和瓦拉几亚

任，还承担了保卫匈牙利的义务。离开了拥有强大武装和资源的哈布斯堡家族的帮助，匈牙利将像巴尔干半岛国家那样走向分裂。但是在莫哈奇惨败之后的15年里，面对奥斯曼土耳其帝国军队的不断进攻，斐迪南一世和雅诺什·扎波利亚之间持续不断的角逐和战争只会削弱国家，何况两个竞争者还在争权夺利中利用它。1529年，应1527年被斐迪南一世逐出匈牙利的雅诺什·扎波利亚的请求，苏丹的军队攻入匈牙利，恢复了扎波利亚的王位。

1538年，两位国王签订和平协定，根据此协定，双方互相承认对方在所占领土上的政权。同时，规定扎波利亚死后，联合王国由斐迪南一世领导。但1540年雅诺什·扎波利亚（很快就死去）的儿子雅诺什·西吉斯蒙德出生后，爆发了有新势力加入的冲突。雅诺什·西吉斯蒙德的追随者向苏丹求救，苏丹以此为借口再次入侵匈牙利。

1541年布达王国的首都陷落后，匈牙利不再以一个统一的国家存在。两股最强大的军事政治力量——德意志帝国和奥斯曼土耳其帝国在争夺匈牙利的斗争中相碰撞。在复杂的国内外形势下，匈牙利王国难以保持自己的完整性和独立性。国家分裂长达150年。匈牙利被分成三部分：整个多瑙河中游地区作为一个省被纳入奥斯曼土耳其帝国的版图；从西向东北的狭长地带落入哈布斯堡王朝之手，保留了匈牙利王国的名称和地位；在东部地区，在16世纪60年代形成了特兰西瓦尼亚公国，它是苏莱曼一世交由雅诺什·西吉斯蒙德（1540~1571）统治的奥斯曼土耳其帝国政府的附属国。

尽管匈牙利王国发生分裂，但在之后的上百年间，三个部分仍存在密切的经济和文化联系，它们的政治、历史也从未中断。在某种程度上，莫哈奇时代之前某些国家、社会和行政制度仍在发挥作用。

**哈布斯堡家族统治下的匈牙利**　处在哈布斯堡家族统治下的匈牙利西部，在形式上是独立的王国。和从前（1686年以前）一样，国王由各阶层在国务会议上选出，登基时发誓尊重和遵守匈牙利的法律和风俗。各阶层代表组成的国务会议为最高立法机关。各阶层接受法律，同意纳税，选出国家第一负责人——"纳多尔"（国王和各阶层之间的中间人），做出总动员的决定等。尽管来自哈布斯堡王朝的国王们付出了很大努力，但仍未能让各阶层完全服从自

303

己，剥夺他们的特权，实现符合王朝中央集权和专制要求的国家变革。

与奥斯曼土耳其帝国在匈牙利领土上的战争是这种状况持久不变的原因之一。国王需要源源不断的资金和军队。在很大程度上，保卫边境的任务落在向国防投入大量私人资金和军力的匈牙利大封建主肩上。哈布斯堡王朝的担心不无根据，如果对其过分施压，匈牙利可能会转投奥斯曼土耳其帝国的怀抱。

但是，各阶层联合政权和匈牙利王国的独立并不稳固。匈牙利各阶层为了利用哈布斯堡家族防卫奥斯曼土耳其人付出了高昂的代价，因为组织国防所必需资金的70%来自国外。在维也纳当局的保护下，通过全国性机关（宫廷枢密院、军事会议、国库、办公厅）和直接机关（总督会议、国库，办公厅）对匈牙利进行管理。匈牙利失去了独立实施对外政策和解决军事问题的权力。宫廷各部门很少顾及专门派往维也纳的匈牙利文官的意见。所谓的各阶层选举国王的自由也仅限于对来自哈布斯堡家族的王位候选人投赞成票。

布达陷落后，匈牙利王国的首都迁至更安全的地方——靠近奥地利边境的波若尼（现在的布拉迪斯拉发）。波若尼作为首都长达一个半世纪。但哈布斯堡家族不住在自己的匈牙利领地，也很少出现在那里。

社会领域发生了重大变化。在与奥斯曼土耳其人战争期间，不少古老的贵族姓氏消失。许多家族为躲避奥斯曼土耳其人纷纷逃亡，不仅失去了自己的土地和财产，甚至失去了证明其贵族身份的证件。同时，贵族的总人数增加。在这一困难时期，一些中下层出身的人通过在国王和大封建主领地的军事和行政部门服务获得晋升的机会。一些富裕市民花钱购买爵位。但是，与"莫哈奇之战之前"的贵族不同，多数新贵族是只有爵位没有实权的荣誉贵族：他们的爵位不和领地挂钩。16世纪下半期，匈牙利贵族成员的这种变化较之前更大，这进一步巩固了他们对大贵族的从属关系。

16世纪下半期，在与奥斯曼土耳其人战争的过程中，匈牙利出现了一个新的社会阶层：海杜克[①]。他们大部分出身流亡的农民。为国王和封建主

---

[①] 起初把赶牲口的人称为海杜克，从15世纪下半期起，由于牲畜出口的快速发展，这种职业在匈牙利广泛流行。

## 第十五章　16世纪至17世纪上半期的匈牙利、特兰西瓦尼亚、摩尔达维亚和瓦拉几亚

服役、冒险作战的海杜克，不仅试图获得对他们人身自由的承认，还希望得到连带闲置土地的贵族特权。当局对此是抗拒的。16世纪下半期，国务会议制定的法律规定追捕逃亡的农民和匪徒，对窝藏行为予以惩罚。但海杜克没有遵守这些法律，相反，当局不得不容忍海杜克作为军事力量存在。

从奥斯曼土耳其人占领土地上流亡的贵族涌入匈牙利王国的城市。贵族不顾城市的反抗，作为特权阶层定居下来。他们不受城市司法管辖，不纳税，免交贸易关税。

战争引起的人口迁移导致城市居民民族构成发生变化。依靠补充匈牙利移民和排挤之前构成城市居民主体的德国人，城市居民"马扎尔人化"。

至于匈牙利王国城市的经济发展，持续不断的战争、被占领的威胁、被破坏的交通、生产总体上的缩减对此产生了负面影响。但那些从事过境贸易的城市和集镇甚至出现了某种程度的发展。在奥地利和波兰边境经商的城市上层积攒了财富，以中间人的身份参与西欧和奥斯曼土耳其帝国领地间的贸易。

从根本上说，和奥斯曼土耳其帝国的战争没有改变农民的地位，尽管他们深受战争的伤害。与此同时，在上个时期即已出现的趋势更加凸显。从16世纪中期起，在匈牙利，尤其是在富饶的西部产粮区，领地－劳役地租制经济开始普及，这首先是在必须供应军队、卫戍部队、大封建主军粮的情况下由国内市场需求引起的。在大封建主的田庄内，非世袭领地的形成与雇佣劳动的普及相伴而生。它既吸引了日工，也吸引了想获得额外报酬的依附农民。但这种趋势不稳定，17世纪，在田庄内依附农民的免费劳动占上风。平均一年中的劳役时间为52天（1548年法律）。农民受自己领主的领地法庭辖制，无权得到自己的份地，流动也受到限制。但是，与其他中东欧国家不同，这一时期匈牙利农民的处境还是不错的。贵族没有彻底禁止农民流动。这是因为，首先，在以某种农业行业为主的不同自然地理区，还没有形成统一、完善的领地－劳役制体系（有些地方根本没有普及）。其次，在战争威胁和战争持续不断的情况下，由于担心农民逃亡，封建主被迫向农民做出让步。最后，对哪怕失去一两个工人就明显受影响的小领地贵族来说，将农民固着在土地上对他们更有利，相反，大封建主则极力把劳动力吸引到自

己的土地上。因此，在一定程度上，在某些地区大封建主和小领地贵族之间的力量分布决定了对农民流动的态度。

农民内部也出现了分化。上层农民极力突破与农奴制赋役相关的份地制度：获得生荒地、葡萄园，租下闲置耕地，饲养牲口出售，经商。这些农民可以花钱免服劳役。17世纪，他们属于有权自由流动的农民。同时，农村里少地和无地农民的数量增加，尤其是流民纷纷逃往距离边境较远的地区。为了生存，农民不得不承担份地的义务。但在居民法律地位与农民相当的集镇，即使在无地农民当中也有富裕户，即手艺人和商户。

16世纪，尽管哈布斯堡家族与匈牙利各阶层之间的关系复杂，但它们之间还存在某种建立在希望基础上的平等，匈牙利人寄希望于外来的统治王朝能把国家从奥斯曼土耳其人手里解救出来。这一时期，一些拥有大量田庄和农民的大封建主家族登上匈牙利王国的政治舞台。他们在匈牙利的田庄成为显赫的政治、经济、军事和文化中心，在其周围形成了地方贵族集团。

然而，统治王朝和匈牙利封建精英之间的力量平衡相当脆弱。17世纪初，匈牙利各阶层转向与哈布斯堡家族激烈对抗。整个17世纪都充斥着匈牙利贵族领导的广泛反抗哈布斯堡家族的运动。

**奥斯曼土耳其帝国统治下的匈牙利**　奥斯曼土耳其人占领的匈牙利王国领土被纳入奥斯曼土耳其帝国的版图，根据它的军事行政设置，被分成省和区。布达帕夏被苏丹任命的管理匈牙利的行政长官。维齐尔（封建时代近东某些国家的大臣——译者注）的官阶赋予他监察匈牙利所有省份和与外国进行谈判的权力。奥斯曼土耳其政府非常重视税收部门以及这些部门官员的工作，竭力从被征服的土地上获得战争必需的资金。16世纪下半期，为了收税，定期进行人口登记。与穆斯林相比，基督徒承受的税负更重，种类也更多。运输役和做工抵债的劳役（通常是建筑和修复工作）尤其沉重。但与巴尔干各民族不同，匈牙利人没有皈依伊斯兰教。转信敌人的宗教被视为严重的犯罪，是对祖国的背叛。

所有土地被视为苏丹的财产。部分土地是保障国家官员和军人的储备金。苏丹不容许可能加剧分裂趋势的大世袭土地所有制存在，经常调整高级官员。如在奥斯曼土耳其人统治的 145 年间，布达省更换了 99 位帕夏。这项政策造成对当地居民的残酷剥削，因为土地和职位的所有者渴望在最短的时间内获得最大收益。

被占领的匈牙利省份在奥斯曼土耳其帝国的领地中地位特殊。它们的经济没有被纳入奥斯曼土耳其帝国政府的经济体系，相反，保留了与欧洲的传统接触。来自奥斯曼土耳其人占领的匈牙利领土的商人与西欧国家积极开展贸易，向其出口活畜以及畜产品，进口手工业成品。同时，奥斯曼土耳其人没有利用匈牙利经济中收益最高的行业——畜牧业，既没有用来为帝国提供食品，也没有被用来增加税收。

皈依伊斯兰教的巴尔干移民——塞尔维亚人、波斯尼亚人、保加利亚人和其他加入边防军的人与占领者一起进入匈牙利王国。此外，还有许多商人，其中希腊人、犹太人以及亚美尼亚人尤其多。在匈牙利的奥斯曼土耳其人占人口的少数，主要担任各级官员和军事指挥官。他们仅定居在大型军事和行政中心，只有在护送队的陪同下才能安全地在各中心之间移动。

奥斯曼土耳其人没有充分拥有匈牙利被占领区的政权。由于奥斯曼土耳其和哈布斯堡家族治下的匈牙利之间没有长期、固定的边界，因而形成了宽阔的边境地带，这里的居民既向奥斯曼土耳其人也向哈布斯堡家族纳税。此外，奥斯曼土耳其人治下的匈牙利农民还向迁到边境另一侧的匈牙利地主缴纳赋税。这些象征性的纳税证明，匈牙利地主没有放弃对自己土地的最高权力，而农民承认他们是主人。因此，奥斯曼土耳其人的占领是暂时的。

这种独特的奥斯曼土耳其-匈牙利双重统治也显示在其他生活领域。在针对匈牙利的苏丹令中，只确定了税收、关税的数额，颁布了涉及体罚的正式命令。穆斯林的个人权利仅限于穆斯林居民，而匈牙利居民仍按匈牙利的国家、地方法律和习惯法生活。匈牙利的一些社会制度和行政结构在奥斯曼土耳其占领区仍然有效。奥斯曼土耳其帝国政府仅视自己在匈牙利的领地为进一步进攻西欧的军事基地、帝国皇帝和苏丹之间的缓冲带。它不能也没有极力在那里确立类似在巴尔干被占领区国家形成的统治形式。

**特兰西瓦尼亚公国**　在形式上，特兰西瓦尼亚公国于 1571 年建立。同年,最终放弃了称王匈牙利想法的雅诺什·西吉斯蒙德成公特兰西瓦尼亚大公。同时,他承认了匈牙利国王对自己的领导权。因而,特兰西瓦尼亚公国受哈布斯堡家族和奥斯曼土耳其帝国政府的双重支配。

特兰西瓦尼亚公国包括特兰西瓦尼亚和匈牙利的扎提斯各州。作为奥斯曼土耳其的附属国,它向苏丹纳贡,没有苏丹的允许不能进行外交。根据统治形式,特兰西瓦尼亚公国是一个阶层代表制君主国家。大公由国会选出,三个有特权的"集团"——匈牙利贵族、萨克森(德意志)城市贵族、受封的塞凯人的代表一起参加国会。这一时期,占特兰西瓦尼亚人口多数的弗拉赫人没有被列入特权"民族"。除极个别情况外,他们不参加国会,不拥有国内的政治权利。罗马尼亚贵族在地方管理机关派有代表。由于在特兰西瓦尼亚公国和匈牙利王国的东部州没有实力雄厚的大封建主,因此公国的阶层代表机关通常都听命于大公,17世纪,大公政权是早期专制制度的变体。总体上看,复制匈牙利模式的中央管理机关(大公会议、办公厅、国库等)执行大公的命令。

在特兰西瓦尼亚公国(1571~1699)独立存在的近一个半世纪里,通常都是从匈牙利大封建主中选出大公。因为保留了匈牙利王国的广大领地,特兰西瓦尼亚大公可以与匈牙利王国(尤其是与特兰西瓦尼亚交界地区)的显贵平起平坐,可以担任高级宫廷职务。与匈牙利王国的显贵一样,他们在王国的国会中拥有席位,从17世纪开始频繁干涉国会的工作。在与哈布斯堡家族的斗争中,特兰西瓦尼亚大公向匈牙利王国贵族求助,在多数情况下能得到他们的回应。

特兰西瓦尼亚公国是在哈布斯堡家族和奥斯曼土耳其帝国政府残酷斗争的条件下出现的。16世纪,想让特兰西瓦尼亚独立于匈牙利存在是一种暂时的社会现象。即便是新政权的统治上层也赞成借助哈布斯堡家族把匈牙利和特兰西瓦尼亚从奥斯曼土耳其统治下解放出来。在雅诺什·西吉斯蒙德统治时期,两次尝试在哈布斯堡家族的庇护下恢复匈牙利王国,但均以失败告终。

1571年雅诺什·西吉斯蒙德死后,特兰西瓦尼亚公国国会拒绝承认马克西米利安二世对特兰西瓦尼亚公国的权力,选举伊施特万·巴托里

## 第十五章  16世纪至17世纪上半期的匈牙利、特兰西瓦尼亚、摩尔达维亚和瓦拉几亚

(1571～1586）为大公。伊施特万·巴托里奉行强化中央政权的政策，巩固它相对于匈牙利王国的独立独立。他承认海杜克的军事作用，利用他们组建部队，免除他们的税务。马克西米利安二世干涉公国内政的企图未能得逞。1576年，巴托里被选为波兰国王，更名为斯特凡·巴托里，从此他永远离开了特兰西瓦尼亚，尽管在形式上直到去世他仍为特兰西瓦尼亚大公。

1602年，在特兰西瓦尼亚建立了意在展示自己对公国真正意图的哈布斯堡家族政权。哈布斯堡家族政权的行为与被占领国家敌军的行为无异。保持特兰西瓦尼亚独立于哈布斯堡家族的必要性显而易见，这决定了特兰西瓦尼亚大公在17世纪的内政外交。从17世纪初开始，匈牙利王国的政治精英对特兰西瓦尼亚的兴致发生变化。许多政治精英的代表开始思考保持特兰西瓦尼亚独立的问题，视其为匈牙利王国面对奥地利人和奥斯曼土耳其人得以维系的保障。1604年，伊施特万·波奇凯发动的起义开启了反哈布斯堡家族的解放战争。起义从特兰西瓦尼亚爆发，但蔓延至匈牙利王国。

在贝特伦·加博尔（1613～1629）和拉科齐·久尔吉（1630～1648）统治时期，特兰西瓦尼亚公国发展最快。他们不仅能捍卫特兰西瓦尼亚的独立，还通过兼并匈牙利的一些州扩大了领土。巩固中央政权的一系列措施成为军事外交上大获成功的基础。进行了军事、行政和财政改革。贝特伦将许多之前分散在个人手中的土地收归国家。铸币、矿业和海关收入由国家垄断。贝特伦鼓励发展本国手工业、商业，聘请境外手艺人来特兰西瓦尼亚。1627年，甚至与敌对的维也纳签订了自由贸易协议。贝特伦放弃了贵族后备军。他从军队的利益出发，反对过度向农民征收赋税，奴役自由的塞凯人，解散了海杜克（他们曾是他军队的核心）。

在贝特伦·加博尔和拉科齐一世统治时期，特兰西瓦尼亚公国成为一支引人注目的政治力量，与其他国家旗鼓相当。它对奥斯曼土耳其人、哈布斯堡家族、中欧甚至西欧国家都具有战略意义。三十年战争时期，特兰西瓦尼亚加入了反哈布斯堡家族的阵营。自己通过在匈牙利和摩拉维亚的战役把哈布斯堡王朝的兵力从西欧战场吸引过来。因此，贝特伦和拉科齐一世才能同维也纳方面签订一系列对公国和匈牙利王国有利的和平协定。

**匈牙利和特兰西瓦尼亚人民反抗奥斯曼土耳其人压迫的斗争**　1541 年攻克布达后，在近一个半世纪里奥斯曼土耳其帝国都没有放弃全面占领匈牙利的企图。

1552 年，苏莱曼一世把自己的军队派往特兰西瓦尼亚，作为回应，特兰西瓦尼亚开始与维也纳方面协商。奥斯曼土耳其人攻克了公国最重要的中心堡垒蒂米什瓦拉。苏丹的一支军队围攻上匈牙利门户埃格尔。堡垒的守卫者中不乏周围村落的手艺人、农民，他们誓死不与敌人谈判。在城墙上与男人并肩作战的埃格尔妇女赢得赞誉。围困长达两个月。埃格尔的守军期待奥地利的驰援，但最终没有等到。但人数是守军许多倍的奥斯曼土耳其人没能攻克要塞，被迫撤退。

1566 年，即 1559 年签订的停战协定八年之后，为争夺匈牙利，奥斯曼土耳其帝国与哈布斯堡王朝重新开战。被编入帝国军队的匈牙利辅助军取得了一系列胜利。但马克西米利安二世没能巩固战果，因为他按兵不动，防止苏丹进攻维也纳。苏莱曼一世装备了 300 门火炮的 10 万大军确实在向维也纳进发。但它没能绕过通往奥地利首都必经的锡盖特堡。指挥城防的米克洛什·兹里尼那句"在亲爱的故乡生死存亡之际，没有什么是比为它效力更神圣的"豪言壮语传遍全国。一个月的围困之后，兹里尼清楚，堡垒难以守住，他同最后一小队勇士离开城堡，与敌人决一死战。

锡盖特堡人没有白白牺牲。在围困期间苏莱曼一世驾崩，在锡盖特堡损失了 1/4 兵力的奥斯曼土耳其军队放弃进攻维也纳。1568 年，马克西米利安二世与塞利姆二世在阿德里安堡签订和平协定。根据协定，承认匈牙利分裂，而哈布斯堡家族必须每年向奥斯曼土耳其纳贡 3 万金佛罗伦。

因此，尽管损失惨重，但要塞经受住了敌人最猛烈的打击。它们还面临在边境与奥斯曼土耳其的优势兵力进行持续不断的战斗，以保卫残存的匈牙利领土，因为即使在和平协定生效期间，边境上的小冲突、奥斯曼土耳其人和匈牙利人相互的小进攻、军队对边境地区城乡的掠夺也从未间断。边境地区的生活极其艰难。在武器、粮食供应不上、军饷发放延误的情况下，军人还不得不和奥斯曼土耳其人战斗。因此，他们"就地自食其力"，不停地抢

第十五章　16世纪至17世纪上半期的匈牙利、特兰西瓦尼亚、摩尔达维亚和瓦拉几亚

劫本国居民。在外国雇佣兵和从小贵族中招募的职业军人当中，海杜克在边境进行战斗。在海杜克中建立了成功运用突袭、埋伏战术的轻骑兵。民间创作一些赞颂这些令当局有些害怕的勇士的歌曲和传奇故事，这些创作也构成匈牙利文化的一部分。

在奥斯曼土耳其帝国同哈布斯堡家族15年的战争中，反奥斯曼土耳其同盟建立，特兰西瓦尼亚公国、摩尔达维亚公国和瓦拉几亚公国都加入了这个同盟。战争初期，同盟势如破竹。匈牙利和特兰西瓦尼亚的一些要塞获得解放。1595年，特兰西瓦尼亚大公西吉斯蒙德·巴托里的"向瓦拉几亚进军"大获全胜，奥斯曼土耳其军队在久洛附近惨遭失败。做好了围攻布达和迈泽凯赖斯泰什的准备。1596年，特兰西瓦尼亚和哈布斯堡家族联军在迈泽凯赖斯泰什遭遇失败后，匈牙利东北部的战事出现转折。帕利和卡尼扎陷落。没领到军饷的帝国军队劫掠了匈牙利和特兰西瓦尼亚，它带给居民的恐惧不比奥斯曼土耳其人及其盟友克里米亚鞑靼人小。帝国的军事占领区当局迫害信奉新教的贵族，把他们的财产充归帝国国库。战争不仅驱逐了奥斯曼土耳其人，还引发了匈牙利和特兰西瓦尼亚发生伊施特万·波奇凯领导的反哈布斯堡家族起义。将近一个世纪后，匈牙利才从奥斯曼土耳其帝国的压迫下获得解放。

17世纪上半期，由于三十年战争，哈布斯堡家族推迟了反对奥斯曼土耳其的解放战争的计划，由于可以理解的原因，匈牙利人焦急地等待战争结束。但匈牙利社会各阶层的希望落空。17世纪60年代，奥斯曼土耳其人实施了最后一次大规模军事行动，占领了匈牙利和特兰西瓦尼亚境内的新领土。这引起国内对哈布斯堡家族的强烈不满，导致新一轮反哈布斯堡家族的行动。

**匈牙利和特兰西瓦尼亚的宗教改革**　除引起西欧国家普遍宗教改革的共同原因外，匈牙利和特兰西瓦尼亚宗教改革也有自己的原因：国家瓦解、社会不稳定、生活条件恶化、对奥斯曼土耳其侵略军的恐惧、哈布斯堡家族军事上的无能、他们对匈牙利的苦难的淡漠，等等。

匈牙利和特兰西瓦尼亚的宗教改革运动并非团结一致。16世纪20～30

年代，国会下令反对路德宗，把路德派教徒逐出国家，甚至处以死刑。尽管如此，但路德宗学说迅速传播。刚开始，它在特兰西瓦尼亚的萨克森城市里得到德意志市民的支持，后来在王国的所有城市里得到支持。贵族和大封建主以及许多天主教低级神职人员、修会，尤其是方济各修会的代表加入路德宗。大封建主利用庇护权，在居住在他们领地上的农民中间推行路德的教义。

从16世纪30~40年代起，茨温利派、加尔文宗（被一个共同的名字"海尔维第人的信仰"联合在一起）和一元论开始在匈牙利和特兰西瓦尼亚进一步流行，天主教徒和路德派教徒人数最多。很快，"海尔维第人的信仰"压倒了路德派（"福音派"或"奥古斯丁派"）。匈牙利集镇的居民是信众的主体。在思想激进的贫穷农民、城市平民、匈牙利和特兰西瓦尼亚东北地区的矿工中流行再洗礼派。到16世纪末，匈牙利王国的绝大多数居民脱离了天主教。

16世纪，天主教徒被新教徒的论战搞得士气低落，新教徒在辩论会和政论作品中利用了奥斯曼土耳其侵略造成的社会情绪。对长期降临在匈牙利头上的灾难原因的解释是新教徒反对天主教徒最堂而皇之的论据。奥斯曼土耳其人是上帝对匈牙利人违背教规和盲目崇拜（天主教）的惩罚。只有皈依真正的信仰——路德宗、加尔文宗才能得到救赎。

在哈布斯堡家族、奥斯曼土耳其帝国统治下的匈牙利和特兰西瓦尼亚公国，教会与国家之间的关系不尽相同。奥斯曼土耳其人对当地居民的信仰不感兴趣。此外，他们对宗教改革完全持赞赏态度，视其为同哈布斯堡家族进行斗争的武器。因此，在奥斯曼土耳其帝国统治下省份的乡村和集镇，宗教改革进展顺利。总的来说，特兰西瓦尼亚公国的宗教政策以容许各种宗教信仰并存为特点。加尔文宗或新教教会（1564），福音派或路德宗教会（1568），包括之后的一元论教会（1576），都得到官方承认。因此，在特兰西瓦尼亚形成了四种（与天主教一起）得到认可的信仰体系，这在当时的欧洲是非同寻常的。还应把东正教也纳入信仰之列，传统上东正教在特兰西瓦尼亚有大量信众，首先是弗拉赫人和斯拉夫人。在哈布斯堡家族统治下的匈牙利，新教在16世纪没有得到正式承认，尽管当局被迫与之和解。

# 第十五章  16世纪至17世纪上半期的匈牙利、特兰西瓦尼亚、摩尔达维亚和瓦拉几亚

**匈牙利和特兰西瓦尼亚的反宗教改革**　尽管损失巨大，但天主教会在匈牙利王国、特兰西瓦尼亚公国以及被奥斯曼土耳其占领的领土上仍保留了自己的组织结构。天主教主教在王国占据高位（大臣、大人物等）。各处仍在收取对天主教会有利的什一税，甚至向新教徒收取。只是在特兰西瓦尼亚公国才由国家控制教会什一税，而在公国的萨克森城市里，由德意志城市贵族收取什一税。

从16世纪末起，在鲁道夫二世统治时期，匈牙利出现了反宗教改革运动，在运动的过程中天主教会得到了哈布斯堡家族的坚定支持。开始迫害新教徒，也招致新教徒的强烈反击。17世纪上半期，枢机主教彼得·帕兹马尼领导匈牙利天主教会时期，反宗教改革运动在匈牙利王国取得了重大进展。帕兹马尼学识非常渊博，熟识新教教义，惯以实力服人。他看重封建主重归天主教，在他看来，这样他们就可以为信奉新教的贵族树立榜样，根据《奥格斯堡宗教和约》的规定，也可以对自己的领地上农民产生影响。由于他的一系列举措，17世纪前几十年大部分显贵回归天主教怀抱。彼得·帕兹马尼第一个在自己的传教、公开发表的作品中使用匈牙利语。对本民族语言的出色掌握不仅令他的传教活动取得巨大成功，还使他成为匈牙利标准语的奠基人之一。为了促使年轻人信奉天主教，帕兹马尼——过去曾是耶稣会士——促进了耶稣会士在匈牙利地位的巩固、耶稣会学校的出现。1635年，根据他的倡议，在瑙吉松博特（现在的特尔纳瓦）开办了耶稣会大学——匈牙利王国的第一所高等学校。尽管匈牙利的反宗教改革取得了巨大成功，但哈布斯堡家族仍未能在这里成功复制强制使奥地利和捷克彻底回归天主教的经验。

**匈牙利和特兰西瓦尼亚反哈布斯堡家族的解放运动**　16世纪末17世纪初，在业已产生专制主义的条件下，哈布斯堡家族的统治者，包括鲁道夫二世在内，开始在自己的领地包括匈牙利积极推行各阶层服从中央政权的强硬政策。为了充实国库，维也纳宫廷主持了一系列轰动一时的反抗匈牙利大封建主（伊列什哈齐、波奇凯）的诉讼案，最后以叛国罪论处，没收他们的财产。伴随着对匈牙利封建精英利益的侵犯，在信奉新教的匈牙利果断发起了反宗教改革运动。不过，哈布斯堡家族不孚众望。17世纪初，匈牙利各

阶层开始强烈反对哈布斯堡家族，最终演变成一场断断续续、长达百年的（1604～1711）的反抗哈布斯堡家族的解放战争。战争分为三个阶段，第一阶段正值17世纪初。

反抗哈布斯堡家族的战争是一场目标和社会构成复杂、涉及面广的政治运动。得到广大民众——海杜克、城市平民、农民支持的贵族领导了这场战争。战争的主要特点是始于特兰西瓦尼亚，由特兰西瓦尼亚大公领导。

战争的第一阶段始于1604年10月，匈牙利最大的封建主伊施特万·波奇凯起义，鉴于他的背叛，当局开始反击。在很短的时间内，主要由海杜克组成的波奇凯的军队几乎将哈布斯堡家族统治下匈牙利的东北部从帝国军队手中解放出来，开始攻入匈牙利。1605年，各阶层选举伊施特万·波奇凯为匈牙利和特兰西瓦尼亚大公。奥斯曼土耳其帝国支持叛乱的大公，许他以匈牙利王位。鲁道夫二世被迫与波奇凯进行谈判。根据1606年《维也纳和约》，特兰西瓦尼亚独立，因为几个匈牙利州的加入，其领土也相应扩大。匈牙利仍处在哈布斯堡家族的统治下，但向各阶层保证，尊重他们的权利和特权，吸收匈牙利人参与国家管理，恢复纳多尔职位，确定信仰自由，但这种自由把农民排队在外。哈布斯堡家族保证中止与奥斯曼土耳其的战争。承认海杜克在解放战争中的功劳，波奇凯赐予其中的1.1万人土地和贵族特权。波奇凯死后（1606），鲁道夫二世试图剥夺海杜克的这些领地，但他们拿起武器捍卫自己的领地。

《维也纳和约》条款几乎构成匈牙利和特兰西瓦尼亚关系的基础，而且长达半个世纪。匈牙利各阶层在中央政权中占上风达10年，开始拥有完全独立的地位。1608年，奥地利哈布斯堡家族的其他领地（上、下奥地利、摩拉维亚、西里西亚和卢日支）的各阶层也追随他们，为共同维护《维也纳和约》和《茨特瓦托洛克和约》于1606年组成联盟。马蒂亚斯大公（奥地利哈布斯堡王朝皇太子——译者注）在哈布斯堡家族内部的夺权斗争中利用了联盟，向各阶层承诺尊重他们的权利和特权。有了联盟军队作为后盾，马蒂亚斯大公在1608年迫使鲁道夫二世放弃王位、世袭的匈牙利领地和摩拉维亚领地并取而代之。

## 第十五章　16世纪至17世纪上半期的匈牙利、特兰西瓦尼亚、摩尔达维亚和瓦拉几亚

哈布斯堡家族破坏了之前的承诺，因此在贝特伦统治时期，重新燃起了与哈布斯堡家族的战争。贝特伦的目的就是在匈牙利王国与特兰西瓦尼亚公国联合、加入与匈牙利和捷克的国家联盟的基础上，建立独立的君主制民族国家。在同哈布斯堡家族的斗争中，贝特伦取得了多次胜利，三次讨伐（1619~1626）帝国军队。贝特伦强调战争的民族性质，号召各阶层"不分出身和宗教信仰"加入战斗。1620年，国会先选举他为大公，之后推举他为匈牙利国王。

被可怕的战争和激进的解放运动吓坏的封建主开始背叛贝特伦，回归哈布斯堡家族的阵营。在这种形势下，贝特伦被迫放弃觊觎匈牙利王国，只保留了7个匈牙利州和暂时加入的特兰西瓦尼亚公国。

贝特伦的继承人拉科齐一世在三十年战争结束阶段与法国和瑞士结盟，参加了同哈布斯堡家族的斗争。但奥斯曼土耳其帝国政府的担心不无理由：一旦哈布斯堡家族失败，特兰西瓦尼亚公国强大起来，就会再次与匈牙利联合。在维也纳秘密外交的影响下，奥斯曼土耳其帝国政府对自己附属国的这一独立外交行动提出异议，逼迫它与斐迪南三世谈判。1645年的《林茨和约》将信仰自由扩展到农民，巩固了大公在依附土地上的地位。

无论是拉科齐一世还是贝特伦都没能恢复民族国家。但在席卷整个欧洲的战争中，特兰西瓦尼亚公国善于利用外交和军事行动相结合的方法，达到了通过《威斯特伐利亚和约》使自己的主体地位得到欧洲国家承认的目的。而处于哈布斯堡家族统治下的匈牙利和捷克王国却不敢奢望。

**匈牙利和特兰西瓦尼亚公国的文化**　1526年莫哈奇战役后，匈牙利文化在新条件下获得发展。尽管国家灾难重重，但正是在16~17世纪，匈牙利文化得到发展。16世纪，文化发展打上了宗教改革的印记；而在17世纪，文化发展则深受反宗教改革的影响。但无论是哪种文化，都汲取了人文主义文化的营养。

这一时期的政治思想中保留了人文主义传统。莫哈奇悲剧引起持不同政治和宗教观点的史学家和政论家的兴趣。一部分人认为王国分崩离析的原因在于内部纷争和大贵族之间的角逐（伊施特万·博罗达利奇《论对奥斯曼

土耳其人的致命失败》),其他人则认为王朝的频繁更迭是匈牙利分崩离析的原因(费伦茨·佛盖齐《匈牙利历史》)。在当时的艰难形势下,历史学家看不到前途,把目光转向王国的过去,对其进行理想化加工(米克洛什·奥拉赫的《阿提拉》《匈牙利》)。国王马加什一世尤其令史学家着迷。对当代统治者的不满化为对马加什一世的美化。

在新历史条件下,王宫丧失了作为文化中心的作用。但特兰西瓦尼亚大公的宫廷和匈牙利大封建主的宅院经常承担这一功能。他们充当文化的保护人,促进了建设和教育的发展。特兰西瓦尼亚大公的宫廷按西方模式建造,但同时,宫中仍推行匈牙利传统。因此,当代人给予贝特伦很高的评价,在他统治时期,特兰西瓦尼亚文化空前繁荣。国外著名的新教学者、作家和教育家在贝特伦及其继承者的宫廷中均得到庇护。

在民族文化发展中,作为宗教改革基地的城市发挥了巨大作用。随着宗教改革的推进,首先,在城里和集镇受过学校教育成为普遍现象。学校事务开始作为必须由世俗和宗教当局正式解决的完整问题来接受。学校得到市政厅以及君主、宗教和世俗大封建主的支持。刚开始,新教徒创建了最好的学校,除了教年轻人识字,他们还把宗教教育作为学校的宗旨。17世纪,在反宗教改革的过程中,天主教徒把学校作为大本营,与新教徒在教育事业上一争高下并成功胜出。

印刷术不仅增加了图书的数量,而且为廉价图书提供了生存空间。它在民众中普及科学和文化成果,形成了大众趣味,极大地提高了政治和宗教宣传的能力。

宗教改革提高了民族语言的作用,促进了母语文学的发展。新教徒用匈牙利语布道,创建用母语教学的学校、印刷匈牙利语译本的《圣经》和祈祷书的印刷厂。1589年,新教牧师加斯帕·卡洛伊将《圣经》完全译成匈牙利语并出版,使广大信众可以直接阅读《圣经》。这个译本的语言非常优美,成为百年来的文学典范,再版300余次。奠定了匈牙利语的早期语法。特兰西瓦尼亚传教士和图书出版商加斯帕·希尔太(1490~1574)以对《伊索寓言》中涉及尖锐社会问题的内容进行改编而著称,他首开用匈牙利语系统阐述匈牙利历史的先河。

军旅诗人巴达西·巴林特（1554~1594）是匈牙利诗歌语言的奠基人。他的爱情抒情诗和爱国主义诗歌成为匈牙利诗歌中光彩夺目的明珠，他在这些诗歌中热忱地描写人格高尚和作战英勇的楷模——边塞战士"艰苦但美好的生活"。巴林特用自己的一生和保卫埃斯泰尔戈姆时的英勇牺牲来诠释自己对祖国的热爱。

优秀诗人、政论家、国务活动家、统帅、出身克罗地亚大贵族的米克洛什·兹里尼（1620~1664）是17世纪匈牙利文学的最杰出代表。他在《国王马加什传》、《不要伤害匈牙利人：免受奥斯曼土耳其荼毒的方法》及其他作品中阐述了在当时非常超前的建立民族国家的理念，提出了"驱逐奥斯曼土耳其人应是匈牙利人自己的事情"的思想。为此，兹里尼建议建立主要由农民组成的强力部队。叙事诗《锡盖特之危》给兹里尼带来很大声誉，他在诗中讴歌了自己的曾祖父在1566年保卫锡盖特堡时建立的功勋。

至16世纪中期，匈牙利戏剧开始萌芽。它是作为宣传新教和与天主教神职人员斗争的一种形式出现的，具有训诫的性质，在初期没有表现出独立的特点。比如，在戏剧《厄勒克特拉》中，彼得·博涅米萨借用希腊神话题材阐述，自己所处时代的匈牙利现实，提出了能否抵制暴君的问题。在创作的第一部民族话剧《梅哈德·巴拉什》中，卡拉狄谴责背叛和卑鄙行为。而且，在当时的匈牙利还没有专业的剧院，只是依靠学校学生的力量排演受人喜爱的剧作。

## 第二节　摩尔达维亚公国和瓦拉几亚公国

**对奥斯曼土耳其帝国依附关系的形成**　15世纪末，瓦拉几亚公国承认对奥斯曼土耳其帝国的依附关系，而摩尔达维亚公国则在16世纪中期承认这种关系，两个公国对奥斯曼土耳其帝国政府的依附长达300年。除了每年向苏丹纳贡，给政府的达官显贵送礼，两个公国的依附性还表现为它们的军队参加奥斯曼土耳其军队的远征，奥斯曼土耳其军队在公国领土内驻扎时提供给养，修筑工事时提供劳动力、粮食，给予奥斯曼土耳其人贸易专营权（从17世纪起）。为了表示顺从，大公派自己的儿子和近亲在伊斯坦布尔做人质。奥斯曼土耳其帝国强占了公国的一系列领土：基利亚和贝尔格莱德（1484）、布贾克、宾杰里及蒂吉纳（1538）、多布罗加、伊兹梅尔（1590）、蒂吉纳（1622，第二次占领——译者注）、图尔努、久洛及周边地区等。这些土地被纳入奥斯曼土耳其帝国的版图，而一些较大的城堡则遭到破坏。

两个公国保留了自己的国家组织、宗教和行政自治权。它的宗教受君士坦丁堡牧首辖区管辖。但波雅尔之间的争权内斗使奥斯曼土耳其帝国政府加强了对公国内部事务的干涉。从16世纪初开始，大公须由苏丹确认，到16世纪末则变为由苏丹任命大公。公国的大公为保住御座还要纳税。实际上大公职位变成了交易的对象，大公更换频繁。大公的外交权极其有限。为了保住对公国的统治权，奥斯曼土耳其帝国政府利用屡试不爽的"分裂再统治"原则，挑唆多瑙诸公国，使之反目，利用它们之间的矛盾削弱它们。在大国之间随机应变，为了自己的政治利益利用大国之间的竞争是16～17世纪摩尔达维亚公国和瓦拉几亚公国外交的典型特点。

**经济发展** 16世纪，畜牧业是多瑙河诸公国的主要经济部门。瓦拉几亚以养羊为主，摩尔达维亚以养牛为主。多布罗加和布贾克是最著名的畜牧州。在富饶的塞雷德、普鲁特河、多瑙河、德涅斯特河、奥尔特谷地，农业的作用增大。林地变成永久放牧地。葡萄栽培、蔬菜栽培、野蜂饲养业和渔业有所发展。

尽管受到沉重的财政压迫，但城市手工业和贸易没有停止发展。16世纪，雅西、苏恰瓦、布加勒斯特、霍京、瓦斯鲁伊、福克沙尼、加拉茨、普洛耶什蒂、克拉约瓦等成为重要的中心。16世纪下半期，城市里出现了行会制度。但摩尔达维亚和瓦拉几亚的城市保留了半农业性质。居民务农仍起着重要作用。从16世纪末到17世纪中期固定市场才引起人们的注意。由于税负重，商人阶层形成缓慢，商人资本增长缓慢。多瑙河诸公国的城市享有民事和司法自治权，但其意义随着奥斯曼土耳其帝国对公国内政干涉的加强而下降。

## 第十五章  16世纪至17世纪上半期的匈牙利、特兰西瓦尼亚、摩尔达维亚和瓦拉几亚

16世纪至17世纪初，国外市场上升至首要地位。多瑙河诸公国在其中扮演农产品首先是牲畜和畜产品出口商的角色。与特兰西瓦尼亚、波兰王国和立陶宛公国、莫斯科公国、威尼斯、达尔马提亚、德意志一些地区的贸易关系加强。但到17世纪初，由于市场行情的恶化，国外市场对摩尔达维亚和瓦拉几亚农产品的需求下降，这种贸易开始转移至具有垄断低价的奥斯曼土耳其帝国的市场。尽管出口额总体增加，但农产品贸易在多瑙河诸公国经济发展中的作用降低，在这种条件下出口没有促进经济商品化程度的提高。

**农民的特殊地位**　到16世纪初，摩尔达维亚公国和瓦拉几亚公国的大部分依附农民按"瓦拉几亚习惯法"生活在私人领地和王公的土地上。农民向封建主交纳以农产品和野蜂蜂蜜为主的什一税。尽管畜产品在地主经济中占主要地位，但不用来缴纳什一税。在私人领地，货币地租几乎行不通。劳役具有不定期、不固定的特点。与15世纪相比，16世纪的劳役从一年2～5天增加为一年12天，包括拉脚、割草和磨坊里的工作。除了依附农民，也存在完全不自由的"奴隶"。他们承担比第一类农民更沉重的赋税、差役，被视为封建主的私有财产。

国家干预世袭领地和农民之间的内部关系是摩尔达维亚公国和瓦拉几亚公国对封建依附农民进行超经济强制的特点，它决定了剥削的比例和农民对封建主的依附程度。15世纪至16世纪上半期，这在相当大程度上是以农民参加王公的远征，王公限制封建主对农民的野心为前提的。无论是私人领地农民还是地主农民都须承担国家赋税，交纳宫廷税（"皇贡"）、其他税费、关税、罚款，服劳役。从16世纪下半期起，农民承担的国家赋役开始不断快速增加。由于奥斯曼土耳其帝国的压迫加重，从多瑙河诸公国得到的收益越来越多，国家的封建剥削加重，尤其是在17世纪已明显超过私人领地剥削。

贵族的需求不断增长、由于残酷剥削和战局不稳农民大量逃跑、国家极力提高税收，这些都导致农民法律地位的恶化。早在15世纪就曾试图限制农民流动，但从16世纪下半期起解除农民的兵役加速了这一进程。16世纪90年代，出现了第一批禁止农民流动、按国家劳役登记使其依附于地主的

法律。17世纪初，多次颁布刑侦、遣返逃跑农民的法令，确定了对农民的诉讼时效期限。出现了一些表示农奴的专有名词：瓦拉几亚的"罗马尼亚人"、摩尔达维亚的"维钦人"。1646年，在摩尔达维亚公国，起草了最终禁止农民流动的《准则》。1652年，瓦拉几亚公国也出现了类似的法律。尽管如此，国家对农民的封建剥削、国家对世袭领主税务和司法豁免权的限制使农奴制在多瑙河诸公国没有发展到某些中东欧国家的程度。

农民利用各种方式——从拒绝服劳役到反封建起义进行斗争，反抗封建主侵犯他们的权利。1566年，在摩尔达维亚就爆发了一次这样的起义。一名觊觎王位、冒充军政长官斯特凡的僭王领导了起义。他以农民军首领的名义发兵抢占公位，企图攻克摩尔达维亚的首都雅西。但在尼亚姆茨城堡附近的战役中，组织涣散、缺乏训练的农民军被亚历山大·拉普什尼亚努大公的军队打败。1591年，在摩尔达维亚开始了声势浩大的农民运动，许多大贵族因恐慌出逃。发生在17世纪上半期的小贵族集中破产使封建主内部斗争加剧，他们把追求自己阶级利益的农民也引入了这场斗争。

**大贵族阶级的内部变化**　16世纪，在摩尔达维亚和瓦拉几亚解除农民兵役的同时，在大世袭领地分散的基础上形成了小军功地主阶层。比如，在摩尔达维亚，小军功地主从15世纪的2000人增加到16世纪上半期的9000人。乡村的土地共有者、与土地有关的世袭领地权共有者也加入这个集团。军功阶层的形成扩大和巩固了多瑙河诸公国的社会基础。但从17世纪起，这一进程被其他更强力的进程——大军功贵族私有土地增加湮没，这是依靠强占小军功贵族的土地以及王公的领地（16世纪暂时加剧）实现的。这造成小封建主的土地所有权减少，小封建主农民化也削弱了公国的军事力量。同时，王公的政权也遭到削弱。实际上，政权的性质是大贵族寡头政治。17世纪，在新军功显贵中，巴尔干人尤其是希腊显贵——从伊斯坦布尔法纳区迁来的富人具有重大影响。他们引起了当地居民的仇恨。尽管土地私有制巩固了军功贵族的政治和物质地位，但他们的物质财富主要来自国家封建剥削收入、为国家服役以及包税所得。而在大贵族没有染指这些收入之前，苏丹尚可指望他们顺从和得到他们的支持。

## 第十五章　16世纪至17世纪上半期的匈牙利、特兰西瓦尼亚、摩尔达维亚和瓦拉几亚

**反抗奥斯曼土耳其帝国压迫的斗争**　摩尔达维亚和瓦拉几亚人民进行了顽强的反抗奥斯曼土耳其奴役者的斗争。16世纪70年代，巩固了与莫斯科公国外交关系的反奥斯曼土耳其同盟的胜利（勒班陀保卫战），增强了公国摆脱奥斯曼土耳其压迫的希望。人民群众是独立斗争的推动力。不时敢于同奥斯曼土耳其帝国政府公开冲突的王公，得到了小军功贵族的支持，在与大贵族抗衡中，他们支持巩固中央政权。多瑙河诸公国与波兰王国、特兰西瓦尼亚公国、试图使它们屈服的哈布斯堡家族的关系使反抗土耳其的斗争更加复杂。

在反抗波兰时预先获得俄国的物质和外交支持后，摩尔达维亚大公彼得·拉雷什（1527～1538、1541～1546）试图摆脱对苏丹的依附。刚开始，他接连获胜。1538年，当奥斯曼土耳其、波兰和鞑靼军队从四面八方进攻摩尔达维亚公国时，彼得·拉雷什在什泰弗内什蒂战役中战胜了克里米亚汗的军队。被这场胜利吓坏的大贵族背叛了彼得，他们弃他而去，把苏恰瓦献给了奥斯曼土耳其人。

16世纪70年代，摩尔达维亚大公伊万·沃达（1571～1574）领导了反抗奥斯曼土耳其人的解放运动，由于镇压了谋反的大贵族，他得到"残暴的大公"的绰号。借助响应号召在伊万·沃达周围集结的民军，其中包括小军功贵族、市民、农民以及扎波罗热的哥萨克队伍，伊万在1574年击溃了奥斯曼土耳其－瓦拉几亚－特兰西瓦尼亚联军。他的部队占领了布加勒斯特，围攻土耳其城堡布勒伊拉、宾杰里，在别尔哥罗德一举击溃敌军。但在这种情况下，大贵族的背叛注定了运动的失败。伊万被处死，摩尔达维亚遭到奥斯曼土耳其军队毁灭性的劫掠。

在十五年战争（1592～1606）初期，多瑙河诸公国结成反奥斯曼土耳其同盟。1595年，瓦拉几亚大公"勇者"米哈伊（1593～1601）在克格列尼战役中战胜奥斯曼土耳其军队，取得了辉煌的胜利。借助摩尔达维亚和特兰西瓦尼亚的军队，他成功地将整个瓦拉几亚从奥斯曼土耳其侵略者手中解放出来，奥斯曼土耳其人被迫议和，承认米哈伊为瓦拉几亚大公。

但就任摩尔达维亚大公不久就心向波兰的耶利米·莫吉拉不仅退出同盟，还开始为自己的兄弟谋求瓦拉几亚的王位。作为回击，米哈伊两次出

征，先后占领了特兰西瓦尼亚公国（1599）和摩尔达维亚公国（1600），并令其臣服。因此，米哈伊·赫拉博雷掌握着三个公国的权力。它们之间不存在内部的统一，米哈伊很快就失去了它们，自己也被大贵族杀死。瓦拉几亚重回对奥斯曼土耳其帝国的依附。

在17世纪前几十年，摩尔达维亚变成了波兰－奥斯曼土耳其战争的战场，战争造成国家经济和民众破产。由于担心多瑙河诸公国联合，奥斯曼土耳其帝国政府挑起了公国领导阶级内部和公国之间的矛盾。在瓦拉几亚大公马蒂·巴萨拉布（1633～1654）和摩尔达维亚大公瓦西里·卢普（1634～1653）的争夺斗争中，奥斯曼土耳其帝国支持后者，因为前者依靠小军功贵族巩固了政权，把与奥斯曼土耳其帝国政府有关联的希腊显贵排挤出国家管理机关。1644年，两位大公临时和解，寻求与此前同苏丹和克里米亚汗关系恶化的俄国结盟。因为与波兰王国和立陶宛公国——俄国的对手的关系，这两个多瑙河公国奉行的这条外交路线变得更加复杂，因为莫斯科对摩尔达维亚的兴趣在于它可能成为与波兰斗争的盟友。领导乌克兰人民反抗波兰解放斗争、追随俄国的博格丹·赫梅里尼茨基也怀抱类似的希望。大量来自摩尔达维亚的普通移民在乌克兰的军队作战。而有着波兰情结的大部分摩尔达维亚大地主不想与波兰断绝关系。瓦西里·卢普也担心这一点。他在博格丹·赫梅里尼茨基的强大压力下犹犹豫豫地迈出了接近博格丹的一步，招致国内有着反对情结的大地主、瓦拉几亚大公和特兰西瓦尼亚大公采取行动。瓦西里·卢普失去大公之位，沦为苏丹的阶下囚。

在瓦西里·卢普的继任者格奥尔吉·斯特凡统治时期，也没有停止接近俄国的尝试，还提出了与俄国合并的问题。但在17世纪50～60年代的国际环境下，这个问题也没能得到解决。摩尔达维亚公国和瓦拉几亚公国一样，仍处在奥斯曼土耳其帝国的统治之下。

**多瑙河诸公国的文化** 在16～17世纪摩尔达维亚公国和瓦拉几亚公国的文化发展中，取代斯拉夫语的民族语言（罗曼语）使用范围的扩大——先在书信和公文处理中，后在文学和礼拜中——发挥了重要作用。16世纪在瓦拉几亚公国、17世纪中期在摩尔达维亚公国印刷术的出现促进了民族

第十五章 16世纪至17世纪上半期的匈牙利、特兰西瓦尼亚、摩尔达维亚和瓦拉几亚

语言文学（宗教文学）的发展。1544年，《罗曼语教理手册》在西比乌印刷厂的出版是一件意义非凡的大事。

王公对巩固自己政权的渴望促进了编年史的发展。"勇者"米哈伊、彼得·拉雷什的宫廷编纂了官方编年史。17世纪，与官方编年史相对立，大地主的编年史在摩尔达维亚广为流传。

16世纪下半期，在瓦拉几亚出现了隶属于布加勒斯特圣乔治教会的斯拉夫学校，在特尔戈维斯泰出现了贵族学校。1640年，在摩尔达维亚公国开办了归雅西三圣修道院管辖的斯拉夫-希腊-拉丁学院。随着专门学校的出现，特权阶层出身的人有机会在国内学习，而非像之前那样普遍在国外学习。摩尔达维亚文化的发展与俄国文化和乌克兰文化有着密切联系。如第一批印刷厂的设备就是从莫斯科、基辅和利沃夫运往摩尔达维亚的。基辅的教师也在学院里任教。

# 第十六章
# 16世纪至17世纪上半期的国际关系

## 第一节 16世纪欧洲国际关系的发展

从 15 世纪末起，欧洲进入国际关系的新时代，民族国家的形成为其主要特点。国际经济关系体系开始形成。欧洲国家在亚洲、非洲和美洲的利益冲突影响了欧洲政治。地理大发现使新产品充斥市场，它拓展了国际联系，也促进了欧洲的生产。

欧洲的政区图发生变化。到 16 世纪初，英格兰、法兰西、西班牙、葡萄牙、丹麦和瑞典已经在国家统一方面取得了巨大成绩。16 世纪下半期，在民族解放运动的进程中，尼德兰诞生了联省共和国。同时，16 世纪见证了查理五世建立的多民族国家的兴起与衰落。

大概没什么能比这个独一无二的帝国的衰落更能清晰地展示中世纪政治文化的终结。在谋求欧洲霸权时，查理五世依据的是中世纪对皇帝最高权力的认识，他是天主教世界的世俗领袖，与之相似，教皇是他的精神领袖。16 世纪，查理五世是唯一从罗马教皇手中接过皇冠、举行最盛大的加冕礼的神圣罗马帝国皇帝，而其他君主的加冕礼是由大主教主持的。获得完整国家主权的愿望与中世纪政治文化的特殊性背道而驰。

君主与领主不区分国家和领地、官法和私法之间功能的时代一去不复返。被提升到"共同利益"层面的"国家利益"成为政治中的最高标准。

主要欧洲国家不再受与个别国家主要是与邻国关系框架的约束,将自己的外交主动权扩展到整个欧洲。

从16世纪起,外交关系中的宗教因素越来越退居次要位置。政治结盟为欧洲政治世俗化做了准备。从1648年的《威斯特伐利亚和约》开始,欧洲的外交最终实现世俗化,进入新时代。

**外交机构的形成** 16世纪上半期,外交关系的集中发展致使向现代使馆组织——固定外交代表机构体系过渡。这一体系于15世纪60~70年代诞生于意大利。15世纪90年代,法兰西和西班牙效法意大利的做法,1510年教皇国、1530年英格兰都设立了使馆。到16世纪中期,多数欧洲国家都设立了使馆。

16世纪出现的邮政机构在国际关系的形成中发挥了重要作用。同样,外交信函需要一定的辞令。比如,意大利君主经常任命人文主义者担任外交事务秘书:这有助于在外交中使用优雅的口头语体和书面语体。在人文主义者的影响下,形成了紧急外交通报、报告语体,并成为每位外交官的必修课程。威尼斯大使的报告对"外交语言"的形成具有同样重要的意义:它以冗长和周详著称,早在16世纪就已享誉国外。

随着常驻外交代表机构制度的形成,根据派出使节的国家地位确立了外交等级制度。不是所有国家都有任命大使的权力。依附于其他大国君主的国君只能派驻普通的代表。除了常驻外交代表机构,比如,在新国君登基时,派驻的特别大使可继续发挥自己的作用。在外交机构形成的同时,形成了新外交议定书。大使入境、大使接纳有一套固定的礼节程序。

在教皇格利高里十三世(1572~1585)时期,为了巩固首座的权力,最终形成了教皇在地方常驻代表——教皇使节制度。教皇利奥十世(1513~1521)是这一制度的开创者。1513年,教皇在枢机主教会议上任命了自己在德意志、法兰西和英格兰的常驻代表——教皇使节。

16世纪下半期,国际法开始形成。巴尔萨泽·阿亚拉在《论战争与军事》一文中发展了"大使馆不可侵犯"学说。阿尔贝里科斯·真提利斯的《外交官论》(1585)流传极广,他在文中系统地阐述了已经形成的外交和外交规范的概念。

**政治和军事冲突的原因** 民族国家为自己清晰意识到的利益而进行的斗争催生了贸易战，控制海路、原料和销售市场的斗争以及争夺殖民地专属剥削权的斗争。中世纪的外交规则是民族国家发展的重要障碍，因此，通过联姻和继承，民族不同、领土不接壤的国家和地区可能处在一个君主的统治之下（如查理五世的帝国）。边境问题——个别国家间边境不确定、各个国家一些边境省份保持政治独立以及语言和文化上保持亲缘关系的居民使边境省份变成激烈争夺的对象。

中小国家与之形成依附关系的大国之间的矛盾是首要的。国家间冲突发展成整个欧洲的冲突，它不容许某个国家占上风。依靠另一个国家壮大的君主制国家招致竭力要保持之前力量对比的邻国的反击。政治平衡体系建立起来，它成为国际关系的主要原则。

16世纪是战争世纪，战争连续不断、旷日持久。军事行动的重要性和规模提出了常备军和依靠雇佣军扩大常备军的问题。在雇佣军——瑞士、苏格兰和德意志雇佣兵当中，显示出高超的军事技能的瑞士人享有优先权。从16世纪下半期起，欧洲各国君主开始积极招募新兵。民族国家的巩固及雇佣兵市场的枯竭促进了新兵招募。

**国际冲突的策源地** 16世纪，欧洲出现了三个具有战争威胁的国际冲突：（1）15世纪末至16世纪上半期形成于意大利战争、16世纪下半期形成于西英战争的一方为西班牙，另一方为法兰西和英格兰的贸易和殖民地利益冲突；（2）欧洲国家和奥斯曼土耳其帝国之间的相互斗争；（3）北欧国家争夺波罗的海控制权的斗争。

一方面，查理五世企图称霸欧洲；另一方面，法兰西和英格兰的国家利益是法兰西-哈布斯堡和英西矛盾的核心。查理五世攫取大部分西欧领土后，极力通过外交、政治联姻和军事干涉扩大自己的影响。在很大程度上，法国同查理五世的领地相邻决定了16世纪法国的外交政策。法国渴望在它最薄弱的环节——意大利，利用那里的分裂、内部纠纷和王朝的野心来突破周边。此外，意大利许以法国贵族和商人丰厚的战利品。哈布斯堡家族和法兰西间的利益冲突，以及它们为争夺欧洲霸权的斗争导致了意大利战争（1494~1559）（见第十章）。

法国对意大利的军事进攻具有侵略性。打着谋求"安茹遗产"的幌子，法国的君主们巩固了自己在亚平宁半岛的影响，侵占了意大利的领土，把意大利竞争者排挤出了地中海商路。此外，还解决了边境问题：把哈布斯堡家族统治下的阿图瓦、弗朗什孔泰和东部州纳入法国。为实现自己的计划，法国的君主们企图在帝国的后方和境外两面夹击以削弱查理五世。1525年，弗朗索瓦一世与奥斯曼土耳其苏丹结盟。16世纪50年代，亨利二世无论是主张残酷镇压法国异端分子还是与德意志信奉新教的公爵查理五世的臣民订立盟约，都表明了法国对"德意志由来已久的自由"的积极态度。

意大利战争几乎把所有欧洲国家都拖入争斗之中，除了哈布斯堡王朝、法国，意大利各国、教皇国、英格兰、丹麦以及奥斯曼土耳其帝国都参与了战争。在战争过程中，建立了许多调节政治不平衡的联盟。如果不把临时占领过程中取得的战利品计算在内，意大利战争的结局既没给法国带来任何军事荣耀，也没带来其他预期结果。它对意大利领土的觊觎未能得逞。根据《卡托-康布雷齐和约》（1559），法国将三个洛林主教辖区（梅斯、图尔、凡尔登）并入自己的领土。

同时，像多数欧洲国家卷入意大利战争一样，比利牛斯半岛上西班牙和葡萄牙之间的冲突凸显。在地理大发现中领军的两个国家间的利益范围划分导致它们在16世纪20年代冲突不断。确定西班牙和葡萄牙利益范围界线的《托德西拉斯条约》（1494）遭到破坏，麦哲伦的西班牙探险船队在1521年靠近马鲁古群岛，出现了群岛归属的问题。西班牙试图在有争议的岛屿上落脚：1527年在那里出现了西班牙舰队。但这场冲突通过和平方式得以解，因为在太平洋中缺少中间站的情况下，与马鲁古群岛往来的新航路极其不便。1529年，根据莱里达协议，为了葡萄牙的利益，西班牙不再觊觎马鲁古群岛，群岛被纳入查理五世的姐姐、葡萄牙女王的领地。太平洋上的分界线确定为马鲁古群岛以东17°。但这并未影响西班牙人在1565年占领麦哲伦发现的位于这条界线西侧的菲律宾群岛。西班牙殖民地成为16

世纪西班牙在欧洲谋求政治霸权的基础。它的形成影响了欧洲国家间矛盾的性质。

1588 年演变成军事冲突的英西矛盾的核心是争夺对大西洋的贸易垄断权。查理五世的政策促使两国的关系在 16 世纪下半期恶化。西班牙王位继承人腓力二世（查理五世的儿子）与英格兰女王订立婚约后，查理五世极力将英格兰纳入自己的势力范围。但签订协议时英格兰方面有先见之明，使查理五世的计划落空，他在英格兰的影响是短暂的。腓力二世主张对英格兰采取果断行动。他支持暗中反伊丽莎白一世的密谋，组织舰队进攻英格兰（见第八章、第九章）。

在同西班牙的斗争中，英格兰采取了与西班牙的殖民地开展禁运贸易及借助海盗掠夺西班牙船只的应对措施。1588 年，西班牙"无敌舰队"企图实现外交难以实现的目标。但腓力二世的计划随着"无敌舰队"的覆灭而失败。在与西班牙的交锋中英格兰获胜。从 16 世纪末起，英格兰的殖民事业前景一片大好。

英格兰的大陆政策显示出通过帮助弱者保持法兰西和哈布斯堡王朝力量平衡的趋势。意大利战争时期它与法国签订的单独媾和协议说明了这一点。同时，英格兰在不列颠群岛实行更加具有针对性的政策，首先在对待苏格兰方面，试图通过与斯图亚特王朝结盟以及利用苏格兰显贵间的不睦对苏格兰施加影响，这使苏格兰成为法国的盟友，导致英法关系恶化。

在各国的贸易竞争中，社会经济发展水平起着决定性作用。英格兰的胜利是正在积蓄力量的早期资本主义成功的开端。到 16 世纪末，西欧国际关系中的新力量布局具有重要意义，西班牙和意大利退居次要位置。民族国家和分裂的哈布斯堡王朝间的矛盾为 17 世纪的新冲突播下了危险的种子。

奥斯曼土耳其帝国的政策成为引起欧洲军事冲突以及施展外交手腕的一个重要的危险策源地。

国际矛盾的第三个焦点集中于欧洲西北部。16 世纪是争夺波罗的海贸易垄断权的残酷斗争的开端。斯堪的纳维亚半岛各国极力占领波罗的海港口，确保自己对欧洲各地区商品交换中中间贸易的垄断权。在第一阶段，斯堪的纳维亚国家的这场斗争演变成反对汉萨同盟商人的斗争。由于民族国家的成长，曾经强大的德意志与西斯拉夫城市（汉萨）联盟失去了对波罗的海贸易的垄断权。丹麦和瑞典从汉萨同盟的竞争中解脱出来。后来，丹麦和瑞典的矛盾激化，贸易竞争导致战争（1563～1570），这场战争未使任何一方获得优势。争夺波罗的海贸易垄断权的斗争因丹麦对瑞典和挪威的殖民野心以及这些国家的独立运动而更加复杂。在斗争的过程中形成了政治同盟，一些新生力量——波兰－立陶宛公国和莫斯科公国登上政治舞台，欧洲政治主体的范围扩大。

从伊凡雷帝时起，莫斯科公国就试图接近欧洲，首先向英格兰和斯堪的纳维亚国家靠拢。伊凡四世及其谋士寄望于丹麦的支持，试图在波罗的海建立自己的舰队，保卫向纳尔瓦航行的商船免遭海盗抢劫。但丹麦没有同意。到16世纪70年代末，丹麦反而利用了莫斯科的困境，对它与欧洲国家在北海的贸易进行监管。在波兰与俄国矛盾激化和觊觎波兰－立陶宛公国时期，为与西方建立联系，俄国外交迈出了新步伐。1617～1618年，在米哈伊尔·费奥多罗维奇·罗曼诺夫统治时期，俄国向英格兰、丹麦和荷兰派驻大使，希望说服这些国家对莫斯科予以财政和军事支持，来对抗波兰－立陶宛公国。三十年战争期间，俄国向欧洲国家靠拢的趋势进一步加强。

## 第二节　16世纪至17世纪上半期的欧洲和奥斯曼土耳其帝国

到16世纪初，奥斯曼土耳其帝国已经是世界上最强的大国之一。它在地中海东部和巴尔干半岛站稳脚跟后，开始直接对中欧和西欧构成威胁，直到17世纪70年代。奥斯曼土耳其帝国开始了侵略欧洲的远征。它侵占了威尼斯的大部分领海，占领了大半个匈牙利王国，进犯意大利海岸、奥地利和波兰，使多瑙河诸公国沦为它的附庸。直到17世纪末，欧洲才转守为攻。奥斯曼土耳其帝国成为欧洲国家生活中的重要因素。它们须面对奥斯曼土耳其帝国制定自己的外交政策。

**奥斯曼土耳其帝国和欧洲外交关系的特点**　　在欧洲的政治用语中，奥斯曼土耳其帝国是欧洲国家的"天敌"（hostis naturale），应被驱逐。但在长达百年的时间里，欧洲国家与奥斯曼土耳其帝国的关系不仅限于战争，外交的作用最大。在外交机构出现的过程中就涉及奥斯曼土耳其帝国政府。从15世纪中期到16世纪末，在伊斯坦布尔出现了最有影响力的欧洲国家——威尼斯、哈布斯堡王朝统治下的奥地利、波兰、英格兰、荷兰等国的常驻外交使团。伊斯坦布尔与威尼斯和罗马一样，成为最重要的外交中心，国际政治线索和世界事件信息都汇聚于此。

然而，欧洲国家和奥斯曼土耳其帝国间的外交联系是单边的，因为直到18世纪末，奥斯曼土耳其帝国在国外都没有设立自己的常驻外交代表机构。许多研究者把这一情况理解为这是包括奥斯曼土耳其帝国在内的伊斯兰国家的主要宗法观念，认为世界上只能有一个君主，即苏丹（类似于真主），只能有一部建立在《古兰经》基础上的法律。与理想相悖的事态都被视为是暂时的。奥斯曼土耳其人在14~16世纪的军事成就使这种思想根深蒂固，使苏丹在与其他国家的外交关系中以主人自居。

不仅从法律的角度视战争尤其与非穆斯林的战争为典范，而且战争是军事化的奥斯曼土耳其帝国存在的基础和生存的必要条件。因而，和解甚至必要时与非穆斯林结盟都是允许的，但这只是在有限期限（在16世纪奥斯曼土耳其人最强盛时期为5~6年，在17世纪的衰落期为20年）内的权宜之计。在对外侵略时期，苏丹非常看重两点：一定由对方提出签订和平协议，一定是利益相关国家的大使到伊斯坦布尔议和。只在极少的情况下苏丹的使团才前往欧洲宫廷。奥斯曼土耳其帝国政府认为，在对它有利的情况下单方面破坏和平、停战协定是合法的。不过，不能认为基督教国家君主在这方面的立场更有原则性或更合乎情理：他们在苏丹面前遵守约定的义务只是因为他们在军事上不敌苏丹，同时这也与欧洲政治有关。

此外，奥斯曼土耳其帝国政府认为所有与它签订和平协定的国家都是它的附庸，为了表示认可，要求这些国家定期纳贡（通常是每年纳贡）

或纳税,这一事实也阻碍了欧洲国家与奥斯曼土耳其帝国的外交正常发挥作用。这种要求通常变成谈判的障碍,在签订和约时成为在与伊斯坦布尔订约时国家地位或向奥斯曼土耳其帝国政府纳税性质等方面争议的核心。难怪在奥斯曼土耳其帝国与哈布斯堡王朝订立的和约文本中对这个概念的翻译大不相同,哈布斯堡王朝使用"礼物"这个词,而奥斯曼土耳其帝国使用"贡赋"这个词。奥斯曼土耳其帝国的外交原则是宁可签订单独的协议,也不允许把欧洲其他国家纳入和平担保国之列。像匈牙利这样比较弱小的国家,其追求则正好相反。

在苏莱曼一世统治时期(1520~1566),形成了在苏丹的宫廷接见外国使团的惯例。苏丹本人几乎不出席接见仪式,如果他出现的话,则在昏暗中远远地端坐在宝座上,很少参与谈判,交由维齐尔(大臣)处理。奥斯曼土耳其帝国之所以使苏丹与代表派遣他们的主权国家君主的大使保持较远的距离,是为了强调奥斯曼土耳其帝国政府相对于其他国家的优越性,向它们提出自己的条件。奥斯曼土耳其帝国还采取了一系列向外国外交官施压的手段(收买、奉承、欺骗、威胁、恐吓等),以使谈判达到预期结果。当苏丹开始与派驻大使的国家开战或对外国君主的"敌对"行为不满时,外国的外交官就可能面临牢狱之灾甚至死亡的威胁。通常,外国外交官在欧洲享有不可侵犯的地位:在欧洲国家,打破这一规则的情形被视为令人发指的罪行。

由于完全易懂的原因,基督教国家不信任奥斯曼土耳其苏丹和他的外交使团,指责他们口蜜腹剑,早就有罪恶的预谋。在基督教徒-君主统治的地区,奥斯曼土耳其苏丹的臣属不受欢迎,他们中的每个人都被怀疑是奸细。实际上,信奉基督教的国家对穆斯林是不开放的。

**欧洲国际关系体系中的奥斯曼土耳其帝国** 到16世纪初,开始形成某种程度上几乎将欧洲所有国家都纳入的国际关系体系。上面已经说过,矛盾焦点之一是法国与哈布斯堡王朝争夺欧洲霸权的斗争。与这个矛盾中心相对应,在欧洲形成了一种较为稳定的政治力量均势,它们在必要时结成军事政治同盟,归根结底是为了反抗哈布斯堡王朝或反抗法国。奥斯曼土耳其帝国的地缘政治地位使它成为逐渐一体化的现行欧洲政治结构不可分割的一部分。它对欧洲的任何动作——无论外交还是军事行动都能被察觉到，对欧洲事务（采取军事行动、结盟、订立和约等）产生影响。奥斯曼土耳其帝国政府为了自己的利益，在自己同哈布斯堡王朝的斗争中利用了法国同哈布斯堡家族的矛盾。

早在16世纪初，欧洲国家就清楚地意识到这样一个事实，即任何一个国家都不具备单独应付奥斯曼土耳其帝国的足够能力。在这种情况下，威尼斯共和国和波兰为维护和平与危险的邻居结盟，多次通过与奥斯曼土耳其帝国政府缔结和约、承诺不加入任何反奥斯曼土耳其帝国同盟来确立自己的地位。但威尼斯经常在财政上支持反奥斯曼土耳其的军事行动，有时还参加反奥斯曼土耳其的武装行动。

16世纪初，匈牙利王国在自己的南部边境实施防御政策。与土耳其人的和约定期延长，但期限越来越短，已经不能保障南部边境的稳固。王国也不能以自己的力量解决土耳其问题。在这种情况下，雅盖隆王朝的国王们为反抗土耳其人向欧洲共同体求助。但在中世纪的理解中，"欧洲共同体"即基督教世界，到16世纪，这个共同体已经不复存在，而在现代理解中，意为拥有稳固的军事政治和经济联盟的国家体系，这个共同体还未出现。正是在这一时期，民族国家建立的进程中也加入了与哈布斯堡帝国等继承了中世纪君主制的基督教国家的冲突。这个进程短期内最大限度地隔开了旧欧洲，同时依靠强大的人力和物质资源，奥斯曼土耳其人成功地建立了一个庞大的、严格隶属于唯一的苏丹政权的国家。

**意大利战争中的奥斯曼土耳其问题**　哈布斯堡家族和罗马教皇是16～17世纪多数反奥斯曼土耳其行动和计划的发起人。但即使是比欧洲其他国家君主更强烈感受到奥斯曼土耳其问题的哈布斯堡家族，也没有因为驱逐奥斯曼土耳其人而放弃在西欧的政治利益。参与意大利战争的欧洲国家相互订立了不断发出反奥斯曼土耳其口号的盟约。但实际上它们并没走多远。比如，马克西米利安一世、路易七世和阿拉贡的斐迪南一世在1508年宣告成立的反奥斯曼土耳其同盟实际上针对的是威尼斯。几乎每年都成立类似的联盟，联盟成员和方向不断变化，但并没有严正提出奥斯曼土耳其问题。教皇在 1511 年和 1514 年提出的组织十字军远征奥斯曼土耳其的训谕也没有得到回应。此外，欧洲国家开始求助于奥斯曼土耳其苏丹，请求他帮助打击自己在意大利战争中的敌人。如 1510 年马克西米利安一世建议苏丹塞利姆一世反对威尼斯，趁威尼斯纠缠于西方事务时占领它的海外领地。1513~1514 年，威尼斯则请求苏丹帮助自己反抗欧洲的敌人。

1528 年，在威尼斯被选作国王，同时与斐迪南一世为争夺匈牙利而斗争的雅诺什·扎波利亚与奥斯曼土耳其帝国政府签订了友好互助协议，实际上这个协议为奥斯曼土耳其人占领匈牙利开辟了道路。

因此，从 16 世纪初起，对于欧洲国家来说奥斯曼土耳其帝国不仅是敌人，还是欧洲冲突中潜在的盟友。因此，苏莱曼一世与法国国王弗朗索瓦一世在 1536 年签订的协议，受到教皇和哈布斯堡家族宣传的影响，在欧洲掀起愤怒的风暴，饱受欧洲政界、社会谴责，但协议延续了其他基督教国家已经开辟的路线，完全符合当时的政治现实。

其中欧领地受到奥斯曼土耳其侵略直接威胁的斐迪南一世逐渐转向西方，尤其是哈布斯堡王朝和自己的兄长、皇帝查理五世。但帝国的王公和各阶层提出，帮助斐迪南一世反抗奥斯曼土耳其的前提条件是他要在宗教事务上做出让步。至于查理五世，由于 1528 年意大利事态的恶化，知道奥斯曼土耳其人做好了出征的准备，他不仅放弃了之前帮助兄弟的承诺，还要求他为自己的新冒险出兵意大利。在哈布斯堡家族命运的危急关头——1529 年秋天苏莱曼一世围攻维也纳，斐迪南一世成功地以主要从自己的世袭领地招募的一支 2 万人的军队对抗奥斯曼土耳其的 10 万大军。

1541 年匈牙利王国首都的沦陷对欧洲产生重大影响。除了天主教国家的王公和教皇，信奉新教国家的王公甚至弗朗索瓦一世都承诺帮助斐迪南一世抵抗奥斯曼土耳其人。但这些打算没有取得任何成果。斐迪南一世被迫于 1547 年与苏丹签订和约。哈布斯堡家族（斐迪南一世）与奥斯曼土耳其帝国之间的第一个和约巩固了奥斯曼土耳其人在匈牙利占领的领土，规定斐迪南一世每年要向土耳其奥斯曼纳贡 3 万金佛罗伦。1547 年和约也中止了苏莱曼一世与查理五世的战争，因此对整个欧洲都有意义。它让查理五世可以放手去对付施马尔卡尔登联盟，但与联盟的第二次战争以查理五世的失败告终。1568 年，终结了苏莱曼一世的扩张时代的《阿德里安堡和约》确定了哈布斯堡王朝与奥斯曼土耳其帝国较为稳定的关系，但同时也意味着近期内不能将奥斯曼土耳其人驱逐出欧洲。

**"神圣同盟"与 1571 年勒班陀战役** 16 世纪下半期至 17 世纪上半期，欧洲与奥斯曼土耳其帝国之间有过两次大规模冲突：1570～1572 年的地中海战争及十五年战争（1593～1606）。

1570～1572 年事件是由土耳其人进攻塞浦路斯及占领它的主要城堡挑起的，当时塞浦路斯属于与土耳其人"友好的"威尼斯。奥斯曼土耳其帝国政府的新举动给地中海地区的很多欧洲国家，首先是西班牙在意大利的领地造成威胁。显然，奥斯曼土耳其人觊觎的不仅仅是塞浦路斯，因为早在 1565 年它的军队和舰队就围攻马耳他，但无功而返。欧洲暂时的安宁为教皇庇护五世倡导建立强大的反奥斯曼土耳其同盟（"神圣同盟"）创造了机会。威尼斯、西班牙、教皇是同盟的核心，多数意大利国家和马耳他骑士团支持同盟。在奥地利的唐·胡安的指挥下，基督徒的联合海军与土耳其舰队在靠近勒班陀的科林斯湾遭遇（1571）。苏丹的舰队惨败，奥斯曼土耳其人不可战胜的神话也随之被击碎。勒班陀战役的胜利解除了奥斯曼土耳其人全面占领地中海的威胁，为奥斯曼土耳其帝国海军威势的衰微奠定了基础。但盟国未能充分利用胜利的战果：次年的战役对它们不利。同盟解散，塞浦路斯落入奥斯曼土耳其人之手，威尼斯与奥斯曼土耳其帝国签订了和约。

**16 世纪最后二十五年至 17 世纪初的奥斯曼土耳其问题** 16 世纪 70～90 年代，奥斯曼土耳其帝国与欧洲的关系相对稳定。一个重要原因是出现了新的焦点冲突——奥地利的哈布斯堡家族与波兰的冲突。1576 年，战胜了哈布斯堡家族的王位争夺者之后，特兰西瓦尼亚大公斯特凡·巴托里登上波兰王位。这意味着中欧力量对比发生变化。波兰新国王对哈布斯堡家族持反对立场，他拉拢特兰西瓦尼亚，打算使特兰西瓦尼亚与波兰合并。维也纳方面担心，巴托里作为匈牙利的大封建主会谋求匈牙利王位。因此，哈布斯堡家族在1577年屈尊向奥斯曼土耳其帝国求和。稍晚些时候，斯特凡·巴托里与鲁道夫二世接近，为了与奥斯曼土耳其帝国开战，勾画了建立一个广泛的国际同盟的蓝图。这是一个拟联合波兰、特兰西瓦尼亚的力量，吸引奥地利的哈布斯堡家族和王朝、巴尔干半岛人民、莫斯科、格鲁吉亚和波斯的新设想。巴托里在1586年的死亡影响了谈判进程。

1593年，奥斯曼土耳其人发动了针对哈布斯堡家族的新战争。在十五年战争期间（1593～1606）又提出了建立反奥斯曼土耳其帝国的欧洲同盟问题。教皇克莱门特八世企图恢复1571年未果的"神圣同盟"。为领导战争，教皇本人拨出大笔资金，向意大利的教会收入征收专门税。教皇的外交使团则致力于阻止欧洲国家间发生冲突。

由于指望不上西方国家的帮助，哈布斯堡家族回归斯特凡·巴托里的设想。最终，它们只将特兰西瓦尼亚、摩尔达维亚和瓦拉几亚吸收进联盟。来自西欧所有国家的大量志愿者参战。仅依靠同盟的力量不足以赢得与奥斯曼土耳其人的战争，何况同盟内部出现了严重的分歧。

1604年，在伊施特万·波奇凯的率领下，匈牙利爆发了危及匈牙利统治基础的公开的反哈布斯堡家族的起义。鲁道夫二世被迫接受各阶层的条件（1606年《维也纳和约》），其中一个条件就是与奥斯曼土耳其帝国政府签订和约。除明确了奥斯曼土耳其帝国和欧洲半个多世纪的新的停战期外，1606年的《席特瓦托罗克和平协定》还是对十五年战争的总结。欧洲遭遇了新内战——三十年战争，奥斯曼土耳其问题被长期搁置。由于特兰西瓦尼亚公国作为奥斯曼土耳其帝国的附属国，站在反哈布斯堡家族的阵营决定参加三十年战争，奥斯曼土耳其问题被再次提起。

## 第三节　三十年战争

**17世纪初德意志国内两大阵营斗争的加剧**　17世纪初，德意志国内反宗教改革势力的进攻加剧，在国内的西北部和南部地区取得了一些较大的胜利。在一些公国、伯爵领地、曾经的主教领地和一些城市，重新确立了天主教会的地位。新教徒节节败退，地位的丧失不仅在德意志反响剧烈，而且在国际上也引起共鸣。尤其是 1607 年发生在帝国城市多瑙沃特的事件引起了广泛反响，产生了严重的政治后果。占居民多数、被天主教化危险激怒的新教徒和占居民少数、以狂热的教士为首的天主教徒之间发生公开冲突。为了点燃激情，引发冲突，然后得到外援，狂热的天主教徒组织全城示威游行。目的确实达到了，信奉天主教的皇帝震怒，对城市进行惩罚，而作为反宗教改革的领袖之一的巴伐利亚公国的马克西米利安打着确保这些决定实施的旗号，派遣自己的军队占领多瑙沃特，实际上是把它并入了巴伐利亚公国。

被激怒的新教徒在 1608 年帝国国会上要求停止对《奥格斯堡宗教和约》的破坏，全面遵守和约。信奉天主教的公爵同样声明，必须归还自 1555 年以来被没收的教会财产。双方互不让步。部分新教徒退出国会。国会解散，三十多年里没再召集。两个阵营决定绕开无能的帝国政治机关"自救"，于 1608~1609 年分别建立了军事政治集团——福音派联合阵线和天主教同盟。二者都得到了国外追随者的直接和间接支持。结果，不仅在德意志出现了两个阵营发生军事冲突的危险，还出现了欧洲其他国家直接干涉德意志事务的危险。

一触即发的战争前历史清晰显示出，在打着宗教旗号的斗争中，物质利益、政治盘算和阶层野心发挥着什么样的作用。1609 年，无子嗣的莱茵公爵死后，为了占有这片面积不是很大但富庶且对两个阵营具有战略意义的重要土地，爆发了激烈的战斗。几位德意志公爵和外国公爵立即表现出对它的野心，他们中的每个人都急于获得切实的政治、财政、军事支持。因此，其中一人改信天主教；另外一人则相反，成为加尔文宗教徒。争执是皇帝政治游戏中的重要筹码。为了维护自己的利益，雇佣雇佣军严阵以待的法国也不放过这个机会。1614 年，在法国和英国的调停下，它们瓜分了"遗产"，其中不小的一份落入勃兰登堡选帝侯手里。勃兰登堡选帝侯巩固了自己的地位后，很快就将领地扩大了一倍，还把波兰的领地——普鲁士公国并入。成为最强大的公爵之后，勃兰登堡选帝侯为勃兰登堡-普鲁士的进一步崛起奠定了稳固的基础。

**17 世纪初欧洲的国际冲突** 德意志紧张的宗教与政治局势不仅缘于内部因素，而且在此前已经形成的欧洲国家体系中复杂的相互关系和矛盾、国际关系的影响也起了重要作用。

西班牙和奥地利哈布斯堡家族联盟与法国之间恢复对抗是西欧政治生活中的主要冲突。两股势力都谋求对欧洲的霸权。

已经成为强大的专制国家的法国，其外交政策的战略任务就是设法阻挠帝国地位的巩固。为此，法国极力维护德意志王公敌对集团间力量的平衡，乐于在自己的反帝国中央集权宣传中利用维护"德意志真正自由"的口号。相较于宗教利益，法国的天主教徒统治者更偏爱"国家利益"，他们不是帮助邻国的同一信仰者而是帮助新教徒，同时并不希望他们获得全面胜利。法国觊觎帝国的领土——阿尔萨斯和洛林。它同西班牙的哈布斯堡家族在几个方向展开斗争，竭力动摇它在尼德兰南部和意大利北部的统治，阻止奥地利和西班牙在莱茵地区同时行动，迫使西班牙在与法国交界处做出领土让步。

德意志事件对于哈布斯堡王朝另外三个敌人——联省共和国、信奉新教的丹麦和瑞典王国的对外政策具有重要意义。对于与西班牙持续进行独立战争（1609~1621 年停战）的联省共和国来说，福音派联合阵线是自然联盟。它们之间签订了互助协定。在争夺北方海路霸权的斗争中，丹麦和瑞典是对手，担心哈布斯堡家族在德意志北部的作用加强，突破波罗的海缺口，即担心出现新的竞争者。而且，丹麦国王也是加入帝国的石勒苏益格和荷尔斯泰因的公爵、皇帝的领主，但这与其政权的过度巩固没有利害关系。

在三十年战争前夕和三十年战争期间，英格兰则站在对立面。它与反哈布斯堡联盟国家在贸易和政治上是合作竞争关系。俄国、波兰和奥斯曼土耳其帝国没有直接参与三十年战争，但对它有重要的间接影响。与瑞典的波罗的海之争停止后很长时间内，俄国仍牵制着波兰的力量——瑞典的敌人和哈布斯堡王朝的盟友，促成了新教徒的胜利。奥斯曼土耳其帝国是哈布斯堡家族的敌人，与法国合作，受长期同伊朗战争的牵制，没有参与两条战线的战斗，但附属于奥斯曼土耳其帝国的特兰西瓦尼亚公国成为反哈布斯堡王朝最积极的斗士之一。总之，反哈布斯堡联盟成员间存在很大的矛盾和竞争，但面对共同敌人的威胁，这些就都退居次位。

在备战时，反宗教改革阵营团结所有力量的能力发挥了巨大作用，它确保哈布斯堡家族的两个分支——西班牙和奥地利采取一致行动。1617年，它们签订了秘密协定，根据协定，西班牙的哈布斯堡家族得到意大利北部和尼德兰领地间过渡带的土地，作为交换，同意支持耶稣会士抚养的施蒂利亚的斐迪南为捷克、匈牙利和帝国王位候选人。斐迪南二世（1619~1637）与天主教同盟首脑巴伐利亚公国的马克西米利安下一步更详细的行动计划则是战争初期的事。

1618年5月的布拉格事件（即第二次"掷出窗外"事件——译者注）是战争的直接导火索。哈布斯堡王朝的斐迪南二世公然剥夺捷克人在16世纪得到保证、17世纪初得到皇帝诏书确认的宗教和政治权利，迫害民族独立国家的新教徒和支持者。这引起了大规模骚动，贵族反对派在运动中发挥了特别积极的作用。武装群众攻击了布拉格旧王宫，把两个哈布斯堡家族任命的政府官员及他们的秘书扔出窗外。三个人从18米高处落入城堡外的壕沟后竟奇迹生还。在捷克，"掷出窗外"事件被视为与奥地利决裂的标志。"臣民"反抗斐迪南二世统治的起义成为战争的推动力。

**战争的第一阶段（捷克阶段，1618~1623）** 捷克国会选出的新政府巩固了国家军力，驱逐了耶稣会士，与摩拉维亚和其他邻近地区就建立尼德兰联省共和国类型的联邦进行谈判。捷克军队从一个方向，它的特兰西瓦尼亚公国盟友从另一个方向向维也纳进发，给予哈布斯堡王朝军队以重创。声明拒绝承认斐迪南二世的捷克国王身份后，国会推选福音派联合阵线首领、信奉加尔文宗的普法尔茨选帝侯腓特烈五世为国王。捷克起义的贵族领导人因而指望德意志新教徒予以军事援助。他们对依靠人民武装感到恐惧。对腓特烈五世强大实力的推测是失实的：他既没有雄厚的资金，也没有军队，尚需从雇佣者中招募。同时，来自教皇和天主教同盟的资金涌入皇帝的国库，皇帝征调了西班牙军队援助奥地利。波兰国王也答应协助斐迪南二世。在这种情况下，天主教同盟成功地迫使腓特烈五世同意军事行动不涉及德意志领土，仅限于捷克境内。结果，新教徒在德意志招募的雇佣军与捷克的军队遇阻，而天主教徒正好相反，达成了行动的统一。

1620年11月8日，帝国军队与天主教同盟的联合部队逼近布拉格，在白山战役中歼灭的人数明显不及他们的捷克部队。捷克部队虽顽强战斗，但仍不敌对方。捷克、摩拉维亚及王国的其他州被胜利者占领。空前规模的恐怖暗杀开始。处心积虑地刑讯和处决起义者。耶稣会士充斥国内。除了天主教礼拜外，禁止任何祈祷仪式，与胡斯宗教改革运动有关的捷克民族圣物被亵渎。宗教裁判所驱逐了上万名各个派别的新教徒。手工业、贸易和捷克文化遭到沉重打击。随着反宗教改革的猖獗，被处死者和逃难者的土地被大量没收，他们的财产落入当地天主教徒和德意志天主教徒手里。形成了新局面，出现了新的大封建主。三十年战争期间，捷克3/4的土地易主。1627年，神圣罗马帝国国会颁发"重新皈依天主教特许证"，导致部分贵族逃离捷克；同时，哈布斯堡家族的斐迪南二世废除了之前捷克国王巴拉丁选帝侯腓特烈颁布的诏书，剥夺了捷克之前享有的一切特权。

白山战役的后果不仅影响了捷克的政治军事局势，还改变了整个中欧的局势，使其朝着有利于哈布斯堡王朝及其盟友的方向发展。西班牙和天主教同盟的军队从两个方向占领了腓特烈五世的领地。他本人逃往尼德兰。皇帝发布声明，剥夺了他的选帝侯资格，从今往后，普法尔茨伯爵的选帝侯资格转移给联盟首领巴伐利亚公国的马克西米利安。同时，军事统帅约翰·采克拉斯·冯·蒂利领导下的联盟军，对各州一路劫掠，向北方推进，支持和确立天主教制度。这引起了丹麦、英格兰和联省共和国的恐慌，它们从蒂利的胜利中预见到对自己利益的直接威胁。战争的第一阶段结束，战争范围扩大的时机成熟。

**战争的第二阶段（丹麦阶段，1625～1629）**　　丹麦国王克里斯蒂安四世参加战争。担心包括被没收的教会土地在内的自己领地的命运，希望在胜利后成倍扩充领地的克里斯蒂安四世，事先得到英格兰和荷兰的巨大资金支持，招募军队并将其派往易北河和威悉河的河间地带。与克里斯蒂安四世同病相怜的德意志北方王公与丹麦军队联合。为了与新对手进行斗争，斐迪南二世需要庞大的军队和巨额资金，但他都没有。皇帝不能只寄希望于天主教同盟的军队。巴伐利亚的马克西米利安非常清楚，归他管辖的这些军队，保障的是现实政权，他越来越倾向于奉行独立政策。枢机主教黎塞留有力灵活的外交政策也暗中促使他做出这样的选择。黎塞留主导法国对外政策，他的首要目的就是挑起哈布斯堡王朝的内部纷争。

阿尔布雷希特·华伦斯坦挽救了战局，他是一位经验丰富的军事统帅，指挥着庞大的皇家雇佣军。他也是一位最富有的大封建主、德意志化的捷克贵族、天主教徒，白山战役后在没收土地之际，他收购了大量庄园、森林、矿山，捷克的几乎整个东北部都归他所有。华伦斯坦向斐迪南二世推荐了创建和供养庞大军队简单无耻的制度：军队应该依靠向当地居民征收高比例但严格规定的战争实物税。军队越多，与它的要求相对立的可能性就越小。华伦斯坦打算把对居民的掠夺变成法律。皇帝接受了他的建议。为了筹集建军的启动经费，斐迪南二世把自己的几个区赐予华伦斯坦，接下来应该依靠被占领的领土供养军队。华伦斯坦具有出众的组织能力，后来显示出自己杰出的军事才能。他在短期内组建了一支3万人的雇佣军，到1630年，军队人数增加到10万人。军队中招募了各个民族的士兵和军官，其中也有新教徒。提供给他们的薪水很高，更主要是定期发放，这是很少见的，但纪律非常严明，非常重视专业军事培训。华伦斯坦在自己的领地内组织武器的手工工场生产，其中包括火炮和军队各种装备的生产。在必要的情况下，他能募集上千名工匠加班加点地生产。在国内各地建立储仓库和储备量大的军火库。华伦斯坦依靠巨额战利品、多次向城乡无情征收巨额实物税，快速弥补了自己的开支。榨干一个地方后，他就带着自己的军队转移到另一个地方。

向北推进的华伦斯坦的军队与蒂利的军队一起给予丹麦和信奉新教王公的军队一系列重创。华伦斯坦占领了波美拉尼亚和梅克伦堡，成为德意志北部的主人，只在围攻汉萨同盟城市——有瑞典人援助的施特拉尔松德时才遭遇失败。蒂利侵入日德兰半岛后，哥本哈根告急，他逼迫逃亡到岛上的丹麦国王求和。在已经制订新计划的华伦斯坦的干涉下，1629年在吕贝克签订了对克里斯蒂安四世相当有利的和平协定。没有领土上的损失，只是不允许丹麦插手德意志事务。一切似乎又回到1625年的状态，但实际上差别还是很大的：皇帝给予新教徒以沉重打击，现在握有重兵、占有整个公国——梅克伦堡公国的华伦斯坦则在北方站稳了脚跟。华伦斯坦还获得了一个新头衔——"波罗的海和北海将军"。将军头衔的背后是一系列完整的计划：决定插手争夺波罗的海和北方海路的霸权斗争后，华伦斯坦开始兴奋地建造自己的舰队。这在所有北方国家中引起强烈的反响。

伴随华伦斯坦的成功，哈布斯堡王朝阵营内部妒意横生。他的军队经过王公的土地时，根本不顾及这是天主教徒还是新教徒的土地。王公们认为他想成为德意志的黎塞留，打算为了皇帝的中央集权剥夺他们的自由。另外，皇帝本人也开始担心握有重兵的华伦斯坦的势力过于强大，在政治问题上越来越不受自己的掌控。在巴伐利亚的马克西米利安和其他不满华伦斯坦崛起、不信任他的天主教同盟领袖的压力下，皇帝同意罢免华伦斯坦并解散他的部队。华伦斯坦被迫在自己的领地回归个人生活。

在战争的第二阶段，1629年《吕贝克和约》签订前不久皇帝同意恢复的赦令成为战败最严重的后果之一。他规定恢复天主教会对所有被没收、自1552年查理五世皇帝与王公战争失败以来被新教徒占领财产的权利。根据赦令，应从所有人手里剥夺并归还2个大主教辖区、12个主教辖区、一些天主教修道院与教会的土地。皇帝和天主教会想利用军事胜利回到从前的状态。赦令激怒了新教徒，但给一些担心皇帝过分改变帝国稳定制度的天主教王公吃了定心丸。对战争结果和新教徒政策严重不满情绪的滋长、哈布斯堡阵营内部纷争、一些欧洲国家非常担心德意志的政治平衡被严重打破、战争朝着有利于哈布斯堡家族的方向发展，所有这一切都是处于成功巅峰的皇帝以及支持他的军队地位不稳固的表现。1630~1631年的事件重新彻底改变了德意志的局势。

**战争的第三阶段（瑞典阶段，1630～1635）** 1630年夏天，强迫波兰停战，事先得到法国对德意志境内战争的巨大资助和外交支持的承诺后，勇敢、好大喜功的瑞典国王古斯塔夫·阿道夫带着自己的军队插入波美拉尼亚。对于交战双方都使用雇佣军、熟知掌握华伦斯坦供养军队方法的德意志来说，他的军队非同一般。

古斯塔夫·阿道夫的军队人数不多，但主要出身同一民族，以战斗力强和纪律严明著称。军队的核心由人身自由的农民、国家土地持有人、需要服兵役的人组成。经过与波兰军队之间战役的锻炼，这支军队采取了德意志尚不了解的古斯塔夫·阿道夫的新举措：更加广泛地使用火器、运用由速射炮组成的轻型野战炮团、推行灵活的步兵作战制度。古斯塔夫·阿道夫非常重视军队的机动灵活性，同时他也没有忽视骑兵，改善了骑兵组织。

瑞典人打着摆脱暴政、保卫德意志新教徒自由、与恢复赦令企图斗争的旗号进入德意志；当时还没有依靠雇佣军扩充力量的瑞典军队一开始没有实施劫掠，这令当地居民非常欣喜，军队所到之处受到当地居民最热情的接待。所有这一切保证了古斯塔夫·阿道夫在初期取得了巨大胜利。他的加入意味着战争进一步扩大，地区冲突最终变成了德意志境内的欧洲战争。

第一年，瑞典人的行动因勃兰登堡选帝侯和萨克森选帝侯的摇摆不定受到限制，他们对丹麦的毁灭记忆犹新，不敢公开支持古斯塔夫·阿道夫，这加大了经过他们的领地向前推进的难度。联盟军首领蒂利借此机会围攻投靠瑞典人的马格德堡，对它进行猛攻和疯狂的掠夺、破坏。兽性大发的士兵屠杀了近三万名市民，连妇女和儿童也不放过。古斯塔夫·阿道夫迫使两位选帝侯与他联手，不顾萨克森军队加入对战局的微弱作用，他调动自己的军队反击蒂利，1631年9月，在靠近莱比锡的布雷登费尔德村给予蒂利致命一击。这成为战争的转折点——通往德意志中部和南部的门户向瑞典人敞开。结束了急行军后，古斯塔夫·阿道夫向莱茵河进军，在美因茨过冬后，于1632年春天已经逼近奥格斯堡，在莱希河畔击溃了皇帝的军队。在这场战役中蒂利受到致命一击。1632年5月，古斯塔夫·阿道夫攻入慕尼黑——皇帝的主要盟友巴伐利亚的首都。胜利坚定了瑞典国王建立大国宏伟蓝图的决心。

受惊的斐迪南二世向华伦斯坦求助。皇帝承诺给予华伦斯坦不受限制的权力，包括在被占领土地征收任何实物税、与敌人自主签订停战与和平协定的权力。华伦斯坦同意成为帝国所有军事力量的统帅，迅速招募了庞大的军队。而此前，德意志已被战争严重摧毁，以致渴望在自己的军队中运用瑞典人的新战术的华伦斯坦和古斯塔夫·阿道夫开始越来越频繁地使用游击战术。这造成敌军战斗力的损失和因储备不足部分被消灭。瑞典军队的性质发生了变化：在战斗中损失了最初的核心成员后，以雇佣军和职业军人为主力的军队不堪一击，当时国内的雇佣军很多，他们经常从一支队伍转投另一支队伍，根本不在意它们打着什么样的宗教旗号。现在，瑞典军队和其他军队一样掠夺抢劫。

为了迫使瑞典人在德意志的最大盟友——萨克森断绝与古斯塔夫·阿道夫的联盟关系，华伦斯坦攻入萨克森，有步骤地消耗它们。古斯塔夫·阿道夫响应绝望的萨克森选帝侯的求援，率领自己的军队驰援萨克森。1632年11月，在靠近莱比锡的吕岑城附近，发生了第二次大规模战役：瑞典人获胜，迫使华伦斯坦退到捷克，但古斯塔夫·阿道夫战死。从此以后，他的军队听命于深受黎塞留影响的瑞典首相乌克森谢纳的政策。古斯塔夫·阿道夫的死加速了已经在德意志确立霸权的瑞典的衰落。由于害怕出现一国独大的局面，如果哈布斯堡家族放弃在他人的领地进行反宗教改革，王公们则更倾向于与哈布斯堡王朝和解，这种情形多次发生。

华伦斯坦利用了这种情绪。1633年，他与瑞典、法国和萨克森进行谈判，但很少向皇帝通报谈判的过程和自己的外交意图。斐迪南二世开始怀疑华伦斯坦有不臣之心，受反对华伦斯坦的宫廷奸党的影响，于1634年初解除了他的指挥权，2月，华伦斯坦在埃格尔城堡被忠实于帝国政权、认为他是国家叛徒的军官杀害。

1634年秋，丧失了之前严明纪律的瑞典军队在讷德林根惨败于帝国军队。帝国军队和西班牙军队把瑞典人赶出了德意志南部，把德意志西部信奉新教公爵的领地夷为平地,这加强了他们与斐迪南二世停战的意愿。同时,皇帝与萨克森选帝侯的和谈也在进行。1635年春,在布拉格签订了和平协定,皇帝做出让步,放弃在萨克森恢复赦令,期限为40年,直到举行进一步谈判,而且这一规则也适用于加入《布拉格和约》的其他公国。哈布斯堡王朝把希望寄托在敌人分裂上的新战术有了成效,德意志北部的新教徒加入了和平协定。整体政治局势重新变得对哈布斯堡王朝有利,因为在与哈布斯堡王朝的斗争中,所有其他后备力量被消耗殆尽,法国决定亲自参战。

**战争的第四阶段(法瑞阶段,1635~1648)** 与瑞典结盟后,为了激活抵抗奥地利和西班牙哈布斯堡王朝各战线的斗争,法国开始进行外交斡旋。联省共和国继续与西班牙的解放战争,在一系列重大战役中取得胜利。曼托瓦、萨瓦、威尼斯、特兰西瓦尼亚公国支持法瑞联盟。波兰保持中立,但对法国持友好态度。俄国以优惠条件向瑞典供应黑麦和硝石(生产火药用)、大麻和造船用的木材。

这一时期是战争最后也最漫长的时期,交战各方的力不从心已经越来越明显地表现出来,这是多年人力、财力极度紧张的结果。这一阶段以游击战、小规模战役为主,只发生了几次较大的战役。战斗中互有胜负,但在17世纪40年代初,法国、瑞典不断增长的优势确定。1642年,瑞典人又在布雷登费尔德村击溃了帝国军队,之后占领了整个萨克森,插入摩拉维亚。法国人控制了阿尔萨斯,与联省共和国军队协同作战,在尼德兰南部多次战胜西班牙人,1643年,在罗克鲁瓦战役中给予西班牙人沉重打击。瑞典和丹麦尖锐的竞争关系使事件更加复杂,最终这种竞争引发了1643~1645年战争。接任黎塞留的马扎然下了很大功夫才平息了这场冲突。根据和约条款,在极大地巩固了自己在波罗的海的地位后,瑞典重新加紧在德意志的军事行动,1646年春,瑞典军队在捷克南部的扬考击溃帝国军队和巴伐利亚军队,之后进攻捷克和奥地利,布拉格和维也纳岌岌可危。斐迪南三世(1637~1657)越来越清楚战争已经失败。不仅军事行动的结果、不断增加的军费拨款难度,而且德意志国内反抗"自己人"和敌军压迫的大规模游击运动也促使双方进行和谈。双方的士兵、军官、将军对保护宗教的狂热口号失去了兴趣。他们中的很多人不止一次改旗易帜，临阵脱逃，这成了普遍现象。

早在1638年，教皇和丹麦国王就呼吁停战。两年过去了，神圣罗马帝国国会在长期休会后首次在雷根斯堡集会，支持和谈。但晚些时候才开始做和谈的外交准备。直到1644年才在明斯特举行和谈会议，皇帝和法国展开谈判。1645年，在威斯特伐利亚州的另一个城市——奥斯纳布吕克开启了明晰瑞德关系的谈判。与此同时，无谓的战争仍在继续。

**《威斯特伐利亚和约》** 从捷克的地方冲突开始，转移到德意志北部，然后席卷中欧广大地区的战争，直接或间接地把许多国家拉入自己的阵营，演变为第一次全欧洲范围的战争。战争持续了三十年。1648年在威斯特伐利亚州上述城市签订的和平条款，不仅是对这三十年的政治总结，还是对改革力量及其敌对势力对抗的整个时代的总结。和平协定是强制或被迫妥协的结果，它从根本上修正了欧洲国家体系，改变了德意志的局面。

根据《威斯特伐利亚和约》，瑞典得到了包括什切青港在内的整个波美拉尼亚西部地区、波美拉尼亚东部的一小部分、吕根、沃林岛以及对波美拉尼亚湾及所有沿岸城市的权利。作为波美拉尼亚公爵，瑞典国王成为帝国的大公，有机会直接干涉帝国事务。大主教辖区不来梅和费尔登（在威悉河上）、梅克伦堡城市维斯马也作为帝国领地归瑞典所有。此外，瑞典还得到巨额货币赔款。德意志北部最大的三条河流——威悉河、易北河、奥得河的河口也处在瑞典的监管下。瑞典成为欧洲大国，实现了称霸波罗的海的目标。

由于议会中开始了福隆德运动，急于结束谈判的法国，在达成想要的战争的政治结果后，要求不多，即把帝国的领地作为自己的战利品。它得到了阿尔萨斯（法律上没有列为其成员的斯特拉斯堡除外）、米卢斯、皮内罗洛，确定了自己对三个洛林主教辖区——梅斯、图尔、凡尔登上百年的权利。10个帝国城市也处在法国的监护下。

联省共和国的独立得到国际承认。根据《明斯特和约》——《威斯特伐利亚和约》体系的组成部分，解决了它的主体、领土、安特卫普的地位、斯凯尔特河口问题，对仍存在争议的问题也做了标记。

瑞士的主体地位得到直接承认，一些较大的德意志公国依靠一些较小的领地极大地扩大了自己的领土。为了在北方与皇帝相抗衡，以及将来与瑞典相抗衡，根据协议，法国支持的勃兰登堡选帝侯得到了波美拉尼亚东部地区、马格德堡大主教辖区、哈尔伯施塔特主教辖区、明登主教辖区。这些公国在德意志的影响迅速扩大。萨克森确认劳西茨地区为自己的领土。巴伐利亚得到了上普法尔茨，巴伐利亚公爵成为第八顺位选帝侯，因为莱茵河的普法尔茨公爵之前的选帝侯资格得以恢复。

《威斯特伐利亚和约》巩固了德意志的政治分裂。德意志各王公获得了相互结盟以及与外国订约的权力。尽管有"所有这些政治关系不应以反对帝国和皇帝为目的"的附加条件，但实际上这保证了他们的国家主权。而帝国本身，在形式上是以选举的君主和常设国会为代表的国家联盟，而在《威斯特伐利亚和约》之后，实际上没有变成联盟，而仅是"帝国官员"关系的混合体。和路德宗、天主教一样，加尔文宗的地位在帝国内得到正式承认。

对于西班牙来说，《威斯特伐利亚和约》只意味着战争局部结束，它与法国的军事行动仍在继续。直到1659年它们才签订和平协定。西班牙南部的鲁西永、东北部——西属尼德兰的阿图瓦、东部洛林的一部分都划归法国。

三十年战争使德意志和加入哈布斯堡帝国的国家遭到空前破坏。德意志东北和西南许多地区的人口减少了一半，一些地方人口仅是之前的1/4。1618年，捷克的人口为250万人，到17世纪中叶，仅为70万人。许多城市、成百上千的村庄消失，广大的耕地荒草丛生。许多萨克森和捷克矿井长期荒废。工商业和文化遭到严重破坏。遍及德意志的战争长期阻碍了它的发展。这为《威斯特伐利亚和约》后的整个欧洲国家关系体系打上了清晰的烙印。《威斯特伐利亚和约》巩固了欧洲的势力平衡，成为欧洲两大历史时期的分界线。

图书在版编目(CIP)数据

欧洲中世纪史. 第二卷 /（俄罗斯）卡尔波夫主编；
逯红梅译. --北京：社会科学文献出版社，2019.3
（俄国史译丛）
ISBN 978 - 7 - 5201 - 4201 - 4

Ⅰ.①欧… Ⅱ.①卡… ②逯… Ⅲ.①欧洲 - 中世纪史 Ⅳ.①K503

中国版本图书馆 CIP 数据核字（2019）第 013836 号

·俄国史译丛·
## 欧洲中世纪史（第二卷）

| 主　　编 / ［俄］С.П. 卡尔波夫
| 译　　者 / 逯红梅

| 出 版 人 / 谢寿光
| 项目统筹 / 恽　薇　高　雁
| 责任编辑 / 高　雁　肖世伟

| 出　　版 / 社会科学文献出版社（010）59367226
|            地址：北京市北三环中路甲29号院华龙大厦　邮编：100029
|            网址：www.ssap.com.cn
| 发　　行 / 市场营销中心（010）59367081　59367083
| 印　　装 / 三河市东方印刷有限公司
| 规　　格 / 开　本：787mm × 1092mm　1/16
|            印　张：22.5　字　数：343千字
| 版　　次 / 2019年3月第1版　2019年3月第1次印刷
| 书　　号 / ISBN 978 - 7 - 5201 - 4201 - 4
| 著作权合同
| 登 记 号 / 图字01 - 2018 - 3030 号
| 定　　价 / 98.00元

本书如有印装质量问题，请与读者服务中心（010 - 59367028）联系

▲ 版权所有 翻印必究